Düstere Legenden

von
Mike Vogl

Impressum

Math. Lempertz GmbH
Hauptstraße 354
53639 Königswinter
Tel.: 02223 / 90 00 36
Fax: 02223 / 90 00 38
info@edition-lempertz.de
www.edition-lempertz.de

1. Auflage – Dezember 2014

Printed and bound in Germany
ISBN: 978-3-945152-93-5

Text: Mike Vogler

Umschlaggestaltung: Ralph Handmann
Satz: Sarah Kassem
Lektorat: Laura Liebeskind
Titelbild: fotolia

Bildnachweis: ©Privatbesitz des Autors 3, 32, 34, 36, 37, 53, 57, 97, 127, 142, 161, 163, 215, 228, 233, 237, 246, 259, 262.
© fotolia: Xavier29 17, LianeM 35, 39, PL.TH 63, Leslie-Fotografics 91, derGrafiker.de 92-93, Kitty 95, velazquez 131, Balázs Czitrovszky 133, Jareso 143, TTstudio 147, nmann77 183, pcalapre 185, Luftbildfotograf 191, Andy Ilmberger 195, laviniaparscuta 197, Martina Berg 223, 227, 247, 261, Udo Kruse 226, villorejo 253; Rahmen und Hintergründe: jan stopka, suzannmeer, vectorace, oly5, digieye; Cover: Tamas Zsebok.
©:Kormin (CC BY-SA 3.0) 9, Melutopia (CC BY-SA 3.0) 11, Fototeca online a comunismului românesc 48, 51, Χρήστης:Βήσσμα (CC BY-SA 3.0) 70, Bundesarchiv, Bild 102-00824 / CC-BY-SA 73, Bundesarchiv, Bild 102-00884 / CC-BY-SA 77, Bundesarchiv, Bild 102-00883 / CC-BY-SA 83, Tim Schredder (CC BY-SA 2.0 DE) 89, Sächsische Landesbibliothek – Staats- und Universitätsbibliothek Dresden (SLUB) 229

Font: Rothenburg Decorative

Mike Vogler wurde 1970 in Dresden geboren und lebt dort heute noch mit seiner Frau. Schon seit früher Jugend beschäftigt er sich mit geschichtlichen und grenzwissenschaftlichen Themen. Neben dem Heiligen Gral sind die Geschichte und Mythologie unserer germanischen Vorfahren seine bevorzugten Forschungsgebiete. Zu seinen Forschungsergebnissen erschienen bislang zwei Bücher. Neben seiner Arbeit als Verlagsautor veröffentlicht Mike Vogler in Eigenregie auch E-Books, ist an verschiedenen Anthologien zu den Geheimnissen der Menschheitsgeschichte beteiligt und schreibt Artikel für Fachmagazine.

Besuchen Sie den Autor auf seiner Webseite
www.mike-vogler.bplaced.de

Danksagung

An erster Stelle möchte ich mich natürlich bei meiner Frau Peggy bedanken, welche mich bei der Entstehung des vorliegenden Buches mit Rat und Tat unterstützt hat.

Außerdem möchte ich Teresa-Maria Kristan und Frank Lammering für die Bereitstellung von Bildmaterial danken.

Des Weiteren gilt mein Dank den Herren Dieter Füssel, Kai Machon und Friedrich Wauer, welche mir wichtige Informationen zu den Pestdörfern in der Sächsischen Schweiz geliefert haben.

Inhaltsverzeichnis

Gilles des Rais – das Ungeheuer der Bretagne

Am Morgen des 30. Mai 1431 wurde auf dem Place du Vieux Marché in der französischen Stadt Rouen ein Scheiterhaufen entzündet. Delinquentin war eine gewisse Jeanne d'Arc, jene junge Frau, welche für einige Jahre die Geschicke Frankreichs maßgeblich beeinflusst hatte. Allerdings soll es in diesem Kapitel nicht um die legendäre Jungfrau Frankreichs gehen, sondern vielmehr um einen Mann, welcher mit versteinerter Miene der Hinrichtung beiwohnte. Jeanne d'Arcs Leben war jedoch so eng mit der Person jenes Mannes verknüpft, dass ich ihre Hinrichtung an den Beginn meiner Ausführungen gesetzt habe. Bei der bewussten Person handelt es sich um Gilles de Montmorency-Laval, besser bekannt als Gilles de Rais, hochrangiger Adliger, französischer Marschall und gleichzeitig einer der bestialischsten Massenmörder der europäischen Geschichte.

Gilles de Rais' Verbrechen waren so ruchlos, dass seine Person heute als historische Vorlage für „Das Märchen vom Ritter Blaubart" gilt. Auf den ersten Blick scheint es jedoch keine glaubwürdige Verbindung zwischen dem historischen Gilles de Rais und der Märchengestalt des Ritters Blaubart zu geben. Blaubart ermordete seine jeweiligen Ehefrauen, wogegen Gilles ein Knabenmörder war. Eine Verbindung von beiden Personen erschließt sich erst, wenn man sich näher mit der schon kurz nach Gilles' Hinrichtung einsetzenden Legendenbildung beschäftigt. Zum besseren Verständnis möchte ich an dieser Stelle eine beliebte bretonische Legende wiedergeben:

Die Ermordung und Folterung von Kindern in den Schlossgewölben.

„Müde vom Krieg gegen die Engländer hatte sich Messire Gilles de Laval in sein Schloss Rais zwischen Elven und Questembert zurückgezogen. All seine Zeit verfloss in Schwelgerei, Festen und Vergnügungen. Eines Abends kam auf dem Wege nach Morlaix ein Ritter, der Comte Odon de Tréméac, Herr von Krevent und anderen Orten, am Schloss vorbei; neben ihm ritt ein schönes junges Mädchen, seine Verlobte Blanche de L'Herminière. Gilles de Rais lud die beiden zur Rast ein und leerte mit ihnen ein Glas Würzwein. Dabei zeigte Gilles de Rais sich so unwiderstehlich und liebenswert, dass der Abend kam, ohne dass man an Aufbruch dachte. Plötzlich bemächtigten sich auf ein Zeichen des Burgherrn hin Bogenschützen des Comte Odon de Tréméac und warfen ihn in einen tiefen Keller; dann sprach Gilles zu dem jungen Mädchen, dass er sie heiraten wolle. Blanche vergoss Ströme von Tränen, derweil man die Kapelle mit tausend Kerzen erhellte, die Glocke fröhlich läutete und alles zur Hochzeit vorbereitet wurde. Blanche wurde zum Altar geführt; sie war bleich wie eine schöne Lilie und zitterte am ganzen Körper. Köstlich gekleidet und mit seinem Bart von schönstem Rot stellte Monseigneur de Laval sich neben sie: „Rasch, Messire Kaplan, verheiratet uns."

„Ich will den Herrn nicht zum Gemahl!" schrie Blanche de L'Herminière.

„Ich aber will, dass man uns traut."

„Tut es nicht, Herr Priester“, wiederholte das Mädchen schluchzend.
„Gehorcht, ich befehle es Euch!“
Als nun Blanche zu fliehen versuchte, nahm Gilles de Rais sie fest in die Arme.
„Ich werde dir“, sagte er, „den schönsten Schmuck geben.“
„Lassen Sie mich!“
„Ich gebe dir meine Schlösser, meine Wälder, meine Felder, meine Wiesen!“
„Lassen Sie mich!“
„Mein Leib und meine Seele seien dein!“
„Ich nehme an! Ich nehme an! Hörst du es wohl, Gilles de Rais? Ich nehme an, und von Stund an gehörst du mir.“ Blanche hatte sich augenblicks in einen azurblauen Teufel verwandelt, der nun neben dem Baron stand.
„Verflucht!“, schrie dieser.
„Gilles de Laval“, sagte der Dämon mit finsterem Gelächter, „Gott ist deiner Missetaten überdrüssig; du gehörst jetzt der Hölle, und von diesem Tag an wirst du ihre Livree tragen.“ Gleichzeitig machte er ein Zeichen und Gilles de Lavals Bart, der rot war, nahm eine tiefschwarze Färbung an. Das war nicht alles; der Dämon fuhr fort: „In Zukunft bist du nicht mehr Gilles de Laval; du wirst Blaubart sein, der schrecklichste der Menschen, ein Schreckbild für die kleinen Kinder. Dein Name wird in alle Ewigkeit verflucht und deine Asche nach deinem Tod in alle vier Winde gestreut werden, während deine garstige Seele in die Schlünde der Hölle hinabsteigen muss.“ Gilles schrie, dass er bereue. Der Teufel zählte ihm seine vielen Opfer auf, die sieben Ehefrauen, deren Leichname in den Grüften des Schlosses lagen. Er fügte hinzu: „Sir Odon de Tréméac, den ich in Gestalt von Blanche de L‘Herminière begleitete, reitet in diesem Augenblick auf der Straße von Elven in Begleitung aller Edelmänner aus Redon.“
„Und was wollen sie tun?“
„Den Tod derer rächen, die du getötet hast.“
„Also bin ich verloren?“
„Noch nicht, denn deine Stunde hat noch nicht geschlagen.“
„Wer wird die Edelleute aufhalten?“
„Ich, der ich deine Hilfe brauche, mein werter Ritter.“
„Du willst das tun?“
„Ja, ich werde das tun, denn lebendig wirst du mir tausendmal besser dienen als tot. Und jetzt auf Wiedersehen, Gilles de Rais; und denke immer daran, dass du mir mit Leib und Seele gehörst.“
Er hielt sein Wort, indem er das Einschreiten der Edelmänner aus Redon verhinderte; aber von diesem Augenblick an war Gilles nur noch unter dem Namen des Mannes mit dem blauen Bart bekannt.“[1)]

Auch wenn diese bretonische Geschichte noch so schön ist, müssen wir die Verbindung zwischen Ritter Blaubart und Gilles de Rais kritisch betrachten. Schon der französische Historiker Charles Petit-Dutaillis schrieb 1902: „Wir wollen nicht sagen, daß Gilles de Rais der Prototyp Blaubarts wäre. Das Märchen von Blaubart und seinen sieben Gattinnen scheint alten und volkstümlichen Ursprungs zu sein und hat an sich keine Analogie zu Gilles de Rais, der sich nur einmal verheiratet hat und von seiner Frau getrennt lebte; sicher aber ist, dass in der Bretagne und in der Vendée das Volk die Geschichte von Gilles de Rais und das Märchen von Blaubart miteinander verquickt hat."[2)]

In der volkstümlichen Welt von Gilles' ehemaligem Herrschaftsbereich sind die Geschichten von Ritter Blaubart aber seit jeher mit den Untaten des französischen Marschalls verbunden. Schon der Abbé Bossard, welcher sich Ende des 19. Jahrhunderts mit dem Phänomen Gilles de Rais beschäftigte, schrieb: „Wir haben sehr viele alte Leute in der Gegend von Tiffauges, Machecoul oder Champtocé befragt. Der wirkliche Blaubart war oder ist für sie noch heute der Herr von Champtocé, darin stimmen ihre Erzählungen überein."[3)]

So ist es auch noch heute. Voller Stolz zeigen die Bewohner von Tiffauges, Machecoul und Champtocé auf die Burgruinen in ihren Städten und erklären den staunenden Touristen, dass dort einst der gefürchtete Ritter Blaubart lebte.

Noch anzumerken sei, dass sich neben der Gleichsetzung von Gilles de Rais mit dem Ritter Blaubart des Märchens in der bretonischen Legende noch andere Aspekte der Legendenbildung verbergen. Gemeint ist die Gilles vorgeworfene Teufelsbeschwörung. In der von mir wiedergegebenen Legende gerät der Protagonist zwar eher zufällig in die Hände des Satans, doch ist anhand der Verhörprotokolle des Gerichtsprozesses gegen Gilles eindeutig nachgewiesen, dass jener auch Teufelsbeschwörung betrieb. Seinen unrühmlichen Bekanntheitsgrad „verdankt" Gilles de Rais allerdings nicht seinen satanischen Beschwörungen, sondern vielmehr den Morden an einer Vielzahl von Knaben, welche er auf unvorstellbare Weise quälte, schändete und ermordete.

Was ließ aus einem angesehenen Marschall von Frankreich eine menschliche Bestie werden?

Verschiedene Historiker bescheinigen Gilles eine krankhafte Psyche. Dieser Sichtweise kann ich mich nur anschließen, möchte aber noch weitergehen und behaupten, dass der entscheidende Grundstein für Gilles pervertierten Charakter schon in dessen frühester Jugend gelegt wurde. Ich möchte an dieser Stelle jedoch in meinen Ausführungen nicht vorgreifen, sondern das Leben und die Untaten von Gilles de Rais chronologisch betrachten.

Das Schicksal schien es zunächst ziemlich gut mit Gilles zu meinen, denn unter ungewöhnlichen Umständen wurde ihm das Privileg zu Teil, in gewaltigem Reichtum und Machtfülle geboren zu werden. Jeanne de Chabot, die letzte Vertreterin des Geschlechts der de Rais, war kinderlos geblieben und sorgte sich um ihre immensen Reichtümer und Ländereien. Als einzigen Ausweg, ihre Familiendynastie zu erhalten, sah sie eine Adoption. Ihre Wahl fiel zunächst auf Guy de Laval aus dem traditionsreichen Adelsgeschlecht der Montmorency-Laval. Jenes Geschlecht führte seit dem frühen 14. Jahrhundert den Titel „Erste Barone von Frankreich".

Gilles de Rais wurde 1404 auf Schloss Champtocé bei Angers geboren.

Aus unbekannten Gründen löste Jeanne de Chabot die Verbindung zu Guy de Laval jedoch nach kurzer Zeit und setzte Catherine de Machecoul de Craon als Alleinerbin ein. Ich persönlich sehe Jean de Craon, den Sohn von Catherine de Machecoul, als Triebkraft hinter der verworrenen Erbschaftspolitik. Die Craons gehörten zu den bedeutendsten Adelsgeschlechtern der Provinz Anjou und Jean wollte den Einfluss seiner Familie auch auf die Bretagne ausweiten.
Der verschmähte Guy de Laval wollte aber keinesfalls auf die Güter der de Rais verzichten und strengte mehrere richterliche Prozesse gegen die de Craons an. Schließlich einigte man sich auf einen Vergleich. Guy heiratete Marie de Craon, Enkelin von Catherine de Machecoul und Tochter Jean de Craons. Der frischgebackene Ehemann nannte sich fortan Guy de Montmorency-Laval, Baron de Rais und brachte zudem seine Frau dazu, ihm vertraglich alle Rechte am Besitz der Familie de Rais abzutreten.

Im Jahr 1404 erblickte Gilles de Rais in Champtocé, dem Stammsitz der Craons, das Licht der Welt. Von dessen Geburt an war Jean de Craon regelrecht vernarrt in seinen Enkel. Craon musste Guy de Laval zähneknirschend als Schwiegersohn akzeptieren, mit seinem erstgeborenen Enkelsohn hatte er jedoch ganz eigene Pläne. Er wollte ihn in seinem Sinne erziehen und Gilles sollte einmal in der gewalttätigen Manier der Craons über deren Ländereien herrschen. Guy de Laval, ein eher feinsinniger und gebildeter Mensch, war vom Wesen seines Schwiegervaters

von jeher abgestoßen. Um Gilles dem Einfluss von Jean de Craon zu entziehen, bezog die junge Familie 1407 die Festung Machecoul, wo im selben Jahr ihr zweiter Sohn René zur Welt kam. In Machecoul wurde der junge Gilles in die Obhut zweier geistlicher Lehrer gegeben, welche ihn auf Geheiß seines Vaters im Sinne des stolzen Geschlechts der Montmorency-Lavals erziehen sollten. Der Knabe machte gute Fortschritte und seinen Lehrern gelang es, in Gilles das Interesse an den „schönen Künsten“ zu wecken, was sich in dessen späterem Hang zur Musik und zur Literatur widerspiegelte.
Das Jahr 1415 sollte jedoch zur schicksalhaften Wende führen und Gilles' Leben in eine Richtung lenken, die schlussendlich in seinem eigenen Untergang endete. In jenem Jahr starben Gilles' Mutter und Vater im Abstand von nur wenigen Monaten. Testamentarisch war von Guy de Laval verfügt worden, dass sein Cousin Jean Tournemine de La Hunaudaye die Vormundschaft für Gilles übernehmen sollte. Außerdem war angedacht, dass die Priester Georges de La Bossac und Michel de Fontenay weiterhin die Erziehung des Knaben innehaben sollten. Jean de Craon scherte sich jedoch nicht um das Testament und nahm den Enkel in seine Obhut, wobei er gleichzeitig die Güter seines verstorbenen Schwiegersohns mit übernahm. Ebenfalls im Jahr 1415, genauer gesagt am 25. Oktober, fiel Jean de Craons einziger Sohn Amaury in der Schlacht von Azincourt. Dessen Tod sollte endgültig die Weichen für Gilles' Zukunft stellen. Er war nun der Erbe eines gewaltigen Vermögens und gleichzeitig das Instrument der Interessen seines Großvaters. Als erwachsener Mann war Gilles später selbst davon überzeugt, dass die Erziehung durch Jean de Craon einen nicht zu vernachlässigenden Einfluss auf seine späteren Missetaten gehabt hatte. Laut eigener Angaben, welche Gilles im Prozess machte, lag es „an der schlechten Führung in seiner Jugend, wo er sich zügellos seinen Gelüsten überlassen und sich in allen Schandtaten gefallen habe“, dass aus ihm später jener Mensch wurde, welcher ohne Moral und Gewissen unzählige Knaben missbrauchte, verstümmelte und ermordete.[4)]

Jean de Craon gehörte zu jener Sorte Adliger, die sich auf Grund ihres sozialen Status über dem Gesetz stehen sahen. Er galt als gewalttätig, habgierig, bar jeglicher Moral und hatte den Ruf, seine Interessen rücksichtslos durchzusetzen. Das Adelshaus Craon war eines der ältesten Geschlechter Frankreichs und stellte mit Robert de Craon sogar den zweiten Großmeister des Tempelritterordens. Jean de Craon galt neben dem Herzog als reichster Lehnsherr von Anjou. Seine Methoden, diesen Reichtum immer weiter zu vergrößern, ließen sich jedoch eher mit Raubrittertum vergleichen und hatten keinerlei Ähnlichkeit mit unseren heutigen romantischen Vorstellungen vom edlen Ritter. Craon schreckte auch vor Verbrechen nicht zurück, wenn es galt, sich Vorteile für seine Herrschaft zu sichern. Sein Vater, Pierre de Craon, war ein enger Vertrauter des Herzogs von Orléans gewesen, was der Familie eine gewisse Autonomie verlieh, welche Jean schamlos ausnutzte. Nach dem Tod seiner Kinder und des verhassten Schwiegersohns Guy de

Das Château de Machecoul. Hier verbrachte Gilles de Rais seine Kindheit.

Laval sah Jean de Craon in Gilles den zukünftigen Erben der Familie de Craon, welcher in seinem Sinne erzogen werden sollte. Von frühester Jugend an wurde Gilles suggeriert, dass er einmal uneingeschränkte Macht über seine Untertanen haben würde und sich an keine Regeln und Gesetze halten brauchte, welche sonst für das menschliche Zusammenleben galten. Kinder können aus Unwissenheit mitunter sehr grausam sein, so dass es von jeher die Pflicht der Erwachsenen war, die jungen Menschen auf den rechten Weg zu bringen. Bei Gilles und seinem Großvater war es jedoch völlig anders. Jean de Craon ließ seinen Enkel die kindlichen Grausamkeiten bewusst ausleben und spornte ihn sogar noch an.
Doch Gilles entwickelte sich anders als von seinem Großvater erwartet. Der Junge war störrisch und verlor schnell den Respekt vor dem Familienoberhaupt. Im Alter von zwanzig Jahren forderte Gilles gar von Jean de Craon, dass ihm jener die Verwaltung über die Güter der Familie übertrage. Zu jener Zeit war Gilles bereits seit zwei Jahren verheiratet. Wie so oft in adligen Kreisen war es keine Liebesheirat, sondern diente ausschließlich dazu, die Ländereien und den gesellschaftlichen Einfluss der Familie de Craon zu vergrößern. Gilles hatte zudem frühzeitig homosexuelle Neigungen entwickelt und kein sonderliches Interesse an Frauen. So überließ er es seinem Großvater, nach potentiellen Heiratskandidatinnen zu suchen. Jean de Craon startete mehrere Versuche, eine standesgemäße Braut für seinen Enkel zu finden, welche jedoch alle fehlschlugen. Gegen Ende des Jahres 1420 verfiel Jean de Craon auf die absurde Idee, dass Gilles seine Cousine Catherine de Thouars entführen sollte. Die Ländereien von Pouzauges und Tiffauges,

welche Catherines Familie gehörten, machten die junge Dame in Jean de Craons Augen zur idealen Ehefrau für Gilles. Nach der Entführung beraumte man sofort die Hochzeit an, welche jedoch wegen der Blutsverwandtschaft auf richterlichen Erlass sofort wieder aufgelöst wurde. Nach einigen advokatischen Winkelzügen wurde jedoch am 24. April 1422 die offizielle Hochzeit von Catherine und Gilles gefeiert. Die junge Braut brachte neben den beträchtlichen Ländereien ein gewaltiges Vermögen mit in die Ehe, so dass sich Gilles nun in der Position sah, seinem Großvater die Stirn zu bieten und vorzeitig die Verwaltung des Familienbesitzes zu fordern.

Um seinen ungestümen Enkel von dessen ehrgeizigen Plänen abzubringen, führte Jean de Craon ihn im Jahre 1425 am königlichen Hof ein. Angesichts des freundschaftlichen Verhältnisses seiner Familie zum Herzog von Orléans wurde Gilles am Hofe von Karl VII. in Chinon freundlich aufgenommen. Dort lernte Gilles auch seinen Vetter Georges de La Trémoille kennen, welcher zu seinem Mentor wurde. Am Hof hatte La Trémoille eine exponierte Stellung inne. Aus den Kreisen des einflussreichsten französischen Adels stammend, war La Trémoille frühzeitig in den Dienst von Karl VI. getreten und hatte schnell das Vertrauen des Monarchen gewonnen. Ab 1410 gehörte er dem königlichen Rat an und wurde 1413 zum Großkämmerer von Frankreich ernannt. Nach dem Tod Karls VI. im Jahre 1422 hielt La Trémoille treu zu dessen Sohn Karl VII., obwohl jener durch den Vertrag von Troyes zunächst von der Thronfolge ausgeschlossen war. Diese Treue widerspricht der Behauptung zahlreicher Autoren, dass La Trémoille von zügellosem Machthunger getrieben wurde. Obwohl Karl VII. politisch zunächst „kaltgestellt" war, blieb La Trémoille am französischen Hof. Seine Treue wurde belohnt und ließ ihn schnell zum engsten Berater des zukünftigen Königs werden. Gilles de Rais konnte sich also keinen besseren Mentor wünschen, als er am Hofe Karls VII. erschien. La Trémoille hegte große Pläne mit seinem Vetter. Sein Ziel war es, den französischen Thron wieder mit dem Dauphin zu besetzen. Da die Engländer die Krone Frankreichs jedoch niemals freiwillig zurückgegeben hätten, war die Fortsetzung des sogenannten Hundertjährigen Krieges unausweichlich. Obwohl auf dem politischen Parkett ein glänzender Taktierer, sah sich La Trémoille den militärischen Angelegenheiten nicht gewachsen. Vielmehr betrachtete er seinen Vetter Gilles als den idealen Mann, in gehobener militärischer Position für die Sache Frankreichs zu kämpfen.

Karl VII. selbst war noch unschlüssig, seinen angestammten Platz auf dem Throne Frankreichs konsequent einzufordern. Jedoch kam eine glückliche Fügung La Trémoille im Frühjahr 1429 zur Hilfe. Ein siebzehnjähriges Bauernmädchen namens Jeanne d'Arc erschien am Hof in Chinon und verkündete, dass Gott ihr aufgetragen habe, dem Dauphin zu seinem Thron zu verhelfen.

Ob der vielen Bücher, welche bereits über Jeanne d'Arc veröffentlicht wurden, wäre es müßig, hier näher auf ihre Person einzugehen. Erwähnt werden sollte al-

lerdings die Wirkung, welche jenes einfache Bauernmädchen auf den gestandenen Edelmann Gilles de Rais ausübte. Auf Grund seiner sexuellen Orientierung zu beiden Geschlechtern erschien ihm die knabenhafte junge Frau ungemein begehrenswert. Die Angewohnheit, Männerkleider zu tragen, verstärkte noch ihre androgyne Erscheinung, was sie für Gilles noch unwiderstehlicher machte. Bei jeder sich ergebenden Gelegenheit betonte Jeanne d'Arc, dass sie eine Jungfrau sei und Gott ihr aufgetragen habe, dass sie ihre Mission nur erfüllen könne, wenn sie auch weiterhin unberührt bliebe. Dieser Umstand erhob sie in Gilles' Vorstellungskraft auf eine Art Thron der Unerreichbarkeit, so dass seine Verehrung für Jeanne der Art Zuneigung glich, wie sie Minnesänger für ihre Herzensdame empfanden.
Nachdem durch eingehende Prüfung weltlicher wie geistlicher Institutionen die Glaubwürdigkeit Jeanne d'Arcs bezeugt worden war, glaubte nun endlich auch Karl VII., den Thron Frankreichs erringen zu können. Gilles de Rais wurde zum persönlichen Leibwächter jener jungen Frau bestellt, welche angeblich das Schicksal Frankreichs in ihren Händen hielt. Das ungleiche Paar stritt von nun an Seite an Seite an vorderster Front gegen die Engländer. Obwohl es ein offenes Geheimnis war, dass Gilles für Jeanne d'Arc schwärmerische Gefühle hegte, ist nichts davon bekannt, dass seine Gefühle erwidert wurden. Die wichtigsten Protagonisten im Kampfe um die Krone Frankreichs verband allerdings eine tiefe Freundschaft. Jeanne nannte Gilles „ihren schwarzen Ritter" und jener rettete ihr im Schlachtgetümmel mehrfach das Leben.
Mit der von Gott berührten Jungfrau als Anführerin schien die französischen Truppen ein völlig neuer Kampfesmut zu beflügeln. Zweifelloser Höhepunkt war die Beendigung der Belagerung von Orléans, welche bis heute als Wendepunkt des Hundertjährigen Krieges gilt. Hierbei tat sich Gilles de Rais militärisch besonders hervor, was ihn auch noch Jahre später dazu veranlasste, am Jahrestag der Schlacht in Orléans verschiedene sogenannte Mysterienspiele aufführen zu lassen, welche die Beendigung der Belagerung nachstellten.

Nach den militärischen Erfolgen über die englischen Besatzer war nun der Thron Frankreichs frei für Karl VII. Am 17. Juli 1429 ließ er sich in Reims zum König krönen. Gilles de Rais spielte bei den Krönungsfeierlichkeiten eine exponierte Rolle. Er erhielt den Auftrag, gemeinsam mit drei weiteren Edelleuten die „Heilige Ampulle" mit dem Salböl aus der Abtei von Saint-Rémy zu holen, welches traditionell zur Salbung der französischen Könige verwendet wurde.
Die erste Amtshandlung von Karl VII. als neuer König war es, Gilles de Rais zum Marschall von Frankreich zu ernennen. Gilles' steile militärisch-politische Karriere hatte ihren Höhepunkt erreicht. Der Titel des Marschalls von Frankreich wurde jeweils nur von zwei Edelleuten getragen, welche die militärischen Vertreter des Connétable von Frankreich waren, dem mächtigsten Mann nach dem König. Karl VII. versank nach seiner Krönung wieder in die gewohnte militärische Tatenlosigkeit und suchte vielmehr diplomatische Beziehungen zu seinen englisch-burgundi-

schen Gegnern. Erst nach wiederholtem Drängen von Jeanne d'Arc rüstete er seine Truppen zur Eroberung von Paris. Die schon damals bedeutende Stadt wurde von Ludwig von Luxemburg gehalten. Er befehligte eine englisch-burgundische Streitmacht, die aus etwa dreitausend Mann bestand. Ludwig von Luxemburg war im Jahr 1425 vom Pariser Parlament zum Kanzler von Frankreich bestellt worden und galt als wichtigste Stütze der englischen Herrschaft in Frankreich.
Die Belagerung von Paris begann am 8.September 1429, wobei die französischen Truppen keine nennenswerten Erfolge erzielen konnten. Als dann Jeanne d'Arc noch von einem Armbrustbolzen am Oberschenkel verletzt wurde, sank die Kampfmoral der Franzosen ins Bodenlose. Bereits am 13. September wurden die Kampfhandlungen von Karl VII. persönlich abgebrochen. Durch die missglückte Eroberung von Paris verlor Jeanne d'Arc das Vertrauen des französischen Königs. Einige der Hauptleute, darunter auch Gilles de Rais, hielten ihr jedoch die Treue und konnten den König zu weiteren militärischen Interventionen gegen die Besatzer bewegen. Allen Anstrengungen zum Trotze konnten die französischen Truppen keine entscheidenden Siege mehr erringen. In der Schlacht um Compiègne wurde Jeanne d'Arc schließlich von den Burgundern gefangen genommen und einige Monate später an die Engländer ausgeliefert. Da jene in Jeanne d'Arc das Grundübel des französischen Widerstandes sahen, wurde durch den Herzog von Bedford ein Schauprozess gegen die junge Frau angestrengt. Der gegen Jeanne erhobene Vorwurf der Ketzerei war in jener Zeit so gut wie ein Todesurteil. Am 21. November 1430 stellte die Universität von Frankreich, zur damaligen Zeit das kirchenrechtliche Zentrum Frankreichs, beim König von England den Antrag, Jeanne d'Arcs Verurteilung der kirchlichen Justiz zu überlassen. Dem wurde entsprochen, jedoch nur unter der Voraussetzung, dass eine Verurteilung wegen Ketzerei stattfände. Ansonsten würde eine Rückführung Jeanne d'Arcs an den englischen König erfolgen. Der eigentliche Prozess begann im Februar 1431 in Rouen. Auf die Einzelheiten möchte ich an dieser Stelle nicht eingehen, es sollte jedoch nicht unerwähnt bleiben, dass Gilles de Rais an mehreren Verhandlungstagen anwesend war. In romantisch verklärten Überlieferungen wird behauptet, dass Gilles insgeheim Pläne schmiedete, seine Angebetete zu befreien. Historisch kann dies allerdings nicht belegt werden. Das Ergebnis des Inquisitionsprozesses von Rouen ist wohlbekannt: Jeanne d'Arc fand am 30.Mai 1431 auf dem Scheiterhaufen den Tod.

An jenem schicksalhaften Tag muss in Gilles etwas zerbrochen sein. Enttäuscht zog er sich vom französischen Königshof zurück, wobei er jedoch noch einige Zeit lang seine militärischen Pflichten als Marschall von Frankreich erfüllte. Am 15. November 1432 traf Gilles mit dem Tod seines Großvaters Jean de Craon der nächste persönliche Schicksalsschlag. Von jenem Zeitpunkt an vernachlässigte Gilles geflissentlich seine Verpflichtungen der Krone gegenüber und kümmerte sich nur noch um die Verwaltung seiner Ländereien. Mit dem politischen Sturz seines Mentors Georges de La Trémoille im Jahre 1433 verlor Gilles de Rais seine letzte mentale wie moralische Stütze. Zudem hatte ihn bereits ein Jahr zuvor seine Frau Catherine verlassen, welche ohne großes Aufsehen auf ihren Familienbesitz in Pouzauges gezogen war. In jenen Jahren scheint Gilles jeglichen Halt im Leben verloren zu haben, da aus jener Zeit auch das Verschwinden der ersten Kinder bezeugt ist. Gilles zog sich immer mehr vom gesellschaftlichen Leben zurück und umgab sich stattdessen mit einer Clique von dubiosen Männern, die wahrscheinlich alle homosexuell waren und einen Hang zur Gewalttätigkeit hatten. Im Einzelnen waren dies seine beiden Vettern Guillaume de Sillé und Roger de Briqueville sowie die Kammerdiener Henriet und Poitou. Sillé und Briqueville waren in der Regel damit beschäftigt, die Knaben für Gilles zu besorgen, die Kammerdiener waren dann für das Beseitigen der Leichen zuständig.

Während der immer öfter stattfindenden abendlichen Orgien kam es zu zügellosem Alkoholkonsum und homosexuellen Ausschweifungen. War dann an manchen Abenden die Stimmung besonders aufgeheizt, zog es Gilles in jenes spezielle Kabinett, welches in jeder seiner Burgen vorhanden war. Die dort stattfindenden Grausamkeiten sind durch die Prozessaussagen von Gilles de Rais und seinen Kammerdienern hinlänglich bekannt. Ich möchte an dieser Stelle die ekelerregenden Details nicht unnötig ausbreiten. Es sei nur so viel gesagt, dass Gilles die Knaben folterte, sich sexuell an ihnen verging und sie schließlich wie im Blutrausch ermordete. Immer waren es Knaben im Alter zwischen 6 bis 16 Jahren, wohl gestaltet, mit schönen, oft femininen Gesichtszügen. Sillé und Briqueville waren ständig damit beschäftigt, besonders schöne Knaben für ihren Herrn ausfindig zu machen. Oft waren es elternlose Bettelkinder, aber es wurden auch Knaben als Diener oder Wirtschaftshilfen auf den Anwesen von Gilles verpflichtet, welche dann dem unsäglichen Treiben ihres Herrn zum Opfer fielen. Das Verschwinden der Bettelkinder blieb in der Regel unbemerkt. Anders war es schon bei den jungen Bediensteten. Deren Eltern wurden mit Ausreden beruhigt oder die Nachricht vom angeblichen Unfalltod der Sprösslinge mit einer ansehnlichen Geldsumme überbracht, um den Schmerz der Angehörigen zu lindern. Anscheinend spielte Gilles die Rolle des großherzigen Landesvaters hervorragend, denn obgleich sich die „Todesfälle“ im Kreise seiner Bediensteten häuften, gaben Eltern immer wieder mit Freuden ihre Kinder in seine Obhut. Die Hoffnung auf ein besseres Leben für ihren Nachwuchs ließ wohl bei vielen in Armut lebenden Menschen mögliche Zweifel verschwinden. Obwohl Gilles' Spießgesellen immer darauf bedacht waren, die Taten ihres Herren zu verschleiern, machten immer öfter Gerüchte über spurlos verschwundene Kinder die Runde. Auch Gilles de Rais kamen jene Gerüchte zu Ohren, jedoch fühlte er sich in den ersten Jahren seines unsäglichen Tuns unangreifbar. Auf Grund seiner adligen Abstammung und der unorthodoxen Erziehung durch seinen Großvater scheint es fast so, dass Gilles glaubte, die üblichen Gesetze würden für ihn nicht gelten. Seine einstmalig exponierte Stellung am Königshof und der Rang des Marschalls von Frankreich hatten Gilles zudem

Privilegien beschert, welche weit über den Einfluss des Adels und der Geistlichkeit hinausgingen. Dies war auch der Grund, warum die Gerichtsbarkeit in seinem Falle so zaghaft vorging, auch als seine Taten längst ruchbar geworden waren.

Über die Zahl der Opfer des Gilles de Rais gehen die Meinungen weit auseinander. Bis zu achthundert Morde wurden ihm zugeschrieben, was aber weit übertrieben scheint. Die moderne Geschichtsschreibung geht von ungefähr 140 ermordeten Kindern aus. Das deckt sich in etwa mit den Prozessaussagen des Kammerdieners Poitou, der zu Protokoll gab, an der Beseitigung von 126 Leichen beteiligt gewesen zu sein. In der Mehrzahl waren es Knaben, aber auch an einigen Mädchen soll sich Gilles de Rais vergangen haben, wobei er bei jenen „das natürliche Gefäß" verschmähte, wie es in den Prozessakten pikant ausgedrückt wurde. Die nach Gilles' Hinrichtung schnell einsetzende Legendenbildung, welcher auch die übertriebenen Opferzahlen entsprangen, trieb derart Blüten, dass schließlich behauptet wurde, er habe sogar schwangere Frauen ermordet.

Je tiefer sich Gilles im Sumpf aus exzessivem Alkoholmissbrauch, sexueller Perversion und blutrünstiger Gewalttätigkeit verstrickte, umso stärker trat seine nach außen getragene Frömmigkeit zu Tage. Im Frühjahr 1435 ließ Gilles de Rais in Machecoul eine Kapelle errichten, welche den „Unschuldigen Kindern von Bethlehem" geweiht wurde. Hierfür stellte er eigens einen Vikar, einen Dechanten, einen Erzdechanten, einen Schatzmeister, einen Kanoniker, ein Stiftskapitel sowie Kollegium ein. Eine Menge „religiöses Personal" für eine Kapelle, wohl eher für eine Kathedrale angebracht. Zudem ordnete Gilles an, dass seine Kleriker angemessene Bezüge, Renten und Besitzungen zur Deckung ihres Lebensunterhaltes erhielten. Schon eine ungewöhnliche Sache, da kirchliche Würdenträger in der Regel von der Kirche bezahlt wurden.

Es ist heute schwer zu sagen, ob Gilles' übertriebenes religiöses Engagement nur Tarnung für seine abscheulichen Taten war oder ob er in klaren Momenten, in denen er nicht von seinen „Dämonen" getrieben wurde, so etwas wie Reue empfand. Möglicherweise war es beides. Allerdings erwähnte er Sillé und Briqueville gegenüber, dass er eine Pilgerreise nach Jerusalem plane, um sich von seinen Sünden reinzuwaschen. Es scheint also auch ein gewisses Maß an Reue im Spiel gewesen zu sein, denn vor seinen Spießgesellen brauchte er sich nicht zu verstellen. Gilles' übertriebene Frömmigkeit scheint angesichts seiner fürchterlichen Taten nahezu grotesk, ist jedoch das beste Beispiel für das religiöse Bild des Mittelalters. Durch die ständige Panikmache vor dem ewigen Fegefeuer legten die Menschen eine Religiosität an den Tag, die aus Angst und nicht aus Glauben geboren war. Aus diesem Grund verstießen die Menschen des Mittelalters auch ständig gegen die Zehn Gebote der Kirche, gingen anschließend zur Beichte und fühlten sich von allen Sünden reingewaschen.

Neben seiner übertriebenen Frömmigkeit trat bei Gilles de Rais mit den Jahren auch eine immer stärker werdende Verschwendungssucht zu Tage. Obwohl er ei-

Jeanne d'Arc, die Jungfrau von Orléans. Gilles de Rais' Idealvorstellung einer Frau.

ner der reichsten Männer Frankreichs war, hatte sich Gilles einen Lebensstil angewöhnt, der eher einem König oder Kaiser anstand. Beispielsweise begleitete ihn das bereits angesprochene Kollegium auf allen offiziellen Reisen, mit Personal also eine Entourage von etwa fünfzig Leuten. Seine klerikale Begleitung war zudem aus Repräsentationsgründen mit Gewändern aus feinstem Stoff und Pelz bekleidet, zudem reiste man natürlich auf den edelsten und teuersten Pferden. Zu Gilles' Reisestab gehörte neben der Geistlichkeit natürlich auch eine angemessene militärische Begleitung. Zweihundert bewaffnete Reiter begleiteten den Edelmann, denen ein Wappenherold und mehrere Trompeter vorausritten. Rechnen wir noch Köche, Kammerdiener und diverse andere Bedienstete mit ein, war es also ein Tross von annähernd dreihundert Personen, welcher Gilles de Rais auf seinen Reisen begleitete. Nicht selten war noch sein Sängerchor dabei, welcher ein besonderes Steckenpferd von Gilles war. Schon in früher Kindheit hatte sich bei Gilles ja der Hang zu den „schönen Künsten“ gezeigt, welchen er auch nie verlieren sollte. Der Chor bestand nur aus Knaben, die noch vor ihrem Stimmbruch standen. An deren glockenhellen Stimmen konnte sich der Edelmann stundenlang ergötzen. Besonders herausragende Sänger wurden über die Maßen belohnt. Einem gewissen Rossignol vermachte er beispielsweise das Gut La Rivière, was dem Knaben und seinen Eltern ein unbeschwertes Leben sicherte.

Auch bei den Händlern, die die Hofhaltung von Gilles verschiedenen Niederlassungen belieferten, war der freigiebige Landesherr äußerst beliebt. Grund war die

Angewohnheit von Gilles, nicht nach den Preisen zu fragen, sondern die Waren nach Gutdünken zu bezahlen. So erhielten die Händler oft den doppelten oder dreifachen Preis, mitunter soll Gilles sogar das Zehnfache des eigentlichen Wertes gezahlt haben. Unter den Händlern entwickelte sich mit der Zeit ein regelrechter Wettstreit, wer die besten Waren an Gilles' Hof lieferte. Gilles' zügellose Freigiebigkeit hatte sich schnell herumgesprochen, so dass sich bei seinen fast allabendlich stattfindenden Festmahlen immer öfter zahlreiche Gäste aus der Umgebung einfanden, welche aus fadenscheinigen Gründen die Anwesen des Landesherrn aufsuchten. Bei der Wahl seiner Tischgäste soll Gilles nicht sehr anspruchsvoll gewesen sein, ihm ging es in erster Linie darum, seinen Reichtum zu präsentieren. Wenn es auch den Anschein hat, dass hinter Gilles' Verschwendungssucht ein fast krankhafter Geltungsdrang stand, könnte ich mir vorstellen, dass es noch andere Gründe dafür gab, dass der Edelmann sein gewaltiges Vermögen mit vollen Händen aus dem Fenster warf. Obwohl Gilles de Rais von unbändigem Standesdünkel durchdrungen war und glaubte, er müsse seine Untaten nur vor Gott rechtfertigen, spürte er womöglich, dass sein Leben sich in einer Abwärtsspirale befand und sich unvermeidlich auf einen Abgrund zubewegte. Seine innere Stimme flüsterte ihm wohl zu, dass kein Geld der Welt ihn von seinen Untaten reinwaschen konnte. Warum sollte er also nicht das Vermögen verprassen?

Obwohl Gilles de Rais Erbe eines gewaltigen Vermögens war, leerten sich bei seiner an den Tag gelegten Verschwendungssucht recht schnell die Kassen. Den endgültigen finanziellen Ruin sollten jedoch die sogenannten „Mysterienspiele vom Orléans" im Jahre 1435 bringen. Wie jedes Jahr feierte die Stadt Orléans am 8. Mai ihre Befreiung von den Engländern. Für die Feierlichkeiten von 1435 hatte sich Gilles de Rais in den Kopf gesetzt, der Volksheldin Jeanne d'Arc ein künstlerisches Denkmal zu setzen. Die üblichen Prozessionen während der Feierlichkeiten ließ Gilles mit den erwähnten Mysterienspielen ausschmücken. In diesen religiös geprägten Aufführungen wurde das von Gott berührte Bauernmädchen zu einer göttlichen Sendbotin hochstilisiert und der Sieg der französischen Truppen als eine Art göttliche Fügung dargestellt. Da die allgemeinen Feierlichkeiten die Stadtkasse schon enorm belasteten, bestritt Gilles die Ausgaben für die Mysterienspiele komplett aus eigener Tasche. Er ließ für die Darsteller neue, kostbar ausgestattete Gewänder herstellen, welche allerdings niemals zweimal getragen werden durften. Während der Darbietungen wurden die Zuschauer mit erlesenen Speisen und den edelsten Weinen verköstigt. Zudem ließ Gilles über den Zeitraum der gesamten Feierlichkeiten Almosen an die Armen verteilen.

Wenn die von Gilles de Rais veranstalteten Schauspiele in erster Linie die Erinnerung an Jeanne d'Arc wachhalten sollten, waren sie jedoch auch von Eigennutz geprägt. Gilles' Ansehen als Marschall von Frankreich und königlicher Berater war mit der Zeit verblichen. Die Feierlichkeiten von 1435 sollten an seine exponierte Stellung während der Befreiungskriege erinnern und seinen Ruf als engsten Vertrauten der Volksheldin Jeanne d'Arc im kollektiven Gedächtnis des französischen Volkes erneuern. Das gelang Gilles de Rais bravourös, allerdings waren nach den Feierlichkeiten von Orléans seine Kassen leer. Natürlich war es nicht so, dass Gilles jetzt völlig mittellos war. Allerdings hätte er seinen Lebensstil drastisch einschränken müssen, was für den prunksüchtigen Edelmann natürlich nicht in Frage kam. Schon seit längerem hatte Gilles sein ausschweifendes Leben mit Hypotheken, Landverkäufen, Schuldverschreibungen und ähnlichen Mitteln finanziert.

Gilles ' verzweifelte Versuche, seinen finanziellen Ruin aufzuhalten, nahmen seit jener Zeit seltsame Formen an. Der Edelmann nahm verschiedene Alchemisten in seinen Dienst und richtete diesen bestens ausgerüstete Labore ein. In jener Zeit war man noch fest davon überzeugt, aus unedlen Metallen Gold herstellen zu können. Anders als heute war die Alchemie ein anerkannter Wissenschaftszweig. Doch so sehr sich die von Gilles verpflichteten Männer bemühten, es war ihnen kein Erfolg beschert.

Nachdem der Versuch von Gilles' Alchemisten, den „Stein der Weisen" finden zu wollen, gründlich daneben gegangen war, verfiel der Edelmann auf die absurde Idee, mit den dunklen Mächten paktieren zu wollen, welche ihm zu neuen Reichtum verhelfen sollten. Sillé und Briqueville wurden beauftragt, einen Dämonenbeschwörer anzuheuern. Nach einigen Fehlschlägen mit solcherlei Leuten aus der näheren Umgebung, welche sich als Gaukler und Possenreißer herausstellten, schien im Frühjahr 1439 der ideale Mann gefunden zu sein. Der Priester Eustache Blanchet, welcher zu Gilles de Rais' religiösem Stab gehörte, hatte auf seinen ausgedehnten Reisen in Florenz den ehemaligen Geistlichen Prelati getroffen, welcher sich vorgeblich bestens auf Dämonenbeschwörung verstand. Jener Prelati, von der Aussicht auf reiche Belohnung angestachelt, erklärte sich sofort bereit, Blanchet nach Frankreich zu begleiten. Prelati war eine undurchsichtige Persönlichkeit. Laut eigenen Angaben hatte er zunächst Theologie studiert, sich dann aber anderen Künsten und Wissenschaften wie Poesie, Geomantie und auch Alchemie zugewandt. In allen diesen Fachbereichen hatte er es selbstredend zur Meisterschaft gebracht, was uns allerdings maßlos übertrieben erscheinen muss. Prelati war etwa 21 Jahre alt, als er in den Dienst von Gilles de Rais trat, zu jung, um mehrere Studiengänge absolviert zu haben. Jedoch muss er in seiner Jugend eine gute Erziehung genossen haben, denn er sprach neben Latein mehrere Fremdsprachen. Prelati war ein Hochstapler, ein Scharlatan, wurde aber nichtsdestotrotz von Gilles de Rais mit Begeisterung aufgenommen. Der junge Italiener war von einnehmendem Wesen und zudem ein guter Schauspieler. Mit glühenden Worten schilderte er seinem neuen Herren seine bisherigen Kontakte zur dunklen Welt, so dass Gilles schnell felsenfest davon überzeugt war, nun endlich den richtigen Mann gefunden zu haben, welcher ihm sein verschleudertes Vermögen zurückbringen konnte. Gilles ließ für Prelati eine Art Arbeitszimmer einrichten, wo die Dämonenbeschwörung vonstatten gehen sollte. Prelati verwandelte jenes Zimmer mit Geschick in eine Art „Hexenküche“, bedeckte Wände und Boden mit rituellen Symbolen und veranstaltete täglich seine Beschwörungen, welche vorgeblich auch von schnellem Erfolg gekrönt waren. Er berichtete seinem Herren von einem dämonischen Wesen, zu welchem er Kontakt aufgenommen hatte. Jenes Wesen sei jedoch sehr launisch und wollte sich auf keinen Fall dienstbar machen lassen. Gilles belohnte seinen „Hexenmeister“ mit immer größer werdenden Geldgeschenken, worauf dieser seinen Hokuspokus immer weiter auf die Spitze trieb. Gilles wurde jedoch langsam ungeduldig, da Prelati im Endeffekt keine wirklichen Ergebnisse lieferte. Jener vertröstete den Edelmann jedoch weiterhin auf seine bewährte Art und ließ es sich an Gilles’ Hofe gut gehen. Prelatis Scharlatanerie kam zugute, dass Gilles de Rais zwar verzweifelt versuchte, seine desaströsen finanziellen Verhältnisse mit schwarzer Magie zu verbessern, aber nie ernsthaft wagte, direkten Kontakt mit der dunklen Welt aufzunehmen. Bei den von Prelati veranstalteten Possen zur Dämonenbeschwörung war Gilles selten persönlich anwesend. Er zog es vor, vor verschlossener Türe zu warten. Ein Glücksfall für den selbsternannten Magier, welcher sich so lange Zeit an seinem Dienstherren bereichern konnte und in Gilles’ Anwesen ein sorgloses Leben führte. Es wurde zur Gewohnheit, dass der von Prelati als Barron bezeichnete Dämon durch Abwesenheit glänzte, sobald der Hausherr anwesend war. Stattdessen erschien er unverzüglich, sobald Prelati die Beschwörung allein vollzog. Damit sein Dienstherr ob der augenscheinlichen Scharlatanerie nicht misstrauisch wurde, bediente sich Prelati verschiedener Tricks. Er imitierte Stimmen, verursachte Lärm und warf Möbel um. Der vor Angst zitternde Gilles stand derweil vor dem verschlossenen Zimmer und lauschte dem vermeintlichen unheimlichen Tun. Alsbald erschien Prelati dann mit unordentlicher Kleidung und zerzausten Haaren, um von der Begegnung mit Barron zu berichten. Als das Treiben einmal besonders arg schien, nahm Gilles allen Mut zusammen und betrat das Zimmer. Er fand den verletzten Prelati am Boden, der ihm versicherte, dass Barron während dieser Beschwörung besonders bösartig gewesen sei und sich vehement geweigert habe, seine dämonische Macht in den Dienst von Gilles zu stellen. Der Scharlatan verfiel auf die Idee, dass möglicherweise ein Blutopfer den Dämon würde umstimmen können. Hühner und Tauben verschmähte dieser jedoch, worauf Prelati von Gilles ein Menschenopfer forderte. In seiner Verblendung ließ der Edelmann von seinen Spießgesellen einen Knaben ermorden und übergab Prelati Herz, Augen und Blut des unglücklichen Kindes. Da Prelati nun die Möglichkeiten erschöpft sah, seinen Dienstherren hinzuhalten, überreichte er Gilles einen Beutel mit schwarzem Pulver, welches von Barron stammen sollte. Gilles de Rais trug jenes Pulver wochenlang bei sich, wie es ihm der angebliche Dämon aufgetragen hatte. Da sich auch mit diesem Hokuspokus verständlicherweise nichts an Gilles’ finanzieller Misere änderte, wurde jener zunehmend ungeduldig und forderte Ergebnisse von Prelati. Dieser verfiel auf den Ausweg, dass Gilles einen Brief an Barron schreiben sollte, worin der Edelmann den Dämon nach seinen Wünschen fragte. Gilles schrieb diesen Brief, schloss aber vorsichtigerweise den Verkauf seiner Seele und die Verkürzung seines Lebens aus. Das schien dem Dämon wohl nicht akzeptabel, denn Gilles erhielt seinen Brief zurück und Barron erschien auch Prelati nicht mehr. Gilles de Rais verlor nun das Interesse an der Dämonenbeschwörung. Immerhin war es Prelati gelungen, den Edelmann an die anderthalb Jahre zu täuschen. Das mag uns sehr ungewöhnlich erscheinen, hatte allerdings noch andere Gründe. Prelati, ebenfalls homosexuell, hatte schnell die gleichgeschlechtliche Veranlagung seines Herrn erkannt und beide wurden ein Liebespaar. Gilles verfiel dem charmanten jungen Mann zusehends und ließ sich daher von dessen Tricks so lange täuschen.

Nachdem der Versuch, mit Hilfe von schwarzer Magie sein Vermögen zurückzugewinnen, gründlich gescheitert war, verlegte sich Gilles de Rais verstärkt darauf, Teile seiner immensen Ländereien zu verkaufen, um seinen Lebensunterhalt zu bestreiten. Er ging sogar noch einen Schritt weiter und begann, Grundbesitz zu veräußern, welcher sich von Rechts wegen im Besitz der Familie de Laval befand, ohne seine Verwandten um Zustimmung zu bitten. Jene wurden durch Gilles' Verhalten natürlich umgehend auf den Plan gerufen und versuchten mit allen Mitteln, das Familienerbe zu retten. Hierbei taten sich vor allem Gilles' Bruder René de La Suze sowie sein Vetter André de Laval-Lohéac hervor. Deren Versuche, Gilles zunächst mit diplomatischen Mitteln zur Vernunft zu bringen, scheiterten jedoch kläglich. Da es nicht möglich schien, den verschwenderischen Verwandten zur Vernunft zu bringen, reichte die gesamte Familie, einschließlich der getrennt lebenden Ehefrau Catherine, ein Gesuch beim französischen König ein. Jenem Gesuch wurde stattgegeben. Am 2. Juli 1435 erließ Karl VII. eine Verordnung, in welcher Gilles de Rais jegliche Veräußerung von Familienbesitz auf französischem Boden untersagt wurde. Immerhin ein Teilerfolg, allerdings lag ein großer Teil der Besitzungen im Hoheitsgebiet von Johann V., dem Herzog der Bretagne. Jener scherte sich wenig um die Belange von Gilles ' Familie. Vielmehr gehörte er zu den Nutznießern von Gilles' finanziellen Problemen. Ein weiterer Nutznießer war Jean de Malestroit, der Bischof und Kanzler der Bretagne, welcher später zum Richter über Gilles de Rais werden sollte. Da Malestroit die Schlüsselfigur im Prozess gegen Gilles war, werde ich an späterer Stelle noch einmal genauer auf seine Person eingehen. Herzog und Kanzler brachten mit einer Mischung aus List, Schmeicheleien, falschen Versprechungen und Lügen Gilles de Rais dazu, ihnen weitere Besitzungen zu verkaufen. Johann V. ging sogar so weit, Gilles zum Generalleutnant der Bretagne zu ernennen. Jener fühlte sich geschmeichelt, ahnte jedoch nicht, dass seine vorgeblichen Freunde bereits an seinem Untergang arbeiteten.

Gilles' Verwandte mussten fassungslos mit ansehen, wie immer größere Teile des Familienerbes den Besitzer wechselten. René de La Suze und André de Laval-Lohéac entschlossen sich schließlich zu drastischen Maßnahmen, um die Burgen und Ländereien der Familie zu retten. Sie besetzten mit ihren Soldaten zunächst die Burg Champtocé, um diese vor der Veräußerung zu bewahren. Die Bestrebungen der beiden Männer beeindruckten Gilles jedoch wenig: Im Januar 1438 verkaufte er die besetzte Burg an Johann V. Bevor der Herzog Champtocé in Besitz nahm, setzte Gilles de Rais alles daran, die Burg noch einmal kurzfristig in seine Hand zu bekommen. Er verhandelte im Geheimen sogar mit seinem Bruder. René de La Suze erhielt schließlich siebentausend Goldtaler sowie die Ortschaft La Mothe-Archard. Man inszenierte einen abgekarteten Handstreich, in dem Gilles' Männer die Burgbesatzung überwältigten.

Was zunächst unsinnig erscheint, hatte für Gilles einen triftigen Grund. In einem Turm der Burg waren die Überreste von etwa 40 ermordeten Kindern versteckt. Obwohl sich Gilles als Adliger für so gut wie unangreifbar hielt, konnte er sich doch lebhaft ausmalen, was geschehen würde, wenn die Männer des Landesherren die Kinderleichen entdecken würden. Nur wenige Tage vor der Übernahme Champtocés durch Johann V. schickte Gilles seine treuen Spießgesellen zu der Burg und ließ im Schutze der Dunkelheit die Skelette nach Machecoul bringen. Da Gilles auf dieses Anwesen ebenfalls einen Angriff seiner Verwandtschaft fürchtete, wurden die dort versteckten Kinderleichen zusammen mit denen aus Champtocé verbrannt. Aus den Verhörprotokollen des Dieners Poitou geht hervor, dass aus Champtocé 46 Skelette fortgebracht wurden, welche gemeinsam mit den etwa 80 Skeletten aus Machecoul vernichtet wurden. Das macht insgesamt 126, was der allgemein gültigen Opferzahl von 140 bedauernswerten Kindern schon recht nahekommt. Gilles' Vorsicht war nicht unbegründet, sein Bruder nahm tatsächlich die Festung Machecoul ein. Allerdings waren Gilles' Helfer nicht gründlich genug gewesen. La Suzes Männer entdeckten noch die sterblichen Überreste von zwei Knaben, eine Tatsache, welche die Gerüchte über Gilles' Untaten weiter anheizten.

Obwohl sich Gilles de Rais vor der weltlichen Gerechtigkeit wenig fürchtete, hatten doch die Mühlen des Gesetzes schon vor längerer Zeit begonnen zu mahlen. Das sich häufende Verschwinden von Kindern, in der Mehrheit Knaben, war in der Bevölkerung nicht unbemerkt geblieben. Um Bettel- und Waisenkinder wurde kein großes Gewese gemacht, es waren aber vermehrt auch Kinder aus intakten Familien, welche spurlos verschwanden. Sicherlich kam es vor, dass Kinder von zu Hause ausrissen, welche sich Vagabunden oder Gauklern anschlossen. Die sich mehrenden Fälle hatten jedoch Bevölkerung und Obrigkeit sensibilisiert. Schon seit längerem war Gilles des Rais in den Verdacht geraten, mit dem Verschwinden der Kinder in Verbindung zu stehen. Grund dafür war das unerwartete Ableben vieler seiner jungen Diener. Gilles' Schergen, Sillé und Briqueville, waren immer auf der Suche nach neuen Opfern für ihren Herrn. Sie gaukelten den Eltern die schillernde Zukunft ihrer Sprösslinge am Hofe Gilles de Rais' vor. Jene Eltern gaben ihre Kinder dann bereitwillig in die Hände dieser gewissenlosen Männer. Die Knaben wurden zunächst auf Gilles' Anwesen verwöhnt, bekamen schöne Kleider und durften sogar mit den Herren am Tisch speisen. So mancher Knabe, welcher sich zunächst im Himmel wähnte, sah sich kurz darauf mit der Hölle konfrontiert. Wenn dann die Eltern der bereits ermordeten Knaben zu Gilles'

Anwesen kamen, um ihre Kinder zu besuchen, wurde ihnen weisgemacht, dass sich jene gerade auf einer der anderen Burgen von Gilles befanden. Nach mehrmaligem Hinhalten wurde den Eltern dann mitgeteilt, dass ihre Kinder unerwartet verstorben oder einem tödlichen Unfall zum Opfer gefallen waren. Die unglücklichen Eltern wurden mit einer großzügigen finanziellen Entschädigung bedacht, was die meisten ruhigstellte. Doch die plötzlichen Todesfälle und Unfälle häuften sich derart, dass Gerüchte über das unheimliche Treiben auf Gilles' Burgen die Runde machten.

Da sich die Beschwerden über das Verschwinden von Kindern mit den Jahren gehäuft hatten, war der Kanzler Jean de Malestroit von Johann V. beauftragt worden, dem Verdacht nachzugehen. Beide Männer agierten mit Sicherheit nicht uneigennützig, da bei einer Verurteilung von Gilles dessen persönliche Besitzungen an die Obrigkeit fallen würden. Wir wissen heute, dass Malestroit schon des Längeren über Gilles' Untaten im Bilde war. So lange der Edelmann noch über attraktive Besitzungen verfügte, für die sich Malestroit interessierte, ließ er Gilles gewähren. Was kümmerten den Kanzler schon einige weitere ermordete Knaben, wenn wertvolle, günstig zu erwerbende Ländereien winkten? Denn obwohl Kanzler der Bretagne und zudem Bischof von Nantes war Jean de Malestroit ein skrupelloser Mensch, der nur an seinen Vorteil dachte. Aus gutem Hause stammend, war es für den zielstrebigen Malestroit leicht, in eine Schlüsselposition am Hofe von Johann V. zu gelangen. Obwohl wenig religiös, schlug Malestroit aus taktischen Gründen frühzeitig die geistliche Laufbahn ein. Im Jahr 1405 wurde er zum Bischof von Saint-Brieuc ernannt. Aus dieser Position heraus häufte er in der Folgezeit eine Vielzahl von geistlichen wie weltlichen Ämtern an. Er wurde in den „Großen und Geheimen Rat" des Herzogs berufen und auf Grund seines Rufes als Finanzexperte mit weiteren wichtigen Ämtern betraut, welche die finanziellen Belange des Herzogtums regelten. Seit 1406 war er Generalgouverneur der Finanzen und ab 1408 gar Präsident des Rechnungshofes. Seinen kometenhaften Aufstieg verdankte Malestroit nicht zuletzt der Tatsache, dass Johann V. noch sehr jung war, als er zum Herzog berufen wurde. Der junge Herzog vertraute seinem Ratgeber fast blind, ohne zu ahnen, dass jener nur aus selbstsüchtigen Gründen agierte. Verschiedene Historiker sind sogar der Ansicht, dass Malestroit der eigentliche Herrscher der Bretagne war und den Herzog wie eine Marionette dirigierte.

Ab Juli 1440 begann sich die Schlinge des Gesetzes enger um Gilles de Rais zu schließen. Anscheinend hatten sich der Herzog und sein Kanzler alle ihnen wichtig erscheinenden Besitzungen des Edelmannes angeeignet, denn am 28. Juli 1440 veröffentlichte Malestroit offiziell die Resultate der bis dahin verdeckt geführten Untersuchungen gegen Gilles de Rais. Ein Vorfall in der Kirche von Saint-Étienne hatte das Maß von Gilles' Verfehlungen endgültig voll gemacht. Gilles war mit sechzig bewaffneten Männern in die Kirche eingedrungen, um den Geistlichen Jean Le Ferron zur Rede zu stellen, welcher ihn angeblich geschäftlich übervorteilt hatte. Es kam dabei auch zu Handgreiflichkeiten. Pech für Gilles war nur, dass der Geistliche zudem der Bruder eines hohen Beamten am Hof Johanns V. war. Der Herzog fühlte sich persönlich beleidigt und beauftragte Kanzler Malestroit, Gilles de Rais nun endgültig das Handwerk zu legen. Am 15. September 1440 wurde Gilles verhaftet. Zeitgleich kamen Prelati, Eustache Blanchet sowie die Kammerdiener Henriet und Poitou in Haft. Guillaume de Sillé und Roger de Briqueville hatten irgendwie von der bevorstehenden Verhaftung erfahren und sich vorher abgesetzt. Beide wurden für ihre Beihilfe bei Gilles' Untaten nie rechtlich belangt. Briqueville wurde im Jahre 1446 sogar vom französischen König von jeglicher Mitschuld an Gilles de Rais' Taten freigesprochen.

Gilles musste am 19. September 1440 zum ersten Mal vor seinen Richtern erscheinen. Er wurde in einer Art kombiniertem weltlichen wie kirchlichen Prozess angeklagt, eine übliche Vorgehensweise der damaligen Zeit. Malestroit hatte es so arrangiert, dass Gilles zunächst nur wegen Ketzerei und Verletzung der kirchlichen Immunität angeklagt wurde. Ein schlauer Schachzug: Da Gilles schon viel für die Kirche getan hatte, glaubte er zunächst, dass der Prozess ein günstiges Ende für ihn nehmen würde. Während der inhaftierte Gilles voller Hoffnung war und sich keinerlei Strategie überlegte, wie er auf mögliche Mordvorwürfe reagieren sollte, vernahmen die weltlichen Ankläger eine Vielzahl von Zeugen zu den Kindermorden. Am 8. Oktober musste Gilles erneut vor Gericht erscheinen. Die nun vorgebrachten Anklagepunkte wie Mord, Kindesmissbrauch, Dämonenbeschwörung, Ketzerei und Verletzung der kirchlichen Immunität trafen ihn wie ein Schlag. Gilles war geschockt, da ihm dass Gericht zudem mit Exkommunizierung drohte. Der Angeklagte bestritt zunächst alle ihm vorgeworfenen Taten, was ihm allerdings nicht viel nützte. Während des nächsten Verhandlungstages, am 13. Oktober, wurde die komplette Anklage verlesen, welche sich in 49 einzelne Abschnitte gliederte. Da zwischen den einzelnen Verhandlungstagen immer eine gewisse Zeitspanne lag, hatte sich die Unmut des Angeklagten anstauen können, welcher erst spät das ganze Ausmaß des Prozesses erkannte. Es war zweifelsohne Malestroit, der den Prozess so lenkte, dass es am dritten Verhandlungstag zu einem gewaltigen Wutausbruch von Gilles de Rais kam. Er beschimpfte Richter wie Geistliche als Hurenjäger und Ablassverkäufer, was dem kirchlichen Teil des Tribunals das Recht gab, ihn sofort zu exkommunizieren. Bisher hatte Gilles seine Untaten wohl immer noch als Privileg des Adels empfunden; angesichts der Bedrohung seines Seelenheils brach er aber nun völlig zusammen. Zwei Tage später musste Gilles erneut vor seinen Richtern erscheinen. Jenen bot sich nun ein gänzlich anderes Bild des Angeklagten. Dieser war reumütig und entschuldigte sich für die Beleidigungen gegenüber dem Gericht. Die Angst vor der göttlichen Strafe hatte Gilles wohl zur Besinnung kommen lassen. Ihm war klar geworden, dass der Prozess kein gutes Ende für ihn nehmen würde. Mit einem umfangreichen Geständnis hoffte Gilles, seine Richter milde zu stimmen. Unter Tränen gestand er die ihm vorgeworfenen Taten und flehte um ein gnädiges Urteil. Nur im Anklagepunkt der

Das Tribunal von Gilles de Rais.

Dämonenbeschwörung widersprach Gilles der Anklage und erklärte, gemeinsam mit Prelati nur herkömmliche Alchemie betrieben zu haben. Das Gericht war zunächst zufrieden und hob die Exkommunizierung wieder auf.

Am 16. bzw. 17. Oktober wurden die Mitangeklagten Prelati, Blanchet sowie die Kammerdiener Henriet und Poitou im Beisein ihres früheren Herren verhört. Alle belasteten Gilles de Rais mit ihren Aussagen schwer. Es waren neben Gilles' eigenen Geständnissen die Aussagen von Henriet und Poitou, welche Licht in die verbrecherischen Machenschaften des Edelmannes brachten. Allerdings müssen die Aussagen der beiden Kammerdiener objektiv betrachtet werden. Gilles war zwar ein zutiefst verderbter Mensch, jedoch haben Henriet und Poitou bei den Schilderungen der Kindermorde mit Sicherheit stark übertrieben. So wollten sie von der Rolle ablenken, die sie selbst bei den Blutorgien ihres Herrn gespielt hatten. In den nächsten Tagen wurden immer weitere Zeugen vor Gericht geladen, wobei nun das ganze Ausmaß von Gilles' Untaten zu Tage trat. Jene Zeugen, meist einfache Leute, widersprachen sich jedoch zum Teil in ihren Aussagen, worauf am 20. Oktober vom Gericht die hochnotpeinliche Befragung, sprich Folter, des Angeklagten angeordnet wurde. In den Gerichtsakten hieß es, dass damit „die Wahrheit vollkommen zu erhellen und auszuforschen" sei. Die hochnotpeinliche Befragung wurde für den 21.Oktober angesetzt. Angesichts der Folterwerkzeuge brach der einst so stolze Gilles de Rais endgültig zusammen. Er bettelte, ihm die Folter zu ersparen und bat flehentlich um eine Anhörung außerhalb des Folterzimmers. Dies wurde ihm auch gewährt, worauf Gilles ein umfangreiches Geständnis ablegte. Er erklärte sich in allen Anklagepunkten schuldig und legte so sein Schicksal in die Hände des Gerichtes. Das Schuldeingeständnis war der Obrigkeit allerdings nicht genug, zu groß war das öffentliche Interesse am Prozess gegen Gilles de Rais. So wurde jener am 22. Oktober in Nantes der Öffentlichkeit präsentiert. Unter den Schaulustigen waren viele Eltern seiner Opfer, welche eine Erklärung oder wenigstens eine Entschuldigung erwarteten. Tränenüberströmt und von Schluchzen unterbrochen schilderte Gilles seine Verbrechen. Allerdings redete er sich um Kopf um Kragen, er ließ kein Detail seiner perversen Machenschaften aus. Die geschockten Eltern wandten sich angewidert ab. Doch Gilles wusste zu diesem Zeitpunkt schon, dass er keine Milde von Seiten der menschlichen Gerechtigkeit erfahren konnte. Wohl aus diesem Grunde begann Gilles seine schrecklichen Taten zu glorifizieren. Er beschrieb die Einzelheiten seiner Verbrechen detailliert und schien sie für sich selbst noch einmal ausleben zu wollen. Hier zeigte sich ganz deutlich seine gestörte Psyche. Er empfand keine wirkliche Reue. Die von Gilles vor Gericht zur Schau gestellte Demut entsprang nur seiner Angst vor der göttlichen Bestrafung, moralisch gesehen vermochte er zu keiner Zeit Verantwortung für seine Taten zu übernehmen.

Am 25. Oktober fällte der geistliche Teil des Gerichtes sein Urteil. Gilles de Rais wurde in allen Anklagepunkten für schuldig befunden und erneut exkommuniziert. Auf Knien flehend bat der Angeklagte darum, dass die Exkommunizierung aufgehoben werde. Nach reiflicher Überlegung gaben die Kleriker seinem Flehen nach und legten sein weiteres Schicksal in die Hände des weltlichen Gerichtes, welches ihn umgehend zum Tode verurteilte. Die Kammerdiener Henriet und Poitou wurden ebenfalls zum Tode verurteilt. Die Hinrichtung der Verurteilten fand am 26. Oktober 1440 statt. Die letzte Bitte Gilles' an seine Richter war es, vor seinen Dienern gehenkt zu werden, damit jene nicht glaubten, er werde auf Grund seiner adligen Abstammung letztendlich doch noch verschont. Diese Bitte wurde ihm gewährt. Gefasst trat Gilles vor den Henker. Sekunden später war die Bestie der Bretagne tot.

Schon kurz nach Gilles de Rais' Tod begann die Legendenbildung einzusetzen. Obwohl die Gerichtsakten in großer Zahl kopiert und veröffentlicht wurden, waren es eher die mündlichen Überlieferungen im Volke, welche immer weiter ausgeschmückt wurden. So wurden immer größere Opferzahlen genannt und auch die Opfergruppen mehrten sich. Obwohl das Gericht festgestellt hatte, dass Gilles in einigen Fällen auch junge Mädchen ermordet hatte, wurde nun behauptet, dass zudem schwangere Frauen seine Opfer waren. Außerdem soll er das Blut seiner Opfer als Tinte verwendet haben, um damit satanische Bücher zu schreiben. Als ob Gilles de Rais nicht schon genügend Unheil verursacht hatte, wurden ihm immer neue Schandtaten angehängt. Aus diesem Grund wurden im Zeitalter der Aufklärung Stimmen laut, die behaupteten, dass Gilles womöglich unschuldig gewesen und einer Intrige zum Opfer gefallen sei. Bekanntester Verfechter dieser Ansichten war der bekannte französische Autor Voltaire, welcher in einem seiner Werke schrieb: „Den Marschall de Retz hat man umgebracht.“[5)]

Des Weiteren erging sich Voltaire ausführlich darin, dass Gilles wohl ein Opfer politischer Intrigen wurde. Zweifelsohne waren im Verfahren gegen Gilles Fehler gemacht worden und den Eigennutz von Herzog Johann V. sowie seines Kanzlers Malestroit haben wir schon ausführlich erörtert. Ab dem 19. Jahrhundert betrieben Historiker dann ernsthafte Forschungen über den Fall von Gilles des Rais. Lange verschollen geglaubte Schriftstücke wurden wiederentdeckt und die erhalten gebliebenen Prozessakten nach modernen Gesichtspunkten neu begutachtet. Hervorzuheben sind in diesem Zusammenhang besonders Abbé Eugène Bossard und der Archivar René de Maulde, welche ihre umfangreichen Forschungen zum Themenkomplex Gilles de Rais im Jahre 1885 unter dem Titel „Gilles de Rais, Maréchal de France, dit Barbe bleue“ veröffentlichten. Darin wurden auch die entscheidenden Ermittlungs- und Prozessakten erstmals einem breiteren Publikum zugängig gemacht. Weiterhin wurden in den folgenden Jahren vermehrt medizinische und psychiatrische Dissertationen zum Fall Gilles de Rais veröffentlicht. So versuchte Frédéric Henri Bernelle 1910 in seiner Arbeit „La psychose de Gilles de Rais, sire de Laval, maréchal de France“ eine medizinische Erklärung für Gilles' Taten zu finden und eine möglicherweise eingeschränkte Schuldfähigkeit des Edelmannes zu beweisen. Auf die von Bernelle vermutete Alkoholsucht oder eine etwaige unbehandelte Syphilis werde ich an späterer Stelle noch einmal eingehen, wenn ich selbst versuchen werde, Antworten auf Gilles unbegreifliche Taten zu finden.

Die heutige Geschichtsschreibung ist sich sicher, dass Gilles de Rais die ihm vorgeworfenen Taten auch begangen hat. Doch was war der Grund für sein unvorstellbares Handeln?
Gilles gab in den Verhören mehrfach zu Protokoll, dass er seine Taten aus reinem Vergnügen zur fleischlichen Ergötzung und aus keinem anderen Grund begangen habe. Seine Aussagen lassen auf eine sadistische Veranlagung mit ausgeprägter narzisstischer Persönlichkeitsstörung schließen. Ich will Gilles' Taten mit Sicher-

heit nicht entschuldigen, wir müssen ihm jedoch zu Gute halten, dass er neben seiner Persönlichkeitsstörung ein typisches Kind seines Standes war. Der ausgeprägte Standesdünkel des Adels suggerierte Gilles, über den „normalen“ Menschen zu stehen. Er entstammte einer der bedeutendsten Adelslinien Europas und fühlte sich rechtlich wie moralisch unangreifbar. Insgesamt kann man sagen, dass Gilles de Rais eine zutiefst psychologisch gestörte Persönlichkeit war. Das ging auch aus einem juristischen Gutachten hervor, welches Gilles' Familie nach seinem Tod veröffentlichen ließ. Darin hieß es unter anderem: „Jeder wusste, dass er ein notorischer Verschwender war und weder Sinn noch Verstand hatte, da sein Geist oft gestört war, und oft brach er in aller Frühe auf und ging ganz allein durch die Straßen, und wenn man ihm vorhielt, das sei nicht gut, gab er noch verrücktere und unsinnigere Antworten als sonst.“[6]
Dass Gilles de Rais eine krankhafte Psyche besaß, ist wohl nicht von der Hand zu weisen. Zudem wurde ein entscheidender Grundstein für sein späteres Verhalten wahrscheinlich schon in frühester Jugend durch seinen Großvater Jean de Craon gelegt. Gilles konnte mit ansehen, wie dieser seine soziale Stellung schamlos ausnutzte, um sich immer mehr zu bereichern. Für den Heranwachsenden erschien es auch völlig normal, persönliche Angelegenheiten mit Gewalt zu lösen. Auf Gilles de Rais' gestörtes Sexualverhalten hatte sein Großvater ebenfalls Einfluss. Dieser hatte die gleichgeschlechtlichen Tendenzen seines Enkels frühzeitig bemerkt und versucht, seinen Enkel sozusagen auf den „rechten Weg“ zu bringen. Dazu fiel ihm nichts Besseres ein, als den gerade mal vierzehnjährigen Jungen dazu anzustacheln, eine Dienstmagd zu vergewaltigen. Dieses erste Erlebnis sollte prägend für den jungen Mann sein, welcher zukünftig Sexualität immer in Verbindung mit Gewalt sah. Diese Vorstellung wurde später in den Kriegen, an welchen Gilles de Rais teilnahm, noch verstärkt. Die mittelalterlichen Kriegszüge waren von unvorstellbaren Grausamkeiten an der Zivilbevölkerung geprägt. Frauen mussten mit ansehen, wie Soldaten ihre Kinder erschlugen, wurden anschließend vergewaltigt und selbst ermordet. Blutvergießen, Mord, Verstümmelung und Vergewaltigungen waren an der Tagesordnung. So stumpften die Soldaten immer mehr ab und wurden zu gefühllosen Tötungsmaschinen. In manchen wurden aber auch versteckte Triebe geweckt, nach immer mehr Sex und Tod zu gieren. Solch eine Art sexueller Sadist scheint auch Gilles de Rais gewesen zu sein. Das verdeutlichte auch eine Aussage seines Kammerdieners Poitou, in welcher es hieß: „Besagter Gilles de Rais rühmte sich manchmal, daß er mehr Lust darin empfinde, Knaben und Mädchen zu töten oder ihnen den Hals abzuschneiden oder sie töten zu lassen und sie schmachten und sterben zu sehen, ihre Köpfe und Gliedmaßen zu zerstückeln und das Blut fließen zu sehen, als wenn er Unzucht mit ihnen triebe.“[7]

Gilles' erhöhten Drang zum Alkohol als Triebfeder für seine Untaten zu sehen, wie es der bereits erwähnte Frédéric Henri Bernelle vermutete, ist meiner Ansicht nach nur bedingt richtig. Sicherlich wirkt Alkohol enthemmend und im gewissen Maße luststeigernd, als Grund für Gilles' unvorstellbare Grausamkeiten scheidet Alkoholmissbrauch jedoch aus. Auch die Vermutung Bernelles, dass Gilles de Rais an einer unbehandelten Syphilis litt, ist rein hypothetisch. Bei der Syphilis handelt es sich um eine Geschlechtskrankheit, welche fast ausschließlich durch Geschlechtsverkehr übertragen wird. Eine nicht erkannte, unbehandelte Syphilis kann im letzten Krankheitsstadium zu Lähmungen, Schmerzanfällen, Empfindungsstörungen und Reflexausfällen führen, geht schließlich in Demenz über und endet mit dem Tod des Betroffenen. Im Falle von Gilles de Rais ist von solchen Krankheitsbildern nichts bekannt. Wenn auch eine Geschlechtskrankheit als Ursache der Taten von Gilles de Rais ausgeschlossen werden kann, ist ein medizinischer Aspekt, wie beispielsweise eine Hirnerkrankung, nicht gänzlich auszuschließen. Da ich auf diesem Gebiet aber beileibe kein Fachmann bin, möchte ich darauf nicht weiter eingehen.

Ich persönlich bin der Meinung, dass es noch einen anderen Grund für Gilles de Rais' unvorstellbares Handeln gab. Wenn es zunächst auch recht unglaubwürdig erscheint, hat Gilles' Entwicklung zum Massenmörder wohl auch mit seinem Verhältnis zu Jeanne d'Arc zu tun. Bei meinen umfangreichen Recherchen bin ich zu der Ansicht gelangt, dass sie so etwas wie das Idealbild eines Menschen für Gilles darstellte. Welche unwiderstehlichen Reize waren es, die jenes jungfräuliche Bauernmädchen auf einen gestandenen Mann wie Gilles de Rais ausübte?

Bekanntermaßen war Gilles bisexuell, wenn auch mehr dem eigenen Geschlecht zugetan. Seiner Ehefrau soll er nur äußerst selten beigewohnt haben und die wenigen Male dienten wohl nur der Zeugung eines Erben. Die Faszination, welche Jeanne d'Arc auf Gilles ausübte, lag sicherlich in ihrer androgynen Ausstrahlung, von der uns aus mittelalterlichen Quellen mehrfach berichtet wird. Der Edelmann soll geradezu überwältigt gewesen sein, als er das einfache Bauernmädchen zum ersten Mal erblickte. Jeanne trug zu jenem Zeitpunkt bereits ausschließlich Männerkleidung, welche ihre weiblichen Formen verbarg. Zudem trug sie ihr Haar in einer Art Puddingform, einem sehr beliebten Männerhaarschnitt der damaligen Zeit. Die Mischung aus männlicher Kleidung und Frisur, gepaart mit ihrem lieblichen Gesicht und der weiblichen Stimme, muss ungemein anziehend auf Gilles gewirkt haben. Jeanne scheint für ihn die Erfüllung seiner verborgensten Sehnsüchte gewesen zu sein, ein Wesen, halb Frau, halb Mann. Später wurde dieser Eindruck noch verstärkt, da Jeanne d'Arc in der Öffentlichkeit meistens eine speziell für sie angefertigte Rüstung trug und sich vor den Soldaten eines energischen Befehlstons bediente. Obwohl verschiedene mittelalterliche Quellen von einem engen Verhältnis zwischen den beiden so unterschiedlichen Menschen fabulieren, ist kein konkreter Hinweis erhalten, dass Jeanne Gilles in irgendeiner Form bevorzugte. Die Schwärmerei des Edelmannes für jene so außergewöhnliche junge Frau muss also wohl eher einseitig gewesen sein. Dass Gilles womöglich ein Ebenbild von Jeanne d'Arc suchte, ist aus Zeugenaussagen ersichtlich. Darin hieß es mehrfach, dass die verschwundenen Knaben besonders weiße Haut hatten. Jenes Schönheitsmerkmal war für die Frauen des Mittelalters besonders wichtig und Jeanne d'Arc wird darin keine Ausnahme dargestellt haben. Die Knaben mussten zudem sehr hübsch und von schlanker Gestalt sein. Wenn auch nichts davon überliefert ist, könnte ich mir vorstellen, dass die wenigen von Gilles ermordeten Mädchen eine eher knabenhafte Figur besaßen. Er suchte nach einem androgynen Wesen wie Jeanne, was eher selten zu finden ist.

Dass Gilles de Rais einen „Ersatz" für Jeanne d'Arc suchte und die ausgewählten Kinder dennoch auf bestialischste Weise tötete, erscheint zunächst ein unlösbarer Widerspruch. Wir dürfen dabei aber nicht seine zutiefst gestörte Psyche vergessen. Gilles hatte Jeanne d'Arc zwar selbst auf ein Podest der Unerreichbarkeit gestellt, verzehrte sich aber im Gegenzug danach, sie sexuell zu besitzen. Diese gegensätzlichen Triebe konnte er später an den unschuldigen Kindern ausleben. Er ergötzte sich zunächst an deren jugendlicher Schönheit, um sie anschließend zu missbrauchen. Wie bereits erwähnt, wurde in Gilles' Vorstellung schon frühzeitig der Zusammenhang zwischen Sexualität und Gewalt eingepflanzt, welcher im Krieg noch verstärkt wurde. Seine militärischen Erfahrungen waren wohl auch ein wesentlicher Bestandteil von Gilles' Entwicklung zum Serienmörder. Moderne Psychologen gehen davon aus, dass eine militärische Ausbildung die Sichtweise der Dinge grundlegend verändern kann. Der Soldat lernt die Gefühle anderer zu ignorieren und wird zunehmend desensibilisiert. Dem sexuellen Serienmörder, wie Gilles de Rais einer war, geht es vordergründig nicht um den Geschlechtsakt. Er will vielmehr seine Opfer beherrschen, sich an dessen völligem Ausgeliefertsein erregen. Möglicherweise hatte Gilles dieses Gefühl von Macht im Krieg erregt und er versuchte später bei den Kindermorden, es erneut zu verspüren. An Gilles' Verhalten lässt sich auch das völlige Fehlen von Empathie erkennen. Das Leiden seiner Opfer berührte ihn in keinster Weise. Das ist typisch für Täter vom Schlage eines Gilles de Rais. Im Moment der Tat sieht der Peiniger sein Opfer nicht als Mensch, vielmehr als Objekt, das es zu schänden, zu ermorden und zu verstümmeln gilt.

Zusammenfassend kann man sagen, dass Gilles' Untaten aus mehreren Motiven heraus verübt wurden. In erster Linie war er ein sexueller Sadist, zudem von einer inneren Zerrissenheit getrieben, welche seine übertriebene Frömmelei erklärt. Die Auswahl der Opfer hatte aber zweifelsfrei mit seinem Verhältnis zu Jeanne d'Arc zu tun. Jene erschien Gilles fast als Heilige, ließ aber auch unterschwellige sexuelle Gelüste in ihm anstauen.
Menschliche Bestien wie Gilles de Rais werden nicht geboren, vielmehr durchlaufen sie mehrere Stufen, bis sich ihre pathologische Veranlagung vollständig ausgeprägt hat. Bei Gilles war es zuerst seine zügellose Erziehung durch den Großvater,

Die Person Gilles de Rais wird immer mit der Legende von Ritter Blaubart verknüpft bleiben.

welcher seinem Enkel suggerierte, durch seine adlige Abstammung jenseits von Recht und Moral zu stehen. Der Krieg ließ Gilles weiter verrohen und ihn jeglichen Respekt vor dem menschlichen Leben verlieren. Betrachtet man Aussagen von Serienmördern der Neuzeit, ist schnell zu erkennen, dass diese Menschen keinerlei Schuldgefühle haben, ihre Wut herauszulassen und ihre Triebe zu befriedigen. So war es auch bei Gilles de Rais. Hätte nicht die Obrigkeit seinem Treiben Einhalt geboten, wären die Morde an unschuldigen Kindern weitergegangen. Nach heutigen Maßstäben würden Psychologen bei Gilles eine dissoziale Persönlichkeitsstörung diagnostizieren. Nach der „Internationalen Klassifikation psychischer Störungen" der Weltgesundheitsorganisation beinhaltet diese Störung folgende Symptome: Gemütsarmut, Verantwortungslosigkeit/Missachtung sozialer Normen, Unvermögen zum Beibehalten längerfristiger Beziehungen, geringe Frustrationstoleranz, niedrige Schwelle für aggressives/gewalttätiges Handeln, Unfähigkeit zum Erlernen von Schuldbewusstsein oder Lernen aus Strafen.[8)]

Treffender kann man die Person des Gilles de Rais wohl nicht beschreiben!

Die Pestdörfer an den Zschirnsteinen

Über die Sächsische Schweiz, nur etwa eine Autostunde von der sächsischen Landeshauptstadt Dresden entfernt, gibt es ein wahres Sammelsurium von Mythen und Legenden. Besonders spannend finde ich die Geschichte „Wie die Pest in Schmilka über die Elbe fuhr". Dort heißt es:

„Es war im Dreißigjährigen Krieg. Da saß der Fährmann von Schmilka noch spätabends am Elbufer in seinem Kahn und flickte Netze. Plötzlich kam jemand auf dem Anlegebrett geschritten, ein Fremder in welscher Tracht. Der Alte wunderte sich, denn er hatte im Ufersand keine Schritte vernommen. Und auch jetzt war's nicht geheuer, man hörte den Fremden nicht auftreten, nur das Brett schwankte. Er trat in den Kahn, sagte kein Wort, sondern zeigte nur mit dürren Fingern herrisch nach dem anderen Ufer. Dem Fährmann war es doch etwas unheimlich zumute, aber er stakte los. Als der Fremde ihm einmal das Gesicht zudrehte, sah er, dass es graugelb und mager war. Gar kein Fleisch war drin und die Augen lagen in tiefen Höhlen. Er war sehr gut gekleidet, alles vom feinsten Stoff, nur dass er nichts Buntes an sich hatte wie viele andere Fremde. Alles war schwarz, was er trug. Dabei schien's, als ginge eine eisige Kälte von ihm aus. ‚Wo der wohl zu so später Stunde noch hin will?', dachte der Fährmann, ‚weit wird der nicht mehr kommen, höchstens bis nach Stolzenhain.' Als sie am anderen Ufer angekommen waren, warf ihm der unheimliche Fremde ein Goldstück zu und sprang aus dem Kahn. Völlig lautlos schritt er über die Kiesel und auf der Wiese bog sich das Gras nicht, wenn er hintrat. Ganz plötzlich, am ersten Weidenbusch, war er wie ein Spuk verschwunden. Nur eine grau-gelbe Staubwolke war noch zu sehen, die den steilen Uferweg hinaufschwebte und im Abenddunst zerrann. Am nächsten Tag brach in Stolzenhain die Pest aus. Auch die umliegenden Orte wurden von der schrecklichen Seuche heimgesucht, doch nirgendwo wütete sie so schlimm wie in Stolzenhain. Es starben mehr Menschen, als man beerdigen konnte. In allen Häusern lagen graugelbe, beulige Leichen. Nach ein paar Tagen lebte in Stolzenhain niemand mehr."[9)]

Von meiner Frau, welche in Reinhardtsdorf in der Sächsischen Schweiz aufgewachsen ist, erfuhr ich, dass sie bereits als Kind von den sogenannten Pestdörfern an den Zschirnsteinen gehört hatte. Hinter der Legende vom unheimlichen Mann in Schmilka musste also ein Körnchen Wahrheit stecken.
Laut volkstümlichen Überlieferungen waren es neben dem erwähnten Stolzenhain die Siedlungen Kühlemorgen und Steinhütten, welche von der Pest heimgesucht wurden. Bei jenen Ortschaften handelte es sich vermutlich um Bergarbeitersiedlungen. An den Zschirnsteinen befand sich ein nicht tief liegendes Brauneisenerzvorkommen, welches in Abbaumulden gewonnen werden konnte. Mit geübtem Auge lassen sich vor Ort noch heute jene Mulden erkennen. In diesem Zusammenhang ist auch die Ortschaft Kleingießhübel am Fuße des Kleinen Zschirnstein zu sehen. Obwohl schriftliche Hinweise fehlen, hat sich laut mündlichen Überlieferungen nahe der Ortschaft am Krippenbach ein Hammerwerk befunden. Dort wurde bis in das frühe 16. Jahrhundert das an den Zschirnsteinen gewonnene Brauneisenerz verarbeitet. Zu jener Zeit führte die „Alte Tetschener Straße" an Kleingießhübel vorbei, eine wichtige mittelalterliche Handelsroute, welche von Pirna über Königstein, Tetschen und Aussig bis nach Prag führte. Das heute eher unscheinbare Örtchen Kleingießhübel war im 15. Jahrhundert eine für damalige Zeiten bedeutende Metropole für Eisengewinnung und Handwerk. So ist es nicht verwunderlich, dass in jener Zeit weitere Siedlungen im Umfeld der Zschirnsteine entstanden.
An die Ortschaft Steinhütten erinnert heute noch der sogenannte Steinhüttenborn, eine Quelle, welche vermutlich schon den mittelalterlichen Dorfbewohnern das lebensnotwendige Wasser spendete. Laut Überlieferungen soll der Ort noch vor dem Dreißigjährigen Krieg entvölkert worden sein. Immerhin sind aus dem Jahre 1561 noch zwei Mühlen urkundlich erwähnt, welche im Taubenbachtal betrieben wurden.

Nicht weit von dort hat auch Kühlemorgen gelegen, von welchem wir heute noch weniger wissen. Lediglich ein hölzernes Hinweisschild im Zschirnsteinwald gibt Kunde davon, dass sich an jener Stelle bis etwas 1700 die Ortschaft Kühlemor-

Der Peststein bei Sebnitz.

gen befunden haben soll. Zeitlich würde sich das in etwa mit der schriftlichen Erwähnung im „Atlas Augusteus der Chursächsischen Lande" decken. In jener vom Pfarrer und Kartographen Adam Friedrich Zürner veröffentlichten Kartensammlung ist der Lageort von Kühlemorgen im frühen 18. Jahrhundert bereits als „Kahler Morgen" verzeichnet, ein Hinweis darauf, dass sich dort ein kahlgeschlagenes Waldstück von ca. einem Viertelhektar befand. Zu diesem Zeitpunkt muss die Siedlung also bereits verlassen und vielleicht sogar abgerissen gewesen sein.

Mehr historische Hinweise haben wir auf die Ortschaft Stolzenhain, wohl auch ein Grund dafür, dass jene Ortschaft in der Legende von der Pest besondere Erwähnung fand. Alten Überlieferungen zufolge soll es sich bei Stolzenhain um ein besonders schönes Dorf gehandelt haben. Laut Expertenmeinung war es eine sogenannte Handwerkssiedlung, in der Eisen verarbeitet wurde. Darauf deutet auch eine Karte des Landvermessers Matthias Oeder von 1592 hin, in welcher die Ortsbezeichnung „Am Stoltzen Hammer" für Stolzenhain verwendet wurde. Die Bewohner des Dorfes werden also über ein geregeltes Einkommen und einen damit einhergehenden bescheidenen Wohlstand verfügt haben. Der Stolzenhainborn lieferte dem Dorf genügend Wasser für die Menschen und das Handwerk. Stolzenhain soll sogar über eine eigene Schule verfügt haben, welche im Zusammenhang mit den Pestgeschichten Erwähnung fand. Es heißt, dass nach dem Ausbruch der Pest schließlich nur noch der Lehrer und einige der Kinder lebten. Jene hatten sich

An den Zschirnsteinen in der Sächsischen Schweiz wütete im 17. Jahrhundert die Pest.

im Schulhaus versteckt und versuchten, mit dem Absingen von Kirchenliedern Gott gnädig zu stimmen. Doch das nutzte nichts, am Ende starben auch die Kinder und ihr Lehrer an der schrecklichen Krankheit. Laut der Legende soll man alle hundert Jahre des Nachts im Walde das Singen der Verstorbenen hören.

Bei Stolzenhain muss es sich um die bedeutendste Siedlung an den Zschirnsteinen gehandelt haben, da es im Gegensatz zu Steinhütten und Kühlemorgen mehrere schriftliche Hinweise auf sie gibt. So schrieb der bereits erwähnte Matthias Oeder 1592 vom „Stolzenhayn Born" nahe dem Krippenbach. Zudem gibt es weitere Dokumente aus dem 16. Jahrhundert, welche auf Stolzenhain verweisen. So fand 1561 eine „breth-muhl in dem Stotzenhain" Erwähnung, welche seinerzeit von ihrem Besitzer Merten Cuntze aus Schöna auf 10 Schock bewertet wurde. In der Cunnersdorfer Flur wurde 1589 ein „Stolzenhainer Grundell" genannt. In einem Dokument aus dem Jahre 1591 heißt es, dass einstmals in „Stoltzenhain … dorinnen wirdt vor m. gn. Herrn Gießhütten und Eisenhammer gekolet". Aus der etwas umständlichen Formulierung lässt sich erkennen, dass in Stolzenhain tatsächlich Erz verhüttet und Eisen verarbeitet wurde. Noch genau einhundert Jahre später findet sich in einer den Forsthof von Cunnersdorf betreffenden Urkunde ein Hinweis auf Stolzenhain. Zusammengefasst hat diese Informationen der Volkskundler und Heimatforscher Alfred Meiche in seiner „Historisch-topographischen Beschreibung der Amtshauptmannschaft Pirna", welche erstmals 1927 veröffentlicht

Nach einer Legende brachte ein unheimlicher Fremder über Nacht die Pest nach Stolzenhain.

wurde. Das Amtserbbuch Pirna von 1548 führte Stolzenhain nur noch als „Amtswaldung“ sprich Forstbezirk. Man erinnere sich, dass die Ortschaft Kühlemorgen gut 150 Jahre länger existiert hat als Stolzenhain. Sollte also doch etwas dran sein an der Legende, dass die Einwohner von Stolzenhain an der Pest starben?

Zweifelsohne kann man die Pest als die Geißel des Mittelalters bezeichnen. Doch auch aus der Antike sind uns erste Pestepidemien bekannt. Dabei gehörte die sogenannte „Justinianische Pest“, die ab 541 im gesamten Mittelmeerraum wütete, zu den schrecklichsten Epidemien jener Epoche. Benannt nach dem oströmischen Kaisers Justinian war jene Pestepidemie mitverantwortlich für das Scheitern der „Restauratio imperii“, der Wiederherstellung des römischen Imperiums. Wenn auch heute kaum vorstellbar, führte die Pest auch in späteren Jahrhunderten immer wieder zu drastischen gesellschaftlich-politischen Umwälzungen. So beispielsweise während der großen Epidemie von 1347, als es in einigen italienischen Städten zu einem völligen Zusammenbruch der aristokratischen Ordnung kam. Jener Zusammenbruch ließ Gilden und Zünfte zur staatstragenden Macht werden. Im

Nur durch ein hölzernes Hinweisschild wissen wir heute noch, wo Kühlemorgen wahrscheinlich lag.

Stadtstaat Florenz war es die berühmt-berüchtigte Familie de Medici, welche so über mehrere Jahrhunderte ihren Macht- und Herrschaftsanspruch verwirklichen konnte.

Medizin und Wissenschaft sind sich heute nicht wirklich sicher, ob alle in der antiken und frühmittelalterlichen Geschichtsschreibung erwähnten Pestepidemien tatsächliche Fälle der „klassischen“ Pest waren. Erst ab 1890 kam es zu einer ernsthaften Erforschung des Krankheitsbildes, so dass wir davon ausgehen können, dass teilweise auch andere hochansteckende Krankheiten wie Pocken, Malaria, Thyphus oder auch die Grippe für das Massensterben verantwortlich waren. Seuchen mit verheerenden Ausmaßen gehörten leider seit Anbeginn der Menschheitsgeschichte gewissermaßen zum alltäglichen Leben. Bereits im babylonischen Gilgamesch-Epos wurde der Unterweltgott Nergal erwähnt, welcher todbringende Seuchen über die Menschen brachte. Der römische Naturforscher Lukrez berichtete im 1. Jahrhundert v. Chr. von einem regelrechten Seuchenalltag, dem sich die Menschen stellen mussten. Die Pest wurde in jenen Zeiten als naturgegebenes Phänomen angesehen, gegen welches es nicht einmal göttliche Hilfe gab. Die antiken Vorstellungen über die Ursache der Pest waren teilweise sehr abenteuerlich. So wurde eine Verbindung von Erdbeben mit den Epidemien vermutet. Schon Hippokrates, der berühmteste Arzt des Altertums, schrieb über sogenannte Miasmen, üble, Krankheiten übertragende Dünste, die aus der Erde aufstiegen.

Mangels besseren Wissens waren solche Vorstellungen auch noch im 14. Jahrhundert weit verbreitet, jenem Jahrhundert, in welchem die verheerendste Pestpandemie in Europa wütete. Die als „Schwarzer Tod“ bekannte Pandemie nahm ab 1347 aus Asien kommend bis 1353 ihren Weg durch ganz Europa. Vorsichtige Schätzungen gehen von 25 Millionen Todesopfern aus, gut einem Drittel der damaligen europäischen Bevölkerung. Besonders schlimm wütete der „Schwarze Tod“ in Italien. In der Stadt Siena kamen beispielsweise 80.000, in Florenz gar 100.000 Menschen zu Tode. Teile der kleralen wie akademischen Welt sahen im „Schwarzen Tod“ Gottes Strafe für den Werte- und Moralverfall der Bevölkerung. Einige Kleriker gingen gar soweit, die Vorbeugungsmaßnahmen und Erklärungsversuche von Ärzten und Wissenschaftlern in Frage zu stellen. Für jene Geistlichen war die Pest Gottes Wille, der nicht angezweifelt werden durfte. Nicht, dass die Ärzte viel gegen die Krankheit ausrichten konnten. Die medizinische Behandlung der Erkrankten war in mittelalterlichen Zeiten mehr als dürftig. Als Behandlungsgrundlage wurde die damals sehr beliebte „Vier-Säfte-Lehre“ verwendet. Jene Lehre fußte auf der Annahme, dass im menschlichen Körper vier Säfte, Blut, Schleim, gelbe sowie schwarze Galle, für den Gesundheitszustand verantwortlich waren. Schon der antike griechische Arzt und Philosoph Empedokles beschäftigte sich im 5. Jahrhundert v. Chr. mit der Lehre der vier Körpersäfte, welche von seinem Landsmann Galenos von Pergamon im 2. Jahrhundert n. Chr. weiterentwickelt wurde. Aufbauend auf dessen Thesen waren die mittelalterlichen Ärzte der Ansicht, dass ein Überschuss der vier Körpersäfte die Menschen anfällig für die Pest machte. Aus diesem Grund wurde der seit der Antike praktizierte Aderlass auch bei Pestkranken vorgenommen. Außerdem bemerkte man, dass sich die Pest in kälteren Jahreszeiten vergleichsweise langsamer ausbreitete. Die heutige Wissenschaft weiß, dass der Floh, Hauptüberträger der Pest, unterhalb von 10 Grad Celsius in eine Art Winterstarre fällt. In den von der Pest befallenen Orten wurden daher die öffentlichen Bäder geschlossen und den Menschen geraten, sich an kühlen Orten aufzuhalten. Zudem wurden Märkte, Versammlungen, Theateraufführungen und andere Arten von Massenzusammenkünften verboten, um eine Ausbreitung der Krankheit zu verhindern.
In vielen größeren Städten Europas war man bereits im 14. Jahrhundert dazu übergegangen, Notfallpläne zu entwickeln, welche das Leben während einer Pestepidemie regelten. In einigen Gegenden wurden noch wirksamere Methoden angewandt, um einem möglichen Ausbruch der Pest zu entgehen. Beispielsweise gab es in Ragusa, dem heutigen Dubrovnik in Kroatien, die Vorschrift, dass sich alle aus verpesteten Häfen kommenden Schiffe in eine dreißigtägige Quarantäne begeben mussten. Vielerorts sah sich die Obrigkeit jedoch nicht imstande, der Pest

Mehrere Siedlungen im Zschirnsteinwald verschwanden spurlos – durch die Pest?

Einhalt zu gebieten. So geschah es nicht selten, dass die ausgebrochenen Epidemien verharmlost wurden. Oft wurden nebulöse Diagnosen gestellt, notwendige Versammlungsverbote nicht erteilt, Märkte weiter betrieben und die öffentlichen Bäder nicht geschlossen. War die Krankheit nicht mehr zu verheimlichen, wurde das Tragen von Trauerkleidung und das Veröffentlichen der Namen der Verstorbenen verboten.

Neben der Ansicht, dass die Pest eine Strafe Gottes für die Sünden der Menschheit sei, wurde auch nach anderen Ursachen gesucht. Im 14. Jahrhundert waren es die Juden, welche für den Ausbruch der Seuchen verantwortlich gemacht wurden. Jene wurden beschuldigt, die Brunnen zu vergiften, um sich nachher am Eigentum der Verstorbenen zu bereichern. Judenprogrome waren an der Tagesordnung. Dass Juden ebenso Opfer der Pest wurden, scheint zur damaligen Zeit wohl niemandem aufgefallen zu sein. In späteren Jahrhunderten wurden dann hinter dem Ausbrechen der Pest sogenannte Giftmischer vermutet, welche aus unerfindlichen Gründen die Menschen ins Unglück stürzen wollten.
Die Pest muss für die Menschen des Mittelalters mehr als eine Krankheit gewesen sein. Sie erschien ihnen wie ein Strafgericht Gottes, führte sie doch zur Zerstörung von sozialen Bindungen, zum Verlust religiöser wie weltanschaulicher Sicherheit, zur Einschränkung persönlicher Freiheiten und einem damit einhergehenden mentalen Ausnahmezustand.

Teile des heutigen Deutschlands wurden zwischen 1625 und 1635 von besonders starken Pestepidemien heimgesucht. Geschichtswissenschaftler gehen allerdings von einer Dramatisierung der Krankheit aus, welche wohl durch das Trauma des Dreißigjährigen Krieges ausgelöst wurde. In dem beschriebenen Zeitraum wütete die Pest auch in der Sächsischen Schweiz. Aus Richtung Stolpen kommend zog die Pest wie ein eisiger Hauch über das sächsische Mittelgebirge. Helmsdorf verlor die Hälfte seiner Einwohner an die tückische Krankheit. Lauterbach wurde innerhalb eines Jahrzehnts viermal von der Pest heimgesucht. Eine große Anzahl an Opfern gab es in Hohnstein, Lohmen und Reinhardtsdorf. Im nahe an den Zschirnsteinen gelegenen Cunnersdorf waren 38 Opfer zu beklagen. Zeitlich betrachtet kann der Ausbruch der Pest nicht mit dem Verschwinden der Dörfer an den Zschirnsteinen in Verbindung gebracht werden. Stolzenhain und Steinhütten wurden schon Mitte des 16. Jahrhunderts aufgegeben, Kühlemorgen existierte dagegen bis etwa 1700.

In den 1950er Jahren wurden Ausgrabungen in Stolzenhain und Kühlemorgen vorgenommen, welche noch einige Grundmauern zu Tage förderten. Allerdings fand man keinerlei Alltagsgegenstände. Wären die Dorfbewohner an der Pest gestorben, hätte man bei den Ausgrabungen noch einiges an Besitztümern der Verstorbenen finden müssen. Das Fehlen jeglicher Hinterlassenschaften deutet eher auf ein geordnetes Verlassen der Dörfer hin. Grund war das Versiegen der Erzvorkommen zu Beginn des 15. Jahrhunderts, wodurch die Eisenverarbeitung unrentabel wurde. Die Bewohner gaben ihre Dörfer auf, um ihrem Gewerk andernorts nachzugehen. Das war in jenen Zeiten durchaus nichts Außergewöhnliches. Einige wenige Familien blieben in der Gegend und widmeten sich der Landwirtschaft. Darauf deuten die Mühlen hin, welche schon erwähnt wurden. Auf Grund des Fehlens von genügend Wasser wurde auch die Landwirtschaft zunehmend beschwerlicher. Durch das Abholzen der Wälder zum Gewinn von Ackerland sank der Grundwasserspiegel allmählich, was zur Verringerung der Erträge und letztendlich auch zur Aufgabe von Kühlemorgen um 1700 führte.

Die Legende von der Pest, welche in Schmilka über die Elbe fuhr, ist zwar eine gruselige Geschichte, aber letztendlich doch nur eine Legende.

Der Bean Clan – Die Kannibalenfamilie von Schottland

Kannibalismus ist sicherlich eines der größten Tabuthemen unserer heutigen Zeit, besonders in Europa. Wesen der eigenen Art zu verspeisen erscheint uns so ekelerregend, dass dies wohl nur „irgendwelche primitiven Völker in der Südsee" oder anderswo „am Ende der Welt" praktizieren und so etwas in der zivilisierten Welt jedoch nicht geschehen könnte. Unrühmliche Ausnahmen mögen vielleicht vorkommen, sind aber meistens eher sexuell motiviert, wie das Beispiel Armin Meiwes, des „Kannibalen von Rotenburg", zeigt.

Organisierter Kannibalismus zum Stillen kulinarischer Bedürfnisse erscheint in unserem Kulturkreis undenkbar, doch genau jenes unvorstellbare Verbrechen wurde im 15. Jahrhundert einem schottischen Familienclan vorgeworfen. Deren Missetaten fanden erstmals Mitte des 18. Jahrhunderts im „Newgate Calendar" Erwähnung, einer Schriftenreihe, in welcher außergewöhnliche Gewaltverbrechen auf den britischen Inseln beschrieben wurden.
Der sogenannte Bean Clan war ein großer Familienverband, welchem ein gewisser Alexander „Sawney" Bean vorstand. Alexander Bean wurde vermutlich um das Jahr 1395 in der Grafschaft East Lothian geboren. Sein Vater war Gärtner und Alexander versuchte zunächst, in dessen berufliche Fußstapfen zu treten. Der täglichen Arbeit jedoch schnell überdrüssig, begann Alexander seine Zeit mit fragwürdigen Frauenzimmern in Schänken zu verbringen. Seine bevorzugte Geliebte Agnes Douglas – genannt „die dunkle Agnes" – soll sich mit Hexerei beschäftigt haben. Der unstete Lebenswandel und die sich mehrenden Hexereivorwürfe machten das Paar schnell zu Ausgestoßenen. Ob Alexander und Agnes die menschliche Gesellschaft freiwillig verließen oder aus ihrem Wohnort verjagt wurden, ist nicht bekannt. Laut den Überlieferungen ließen sich die beiden nach ihrer Flucht in der Grafschaft Galloway nieder, wo sie eine gut versteckte Höhle am Meer entdeckten. Jene Höhle sollte für die nächsten 25 Jahre gleichsam ihre Behausung und ihr Versteck sein. Das Paar zeugte nicht weniger als acht Söhne und sechs Töchter. Außerdem ist von 32 Enkelkindern die Rede. Da der Bean Clan völlig autark lebte, müssen jene Enkelkinder aus inzestuösen Verhältnissen entstanden sein. Ihren Lebensunterhalt bestritt die Familie mit Überfällen auf Reisende, welche dabei nicht selten getötet und danach beseitigt wurden. Alexander Bean und seine Angehörigen sollen sich nur bei den Raubzügen von ihrem Versteck entfernt haben. Jenes strikte Fernhalten von jeglicher Zivilisation muss jedoch angezweifelt werden. Die ständig wachsende Familie konnte sicherlich nicht nur durch die geraubten Güter ernährt und unterhalten werden. Mit den enormen Summen an erbeutetem Geld werden die Beans wohl ab und an die menschliche Zivilisation aufgesucht haben, um sich mit Vorräten einzudecken. Mit Sicherheit wurden dazu weit entfernte Ortschaften aufgesucht, wo die Gefahr, erkannt zu werden, äußerst gering war.

Die sich jahrzehntelang mehrenden Raubüberfälle und das spurlose Verschwinden von Reisenden sollten indes nicht unentdeckt bleiben. Unter der Bevölkerung kursierte das Gerücht, dass ein Werwolf sein Unwesen in der Gegend treibe. König James I. ordnete persönlich eine Untersuchung der Vorkommnisse an. Schnell gerieten verschiedene Gastwirte ins Visier der Gesetzeshüter, wurde doch vermutet, dass jene ihre vermögenden Gäste ermordeten und beraubten. Nachdem mehrere unschuldige Schänkenbesitzer hingerichtet worden waren, gaben viele Besitzer aus Angst ihre Wirtschaften auf. Für die Reisenden wurde die Lage so noch misslicher, da es an sicheren Quartieren fehlte und das Morden trotz aller Bemühungen der Obrigkeit unvermindert weiterging. Zudem wurden vermehrt menschliche Gliedmaße an die Küsten gespült, was die Menschen der umliegenden Ortschaften noch mehr verunsicherte.
Es war wie so oft „Kommissar Zufall“, der schließlich zur Ergreifung des mörderischen Bean Clans führen sollte. Im Jahre 1435 reiste ein Paar von einem Jahrmarktbesuch heimwärts und wurde in einer abgelegenen Gegend plötzlich von einer Schar zerlumpter Menschen angegriffen. Die Frau wurde sogleich vom Pferd gerissen, einer der weiblichen Angreifer schnitt ihr die Kehle durch und begann, das Blut der unglücklichen Frau zu trinken. Andere rissen ihr die Bauchdecke auf und zerrten die Eingeweide heraus. Ihr Mann konnte sich jedoch erfolgreich zur Wehr setzen und erhielt zudem Unterstützung von einigen Jahrmarktbesuchern, welche die gleiche Reiseroute gewählt hatten. Die Angreifer mussten schließlich die Flucht ergreifen. Der König wurde umgehend über die schauerlichen Ereignisse unterrichtet und soll sich höchstpersönlich einige Tage später mit vierhundert Soldaten auf die Jagd nach dem Bean Clan begeben haben. Vom Ort des Überfalls ausgehend wurde die ganze Gegend mit Bluthunden abgesucht, welche die Soldaten schließlich auch zum Versteck der mörderischen Familie führten. Was die Männer dort zu sehen bekamen, ließ ihnen den Atem stocken: An der Decke der Höhle hingen die verschiedensten menschlichen Körperteile, die augenscheinlich behandelt worden waren, um sie später zu verspeisen. Andere menschliche Überreste waren in Essig eingelegt oder lagen einfach so in der Höhle verstreut. Zudem war die Höhle überfüllt mit Kleidung, Wertgegenständen und allerlei Dingen, welche der Bean Clan den Ermordeten abgenommen hatte. Die angetroffenen Familienmitglieder waren in zerlumpte Kleidung gehüllt, mit wuchernden Haaren und Bärten. Durch den jahrzehntelangen Inzest zum Teil körperlich und geistig missgestaltet, bot der Bean Clan einen ebenso furchterregenden wie grotesken Anblick. Es waren insgesamt 48 Personen, welche festgenommen und mitsamt ihrer Beute nach Leith gebracht wurden, heute ein Stadtteil von Edinburgh. Vorher hatten die Soldaten die gefundenen Leichenteile in der Umgebung der Höhle begraben.

In Leith wurde mit den Mitgliedern der Familie kurzer Prozess gemacht. Da ihr Aussehen und ihr Verhalten nach einhelliger Meinung der Gerichtsbarkeit kaum

noch als menschlich bezeichnet werden konnte, wurden die Beans vom König zu „wilden Tieren" erklärt und ohne Prozess umgehend hingerichtet. Den männlichen Familienmitgliedern wurden Hände und Füße abgehackt, worauf sie verbluteten. Die Frauen mussten dem Szenario zunächst zuschauen und wurden anschließend lebendig verbrannt. Während der Hinrichtungen soll keines der Familienmitglieder ein Anzeichen von Reue gezeigt haben, sondern die meisten von ihnen stießen unentwegt Flüche und Verwünschungen auf ihre Peiniger aus.
Obwohl das Morden nun aufhörte und sich das Leben der Menschen wieder normalisierte, waren die Untaten noch lange Zeit ein beliebtes Gesprächsthema. Die Geschichten um den mörderischen Bean Clan fanden schnell Einzug in die Volksüberlieferungen und sind heute nicht mehr aus der schottischen Folklore wegzudenken. Die Geschehnisse wurden jedoch immer weiter „ausgeschmückt" und schließlich hieß es, dass der Bean Clan nicht weniger als eintausend Menschen verspeist haben soll. Eine ungeheure Anzahl, welche bis heute von Historikern mit Recht angezweifelt wird. Ab wann die Familie begann, ihre Opfer als Nahrung zu verwenden, wurde nicht bekannt. Womöglich hatten die Familienmitglieder auf ihren Versorgungstouren von sich mehrenden Gerüchten über ihr Unwesen gehört und sahen sich gezwungen, die menschliche Gesellschaft gänzlich zu meiden. Möglicherweise setzte auch mit der Zeit eine verstärkte geistige und moralische Verrohung der Familie ein, hervorgerufen durch den ständigen Inzest und die damit einhergehende Behinderung der entstandenen Kinder. Man kann sagen, dass der Bean Clan sozusagen „verwilderte" und der Schritt hin zum Kannibalismus somit erleichtert wurde.

Durch das Hinzufügen von immer schauerlicheren Machenschaften des Bean Clans ist über die vergangenen Jahrhunderte eine Legende entstanden, bei der es nicht leicht ist, den wahren Kern herauszufiltern. Aus diesem Grund müssen wir uns eine entscheidende Frage stellen. War das Entstehen von organisiertem Kannibalismus im mittelalterlichen Europa möglich und vorstellbar?
Der Verzehr von Menschen durch den Menschen in größeren Dimensionen ist uns vor allem aus dem pazifischen Raum, sprich Papua-Neuguinea, den Fidschiinseln und Neuseeland bekannt. Aus diesen Gegenden sind uns haarsträubende Berichte von Missionaren und Kolonialisten überliefert. Doch auch Knochenfunde aus den prähistorischen Zeiten Europas deuten auf „Menschenfresserei" hin. In der Höhle von Chauvaux in der Nähe der belgischen Stadt Namur wurde Mitte des 19. Jahrhunderts eine Vielzahl von menschlichen Knochen entdeckt. Sämtliche Röhrenknochen waren zerbrochen, um vermutlich das Mark auszusaugen, ein untrügliches Zeichen für menschlichen Kannibalismus. Ähnliche Funde wurden auch in Deutschland gemacht, unter anderem bei Ausgrabungen in der Jungfernhöhle bei Tiefenellern in den Jahren 1951-54.
Kannibalismus aus Mangel an Nahrung wurde in Europa wohl nur in Zeiten größter Not, wie etwa in Kriegen, praktiziert. Ein anschauliches Beispiel lieferte uns

der römische Feldherr und Staatsmann Julius Caesar in seinem Werk „Kommentare über den Gallischen Krieg“. Während der Belagerung der keltischen Festung Alesia durch die Römer soll der Avernerfürst Critognatus folgende Rede vor seinen hungernden Männern gehalten haben: „Was also rate ich? Zu tun, was unsere Vorfahren in dem längst nicht so schlimmen Krieg gegen die Kimbern und Teutonen getan haben; eingeschlossen in ihre Städte und von ähnlichem Mangel gequält, hielten sie sich mit den Leibern der kriegsuntüchtigen Greise am Leben und dachten nicht an Ergebung.“[10]
Caesar echauffierte sich über solcherart Grausamkeiten, obwohl es sich hierbei wohl nur um die übliche römische Propaganda handelte, um den Gegner zu verunglimpfen. Die keltischen „Barbaren“ sollten als überaus primitiv hingestellt werden, da sie nicht davor zurückschreckten, sogar ihresgleichen zu verspeisen. Falls die Rede des Critognatus tatsächlich nur der Fantasie Caesars entsprungen ist, nahm sich jener womöglich die Belagerung von Numantia im Jahr 134/133 v. Chr. als Vorbild, wo es tatsächlich zu aus der Not geborenem Kannibalismus gekommen war. Der Kampf um Numantia markierte den Endpunkt des zehnjährigen Krieges zwischen den Keltiberern und dem römischen Imperium im heutigen Spanien. Neun Monate trotzten die Verteidiger dem römischen Feldherren Scipio Africanus, welcher eine bedingungslose Kapitulation erzwingen wollte. Nachdem jegliche Vorräte aufgebraucht waren, griffen die Keltiberer zum allerletzten Mittel: Sie verzehrten die Toten und Verwundeten. Letztendlich ergaben sich die wenigen Überlebenden Ende des Sommers 133 v. Chr., nachdem sie die Stadt in Brand gesetzt hatten. Der bekannte spanische Schriftsteller Miguel de Cervantes setzte mit folgenden Worten den heldenhaften Verteidigern Numantias ein literarisches Denkmal: „Dem Heldenmut, dem jammervollen Ende Numantias, dieser unbesiegten Stadt, gebührt es, dass man ewig sich erinnre.“[11]

Aus dem 2. Weltkrieg sind uns ebenfalls Fälle von Kannibalismus bekannt, stellvertretend seien hier die Belagerungen von Leningrad und Stalingrad genannt. Auch Hungersnöte, hervorgerufen durch schlechte Ernten oder klimatische Bedingungen, sorgten mitunter dafür, dass Menschen das letzte Tabu brachen und ihresgleichen als Nahrung verwendeten. So geschah es in den Jahren zwischen 1021 und 1040 in der Stadt Paris, wo es im Mittelalter immer wieder zu heute unvorstellbarer Lebensmittelknappheit kam.

Dass sich auch in der heutigen Zeit Menschen in Extremsituationen von ihresgleichen ernähren, zeigt sich am Beispiel der mit dem Flugzeug über den Anden abgestürzten Rugbymannschaft aus Uruguay. Am 13. Oktober 1972 befanden sich die Mitglieder des „Old Christians Club“ auf dem Weg zu einem Freundschaftsspiel in Chile. Auf Grund von orkanartigen Windböen und eines bis heute nicht erklärbaren Navigationsfehlers stürzte die Maschine vom Typ Fairchild FH-227 ab und zerschellte auf einer Höhe von 4000 Metern in den unwegsamen, eisigen Anden. Zwölf der 45 Passagiere starben während des Absturzes, fünf weitere fanden auf Grund der klimatischen Bedingungen von bis zu -40 Grad Celsius in der ersten Nacht den Tod. Das Verschwinden der Maschine war der Flugüberwachung natürlich nicht verborgen geblieben, doch die Überlebenden mussten am achten Tag ihres Martyriums im Radio die unfassbare Nachricht erfahren, dass die Suche nach der abgestürzten Maschine eingestellt und die Insassen offiziell für tot erklärt worden waren. Zu jener Zeit waren die kümmerlichen Nahrungsvorräte bereits aufgebraucht und fast täglich starben weitere Menschen an Entkräftung und Kälte, da der Flugzeugrumpf nur bedingten Schutz gegen die eisigen Temperaturen bot. Nach langwierigen Überlegungen trafen die letzten Überlebenden die unvorstellbare Entscheidung, zum Erhalt des eigenen Lebens Teile der Verstorbenen zu verzehren. Die verständlichen moralischen Bedenken wurden schließlich von der immer hoffnungsloser werdenden Lage verdrängt. Der unter normalen Bedingungen unvorstellbare Verzehr von menschlichem Fleisch sollte jedoch zum Überleben von 16 Menschen beitragen. Fernando Parrado und Roberto Canessa, deren körperliche Konstitution noch verhältnismäßig gut war, hatten sich am 13. Dezember zu einer verzweifelten Rettungsexpedition aufgemacht und waren tatsächlich nach zehn Tagen auf Hilfe gestoßen. So konnten die restlichen Überlebenden am 23. Dezember gerettet werden.

Neben dem Kannibalismus in Extremsituationen gab es in der europäischen Geschichte auch wiederholt Fälle von unbewusstem Verzehr von Menschenfleisch. Aus dem Rom des frühen 17. Jahrhunderts sind uns zwei Fleischer bekannt, welche für ihre besonders schmackhaften Würste in der ganzen Stadt bekannt waren. Welche Bestürzung und welcher Ekel muss wohl die Bürger Roms ergriffen haben, als bekannt wurde, woher die Zutaten für die leckere Wurst kamen! Die Männer hatten jahrelang arglose Passanten in ihren Keller gelockt, jene erschlagen und dann zu Wurst verarbeitet. Papst Urban VIII. ließ die beiden Fleischer am 8. Februar 1638 für ihre unglaublichen Schandtaten hinrichten.

Ein ähnlicher Fall ist uns auch aus dem Berlin der zwanziger Jahre des 20. Jahrhunderts bekannt. Zwischen 1918 und 1921 wurden im Luisenstädtischen Kanal nahe dem Schlesischen Bahnhof die zerstückelten Leichen von insgesamt 23 Frauen gefunden. Nach Jahren erfolgloser Polizeiarbeit konnte schließlich am 21. August 1921 der ehemalige Fleischer Karl Großmann in seiner Wohnung auf frischer Tat gestellt werden. Außer der Leiche von Großmanns letztem Opfer wurden in der Wohnung noch eine große Anzahl von Frauenkleidern sowie verkohlte menschliche Überreste im Ofen gefunden. Auf Grund seines früheren Berufes und des von ihm betriebenen Wurststandes am Schlesischen Bahnhof wurde Karl Großmann verdächtigt, Teile der ermordeten Frauen zu Wurst verarbeitet zu haben. Von behördlicher Seite wurde zudem vermutet, dass Großmann selbst vom Fleisch der Frauen gegessen habe. Die ganze unappetitliche Wahrheit des Falles sollte jedoch nicht enthüllt werden, da Großmann sich noch vor Ende der Verhandlung in seiner Zelle erhängte.

Von Fritz Haarmann, dem berüchtigten Serienmörder aus Hannover, dem in diesem Buch ebenfalls ein Kapitel gewidmet ist, wurde behauptet, dass er das Fleisch seiner Opfer in Konserven verkaufte. Haarmann hat sich zu diesen Vorwürfen nie konkret geäußert. Bekannt ist außerdem, dass er das Restaurant einer Nachbarin mit Fleisch belieferte. Dass es sich dabei um Menschenfleisch handelte, ist nicht bewiesen, wird aber bis heute immer wieder vermutet. Neben der makabererweise praktisch zu nennenden Verwendung von menschlichem Fleisch kam im Falle Haarmanns noch die entscheidende sexuelle Komponente dazu. Die Fälle von Kannibalismus in der jüngeren Vergangenheit waren ebenfalls fast ausschließlich sexuell motiviert, sollen aber an dieser Stelle nicht weiter erörtert werden.

Anhand der aufgezeigten Beispiele können wir durchaus von einer gewissen kannibalischen „Tradition“ in Europa sprechen. Darauf deuten auch verschiedene deutsche Volksmärchen hin. In „Schneewittchen“ fordert die böse Stiefmutter beispielsweise den Jäger auf, ihr Leber und Lunge Schneewittchens zu bringen, damit sie diese verspeisen kann. Bekannterweise brachte es der gutmütige Jäger nicht übers Herz, das unschuldige Mädchen zu ermorden, worauf der Königin die Innereien eines jungen Wildschweines serviert wurden. Des Weiteren begegnet uns in „Hänsel und Gretel“ die Menschen fressende Hexe, welche Hänsel mästet, um ihn später zu verspeisen.

Inzwischen hegen Experten der schottischen Geschichte Zweifel daran, dass der mörderische Bean Clan tatsächlich existiert hat. Allen voran der Historiker R.H.J. Urquhart, welcher in seinem Aufsatz „Sawney Bean: Myth or Myth“ auf das Fehlen jeglicher Niederschriften aus der fraglichen Zeit hinweist. Urquharts Aussagen sind nicht ohne Weiteres von der Hand zu weisen, denn es ist schon erstaunlich, dass eine großangelegte Suchaktion unter der persönlichen Leitung des Königs in keinen offiziellen Staatsdokumenten Erwähnung fand. Der Historiker deckt zudem Ungereimtheiten bei der Art der Hinrichtung der Familie auf und beruft sich in seinen Ausführungen auch auf den Historiker William Roughead, welcher in den dreißiger Jahren des 20. Jahrhunderts akribisch alle zeitgenössischen Schriften untersuchte, aber keinerlei Hinweise auf den Bean Clan finden konnte. Verschiedene Historiker verweisen in diesem Zusammenhang immer wieder auf das Fehlen jeglicher Gerichtsakten aus dem 15. Jahrhundert zum Fall Bean. Dabei wird aber außer Acht gelassen, dass es zu keiner richterlichen Verurteilung kam, wie schon an früherer Stelle erwähnt wurde. Dieses halte ich für den eigentlichen Dreh- und Angelpunkt der Bean-Legende. Dass die aufgefundenen Leichenteile sofort vergraben wurden, deutet darauf hin, dass es von vornherein nicht geplant war, der Familie einen ordentlichen Prozess zu machen. Dazu hätte man die Leichenteile als Beweismittel gebraucht, es sei denn, es hat diese zum Verzehr vorbereiteten menschlichen Überreste gar nicht gegeben. Die volkstümlichen Hinweise zu den aufgefundenen Leichenteilen können nämlich auch durchaus anders verstanden werden. Die Mitglieder des Bean Clans, durch ihre autarke Lebensführung und den fortschreitenden Inzest geistig degeneriert, hatten möglicherweise die Leichen der verschwundenen Reisenden nur notdürftig in der Nähe der Höhle versteckt oder gar in einer der Ecken ihrer Behausung abgelegt. Die Soldaten waren dann von dem Anblick derart angewidert, dass das Gerücht die Runde machte, die Beans hätten die Leichen zum Verzehr aufbewahrt. Die „Gerüchteküche" der damaligen Zeit ließ daraus schließlich die Legende von den schottischen Menschenfressern entstehen. Möglicherweise wurden die Gerüchte auch gezielt dazu verwendet, der Familie von vornherein einen ordentlichen Gerichtsprozess zu verweigern. Auf die begangenen Verbrechen stand wohl von Anfang der Ermittlungen an die Todesstrafe, doch wollte sich die Obrigkeit möglicherweise die Prozesskosten sparen.

Wenn auch die Geschichtswissenschaft heute beträchtliche Zweifel an der Existenz des mörderischen Bean Clans hegt, sind deren Legenden aus der britischen Folklore jedoch nicht mehr wegzudenken. Noch heute gruseln sich die Bewohner der Insel gerne, wenn die Geschichten von Alexander Bean und seiner Menschen fressenden „Brut" erzählt werden.

Ceaușescu – Der rote Vampir

Durch das kommunistische Rumänien der 1980er Jahre geisterten die Gerüchte von verschwundenen Säuglingen, welche später tot und völlig blutleer wieder aufgefunden wurden. Schnell machten im ganzen Land Geschichten von Vampiren die Runde, die wieder ihr Unwesen trieben. Traditionell war in Rumänien der Vampiraberglauben weit verbreitet. Erinnern wir uns nur an Bram Stokers „Dracula", welcher in Transsilvanien beheimatet ist, einem Teil des heutigen Rumäniens. Im Volk wurde gemunkelt, dass höchste Regierungskreise in die neuen Vorfälle verwickelt seien. Hinter vorgehaltener Hand flüsterte man, dass sogar Staatsoberhaupt Nicolae Ceaușescu involviert war. War der berüchtigte Staatsmann gar selbst ein Nachkomme jener Blutsauger, welche in früheren Jahrhunderten die Menschen in Angst und Schrecken versetzt hatten?

Nicolae Ceaușescu wurde am 26.01.1918 im Dorf Scornicesti im Kreis Olt geboren. Die Ceaușescus waren eine kinderreiche Familie, Vater Andruță und Mutter Alexandra zogen zehn Kinder groß. Der Vater war dabei allerdings keine große

Hilfe. Nachbarn bezeichneten den Mann als Säufer, Dieb und arbeitsscheuen Herumtreiber. Anstatt für seine Familie zu sorgen, trieb sich Andruţă Ceauşescu lieber in der Hauptstadt Bukarest herum, wo er sein Geld für Alkohol und „leichte Mädchen" ausgab. War das Geld alle, kehrte er reumütig zu Frau und Kindern heim. Wenig später verkaufte der gewissenlose Familienvater einen Teil seines ererbten Familienbesitzes und verschwand wieder. So ging es jahrelang. Genauer gesagt bis zu jenem Zeitpunkt, als sein Sohn Nicolae, inzwischen Staatspräsident von Rumänien, den damals 71- Jährigen zum Bürgermeister von Scorniceşti ernannte. Hier wurde wahrlich „der Bock zum Gärtner gemacht".
Alexandra Ceauşescu war das genaue Gegenteil ihres Mannes und versuchte, den Kindern ein liebevolles Zuhause zu geben. Bei Nicolae scheint die Erziehung versagt zu haben, er hatte wohl alle schlechten Eigenschaften seines Vaters geerbt. Lehrer und Mitschüler beschrieben ihn als unangenehmes, unbeliebtes Kind. Jähzornig, wie Nicolae war, hatte er in der Schulzeit kaum Freunde. Allerdings dauerte seine Schulzeit nicht allzu lange. Nicolae verließ schon nach drei Jahren und ohne Abschluss die sowieso nur vier Jahre dauernde Grundschule. Der spätere rumänische Staatspräsident hatte also so gut wie keine Schulbildung genossen. Später ließ sich Ceauşescu ein gefälschtes Abschlusszeugnis der Grundschule anfertigen, um den Makel seiner Jugend zu vertuschen.

Nach seinem unrühmlichen Abgang von der Grundschule begann Nicolae in Bukarest eine Ausbildung zum Schuhmacher und wohnte bei einer seiner älteren Schwestern in der Hauptstadt. Auch in der Lehre zeigte Nicolae keinen sonderlichen Ehrgeiz und wechselte mehrfach den Lehrmeister. Anstatt sich auf seine Ausbildung zu konzentrieren, besuchte Nicolae lieber Gewerkschaftsversammlungen, wo er auch erste Kontakte mit der damals noch illegalen kommunistischen Partei PCR hatte. Obwohl der Junge die Ziele jener Partei kaum verstand, ließ er sich als Flugblattverteiler anwerben. Im August 1934 wurde Nicolae Ceauşescu, inzwischen Mitglied der PCR, beim Verteilen von regierungsfeindlichen Flugblättern von der Polizei aufgegriffen und für vier Wochen arrestiert. Ein Gericht verwies ihn anschließend aus der Hauptstadt und Ceauşescu wurde unter Polizeiaufsicht nach Scorniceşti zurückgebracht. Diese staatliche Maßregelung sollte den eifrigen Jungkommunisten nicht von weiteren Agitationstätigkeiten abhalten, worauf er 1936 erneut verhaftet wurde. Diesmal war die Justiz nicht mehr so gnädig und Ceauşescu wurde zu zwei Jahren Haft verurteilt.
Nach seiner Entlassung Ende 1938 engagierte er sich zunehmend als kommunistischer Jugendfunktionär. Während der Haftzeit hatte Ceauşescu diverse ebenfalls inhaftierte Kommunisten kennengelernt, auf deren Erfahrungen er seine politische Karriere aufbaute. Jene Karriere erhielt allerdings bereits zwei Jahre später erneut einen Dämpfer. Im Jahr 1940 übernahm die faschistisch orientierte „Eiserne Garde" unter General Ion Victor Antonescu die Macht in Rumänien. Wie die meisten rumänischen Kommunisten wurde auch Ceauşescu im selben Jahr

verhaftet und in einem Gefangenenlager nahe der Stadt Târgu Jiu interniert. Dort lernte er den kommunistischen Funktionär Gheorghe Gheorghiu-Dej kennen, welcher sein politischer Mentor wurde. Nach dem Sturz des Antonescu-Regimes im August 1944 wurden beide Männer aus der Haft entlassen und strukturierten die Kommunistische Partei Rumäniens neu. Während seiner Amtszeit als rumänischer Ministerpräsident von 1952-1955 sowie als Staatspräsident Rumäniens von 1961–1965 verschaffte Gheorghiu-Dej seinem Schützling Ceaușescu hochrangige Ämter im Verteidigungsministerium und ernannte ihn 1954 zum Sekretär des Zentralkomitees für Organisationsfragen. Nur ein Jahr später wurde Ceaușescu in das Politbüro der PCR berufen, dem Führungsgremium der Regierungspartei Rumäniens.

Zwischenzeitlich hatte Ceaușescu im Jahr 1946 geheiratet. Seine Frau Elena mochte in ihrer Jugend eine reizvolle Erscheinung gewesen sein. Bilder vom Höhepunkt der politischen Karriere ihres Mannes zeigen jedoch eine abstoßende Frau, welcher die Machtgier buchstäblich ins Gesicht geschrieben stand. Obwohl Elena Ceaușescu über eine ähnlich geringe Schulbildung wie ihr Mann verfügte, liebte sie es, sich mit akademischen Titeln zu schmücken. Elena Ceaușescu war Vorsitzende der rumänischen Akademie der Wissenschaften und bezeichnete sich selbst als „Gelehrte von Weltruhm“. Sie führte offiziell einen Doktortitel in Chemie, hatte jedoch zu keiner Zeit eine Universität besucht. Wissenschaftliche Werke von Elena Ceaușescu galten in Rumänien als Standardwerke, waren jedoch von echten Wissenschaftlern verfasst worden.

Auch nach dem Tod seines Mentors Gheorghiu-Dej ging es mit Nicolae Ceaușescus politischer Karriere weiterhin steil bergauf. Er wurde im Juli 1965 zum Ersten Sekretär des ZK der Kommunistischen Partei Rumäniens gewählt. Allerdings musste sich Ceaușescu die Macht im Staate zunächst mit mehreren Genossen teilen. Gheorghiu-Dej hatte alle entscheidenden Positionen der Landesführung in seiner Person vereint, nach dessen Tod wurde jedoch eine Ämtertrennung beschlossen. Nichtsdestotrotz saß Ceaușescu jetzt an den Schalthebeln der Macht. Nur zwei Jahre später hatte Ceaușescu seine Macht konsolidiert und wurde am 9. Dezember 1967 zum Vorsitzenden des Staatsrates und Oberbefehlshaber der Streitkräfte ernannt. Der ungebildete Junge aus Scornicești war zum mächtigsten Mann Rumäniens geworden.
Um den Makel seines Bildungsstandes auszulöschen, hatte Ceaușescu ein Jahr zuvor ein Fernstudium begonnen. Ich brauche wohl nicht zu betonen, dass er dieses Studium mit Auszeichnung bestand und ein Diplom der Bukarester Wirtschaftsakademie erhielt. Jahrzehnte später wurde festgestellt, dass ein anderer Absolvent Ceaușescus Abschlussarbeit verfasst hatte. Der große Staatsmann stand also seiner Frau beim Erschleichen von akademischen Titeln in nichts nach.

Ceauşescu in jungen Jahren, fotografiert 1936 von der Polizei in Târgovişte.

Der „Titan der Titanen", wie Ceauşescu sich selbst gerne bezeichnete, genoss zunächst große Popularität im rumänischen Volk, das die Vorteile des sozialistischen Systems, wie etwa Vollbeschäftigung, festgeschriebene Löhne und Lebensmittelpreise oder auch umfassende Kinderbetreuung genießen konnte. Unter diese Vorzüge mischten sich aber immer mehr diktatorische Gesetze wie das Verbot von Abtreibungen oder das Programm zur „Systematisierung der Dörfer", auf welches ich später noch einmal genauer eingehen werde.
Spätestens nach seiner Ernennung zum Staatspräsidenten im Jahr 1974 ließ Ceauşescu die Maske des volksliebenden Landesvaters fallen. Als alleiniger Herrscher über Rumänien wurde um Ceauşescu ein Personenkult entwickelt, welcher bis heute seinesgleichen sucht und im Entferntesten noch mit der Kaiserverehrung im Römischen Reich zu vergleichen ist. Wie an mittelalterlichen Herrscherhöfen wurden Dichter angestellt, um den alles überstrahlenden „Conducător" zu lobpreisen. Zu Ceauşescus Geburtstagen erschienen regelmäßig Lyrikbände, in welchen die bedeutendsten Dichter Rumäniens dessen Taten priesen. In diesen „Werken" überbot man sich mit den glorifizierendsten Bezeichnungen für Ceauşescu. Er war die „Eiche aus Scorniceşti", der „Titan der Titanen", das „Genie der Karparten" oder der „Sohn der Sonne", um hier nur einige Beispiele zu nennen. Im ganzen Land prangte das Antlitz des Staatspräsidenten auf Plakaten, sein Konterfei zierte die am häufigsten genutzten Briefmarken in Rumänien. Das einzige rumänische Fernsehprogramm des Landes, welches zudem auch nur stundenweise sendete, strahlte in erster Linie Sendungen mit und über Ceauşescu aus.

Um seine absolutistische Macht innerhalb der Partei zu festigen, begann Ceaușescu, seine alten Parteigenossen politisch „kaltzustellen“ und besetzte hochrangige Ämter mit Familienangehörigen. Das Andenken an seinen politischen Ziehvater Gheorghe Gheorghiu-Dej wurde zunehmend verwischt, Nicolae Ceaușescu wollte als der bedeutendste rumänische Kommunist in die Geschichte eingehen.

Während die Familie Ceaușescu sprichwörtlich in Saus und Braus lebte, litt das rumänische Volk von Jahr zu Jahr mehr unter der Misswirtschaft der Regierung. Lebensmittel wurden immer stärker rationiert. Wer versuchte, sich zusätzliche Nahrung zu beschaffen, wurde als Spekulant verurteilt. Das galt natürlich nicht für Parteimitglieder und Funktionäre, welche durch ihre Korruption der Auslöser für die desaströsen Zustände im Land waren. Ein entscheidender Grund für die wachsende Lebensmittelknappheit war neben den korrupten Politikern die Bevölkerungspolitik des Ceaușescu-Regimes. Abtreibungen waren gesetzlich verboten. Der „Titan der Titanen“ wollte aus den Rumänen ein zahlenmäßig starkes Volk machen, welches sich nicht hinter dem „großen Bruder“ Sowjetunion zu verstecken brauchte. Jene verfehlte Politik sorgte für eine steigende Armut im rumänischen Volk. Verzweifelte Eltern setzten ihre Kinder aus, welche sie nicht mehr ernähren konnten. Die Kinderheime litten zunehmend unter Überfüllung, was sich natürlich unweigerlich auf die Pflege der Schützlinge auswirkte. Westliche Journalisten, welche nach der Revolution 1989 das Land bereisten, schilderten katastrophale Szenarien, welche sich in den staatlichen Kinderheimen abspielten. Die Kinder wurden wie Vieh gehalten, die Ernährung war mehr als mangelhaft, überforderte Pfleger schlugen nicht selten die wehrlosen Kinder.
Ein Grund für die sich ständig verschlechternden sozialen Verhältnisse in Rumänien war auch die von Ceaușescu initiierte Umsiedlungspolitik. Was hochtrabend als „Systematisierung der Dörfer“ bezeichnet wurde, war eine mutwillige Zerstörung jahrhundertealter Siedlungsstrukturen. Ceaușescu wollte aus dem von jeher bäuerlich geprägten Rumänien ein Land mit vorwiegend städtischer Lebensform machen, wie er es von seinen Staatsbesuchen im westlichen Ausland kannte. Das Programm zur „Systematisierung der Dörfer“ sah die Zerstörung von rund einem Drittel der vorhandenen Dörfer vor. Die Menschen mussten ihre angestammten Wohnstätten verlassen und wurden in sogenannte Trabantenstädte umgesiedelt. Dort waren die an ländliches Wohnen gewöhnten Menschen in „Betonbunker“ eingepfercht. Für eine sechsköpfige Familie war eine Zweizimmerwohnung mit einer vier Quadratmeter großen Küche ohne fließendes Wasser vorgesehen. Badezimmer mit sanitären Einrichtungen gab es nicht. Einige wenige Toiletten befanden sich in den Höfen zwischen den Wohnblöcken. Zudem war es nach dem Ende des Zweiten Weltkriegs in Rumänien zu einer staatlich verordneten Agrarreform gekommen. Die Bauern wurden enteignet und mussten in sogenannten Landwirtschaftlichen Produktionsgenossenschaften arbeiten. Diese wurden von korrupten Staatsdienern geleitet, welche sich einen Großteil der Gewinne in die eigene

Ceaușescus Politik sah die Zerstörung eines Drittels der rumänischen Dörfer vor.

Tasche steckten. Durch die zusätzlich vorangetriebene Verstädterung wurde die rumänische Landwirtschaft immer unrentabler, was sich in hohem Maße auf die Wirtschaft des Landes auswirkte und zu einer Verarmung der Bevölkerung führte Neben der immer prekärer werdenden Ernährungslage im Volk war auch das Gesundheitssystem im Rumänien eine Katastrophe. Es gab zwar Polikliniken in allen größeren Ortschaften, auch mangelte es nicht an gut ausgebildetem Personal. Problematisch waren die veraltete Ausstattung der Krankenhäuser sowie das fast vollständige Fehlen von geeigneten Medikamenten. Der deutsche Journalist Joachim Siegerist berichtete 1990 vom Besuch einer Krankenstation, auf welcher an Leukämie erkrankte Kinder behandelt wurden. Fassungslos stand er vor einem fast leeren Medizinschrank, welcher nichts weiter als etwas Cortison enthielt.

Die politische Führung kannte solche Probleme nicht. Nicolae Ceaușescu ließ sich und seine Familie nebst hochrangigen Politfreunden bei Erkrankungen im westlichen Ausland behandeln. Auch im täglichen Leben war den kommunistischen Machthabern jegliche Entbehrung fremd. So ließ sich Ceaușescus Sohn Nicu, Parteichef in Hermannstadt, täglich sein Mittagessen aus Bukarest einfliegen. Seine Eltern befleißigten sich noch weitaus größerer Marotten. So ließ das Präsidentenpaar seine Kleidung und Bettwäsche nach nur einmaligem Gebrauch verbrennen. Nicolae Ceaușescu hatte panische Angst, dass politische Gegner ihn mit hautdurchdringenden Giften oder radioaktiven Stoffen vergiften könnten.

Ceaușescu selbst scheute sich nicht, mit infamen Mitteln politisch Andersdenkende auszuschalten. In allen Staatsgefängnissen gab es spezielle Einzelzellen, welche in der Wand verborgene Röntgengeräte enthielten. Unliebsame Gefängnisinsassen wurden in jenen Zellen stundenlang überhöhten Dosen an Röntgenstrahlen ausgesetzt. Folgen dieser „Spezialbehandlungen“ waren in der Regel Krebserkrankungen, welche auf Grund des katastrophalen Gesundheitswesens in den meisten Fällen zum Tode führten. In den Sterbeurkunden wurde dann ein „natürlicher Tod“ vermerkt.

Auch in den eigenen Reihen fürchtete Ceauşescu ständig eine Verschwörung. Das politische Karussell drehte sich unablässig, Ämter in Partei und Staatsführung wurden in kürzesten Abständen neu besetzt. Offiziell nannte sich diese Maßnahme „Rotation der Kader“. Natürlich waren Mitglieder der Familie davon ausgenommen.

Da ich selbst in einem sozialistischen System, der DDR, aufgewachsen bin, sind mir staatliche Reglementierungen des alltäglichen Lebens nicht fremd. Was ich jedoch bei meinen Recherchen über das kommunistische Rumänien unter Nicolae Ceauşescu herausfand, ist schier unglaublich. Eine individuelle Entfaltung der eigenen Persönlichkeit war dort praktisch unmöglich. Geburtenkontrolle, Lebensmittelzuteilungen und politische Korruption waren beispielhaft für Ceauşescus Herrschaft, welche eher an einen Sklavenhalterstaat erinnert als an ein sozialistisches System.

Über allem wachte im Verborgenen die hydraartige Securitate. Der rumänische Geheimdienst war ein ausgeklügelter Bespitzelungsapparat, welcher nahezu alle Bereiche des Lebens überwachte. Die Mitglieder der Securitate waren berüchtigt für ihr rücksichtsloses Vorgehen, schreckten auch vor Erpressung, Gewalt und sogar Mord nicht zurück. Im August 1948 gegründet, formierte sich der Geheimdienst zunächst aus Mitgliedern der Königlichen Geheimpolizei sowie engagierten Kommunisten. Nicolae Ceauşescu begann gleich zu Beginn seiner Amtszeit, neue Mitglieder für die Securitate in den vielen Waisenhäusern des Landes zu rekrutieren. So wollte er sich die bedingungslose Treue seines Geheimdienstes sichern. Jener Treue konnte sich der immer paranoider werdende Staatsmann sicher sein. Aus den desaströsen Verhältnissen der Kinderheime kommend, fühlten sich die Kinder plötzlich anerkannt, bekamen genug zu essen, saubere Kleidung und ein eigenes Bett zum Schlafen: Luxus, welchen die unglücklichen Geschöpfe nie gekannt hatten. Ceauşescus Rechnung ging auf. Während der Revolution im Dezember 1989 kämpfte die Securitate voller Überzeugung gegen das rumänische Volk. Auch nach seiner Festnahme war der Diktator davon überzeugt, dass seine treuen Kämpfer ihn aus der Haft befreien würden. Selbst kurz vor der Hinrichtung äußerte Ceauşescu noch die Hoffnung auf eine Rettung durch die Securitate. Seine Hoffnung sollte sich jedoch nicht erfüllen.

Im Dezember 1989 war das Maß voll. Die Repressalien und die Einschüchterungspolitik des Ceauşescu-Regimes hatten ihren Höhepunkt erreicht. Synonym für die

verfehlte Politik der Regierung war das „Haus des Volkes". Die Bevölkerung war in Betonbauten ohne jeglichen Komfort eingepfercht oder hauste in armseligen Bauernkaten, das Domizil der Genossen dagegen bestand aus Marmor, Glas und Blattgold. Im Jahr 1982 hatte die Regierung beschlossen, dass Rumänien keine neuen Kredite mehr aufnehmen und seine Auslandsschulden zurückzahlen sollte, was die Regierenden in erster Linie durch den Export von landwirtschaftlichen Produkten erreichen wollten. In Folge dieses Beschlusses sank der Lebensstandard in Rumänien auf ein noch nie dagewesenes Niveau. Obwohl die Rumänen außenpolitisch abgeschottet lebten, waren die Gerüchte von Glasnost und Perestroika auch im Karpatenland vernommen worden. Jahrzehntelang hatte die Securitate jegliche Opposition im Lande unterbunden und kleinste Proteste gegen die Regierung blutig niedergeschlagen. Gegen Ende 1989 bahnte sich jedoch der Volkszorn seinen Weg, welcher am 16. Dezember seinen Ausgang in der Stadt Timişoara nahm.
Initiator des Volksaufstandes war der Pfarrer László Tőkés. Jener hatte schon seit Jahren Kritik an der Politik Ceauşescus geübt und lockte die Menschen zu Hunderten in den Gottesdienst. Staatliche Repressalien gegen den Pfarrer führten zu ersten Unruhen im November 1989. Tagtäglich versammelten sich immer mehr Menschen vor László Tőkés' Haus, um über die unhaltbaren Zustände im Land zu diskutieren. Am 16. Dezember eskalierte die Situation, als Miliz und Securitate versuchten, die Versammlung aufzulösen. Tausende wütende Menschen zogen in das Zentrum, wo es immer wieder zu blutigen Zusammenstößen mit den Staatsorganen kam. An jenem Tag wurde auch László Tőkés verhaftet, was den Zorn der Bewohner von Timişoara noch weiter entfachte. Während die nächsten Tage weiterhin von Unruhen erschüttert wurden, hatte sich ein aus dreizehn Personen bestehendes Komitee gebildet, welches sich als „Rumänische Demokratische Front" bezeichnete. Jenes Komitee hatte verschiedene Forderungen, wie etwa den Rücktritt von Ceauşescu und der gesamten Regierung, Beachtung der Menschenrechte, Meinungsfreiheit sowie Öffnung der Grenzen, formuliert und sich damit an den Ministerpräsidenten Constantin Dăscălescu gewandt, welcher die Forderungen natürlich entrüstet ablehnte. Nicolae Ceauşescu befand sich während des Ausbruchs der Unruhen auf einem Staatsbesuch im Iran und kehrte erst am 20. Dezember nach Rumänien zurück. In aller Eile wurde für den Folgetag eine Großkundgebung in Bukarest anberaumt, wo sich Ceauşescu zu den Ereignissen in Timişoara äußern wollte. Während die Kundgebung noch friedlich begann, schlug die Stimmung um, als Ceauşescu den Aufstand in Timişoara als Werk ausländischer Spione bezeichnete. Es kam zu tumultartigen Ausschreitungen, denen die anwesende Miliz und die Securitate nicht gewachsen waren. Ceauşescu zog sich eilig zurück und plante mit weiteren Mitgliedern fieberhaft die Verhinderung einer Revolte in der Hauptstadt. Das sollte jedoch nicht mehr gelingen. Am Morgen des 22. Dezembers war die ganze Stadt auf den Beinen, um die verhasste Regierung zum Teufel zu jagen. Ein Großteil der rumänischen Armee stand auf Seiten des

Volkes, der wohl ausschlaggebende Faktor für den Sieg der Revolution. Es kam zwar zu einigen Zusammenstößen mit der fanatischen Securitate, welche aber zahlenmäßig unterlegen war. Gegen Mittag wurde die staatliche Rundfunkstation erobert und eine eilig zusammengestellte „Front zur Nationalen Rettung“, bestehend aus 39 Personen, proklamiert. Ceauşescu und seine Frau waren inzwischen per Hubschrauber geflohen, kamen aber nicht weit. Der Hubschrauberpilot setzte das Ehepaar sowie zwei begleitende Geheimdienstmänner auf einem Feld außerhalb der Hauptstadt ab und verweigerte den Weiterflug. Die Flüchtlinge hielten auf der nahegelegenen Nationalstraße einen Wagen an und kamen noch bis Târgovişte, wo sie von der lokalen Miliz festgenommen wurden. Wenig später übergab man die Gefangenen einer Militäreinheit, welche sie in eine örtliche Kaserne brachte. Ironischerweise endete in jener Stadt, wo Ceauşescus heimliches Vorbild, Vlad III. Drăculea residiert hatte, die Schreckensherrschaft des Diktators.

Bereits am 25. Dezember wurde Nicolae Ceauşescu und seiner Frau Elena in Târgovişte der Prozess durch ein Militärgericht gemacht. Grund für die Eile war die Befürchtung der provisorischen Regierung, die noch immer aktive Securitate könnte die Angeklagten durch einen Handstreich befreien. Obwohl es beide mit Sicherheit nicht verdient hatten, war es ein durchaus fairer Prozess, in welchem das Urteil nicht von vornherein feststand. Ein Pflichtverteidiger wurde bestellt, welcher sachlich argumentierte, allerdings nicht viel Gutes zur Verteidigung seiner Mandanten vorbringen konnte. Zu schwer war die Schuld, welche die Ceauşescus auf sich geladen hatten. Zudem benahmen sich die Angeklagten dem Gericht gegenüber derart überheblich, dass kaum zu übersehen war, wie gering sie den Ernst der Lage einschätzten. Wie bereits erwähnt, war sich der ehemalige Staatspräsident sicher, dass ihn die Männer seines Geheimdienstes befreien würden. Innerhalb von neunzig Minuten wurde der Prozess durchgepeitscht. Die Anklage lautete unter anderem auf Völkermord, Untergrabung der Staatsgewalt und Volkswirtschaft sowie Vernichtung öffentlicher Mittel. Um 14.40 Uhr sprach Oberst Gica Popa das Urteil ohne mögliche Berufung aus. Es lautete auf Tod durch Erschießen. Das Urteil war sofort zu vollstrecken. Nicolae und Elena Ceauşescu wurden auf den Kasernenhof geführt und vor eine Mauer gestellt. Das bereitstehende Erschießungskommando gab ohne direkten Befehl mehrere Salven auf die Delinquenten ab, welche regelrecht von Kugeln durchsiebt wurden. Der „rote Vampir“ und seine Frau waren tot.

Nicolae Ceauşescu hatte das Land ausgesaugt, wie es Vampire mit ihren Opfern tun. Sein Geltungsdrang und seine Verschwendungssucht trieben das Land in den Ruin. Das Volk lebte zum größten Teil unter menschenunwürdigen Verhältnissen und hungerte, der Diktator und seine Parteifreunde residierten hingegen wie mittelalterliche Könige. Natürlich war Ceauşescu kein Vampir im herkömmlichen Sinne, doch Vergleiche mit den unheimlichen Blutsaugern sind durchaus angebracht. In diesem Zusammenhang sind auch die am Anfang des Kapitels beschriebenen

Für die rumänische Bevölkerung war die Situation unter Ceaușescu katastrophal und von Armut geprägt.

Gerüchte zu sehen. Die angeblich verschwundenen, teilweise blutleer aufgefundenen Säuglinge gehörten zu einem der abscheulichsten Verbrechen, welches Nicolae Ceaușescu seinem Volk antat:

Der rumänische Staatspräsident hatte sich eine private Blutbank einrichten lassen, wo er sich jeden Monat das Blut reinigen ließ. Unglaublich, aber wahr: Das Blut stammte von neugeborenen Babys. Jene wurden heimlich aus der Entbindungsstation zum Abzapfen des Blutes geholt. Ein Augenzeuge berichtete von Szenen, welche jegliche menschlichen Vorstellungen übersteigen. Eine Vielzahl kläglich schreiender Babys lag auf Operationstischen und bekam von gewissenlosen Ärzten Blut abgenommen. Im Nebenraum befand sich Nicolae Ceaușescu und bekam das frische Blut per Transfusion verabreicht. Damit wollte sich der Diktator jung und gesund halten. Für jede Behandlung wurden drei Liter Blut benötigt. Oft wurde den Babys daher zu viel Blut abgenommen, so dass viele Kinder starben oder schwere Hirnschäden erlitten. Über fünf Jahre soll Ceaușescu diese abartigen Machenschaften betrieben haben, welche erst mit der Revolution ihr Ende fanden.

Trotz strenger Geheimhaltung sickerten mit den Jahren Details der privaten Blutbank von Ceaușescu ins Volk durch. Dadurch entstand die Legende vom Vampir, der in Bukarest der 1980er Jahre sein Unwesen trieb.

Abschließend sei noch angemerkt, dass mehrere beteiligte Ärzte während der politischen Aufarbeitung des Ceaușescu-Regimes für ihre Mitarbeit zur Verantwortung gezogen und zu hohen Haftstrafen verurteilt wurden.

Die Bestie von Gévaudan

Zwischen 1764 und 1767 ereignete sich im südfranzösischen Gévaudan eine Mordserie, die einer unheimlichen, wolfsähnlichen Bestie zugeschrieben wurde. Weder ortsansässige Jäger noch die Soldaten König Louis XV. konnten der Lage Herr werden. Über einhundert Menschen, meist Frauen, fielen der Bestie zum Opfer. Erst dem Schankwirt Jean Chastel gelang es durch eine glückliche Fügung, das Tier zur Strecke zu bringen. Bis heute gibt es jedoch Gerüchte, dass Jean Chastel selbst in die Morde verwickelt war.

Ein wunderschöner Sommertag im Süden Frankreichs neigte sich seinem Ende zu. Das junge Mädchen aus dem Dorf Langogne hatte den ganzen Tag auf einer einsam gelegenen Wiese weitab des Dorfes die Kühe der Familie gehütet. Um vor Einbruch der Dunkelheit wieder zu Hause zu sein, begann das Mädchen die Kühe zusammenzutreiben, welche sich gemütlich grasend auf der Wiese verteilt hatten. „Ach, wenn ich doch einen Hund hätte", dachte das Mädchen. Der alte Familienhund war letzten Winter an Altersschwäche gestorben und Vater hatte noch keinen neuen angeschafft. Ein wachsamer Hund hätte die folgenden Ereignisse wohl verhindern können. Das Mädchen berichtete später unter Tränen, dass sie plötzlich Rascheln in einem nahegelegenen Wäldchen gehört habe. Sie hatte nicht weiter darauf geachtet, vermutete ein Kaninchen oder anderes kleines Tier im Unterholz. Plötzlich stand ein unheimliches Wesen vor ihr, welches das Mädchen nur unter Stocken beschreiben konnte. Das Untier hatte in etwa die Größe eines

Esels und war mit kurzem, dunkelrotem Fell bedeckt. Besonders auffallend waren die rüsselartige Schnauze sowie die kleinen Ohren, welche so gar nicht zur Größe des Tieres passten. Außerdem war dem zu Tode erschrockenen Mädchen noch der unverhältnismäßig lange Schwanz aufgefallen. Am erstaunlichsten jedoch war die Tatsache, dass sich das Wesen wie ein Mensch auf zwei Beinen fortbewegte. Das Mädchen war wie erstarrt im Angesicht der Bestie. Mit seltsam fauchenden Geräuschen kam das Untier auf sie zu und das Mädchen glaubte, sein letztes Stündlein habe geschlagen. Zu seinem Glück witterten die Bullen die Gefahr und stellten sich schützend vor das Mädchen. Die gewaltigen Hörner der Rinder schienen das Untier zu verunsichern, worauf dieses wieder im Wald verschwand. Das völlig verstörte Mädchen rannte weinend ins Dorf zurück und fiel seinem Vater schluchzend in die Arme. Nur schwer konnte jener das Kind beruhigen. Erst nach einem kräftigen Schluck Wein war das Mädchen in der Lage, das Vorgefallene zu berichten. Den Anwesenden erschien die Geschichte völlig absurd, sie meinten, die Kleine hätte sich vor einem Wolf erschreckt, welcher zufällig ihren Weg gekreuzt hatte. Das Mädchen schwor jedoch bei allen Heiligen, dass es kein Wolf gewesen sei, welcher ihr aufgelauert hatte, sondern jenes beschriebene Untier.

Der Überfall sorgte für einige Aufregung im Gévaudan, einem Landstrich, welcher heute zum Département Lozère gehört. Tagelang diskutierten die Dorfbewohner den mysteriösen Vorfall. In die bedauernden Stimmen mischten sich aber auch schnell Zweifel an der Geschichte des Mädchens. Wenn es schon kein Wolf war, vielleicht hatte dann ein zerlumpter, in Tierfelle gehüllter Landstreicher das Kind erschreckt. Vielleicht hatte sich das Kind die Geschichte auch nur ausgedacht, um sich wichtig zu machen. Kinder neigten bekanntlich gerne zum Fabulieren und glaubten die erfundenen Geschichten am Ende selbst. Eine Klärung der Ereignisse schien letztendlich nicht möglich, worauf die Bauern den Überfall schnell vergaßen. Die tägliche Arbeit war hart und dem Mädchen war bis auf einen tüchtigen Schrecken nichts passiert.
Nur wenige Monate später sollte die Bestie jedoch auf grausame Art in das kollektive Gedächtnis der Bewohner des Gévaudan zurückkehren. Anfang August 1764 entdeckten spielende Kinder auf einer Wiese südlich der Ortschaft Langogne den grausam verstümmelten Körper eines toten Mädchens. Nachforschungen ergaben, dass es sich dabei um die 14-jährige Jeanne Boulet aus dem Dorf Saint-Étienne-de-Lugdarès handelte, welche von ihren Eltern schon seit Tagen vermisst wurde. Das Opfer wies grässliche Verletzungen auf. Hals und Brustkorb des Mädchens waren augenscheinlich von einem gewaltigen Gebiss zerfetzt. Der Leichenbeschauer stellte außerdem fest, dass mehrere innere Organe fehlten. Die Bewohner der umliegenden Dörfer waren wie gelähmt vor Schreck. Welches ungeheuerliche Wesen konnte solche schrecklichen Wunden verursachen? War es ein Wolf? Doch Wölfe hatten eine natürliche Scheu vor Menschen, gingen ihnen aus dem Weg. In langen, strengen Wintern kamen Wölfe aus Hunger gelegentlich

Zwischen 1764 und 1767 fielen über einhundert Menschen der Bestie zum Opfer.

näher an die menschlichen Behausungen heran, doch im Sommer gab es genügend Beute in den Wäldern. Nun erinnerten sich die Bauern an das mysteriöse Wesen, welches das Mädchen aus Langogne beim Kühe hüten erschreckt hatte.
Während die verängstigten Menschen noch über die unheimliche Bestie rätselten, wurde am 8. August das nächste Opfer entdeckt. Holzfäller stießen nahe dem Dorf Puylaurent unvermutet auf den ebenfalls zerfetzten Leichnam einer jungen Frau. Dann ging es Schlag auf Schlag. Fast täglich wurden neue Opfer der Bestie gefunden. Dem unheimlichen Wesen schien es nichts auszumachen, weite Strecken zurückzulegen, die bestätigten Morde fanden immerhin in einem Umkreis von 65 Kilometern statt. Die ersten Opfer waren junge Mädchen, später kamen auch erwachsene Frauen und junge Männer hinzu. Unter den verängstigten Menschen des Gévaudan machte bald das Gerücht über einen Werwolf die Runde, welcher für die Morde verantwortlich sei. Doch Werwölfe töteten laut dem weitverbreiteten Volksaberglauben bekanntlich in der Nacht, wenn sich schon lange kein Bewohner des Gévaudan mehr aus dem Haus traute. Das vermeintliche Ungeheuer mordete jedoch am helllichten Tag, wobei immer seltsamere Details zu Tage traten. Waren die ersten Opfer wie von einem gewaltigen Raubtiergebiss zerfetzt, wiesen die Leichen später eine Vielzahl von Schnittwunden wie von einem Messer auf. Welches Tier konnte seinem Opfer solche Wunden beibringen? Zudem fand man manche der weiblichen Opfer entkleidet, was für weiteres Entsetzen bei den Dorfbewohnern sorgte.

Mit fortschreitender Opferzahl begann sich Panik unter den Menschen des Gévaudan breitzumachen. Viele verließen kaum noch das Haus, das Vieh blieb im Stall. Die Menschen beteten und hofften auf ein Wunder, doch das unheimliche Wesen mordete weiter. Die Bauern waren der Bestie praktisch schutzlos ausgeliefert. Nur wenige von ihnen besaßen Schusswaffen, mit Sensen und Äxten war solch einem mörderischen Wesen aber wohl kaum beizukommen. Die Hoffnung der Menschen ruhte auf einigen Jägern, welche unermüdlich die Landschaft durchstreiften. Dann, am 8. Oktober 1764, ein Lichtblick: Auf einer Waldlichtung erblickten zwei Jäger ein Wesen, auf welches die Beschreibung von Überlebenden der Überfälle zutraf. Raubtierhaft, doch nicht wirklich einem Wolf oder anderem gefährlichen Tier ähnlich. Die Jäger feuerten aus kurzer Distanz mehrere Salven auf das Tier, welches getroffen zusammenbrach. Es konnte sich jedoch wieder aufraffen und die Flucht ergreifen. Die nachsetzenden Jäger konnten das Tier noch mehrmals mit Kugeln treffen, verloren aber bei der Verfolgung im dichten Unterholz den Anschluss. Da sie das unheimliche Wesen jedoch mehrfach angeschossen hatten, gingen die Männer davon aus, dass die Beute im Wald verenden würde. Siegestrunken feierten die Jäger in der nächstbesten Schänke ihren Erfolg und ließen sich von den erleichterten Bauern Runde um Runde spendieren. Doch die Freude der Menschen im Gévaudan währte nur kurz. Nur wenige Tage nach dem vermeintlichen Tod der Bestie wurde der nächste verstümmelte Leichnam entdeckt. Opfer war der 13-jährige Jean Rieutort aus dem Dorf Souleyrols.

Inzwischen hatte sich auch die Kirche eingeschaltet, welches die Untaten der Bestie natürlich als die Strafe Gottes für das lasterhafte Leben der Dorfbewohner darstellte. Der zuständige Bischof Gabriel-Florent de Choiseul de Beaupré verfasste einen entsprechenden Hirtenbrief, welchen er in allen Dörfern verlesen ließ. Darin hieß es unter anderem: „Die Gerechtigkeit Gottes, sagt der heilige Augustinus, kann nicht hinnehmen, dass die Unschuld unglücklich ist. Die Strafe, die er verhängt, setzt immer eine Verfehlung dessen voraus, der sie sich zugezogen hat. Aus diesem Prinzip heraus wird es für euch einfach sein, zu verstehen, dass euer Unglück nur aus euren Sünden entstanden sein kann.“ Passenderweise fand sich noch eine Bibelstelle, in welcher es hieß: „Den Zahn der Raubtiere lasse ich auf sie los.“ Für den Klerus war das Unheil, das das Gévaudan heimsuchte, eine klare Sache. Nur der Zorn Gottes konnte so eine Bestie hervorbringen. Allein die Abkehr von allem sündigen Verhalten und die bedingungslose Hingabe an Gott konnten die Menschen noch vor der Bestie retten. Für alle Gotteshäuser der Gegend wurden pausenlose Gebete angeordnet, um der Lage Herr zu werden. Der übertrieben religiöse Eifer schien das unheimliche Wesen jedoch nicht zu beeindrucken, es mordete unvermindert weiter.

Die schauerlichen Ereignisse im Gévaudan waren inzwischen bis an den Königshof in Versailles gedrungen. König Louis XV. sah sich genötigt, eine Dragonereinheit zu entsenden, um die Bevölkerung des Gévaudan vor der Bestie zu schützen. Laut einer beliebten, wenn auch unsinnigen Verschwörungstheorie war es der König selbst, welcher die Morde der angeblichen Bestie inszenieren ließ. So wollte er die Entsendung der Truppen rechtfertigen, welche in Wahrheit gegen die Hugenotten vorgehen sollten. Die einfache Bevölkerung im abgelegenen Gévaudan scherte sich jedoch schon immer wenig um politische wie religiöse Strömungen.

Das Leben auf dem Lande war hart, es gab wichtigere Dinge im Leben. Zudem brauchte der französische König mit Sicherheit keinen Vorwand, um den Einsatz seiner Truppen zu rechtfertigen.

Capitaine Duhamel quartierte sich mit seinen insgesamt 56 Dragonern in der Ortschaft Saint-Chély-d`Apcher ein, um von dort aus die Jagd auf die Bestie zu koordinieren. Duhamel war ein erfahrener Kriegsmann, welcher am Gelingen der Operation keinerlei Zweifel hegte. Die Dragoner führten mit Hilfe der ansässigen Bevölkerung großangelegte Treibjagden durch, durchkämmten systematisch die Gegend der Überfälle. Mehrfach soll es zu Begegnungen mit der Bestie gekommen sein, welche den Soldaten jedoch immer wieder entwischte. Capitaine Duhamel griff nach den erfolglosen Treibjagden zu einer List und ließ einige seiner Männer als Frauen verkleidet durch das Gévaudan spazieren. Da die Bestie mit Vorliebe Frauen anfiel, wollte man so das Untier anlocken und zur Strecke bringen. Es muss ein amüsanter Anblick gewesen sein, wenn große, kernige Soldaten in Frauenkleidern über die Wiesen lustwandelten. Den Bewohnern des Gévaudan war allerdings wenig zum Lachen zumute, da auch die List mit der Verkleidung keinen Erfolg erzielte. Die anwesenden Dragoner wurden den Dorfbewohnern mit der Zeit sogar eher lästig. Monatelang mussten sie die königlichen Truppen verköstigen und in ihren Häusern schlafen lassen. Das einzige messbare Ergebnis waren dabei die ausgetrunkenen Weinvorräte und leeren Speisekammern der Bauern. Der Bestie wurden die Dragoner indes nicht habhaft. Vielmehr belästigten die Soldaten immer wieder die Töchter und Frauen der Bauern, so dass die Bewohner des Gévaudan froh waren, als der König seine Truppen abzog.

Die Dorfbewohner standen der Bestie nun wieder allein gegenüber. Die Geschichten über die grausamen Morde hatten sich inzwischen in weiten Teilen Frankreichs herumgesprochen. Verschiedene Adlige legten für eine Kopfgeldprämie zusammen, wozu auch der König eine größere Summe beisteuerte. Insgesamt kam eine Summe von 9.000 Livres zusammen, was in etwa dem Gegenwert von 100 Pferden entsprach. Mit der Aussicht auf so eine Menge Geld wurden im Frühjahr 1765 eine Vielzahl von Jägern, Abenteurern und Glücksrittern ins Gévaudan gelockt. Einer davon war ein gewisser Denneval, welcher als der berühmteste Wolfsjäger Südfrankreichs galt. Er rühmte sich, gemeinsam mit seinem Sohn bereits 1.200 Wölfe zur Strecke gebracht zu haben. Denneval und sein Sohn ließen sich im Dorf Malzieu nieder, von wo aus sie gewaltige Treibjagden organisierten. Die Dorfbewohner waren mit Feuereifer dabei, da sie große Hoffnungen in den berühmten Wolfsjäger setzten. Es wurde zwar eine Vielzahl von Wölfen geschossen, keines der Tiere hatte jedoch auch nur im entferntesten Ähnlichkeit mit der beschriebenen Bestie. Denneval wollte schon wieder resigniert abziehen, als sich am 29. April eine Chance zur Ergreifung der Bestie auftat. Zufällig beobachtete der Gutsherr de la Chaumette aus einem Fenster seines Hauses, wie sich ein wolfsähnliches Wesen an einen Hirtenjungen und dessen Herde heranschlich. Schnell rief der Gutsherr seine beiden Brüder zu Hilfe. Mit Gewehren bewaffnet stellten sich die Männer

In Auvers zeigt eine Statue, wie eine Frau das Biest vertreibt.

dem unheimlichen Wesen entgegen. Todesmutig marschierten sie auf die Bestie zu und feuerten mehrere Salven ab. Das Tier brach von mehreren Schüssen getroffen zusammen, konnte jedoch wieder einmal die Flucht ergreifen. Schnell wurde Denneval informiert, der mit mehreren anderen Jägern die noch frische Fährte verfolgte. Obwohl das verwundete Tier eine gut sichtbare Blutspur hinterließ, wurde es weder tot noch lebend entdeckt. Stattdessen war schon am nächsten Tag die traurige Nachricht zu vernehmen, dass im 20 Kilometer entfernten Venteuges erneut eine grausam verstümmelte Mädchenleiche entdeckt worden war. Frustriert und in seiner Jägerehre gekränkt, verließ Denneval umgehend das Gévaudan.

Das Morden ging unvermindert weiter. Die Adligen der umliegenden Ortschaften richteten mehrere Petitionen an König Louis XV., welcher nun zu seiner letzten Trumpfkarte griff. Er beauftragte seinen persönlichen Jagdmeister, François Antoine de Beauterne, sich der Bestie von Gévaudan anzunehmen. Beauterne galt als erfahrener Waidmann, schien der geeignete Mann, um das Problem zu lösen. Für seine Mission stellte Beauterne eine wohlausgesuchte Mannschaft aus mehreren Jägern, erfahrenen Wildhütern und kriegserprobten Soldaten zusammen, welche zudem von einer Meute Bluthunde begleitet wurde. Beauterne quartierte sich mit seinen Männern im Schloss Besset ein und begann, die Jagd auf die Bestie akribisch vorzubereiten. Er inspizierte die Tatorte, ließ Karten vom Gévaudan anfertigen, sprach mit überlebenden Augenzeugen. Obwohl das Morden unvermindert weiterging, ließ sich der königliche Jagdmeister nicht aus der Ruhe bringen. Sein Vorgehen hatte sich viele Male bewährt und die Bestie sollte ihm nicht entwischen. Im September 1765 hatten sich die Angriffe der Bestie in der Region um Saint-Julien-des-Chazes gehäuft. Beauterne sah seine Chance gekommen. Er organisierte eine gezielte Treibjagd, welche die Bestie unweigerlich in die Béal-Schlucht treiben sollte, wo Beauterne mit mehreren schwerbewaffneten Männern lauerte. Tatsächlich erschien ein stattlicher Wolf am Rande der Schlucht, welchen Beauterne höchstpersönlich mit mehreren Schüssen erlegte. Die Nachricht vom Tod der Bestie verbreitete sich wie ein Lauffeuer im Gévaudan. Die Menschen fielen sich vor Freude weinend in die Arme, der Wein floss in Strömen. Endlich war die Gefahr vorbei, die Menschen konnten wieder ohne Angst ihrem Tagewerk nachgehen. Das Urteil des Chirurgen Monsieur Boulanger fiel dagegen weniger euphorisch aus. Der erlegte Wolf war mit 1,80 Meter Länge und einem Gewicht von 60 kg zwar ein ungewöhnlich großes Tier, die Obduktion ergab jedoch keinerlei Hinweise darauf, dass es sich tatsächlich um die Bestie von Gévaudan handelte. Weder in Magen noch Darm wurden menschliche Überreste gefunden. Die glücklichen Dorfbewohner störte das jedoch in keiner Weise und auch der erfolgreiche Jäger Beauterne ließ sich seinen Erfolg nicht schmälern. Um ganz sicher zu gehen, blieb er noch einige Tage im Gévaudan. Als keine weiteren Morde gemeldet wurden, erklärte Beauterne die Bestie für erlegt und kehrte an den Königshof zurück. Beauterne hatte den Wolfskadaver von einem Tierpräparator fachmännisch herrichten lassen und präsentierte ihn am 21. September dem König. Jener war hocherfreut, die lästige Angelegenheit hinter sich zu wissen, zahlte seinem Jagdmeister die ausgeschriebene Prämie und erklärte das Thema für abgeschlossen.

Anscheinend hatte die Bestie nur auf die Abreise von Beauterne gewartet, denn schon bald wurden wieder grässlich verstümmelte Leichen gefunden. Zu jener Zeit entstanden auch die ersten Gerüchte, dass hinter den Morden ein Mensch stecken musste. Der tatsächliche Mörder hatte absichtlich keine Morde mehr begangen, um Beauterne im Glauben zu lassen, dass die Bestie tatsächlich erlegt sei. Es musste sich also um einen rational denkenden Mensch handeln; ein Tier hätte einfach weiter gemordet. Um die Blamage seines persönlichen Jagdmeisters nicht eingestehen zu müssen, verbot König Louis XV. jegliche behördlichen Berichte über neue Attacken der Bestie von Gévaudan. Auch in den kirchlichen Sterbebüchern durften die Todesfälle nicht mit der Bestie in Verbindung gebracht werden. Aus mündlichen Überlieferungen ist aber bekannt, dass das Morden unvermindert weiterging. Da von Seiten der königlichen Regierung keine Hilfe mehr zu erwarten war, sahen sich die Bewohner des Gévaudan der Bestie wiederum schutzlos ausgeliefert. Nach einer kurzen Zeit verstärkter Aktivitäten der Bestie im Winter 1765–66, wurde es im Jahr 1766 relativ ruhig im Gévaudan. Im Frühjahr 1767 schien die Bestie jedoch wieder verstärkt Appetit auf Menschenfleisch zu verspüren.

Nun sah der örtliche Jäger Jean Chastel seine Stunde gekommen. Chastel betrieb mit seiner Familie in La Besseyre-Saint-Mary eine Schankwirtschaft und war weithin als Sonderling bekannt. Auf Grund seines rüpelhaften Benehmens und seiner cholerischen Wutanfälle mieden die Dorfbewohner Chastels Schenke, so dass jener den Lebensunterhalt seiner Familie mit Wilderei aufbessern musste. Da Chastel als ausgezeichneter Schütze galt, verpflichtete ihn der ortsansässige Marquis Jean-Joseph d'Apcher für eine großangelegte Treibjagd am 19. Juni 1767. Laut einer mündlich überlieferten Geschichte soll Chastel eigens für die Jagd auf die Bestie Silberkugeln gegossen haben. Jene ließ er zudem vom örtlichen Priester segnen. Kirchlich geweihte Silberkugeln lassen unweigerlich an einen Werwolf denken, welcher nur mit Silberkugeln erlegt werden konnte. Da Werwölfe aber bekanntlich nur im Aberglauben des Volkes existieren, können wir die Geschichte von Chastels geweihten Kugeln getrost ins Reich der Mythen und Legenden verweisen. Entstanden ist dieses Gerücht wohl im Zusammenhang mit der Vorstellung, dass es sich bei der Bestie von Gévaudan um einen Werwolf handelte. Chastel berichtete später, dass eine innere Stimme ihn während der Treibjagd von den anderen Jägern weggelotst habe. Sein Instinkt führte ihn geradewegs zum südöstlichen Hang des Berges Mouchet, wo er geduldig ausharrte. Tatsächlich tauchte nach einiger Zeit ein großer Wolf auf, den Chastel mit einem einzigen Schuss ins Herz erlegte. Zeugen für den exzellenten Schuss gab es keine. Die übrige Jagdgesellschaft war so weit entfernt, dass nicht einmal der Schuss gehört wurde. Die mysteriösen Umstände von Chastels Jagderfolg sollten recht bald zu Zweifeln an dessen Ablauf führen. Zunächst waren die Bewohner des Gévaudan jedoch glücklich, die Bestie los zu sein. Die vom Marquis d'Apcher gezahlte Prämie von 72 Livres fiel zwar verhältnismäßig mager aus, Chastel wurde jedoch im ganzen Gévaudan als Volksheld gefeiert.

Was geschah mit dem Kadaver der vermeintlichen Bestie? Im Pariser Nationalarchiv gibt es eine Akte, welche darüber Auskunft gibt. Am Tage nach der erfolgreichen Jagd wurde das tote Tier in das Anwesen des Marquis d'Apcher gebracht. Dabei soll der Kadaver bereits Anzeichen von fortschreitender Verwesung gezeigt haben. Im vorliegenden Bericht heißt es bezeichnend, „der Kadaver hätte zum Himmel gestunken." Der bei einer flüchtigen Autopsie anwesende Notar Maitre Marin vermerkte, der Wolf habe eine Länge von 1,50 Metern gehabt und eine Schulterhöhe von 77 cm. Rein optisch war der Kadaver einem Wolf ähnlich, jedoch mit einem ungewöhnlich großen Kopf. Zudem hatte das Tier außergewöhnlich große Pfoten mit überdurchschnittlich starken Krallen. Auch die Fellfarbe des Tieres soll außergewöhnlich gewesen sein, rötlich-grau mit schwarzen Streifen durchzogen. Da sich der Kadaver der vermeintlichen Bestie bereits im Stadium der fortschreitenden Verwesung befand, war eine Konservierung nicht mehr möglich. Chastel trennte lediglich eine der Pfoten ab, um sie als Andenken aufzubewahren. Der Rest des Kadavers wurde verbrannt und im Wald verscharrt. Der Naturforscher George Louis Leclerc begutachtete die Pfote der Bestie zu einem späteren Zeitpunkt und beschrieb sie als gewöhnliche Wolfspfote ohne sonderliche Merkmale. Zu jener Zeit waren schon im ganzen Gévaudan Gerüchte im Umlauf, wel-

che Chastel mit den Untaten der Bestie in Zusammenhang brachten. Nachdem die erste Euphorie über den Tod des Ungeheuers verflogen war, machten sich die Bewohner des Gévaudan vermehrt Gedanken über die Ungereimtheiten von Chastels vermeintlichem Jagderfolg. Dabei waren es nicht nur Gerüchte, welche man möglicherweise noch hätte auf Neider schieben können. Am 16. August 1765 hatten zwei Wildhüter aus dem Gefolge von François Antoine de Beauterne Chastels Söhne Pierre und Antoine bei den Behörden angezeigt. Sie gaben zu Protokoll, die Brüder Chastel hätten sie absichtlich in ein Schlammloch geführt, wobei die beiden Wildhüter fast zu Tode gekommen wären. Während die Männer sich verzweifelt bemühten, der Todesfalle zu entkommen, standen die zwei Burschen angeblich lachend daneben und verweigerten jede Hilfe. Die Chastel-Brüder wurden verhaftet, zwölf Tage später jedoch wieder entlassen, da Aussage gegen Aussage stand. Spätere Ermittlungen ergaben, dass sich in eben diesen zwölf Tagen im gesamten Gévaudan keine Morde ereignet hatten, welche der Bestie zugeschrieben werden konnten. Auch die ungewöhnlich schnelle Verwesung des Kadavers der vermeintlichen Bestie sorgte für Unstimmigkeiten. Die Vermutung lag nahe, dass Chastel das Tier bereits Tage vorher getötet hatte. Aber warum verschwieg er das? Seinem Ruhm als Bezwinger der Bestie hätte es keinen Abbruch getan, hätte Chastel das Untier schon vor der Treibjagd erlegt.
Die angesprochenen Ungereimtheiten und die mysteriösen Umstände der Jagd vom 19. Juni 1767 verstärkten bei den Bewohnern des Gévaudan den Verdacht, dass Chastel etwas mit den Morden zu tun hatte. In diesem Zusammenhang wird auch immer wieder erwähnt, dass die Familie Chastel eine Menagerie außergewöhnlicher Tiere unterhielt, mit welcher Besucher in die schlecht gehende Schenke gelockt werden sollten. Darunter befand sich angeblich auch eine afrikanische Tüpfelhyäne, welche als eigentliche Bestie von Gévaudan in Betracht gezogen wurde. Dass die Familie Chastel tatsächlich einen Privatzoo unterhielt, ist historisch nicht verbürgt. Zudem stellt sich die Frage, wie einfache Leute aus Südfrankreich in den Besitz eines solchen exotischen Tieres wie einer Tüpfelhyäne gekommen sein sollen. Obwohl sich die Gerüchte um Chastels Mitschuld an den Morden im Gévaudan hartnäckig hielten, konnte ihm letztendlich keine Beteiligung nachgewiesen werden. Es gab auch keine offiziellen Untersuchungen, gemeinhin galt Chastel immer noch als der Befreier des Gévaudan. Unbekannte legten dennoch eines Nachts Feuer am Anwesen der Familie, worauf Haus und Gastwirtschaft vollständig niederbrannten. Ihrer Existenz beraubt, verzog darauf die Familie Chastel mit unbekanntem Ziel. Heute erinnert nur noch eine steinerne Säule in La Besseyre-Saint-Mary an jenen Mann, welcher angeblich die Bestie von Gévaudan erlegte.

Bis heute hält das Rätselraten um die vermeintliche Bestie an. Unzählige Theorien wurden bisher aufgestellt, um was für ein Wesen es sich handelte. Der viel beschworene „böse Wolf“ war es wohl mit Sicherheit nicht. Wenn sich Wölfe

menschlichen Behausungen nähern, haben sie es auf Vieh abgesehen. Wolfsangriffe auf Menschen sind äußerst selten und geschehen meist nur, wenn sich der Wolf vom Menschen überrascht fühlt. Die Behauptung, bei der Bestie von Gévaudan hätte es sich um einen tollwütigen Wolf gehandelt, scheidet ebenfalls aus. Ein an Tollwut erkranktes Tier wäre der Krankheit nach einigen Monaten erlegen, die Mordserie dauerte jedoch drei Jahre an. Zudem hätte der tollwütige Wolf die Krankheit an seine überlebenden Opfer übertragen. Keiner der von der Bestie verletzten Menschen hatte jedoch Anzeichen von Tollwut gezeigt.
Auch die bereits angesprochene Tüpfelhyäne scheidet wohl aus der Reihe der Verdächtigen aus. Wie soll so ein exotisches Tier in den Süden Frankreichs gelangt sein? War es möglicherweise bei einem Wanderzirkus ausgebrochen, wie gerne behauptet wird? Solch ein Vorfall hätte mit Sicherheit für Aufregung gesorgt und wäre einer schriftlichen Notiz würdig gewesen. Nichts dergleichen wurde jedoch vermerkt. Zudem hätte ein Tier, welches das Klima Afrikas gewohnt war, kaum mehrere eisig kalte Winter in Europa überstanden.

Kryptozoologen führen im Falle der Bestie von Gévaudan auch die Möglichkeit an, dass es sich um ein prähistorisches Raubtier gehandelt haben könnte, das durch glückliche Umstände die Zeit überdauert hatte. Als Beispiel wird unter anderem ein Urraubtier angeführt, welches die wissenschaftliche Bezeichnung Hyaenodon trägt. Skelettfunde und moderne Rekonstruktionsmöglichkeiten haben das Bild eines urzeitlichen Tieres erschaffen, was durchaus den Beschreibungen der Bestie von Gévaudan gleicht. Theoretisch wäre es möglich gewesen, dass ein solches Wesen in einer abgeschiedenen Gegend weit weg von menschlicher Zivilisation überlebt hätte. Wohlgemerkt, theoretisch! Überleben setzt Fortpflanzung voraus, für welche eine gewisse Population notwendig ist. Allerdings ist aus keinem Teil Europas eine Sichtung des Hyaenodon bekannt. Die Vorstellung von einem prähistorischen Untier, welches die Morde im Gévaudan begangen haben soll, ist durchaus reizvoll, wenn auch wenig realistisch.
Schon eher glaubwürdig klingt die Vermutung, dass es sich bei der Bestie von Gévaudan um einen Hybriden, also eine Züchtung aus Hund und Wolf, handelte. Solche Züchtungen waren schon seit Menschengedenken üblich. Ziel war es, die positiven Eigenschaften des Hundes wieder mit den Urinstinkten seiner wölfischen Vorfahren zu vermischen. Nicht selten spielte auch die gewollte Beimischung der natürlichen Aggressivität des Wolfes eine Rolle. Bestes Beispiel ist die noch junge Rasse des Tschechoslowakischen Wolfshundes. Im Jahr 1955 kam beim tschechoslowakischen Militär die Idee auf, den bislang eingesetzten Deutschen Schäferhund zu „verbessern". Man wollte einen Hund schaffen, welcher sich den Bedingungen an der Landesgrenze besser anpassen konnte und zudem aggressiver als der Schäferhund war. Nach eingehenden Studien und sorgfältiger Planung begann der Biologe Karel Hartl, Karpartenwölfe mit Deutschen Schäferhunden zu verpaaren. Die Züchtung bis hin zum diensttauglichen Hund zog sich über dreißig Jahre hin.

Erst ab der fünften Generation war es möglich, einige der Tiere als Diensthunde zu verwenden. 1971 wurde das militärische Zuchtvorhaben eingestellt. Seit 1983 werden auch von privaten Züchtern keine Einkreuzungen von Wölfen in die bestehende Population mehr vorgenommen. Seit 1999 ist der Tschechoslowakische Wolfshund eine anerkannte Hunderasse, die Anzahl der Züchter beschränkt sich heute aber weitestgehend auf die Slowakische Republik.

Im Falle der Bestie von Gévaudan sei es dahingestellt, ob der von uns angenommene Hybride eine bewusste Züchtung eines Menschen war oder ob eine brave Hundedame dem Charme eines Wolfes erlegen ist. Viel entscheidender ist die Feststellung, dass der vermeintliche Hybride die Morde nur in Zusammenarbeit mit einem Menschen unternommen haben kann. Darauf deuten die strategischen Unterbrechungen der Mordserie, wie etwa kurz vor der Abreise des königlichen Hofjägers Beauterne. Zudem wurden einige der Opfer mit einem Messer verstümmelt, welches wohl kaum ein Tier verwendet haben kann. Eine Vielzahl der weiblichen Opfer fand man auch entkleidet, was auf sexuell motivierte Taten schließen lässt.

Nun stellt sich die Frage, wer um alles in der Welt einen Vorteil davon hatte, gemeinsam mit einem gemeingefährlichen Wolfshund auf Menschenjagd zu gehen. Die Vermutung liegt nahe, dass es sich um einen geistesgestörten Serienmörder mit extrem sexuell-sadistischen Veranlagungen handelte. Da es sonst weiter keine Verdächtigen gab, scheint der abartige Lustmörder wohl tatsächlich aus den Reihen der Familie Chastel gekommen zu sein. Jean Chastel selbst kann nicht der Täter gewesen sein, dazu war er in seiner Schankwirtschaft zu präsent. Wenn die Schenke auch alles andere als rentabel war, wurde Chastel doch täglich von verschiedenen Gästen gesehen. Er hätte also kaum die Zeit gehabt, auf Menschenjagd zu gehen. In den Fokus unserer Ermittlungen sollte daher eher Chastels Sohn Antoine rücken. Jener hatte bereits als Kind große Begeisterung für die Jagd gezeigt und seinen Vater oft bei seinen Wildererzügen begleitet. Im Dorf erzählte man sich außerdem, dass Antoine ein großes Vergnügen daran fand, unschuldige Tiere zu quälen. Wir haben hier also praktisch das übliche Einstiegsverhalten eines Serienmörders. Wenn es historisch auch nicht belegt ist, dass sich exotische Tiere im Besitz der Famile Chastel befanden, ist es ohne Weiteres denkbar, dass Antoine Chastel einen Wolfshund hielt, den er auf die Menschenjagd abgerichtet hatte. Er selbst hielt sich vielleicht für eine Art Werwolf, welcher gemeinsam mit seinem Gefährten auf Jagd ging. Darauf deutet auch eine Begebenheit aus dem Frühjahr 1767, welche sich des Nachts nahe dem Dorf Pontajou zugetragen haben soll. Ein Bewohner des Dorfes vermeinte im Schein des Vollmondes eine nackte, dichtbehaarte menschliche Gestalt am Flussufer zu sehen, die kurz darauf im Wald verschwand. Dabei soll es sich um Antoine Chastel gehandelt haben. Jener war wohl kaum ein „echter“ Werwolf, hielt sich aber möglicherweise für einen. Der dichtbehaarte Körper wäre in diesem Fall ein Trugbild gewesen, vielmehr wird sich Antoine in Wolfsfelle gehüllt haben, um die Illusion perfekt zu machen. Nicht zuletzt geschah die Begegnung in einer Vollmondnacht, in der sich die Werwölfe laut dem Volksaberglauben verwandelten. Dass ein Mensch, gekleidet in Tierfelle, sein Unwesen als Bestie von Gévaudan trieb, bestätigte auch die Aussage des Knaben Jaques Portefaix. Jener war von einem Mann im Wolfsfell angegriffen worden, den der beherzte Junge jedoch mit einer Mistgabel in die Flucht schlagen konnte. Theoretisch wäre es auch möglich gewesen, dass zwei unabhängig voneinander operierende Täter agierten, sprich ein nicht näher zu identifizierendes Tier sowie ein Mensch, der sich für einen Werwolf hielt. Dagegen sprechen jedoch die strategischen Pausen zwischen den Morden sowie das zeitweilige Abflauen der Mordserie. Ein einzelnes, von Blutgier getriebenes Tier hätte ohne größere Pausen weiter gemordet. Ein ziemlich eindeutiger Hinweis auf Antoine Chastel als Drahtzieher der Morde ist außerdem die Unterbrechung der Mordserie während seiner zwölftägigen Inhaftierung.

Bei der Annahme, dass Antoine Chastel die eigentliche Bestie von Gévaudan war, handelt es sich selbstverständlich nur um eine Hypothese. In Anbetracht der Tatsache, dass die Mordfälle nie wirklich aufgeklärt wurden, sei es aber erlaubt, in alle Richtungen zu ermitteln. Interessant wäre noch herauszufinden, ob Antoine Chastel sich nur als Wolf verkleidete, um seine Taten unerkannt zu verüben, oder ob er sich tatsächlich für einen Werwolf hielt. Diese Ermittlungen würden hier aber zu weit führen.
So unglaublich es klingt, aber vielleicht benutzte Jean Chastel die abartigen Neigungen seines Sohnes sogar als perfide „Werbestrategie“, um Gäste in sein Wirtshaus zu locken. Chastel war allem Anschein nach ein Mensch mit wenig moralischen Bedenken. Er galt als jähzornig, hatte bereits wegen schwerer Körperverletzung im Gefängnis gesessen. Wenn Chastels Sohn Antoine tatsächlich die Bestie von Gévaudan war, muss sein Treiben so überhandgenommen haben, dass sich der Vater zum Eingreifen gezwungen sah. Möglicherweise konnte Antoine seinen Wolfshund auch nicht mehr bändigen, so dass Jean Chastel das Tier tötete. Das würde auch die vorschnelle Verwesung des angeblich am 19. Juni 1767 erschossenen Tieres erklären. Chastel hatte den Hybriden schon vorher getötet und an der entsprechenden Stelle versteckt. Er war nun der Held des Gévaudan und konnte mit einem vollen Wirtshaus rechnen.

Bei den Geschehnissen um die Bestie von Gévaudan handelt es sich um ein Rätsel der Geschichte, welches wohl nie gelöst werden wird. Auch der von mir vorgebrachte Lösungsansatz ist nur eine Vermutung anhand der vorliegenden Indizien. Fakt ist, dass innerhalb von drei Jahren 100 Todesopfer zu beklagen waren. Fast alle wurden grässlich verstümmelt aufgefunden. Täter und Tathergänge konnten nie zweifelsfrei ermittelt werden. Die Bewohner des ehemaligen Gévaudan machen sich noch heute das ungelöste Rätsel zu Nutze. Die bluttriefenden Geschichten über die Bestie locken noch immer Touristen in den Süden Frankreichs. In einem kleinen Museum in der Gemeinde Saugues werden mit lebensgroßen Figuren die wichtigsten Szenen der Geschichte nachgestellt. In der näheren Umgebung von Saugues steht eine riesige Holzskulptur der Bestie von Gévaudan, welche an die Mordserie von 1764–67 erinnern soll. Geklärt wird diese Mordserie wohl niemals werden.

Jean Chastel brachte die Bestie vom Gévaudan schließlich zur Strecke.

Fritz Haarmann – Der Vampir von Hannover

Ein kalter Wintermorgen, der 25. Februar 1925. Ein gewaltiges Polizeiaufgebot hatte sich auf dem Friedhof von Hannover-Stöcken versammelt. Es war jedoch kein Kollege, welcher heute zu Grabe getragen wurde. Das sah man an der Vielzahl schwarz gekleideter, weinender Menschen, welche ebenfalls anwesend waren. Verwunderlich schien auch, dass gleich mehrere Särge zur Beerdigung bereitstanden.
Ein Massenbegräbnis? Wurde etwa eine ganze Familie ausgelöscht?
Nein, es waren ausnahmslos junge Männer, deren sterbliche Überreste heute der Erde übergeben werden sollten. Verwandt waren die Verstorbenen auch nicht, hatten jedoch eine Gemeinsamkeit: Sie waren dem Wahn eines Mörders zum Opfer gefallen, welcher zuerst mit ihnen ins Bett stieg, um sie anschließend heimtükkisch zu ermorden. Er soll den jungen Männern wie von Sinnen den Kehlkopf durchgebissen haben, sie zerstückelt und ihr Fleisch anschließend an Metzgereien verkauft haben.
Sie glauben mir nicht?
Gäbe es Fotos vom Inhalt der Särge, Sie würden es. Nichts als Knochen lagen in den Särgen. 323, genauer gesagt, von 27 Opfern. Die genaue Opferzahl konnte nur durch polizeiliche Ermittlungen festgestellt werden. Die Forensik gab es damals noch nicht wirklich, es waren auch zu wenige Überreste erhalten, um die Opfer zu identifizieren. Der Mörder hatte seine zerstückelten Opfer in die Leine geworfen, wodurch vieles verloren ging.

Rückblende!

Hannover in den frühen 1920er Jahren. Eine Stadt in Angst. Es hieß, ein Werwolf streife in Vollmondnächten durch die Gassen und ermorde Menschen. Vor allem auf junge Männer habe er es abgesehen. Ein anderes Gerücht besagte, dass Vampire ihr Unwesen in der Stadt trieben. Jene sprachen ihre Opfer zunächst freundlich an, bissen ihnen dann in den Hals und tranken ihr Blut. Die Leichen wurden in den Fluss Leine geworfen, wo man immer wieder menschliche Schädel und Knochen fand. Die Menschen von Hannover hatten sich noch nicht vom wenige Jahre zurückliegenden Weltkrieg erholt. Die Inflation grassierte in der Stadt, wie überall in Deutschland. Es gab wenig zu essen, der Schwarzmarkthandel blühte. Die verzweifelten Bewohner der Metropole kämpften um das tägliche Überleben, wurden nun noch von einer unheimlichen Mordserie heimgesucht. Immer wieder verschwanden junge Männer, teilweise der Hannoveraner Stricherszene zugehörig, aber auch Herumtreiber oder ganz anständige Jungen.

Am 17. Mai 1924 fanden spielende Kinder an der Wasserkunst am Schloss Herrenhaus mehrere menschliche Schädel. Die Polizei von Hannover sah zunächst keinen Zusammenhang mit den vermissten jungen Männern. Die Beamten vermuteten, dass die Schädel aus der anatomischen Abteilung der Universität Göttingen stammten, da diese mit medizinischer Präzision vom Rumpf getrennt worden waren. Dort wurden aber, wie sich auf Anfrage der Polizei ergab, keine Schädel vermisst. Als weitere Möglichkeit für die grausigen Funde zogen die Ermittler nun eine Typhus-Epidemie im Umfeld der Stadt Alfeld an der Leine in Betracht. Als sich auch diese Vermutung als Irrtum erwies, ging man von einer Grabschändung aus und ermittelte zunächst nicht weiter. Allem Anschein nach hatte die Hannoveraner Polizei kein wirkliches Interesse daran, die Herkunft der Schädel zu klären, ganz im Gegensatz zur Bevölkerung. Nach mehreren Eingaben besorgter Bürger verstärkte die Polizei ihre Ermittlungen. Am 5. Juli senkte das Verkehrsamt auf Anweisung der Behörden im Bereich des Fundortes der Schädel den Wasserstand der Leine. Die gemachten Funde überstiegen jegliche Erwartungen: Aus dem Flussbett wurden mehr als 300 menschliche Knochenteile geborgen, welche von Gerichtsmedizinern insgesamt 22 Personen zugeordnet werden konnten. Weitere Untersuchungen ergaben, dass die menschlichen Überreste ausnahmslos von jungen Männern stammten. Aus diesem Grund geriet schnell die Schwulenszene von Hannover in Generalverdacht. Zu jener gehörte auch ein gewisser Friedrich Haarmann, bei den Strichern als „der Fritz“ bekannt. Der Mann war bereits 15(!) Mal vorbestraft, auch wegen diverser Sittlichkeitsvergehen. Haarmann galt in der Schwulenszene als sehr aktiv und wurde mehrfach in der Gesellschaft verschwundener Männer gesehen. Bereits im September 1918 war Haarmann im Zusammenhang mit dem Verschwinden zweier junger Männer ins Visier der Polizei geraten. Am 17. September zeigte Georg Koch auf dem Polizeirevier am Engelbosteler Damm das Verschwinden seines Sohnes Hermann an und bezichtigte Haarmann, in die Angelegenheit verwickelt zu sein. Eine Wohnungsdurchsuchung des Verdächtigen brachte jedoch keinerlei Anhaltspunkte. Nur wenige Tage später verließ ein gewisser Friedel Rothe nach einem Streit die elterliche Wohnung und blieb verschwunden. Da Rothe mehrfach in Fritz Haarmanns Gesellschaft gesehen worden war, kam es Anfang Oktober erneut zu einer Durchsuchung von Haarmanns Wohnung in der Celler Straße 27. Wiederum keinerlei Anzeichen für ein Verbrechen. Haarmann gab jedoch an, dass Friedel Rothe einige Male bei ihm übernachtet habe und es zu sexuellen Handlungen mit dem jungen Mann gekommen sei. Über den weiteren Verbleib von Rothe wisse er jedoch nichts. Oswald Rothe zeigte Haarmann wegen des sexuellen Missbrauchs seines Sohnes an, worauf der Angeklagte am 28. April 1919 zu neun Monaten Gefängnis verurteilt wurde. Die Ermittlungen dazu, dass Haarmann Friedel Rothe auch ermordet haben könnte, wurden eingestellt. Im späteren Prozess gegen Haarmann stellte sich jedoch heraus, dass er den jungen Mann tatsächlich getötet und zerstückelt hatte. Die Polizei war bei der Hausdurchsuchung äußerst nachlässig vorgegangen. Laut Haarmanns

Fritz Haarmann (zweiter von links) im November 1924 nach seiner Verhaftung.

Angaben hatte sich der Kopf von Friedel Rothe während der Durchsuchung noch in der Wohnung befunden, die Beamten hätten nur hinter den Ofen schauen brauchen. Das Verschwinden von Hermann Koch konnte Haarmann im Übrigen nicht nachgewiesen werden.

Friedrich „Fritz" Haarmann wurde als jüngstes von 6 Geschwistern am 25. Oktober 1879 in Hannover geboren. Seine Mutter Hanne vergötterte Haarmann, das Verhältnis zum Vater Friedrich blieb zeitlebens angespannt. Dies lag in erster Linie daran, dass der Vater seinen Sohn Fritz immer wieder in Irrenanstalten stecken wollte. Friedrich Haarmann hatte wohl den soziopathischen Charakter seines Sohnes schon frühzeitig erkannt. Die schulischen Leistungen des späteren Massenmörders waren eher bescheiden. Haarmann blieb zweimal sitzen, seine Zeugnisse „zierten" in der Regel die Noten 4 und 5.
Nach einer abgebrochenen Schlosserlehre trat Haarmann am 14. April 1895 in die Unteroffiziersschule Neubreisach ein. Anscheinend waren die Anforderungen der Militärschule nicht sonderlich hoch. Zudem wäre Haarmann wohl in einem Krankenhaus besser aufgehoben gewesen als beim Militär. Bereits am 26. April wurde er das erste Mal im Garnisonslazarett aufgenommen, Diagnose Bronchialkatarrh. Eine erneute Einweisung erfolgte am 3. September. Seine Vorgesetzten hatten Haarmann mit der Meldung im Lazarett abgeliefert, er sei wohl geisteskrank. Der Patient war verwirrt, glaubte sich in einem Kloster, nicht in der Kaserne. Dann erzählte er den Pflegern, er habe die Kasernenkantine gekauft und müsse Bier

machen. Da den Ärzten nichts Besseres einfiel, diagnostizieren sie bei Haarmann einen Hitzschlag, den er sich bei einem Geländemarsch zugezogen habe. Zunächst erschien die Diagnose glaubhaft, denn der Patient erholte sich in den nächsten Tagen und verhielt sich wieder normal. Am 10. Oktober wurde Haarmann erneut ins Garnisonslazarett eingewiesen. Während einer Nachtübung hatte er sich laut seiner Kameraden „wie ein Verrückter" aufgeführt. Nach einer eingehenden Untersuchung lautete die Diagnose diesmal epileptisches Irresein. Am 3. November 1895 wurde Fritz Haarmann als dienstuntauglich aus dem Militärdienst entlassen.

Wieder zu Hause arbeitete Haarmann zunächst in der elterlichen Zigarrenfabrik. Dort zeigte er jedoch wenig Lust an der Arbeit, was zu wiederholten Streitigkeiten mit dem Vater führte. Haarmann legte in jener Zeit auch vermehrt ein seltsames Verhalten an den Tag. Er benahm sich zusehends kindischer, spielte in seiner Freizeit mit den Nachbarskindern. Erst freuten sich deren Eltern über den netten Nachbarn, doch bald kamen auch Gerüchte über Haarmanns außergewöhnliches Interesse an Kindern auf. Im Juli 1896 wurde der schreckliche Verdacht zur Gewissheit. Haarmann hatte mehrere Kinder sexuell missbraucht. Er wurde beschuldigt, bei einem fünfjährigen Mädchen den Versuch eines Geschlechtsaktes unternommen zu haben. Zudem missbrauchte er zwei Knaben, indem er ihnen sein Geschlechtsteil in den Mund steckte. In der Untersuchungshaft stellten die Beamten bei Haarmann starke geistige Defizite fest, worauf vom Gericht eine umfassende Prüfung seines Geisteszustandes angeordnet wurde. Daraufhin wurde Haarmann am 8. Februar 1897 in die Heil- und Pflegeanstalt Hildesheim überstellt, wo ihn Ärzte auf seinen Geisteszustand untersuchten. Nach eingehenden Begutachtungen stellte man angeborenen Schwachsinn als Diagnose und klassifizierte Haarmann als gemeingefährlichen Geisteskranken. Da nunmehr eine Verurteilung ausgeschlossen war, ließ das Gericht den Patienten zunächst im Krankenhaus „Auf der Bult" in Hannover unterbringen, wo ein Dr. Schmalfuß bei Haarmann unheilbaren Schwachsinn diagnostizierte. Laut ärztlichen Gutachten machte der Patient einen geistig zurückgebliebenen, kindlichen Eindruck, war moralisch wie sozial unterentwickelt. Ende Mai erfolgte dann die Rückverlegung nach Hildesheim. Von dort floh Haarmann am 13. Oktober 1897, wurde jedoch einige Tage später wieder aufgegriffen. Am 21. Dezember erfolgte eine Verlegung in die Anstalt von Langenhagen, aus welcher Haarmann bereits zwei Tage später entwich. Laut eigenen Angaben hielt er sich nach seiner Flucht bis April 1899 in der Schweiz auf, wo er zwischenzeitlich in einer Züricher Maschinenfabrik arbeitete. Zurück in Hannover lebte Haarmann zunächst wieder bei seinen Eltern und arbeitete im Familienbetrieb. Das Verhältnis zum Vater schien sich zu jener Zeit entspannt zu haben und auch die Behörden belangten Haarmann nicht mehr.

Auch privat ging es bergauf. Im Frühjahr 1900 verlobte sich Haarmann mit einer gewissen Erna Löwert. Im selben Jahre erfolgte der zweite Versuch, eine militärische Karriere einzuschlagen. Am 12. Oktober 1900 rückte Haarmann beim Hannoverschen Jäger-Bataillon Nr. 10 ein. Etwa ein Jahr lang schien es, als habe der bisher ziemlich haltlose Haarmann seinen Platz im Leben gefunden. Im Herbst 1901 stellten sich jedoch wieder gesundheitliche Probleme ein. Bei einem Manöver wurde Haarmann mehrfach ohnmächtig, klagte über Schwindelanfälle und körperliche Schwäche. Er wurde am 4. Dezember mit Verdacht auf Nervenschwäche ins Garnisonslazarett der Zitadelle von Bitsch eingeliefert. Da sich keine Besserung der Symptome einstellte, überstellten die Ärzte Haarmann in das Garnisonslazarett Straßburg, welches über eine ausgezeichnete psychiatrische Abteilung verfügte. Die dortigen Ärzte stellten bei Haarmann das Krankheitsbild Hebephrenie fest, eine Form der Schizophrenie, früher auch als „Jugendirresein" bekannt. Jene Krankheit führt zu einer massiven Charakterveränderung des Patienten. Es kommt zu einer Verflachung der Stimmungslage, der Erkrankte wird zunehmend emotionsloser. Mit der Erkrankung einhergehende Depressionen wechseln sich mit einem albern-kindlichen Verhalten ab. Das Sozialverhalten des Betroffenen ändert sich, eine vermehrte Gefühlskälte setzt ein, was bis hin zu einer soziopathischen Wesensveränderung führen kann. Die heutige Wissenschaft geht davon aus, dass es sich bei der Hebephrenie um eine angeborene Krankheit handelt, welche bei den Betroffenen in der Pubertät oder im frühen Erwachsenenalter ausbricht. Im Falle Haarmann vermuteten die Ärzte einen Krankheitsausbruch um das Jahr 1895, was sich zeitlich mit dessen Wesensveränderung und dem sexuellen Missbrauch der Nachbarskinder decken würde. Nach Ansicht der Militärärzte handelte es sich bei Haarmann um eine minderschwere Form der Erkrankung, welche inzwischen größtenteils überstanden sei, allerdings eine gewisse Geistesschwäche beim Patienten hinterlassen hatte. Haarmann wurde für dienstuntauglich erklärt und ausgemustert. Außerdem wurde ihm eine lebenslange Militärrente zuerkannt. Nach seiner Entlassung kehrte Haarmann nach Hannover zurück und wohnte zunächst bei seiner Schwester. Um den Lebensunterhalt zu sichern, eröffnete Haarmann gemeinsam mit seiner Verlobten Erna Löwert ein Fischgeschäft. Die Geschäfts- und Liebesbeziehung hielt jedoch nur kurze Zeit, Haarmann wurde von seiner Verlobten in beiden Dingen betrogen. In jener Zeit kam es auch zum endgültigen Bruch mit dem Vater. Jenen hatte Haarmann mehrfach auf Unterhalt verklagt sowie wegen des Mordes an seiner Frau angezeigt. Vater Haarmann beantragte im Gegenzug mehrfach die dauerhafte Unterbringung seines Sohnes in einer Nervenheilanstalt.

Das Zerwürfnis mit der Verlobten und der endgültige Bruch mit dem Vater ließen Haarmann den letzten Halt im bürgerlichen Leben verlieren. Die nächsten Jahre waren von Verurteilungen und Haftstrafen geprägt. Bis zum Beginn der angesprochenen Mordserie war Haarmann bereits 15 Mal vorbestraft. Es handelte sich hierbei in erster Linie um Diebstahl und Hehlerei sowie verschiedene Sittlichkeitsdelikte. Diebstähle und Hehlerei bewegten sich allerdings eher im minderschweren Bereich, dienten Haarmann zur Aufbesserung seiner Militärrente. So wurde er beispielsweise im April 1907 zu einem Monat Haft verurteilt, weil er seinem Vermieter eine beträchtliche Anzahl Hühnereier gestohlen hatte. Da die wiederholten kurzen Haftstrafen bei Haarmann keinerlei Wirkung zeigten, verurteilte ihn das Landesgericht Hannover nach mehreren Kellereinbrüchen als Wiederholungstäter am 25. Februar 1913 zu einer fünfjährigen Zuchthausstrafe. Im Folgemonat wurde Haarmann zu weiteren zwei Monaten Haft verurteilt, weil er einen Minderjährigen zu homosexuellen Handlungen verführt hatte.

Zwischenzeitlich versuchte Haarmann auch immer wieder im Händlergewerbe Fuß zu fassen, was aber an seinen unterentwickelten geistigen Fähigkeiten scheiterte. Privat hatte er sich vom weiblichen Geschlecht abgewandt und führte wechselnde Beziehungen mit Männern. Laut eigenen Angaben war er beim anderen Geschlecht impotent geworden. Allerdings sollen auch die sexuellen Kontakte mit männlichen Partnern zunehmend schwieriger geworden sein. Haarmanns fortschreitende Impotenz war sicherlich psychisch bedingt und stand im Zusammenhang mit seiner Hirnerkrankung. Die emotionale Verflachung wirkte sich zunehmend auf Haarmanns Sexualleben aus.

Nach der Haftentlassung am 25. März 1918 wohnte Haarmann zunächst bei seiner Schwester, mietete aber schon bald in der Celler Straße 27 ein Ladengeschäft mit angrenzender Wohnung. Dort betrieb er einen nicht angemeldeten Fleischhandel. Das Fleisch stammte größtenteils aus dubiosen Quellen, wurde von Haarmann am Bahnhof von Reisenden, aber auch von Dieben gekauft. Solch ein Fleischhandel mag uns nach heutigen Hygienevorstellungen unappetitlich erscheinen, für die Stadtbewohner im letzten Jahr des 1. Weltkrieges war es die einzige Möglichkeit, einmal Fleisch in den Kochtopf zu bekommen. Die Wirtschaft war so gut wie zusammengebrochen, was den Schwarzmarkthandel florieren ließ. Nutznießer der desolaten Wirtschaftslage in Deutschland waren Menschen wie Haarmann. Dessen Geschäfte gingen gut, er konnte es sich leisten, junge Männer aus der Hannoveraner Stricherszene auszuhalten. Bald herrschte in der Celler Straße 27 ein buntes Treiben. Haarmann hatte fast täglich Besuch von jungen Burschen, welche er bewirtete, um anschließend mit ihnen sexuell zu verkehren. Schon bald kam es zum Streit mit Nachbarn, welche das zügellose Treiben nicht tolerierten. In diesem Zusammenhang ist auch das bereits erwähnte Verschwinden von Friedel Rothe zu sehen, welcher einige Tage bei Haarmann gewohnt und mit diesem sexuell verkehrt hatte.

Der Fall Rothe rief auch den Privatdetektiv Paul Sebastian auf den Plan, den die Eltern von Friedel sowie die des ebenfalls verschwundenen Hermann Koch engagiert hatten. Sebastian war sich schnell sicher, dass Haarmann mit dem Verschwinden der beiden Jungen zu tun hatte. Erstaunlicherweise waren die Hannoveraner Polizeibeamten wenig zugänglich für die Ermittlungsergebnisse des Detektivs. Mehrere Dossiers, welche Sebastian über den verdächtigen Haarmann verfasste, wurden von der Polizei nicht beachtet. Ein Insider verriet Sebastian schließlich, dass Haarmann als Informant für die Polizei arbeitete. Bis heute gibt es Gerüchte, dass Haarmanns Verbrechen jahrelang von Polizeibeamten gedeckt wurden, wel-

In diesem Ofen in seiner Wohnung soll Haarmann Leichenteile verbrannt haben.

che ihren Informanten nicht verlieren wollten. Dieses Szenario griff im späteren Mordprozess gegen Haarmann der Journalist Theodor Lessing auf, womit dieser den geballten Zorn der Justiz auf sich zog und vom Prozess ausgeschlossen wurde.

Ende 1919 lernte Haarmann den 18-jährigen Hans Grans kennen. Jener sprach Haarmann am Bahnhofsstrich an, da er von dessen Freigiebigkeit gehört hatte. Grans, ein blonder, gutaussehender Junge aus bürgerlichem Hause, war aus purer Arbeitsscheu und Faulheit auf dem „Strich" gelandet. Nicht wirklich homosexuell veranlagt, sah er im Verkaufen seines Körpers ein lohnenswertes Geschäft. Haarmann und Grans verband eine Art Hassliebe, welche seitens des älteren Mannes von einer starken Abhängigkeit geprägt war. Grans nutzte die Zuneigung seines Geliebten weidlich aus, wohnte bei Haarmann und lebte von dessen Geld.
Ab Februar 1920 musste Haarmann eine neunmonatige Haftstrafe antreten, die ihm wegen Unzucht mit dem verschwundenen Friedel Rothe auferlegt wurde. Da er während der Haft Wohnung und Geschäft in der Celler Straße verlor, lebte das so ungleiche Paar nach Haarmanns Entlassung zunächst in verschiedenen Gasthäusern und bestritt seinen Lebensunterhalt mit Betteln und kleineren Gaunereien. Beide wurden wiederholt verhaftet, worauf sich Haarmann auf den Handel mit gebrauchter Kleidung verlegte und Grans sein Glück als Zuhälter versuchte. Seine „Damen" betrieben ihr Gewerbe meistens in Haarmanns jeweiliger Behausung. Das war jenem nicht wirklich recht, zudem Grans auch in seinem Beisein

ungeniert mit den Frauen „poussierte", wie es Haarmann charmant umschrieb. Wiederholt kam es zum Streit zwischen den Männern, doch Haarmann verzieh seinem Geliebten immer wieder. Am 24. Oktober 1921 wurde Haarmann mal wieder wegen diverser Gaunereien verurteilt und musste eine fünfmonatige Haftstrafe antreten. Während dieser Zeit teilte Grans die gemeinschaftliche Wohnung in der Neuestraße 8 mit mehreren Prostituierten sowie verschiedenen zwielichtigen Gestalten. Es kam mehrfach zum Streit mit der Vermieterin, worauf Haarmann nach seiner Entlassung postwendend die Kündigung erhielt. Eine neue Bleibe fand Haarmann in der Roten Reihe Nr. 2. Diese Adresse sollte mit dem sich häufenden Verschwinden von jungen Männern in Hannover in den Fokus der polizeilichen Ermittlungen geraten. Es war nur ein winziges, spärlich möbliertes Zimmer, doch von dort aus betrieb Haarmann erneut einen Fleischhandel. Nach eigenen Angaben erhielt er das Fleisch von einem Mann aus dem Stadtteil Ricklingen, der sich selbst „Schlachterkarle" nannte. Trotz intensiver Bemühungen der Polizei war dieser nicht aufzuspüren, um Haarmanns Angaben zu bestätigen. Auch verschiedene Pferdeschlachter, welche Haarmann als Bezugsquellen angab, lieferten nach eigenem Bekunden kein Fleisch an Haarmann. Die dubiose Herkunft des verkauften Fleisches ließ nach Haarmanns Verhaftung das Gerücht aufkommen, er habe das Fleisch seiner Opfer verkauft. Die ekelerregenden Geschichten, Haarmann hätte seine Umgebung mit Menschenfleisch versorgt, werden noch heute erzählt. Dass es sich hierbei nur um eine Legende handelt, wird an späterer Stelle noch aufgezeigt werden. Haarmanns Kunden war die Herkunft des Fleisches egal. Das Land steckte in einer schweren wirtschaftlichen Krise, die Menschen waren froh, Fleisch zu einem vernünftigen Preis zu bekommen. Nach dem Woher fragten sie nicht. Nur ein einziges Mal meldete sich eine Kundin von Haarmann bei der Polizei und zeigte ein merkwürdig weiß aussehendes Stück Fleisch vor. Der Sache wurde von behördlicher Seite aber nicht nachgegangen, da die Polizei verständlicherweise andere Probleme als die Herkunft von Schwarzmarktfleisch hatte.

Die eigentliche Vermisstenserie begann im Februar 1924. Zum gleichen Zeitpunkt häuften sich die Klagen von Haarmanns Nachbarn, dass des Nachts immer wieder lautes Klopfen und Hacken aus seinem Zimmer zu vernehmen sei. Er begründete das lapidar mit der Behauptung, die Geräusche entstünden beim Zerteilen der Fleischstücke, mit welchen er handelte. Schon vorher hatte es Beschwerden über die ständigen Männerbesuche bei Haarmann gegeben, welche mit ihrem Lärm die Anwohner störten.

Nach den Schädelfunden im Mai 1924 und den damit einhergehenden Ermittlungen ging die Polizei schließlich von einem Serienmörder aus, welcher auf Grund der einheitlich männlichen Opfer in der Schwulenszene vermutet wurde. Nach Aktenlage gerieten etwa 30 Männer ins Visier der Polizei, die auf Grund ihrer Vorstrafen verdächtigt wurden. Einer davon war Fritz Haarmann, der ab Mitte Juni verstärkt von der Polizei observiert wurde. Möglicherweise wurde Haarmann von

Freunden bei der Polizei gewarnt, denn die Observierung ergab zunächst nichts Auffälliges. Am 22. Juni beging der Verdächtige jedoch einen entscheidenden Fehler. Haarmann erschien mit einem jungen Burschen namens Kurt Fromm auf der Bahnhofswache und gab an, jener wolle ihn erpressen. Der 16-jährige Junge schilderte die Situation jedoch ganz anders. Er wohnte schon seit einigen Tagen bei Haarmann und fühlte sich von diesem bedroht. Die überforderten Beamten zogen den Kriminalinspektor Hermann Lange zu Rate, welcher auch im Falle der vermissten Männer ermittelte. Da Haarmann zum engeren Kreis der Verdächtigen gehörte, ließ Lange ihn festnehmen und ordnete eine Durchsuchung in der Roten Reihe Nr. 2 an. Dort fanden die Beamten erdrückendes Beweismaterial wie etwa blutgetränkte Kleidung, welche der Größe nach von jungen Männern stammen musste. Des Weiteren gab es Blutspuren an mehreren Gegenständen im Zimmer, auch am Bett, sowie in den Ritzen des Holzfußbodens. Zudem wurden mehrere blutverschmierte Küchenmesser gefunden. Haarmann versuchte, die Blutspuren mit Nasenbluten zu erklären, eine Analyse ergab jedoch, dass Spuren von allen vier menschlichen Blutgruppen im Zimmer des Verdächtigen vorhanden waren.
Von nun an begann der Ermittlungsapparat auf Hochtouren zu laufen. Zeugen aus Haarmanns Umfeld wurden vernommen, es wurden Pressemitteilungen geschaltet, mittels Plakaten suchte die Polizei nach Informationen und sogar in den Kinos von Hannover wurden Bilder des Verdächtigen gezeigt. Die Bemühungen der Polizei zeigten schnellen Erfolg. Hunderte von Hinweisen gingen ein, welche Haarmann schwer belasteten. In einer Baracke auf dem Gelände des Polizeipräsidiums wurden Gegenstände ausgestellt, die mit Haarmann in Verbindung gebracht wurden, unter anderem auch massenhaft Kleidungsstücke, mit welchen der Verdächtige gehandelt hatte. In der Baracke spielten sich herzzerreißende Szenen ab. Immer wieder brachen Eltern schluchzend zusammen, wenn sie Kleidungsstücke ihrer verschwundenen Kinder erkannten. In der Zwischenzeit wurde Haarmann pausenlos von Polizeibeamten verhört. Obwohl die Beweislast immer erdrückender wurde, leugnete der Verdächtige jegliche Beteiligung am Verschwinden der jungen Männer. Er gab zwar an, einige der Männer zu kennen und auch geschlechtlich mit ihnen verkehrt zu haben, über deren Verbleib wisse er jedoch nicht das Geringste. Die ermittelnden Beamten traten sprichwörtlich auf der Stelle. Der gesamte Polizeiapparat stand unter enormem Druck, es gab tägliche Demonstrationen in Hannover, bei denen schnelle Ermittlungserfolge gefordert wurden. Vor Geschäften und Wohnhäusern, in denen Haarmann verkehrt hatte, bildeten sich immer wieder Menschentrauben. Die Stimmung war angeheizt, Fenster gingen zu Bruch, mögliche Helfer von Haarmann wurden bedroht.

Auf Grund der aufkeimenden Selbstjustiz der Hannoveraner Bevölkerung entschieden sich die Beamten zu grenzwertigen Verhörmethoden. Während sich Haarmann im Vernehmungszimmer befand, wurden vier mit brennenden Kerzen und rotem, durchscheinenden Papier präparierte Totenschädel in seine Zelle gestellt. Zudem verteilten die Beamten Stücke der gefundenen Knochen in der Zelle. Haarmann war zu Tode erschrocken, als er dieses Gruselkabinett betrat. Wie versteinert saß er mehrere Stunden regungslos auf seiner Pritsche, bis er zum nächsten Verhör abgeholt wurde. Haarmann war sichtlich schockiert, aber noch nicht zum Geständnis bereit. In den folgenden Tagen gingen die Polizeibeamten dazu über, Haarmann mit den Eltern der verschwundenen Jungen zu konfrontieren. Die bisher zur Schau getragene Selbstsicherheit des Verdächtigen war inzwischen verschwunden. Die tägliche Konfrontation mit den aufgebrachten Eltern und der andauernde Psychoterror durch die unheimlichen Totenschädel ließen Haarmann schließlich am 29. Juni 1924 zusammenbrechen. In einem nächtlichen Verhör gab Haarmann kleinlaut zu, er habe in einer Art Rauschzustand tatsächlich mehrere junge Männer ermordet. Am Abend des gleichen Tages kam es im Polizeigefängnis zu einem Eklat. Ohne Genehmigung brachten die Beamten Wickbold und Lanzendorfer Haarmann in eines der Verhörzimmer, wo sie ihn mehrere Stunden misshandelten. Um die Pein abzukürzen, gestand Haarmann mehrere Morde, wobei er allerdings keine konkreten Angaben zu Opfern und Tathergang machen konnte. Die siegesgewissen Beamten brachten den schlotternden Verdächtigen zurück in die Zelle, wo er kurze Zeit später im Beisein anderer Beamter alle bisherigen Aussagen widerrief. Kriminalinspektor Lange tobte vor Wut. Als leitender Ermittler stand er unter hohem Erfolgsdruck. Der Fall Haarmann verursachte inzwischen sogar Wirbel in der Politik, die Regierung aus Berlin schickte eigens Beamte nach Hannover. Am Abend des 1. Juli geschah dann das Unerwartete. Während eines weiteren Verhöres ergriff Haarmann urplötzlich Langes Hand und begann schluchzend, sich alle seine Untaten von der Seele zu reden. Am darauffolgenden Tag wiederholte Haarmann sein Geständnis noch einmal vor dem Untersuchungsrichter. Er gab an, mehrere junge Männer in einer Art sexuellem Rauschzustand totgebissen zu haben. An den eigentlichen Hergang der Tat vermochte er sich nach eigenen Angaben nicht zu erinnern, er sei immer maßlos entsetzt gewesen, wenn er wieder neben einer Leiche erwachte. Um die Taten zu vertuschen, zerstückelte Haarmann die Leichen in seinem Zimmer. Eingeweide und kleinere Fleischstücke habe er in das Klosett des Wohnhauses geschüttet, Knochen und größere Fleischstücke wurden des Nachts in der Leine entsorgt. Diese Aussagen deckten sich auch mit den Angaben von Haarmanns Nachbarn, welche jenen des Öfteren mit großen Paketen das Haus verlassen sahen. Die Kleidungsstücke seiner Opfer verkaufte Haarmann, den Vorwurf des Handels mit Menschenfleisch bestritt er jedoch vehement.

Nach den Geständnissen wirkte Haarmann seltsam gelöst, er weinte kaum noch, ganz im Gegensatz zu seiner Zeit in Untersuchungshaft. Stattdessen alberte er herum, war sichtlich froh, dass die Heimlichtuerei ein Ende hatte. Auf eigenes Zutun führte Haarmann die Beamten sogar zu der Stelle, wo er die Überreste seines letzten Opfers vergraben hatte. Die eigentliche Aufklärung des Falles gestaltete

sich derweil als wahre Sisyphusarbeit. Haarmann konnte oder wollte sich nicht mehr an die genaue Zahl und die Namen seiner Opfer erinnern. Mit Hilfe der gefundenen Kleidungsstücke und der Aussagen der betroffenen Eltern konnten schließlich nicht weniger als 27 verschwundene Männer mit Haarmann in Verbindung gebracht werden.
Schon während der gerichtlichen Ermittlungen versuchte sich der Angeklagte als nur bedingt schuldfähig darzustellen. Dieses fiel auch seinem Strafverteidiger Erich Frey auf. Nach seinem Geständnis im Polizeigewahrsam hatte Haarmann noch so etwas wie Reue gezeigt. In den Gesprächen mit seinem Anwalt stellte sich der Angeklagte dagegen als „gefeierter" Massenmörder dar, von welchem die Menschen noch in hundert Jahren reden würden. Haarmanns seltsames, unausgeglichenes Verhalten fiel auch der ermittelnden Staatsanwaltschaft auf, worauf das Gericht ein umfassendes psychiatrisches Gutachten über den Angeklagten anforderte. Zwischen dem 26. Juli und dem 25. September 1924 kam es durch Dr. Ernst Schultze zu einer intensiven Befragung des Angeklagten Haarmann, um dessen Schuldfähigkeit zu prüfen. In den psychiatrischen Gesprächen stellte sich Haarmann als besonders einfältig dar. Einfachste Rechenaufgaben stellten für ihn ein Problem dar, obwohl er jahrelang seinen Lebensunterhalt mit Handeln verbracht hatte. Fragen des Allgemeinwissens zu Politik und Geografie konnte Haarmann nicht beantworten. Außerdem legte er bei den Unterhaltungen mit Dr. Schultze ein betont albernes, kindliches Verhalten an den Tag. Mitten im Gespräch wechselte er das Thema, fantasierte mitunter über ein Buch, welches er über seine Taten schreiben wolle und damit Millionen zu verdienen gedenke. Alberne Phasen wechselten sich mit weinerlichem Verhalten ab, in welchem sich Haarmann als Opfer seiner Triebe und der willfährigen jungen „Stricher" hinstellte. Aus Haarmanns schulischen Leistungen sowie diversen medizinischen Gutachten ist hinlänglich bekannt, dass es mit seinen geistigen Fähigkeiten nicht weit her war. Sein Benehmen während der psychiatrischen Gespräche deutete auf eine gewisse geistige Behinderung hin, war teilweise aber auch gespielt. Zudem kamen einige interessante Details aus Haarmanns Jugend zur Sprache, welche auf eine Motivation für seine Taten schließen lassen. Dr. Schultze schien die gespielte Beschränktheit des Angeklagten zu erkennen. In seinem Gutachten vom 1. Oktober 1924 wurde Haarmann volle Schuldfähigkeit attestiert.

Dem Prozess gegen den Massenmörder Fritz Haarmann stand nun nichts mehr im Wege. Am 4. Dezember 1924 begann der Prozess. Neben Haarmann war auch dessen Geliebter Hans Grans wegen Mitwisserschaft und zweifacher Anstiftung zum Mord angeklagt. Der sonst so nüchterne Gerichtssaal wirkte im Falle Haarmann und Grans wie ein Theater. Auf großen Tischen waren die Kleidungsstücke der Opfer ausgebreitet. Gegenstände aus Haarmanns Zimmer, wie etwa das Bettgestell, ein Fleischwolf sowie mehrere Messer standen zur Begutachtung bereit. Auf zwei Tafeln waren die Grundrisse der Häuser gezeichnet, in welchen Haarmann die Morde verübt hatte. Während des gesamten Prozesses wirkte der Angeklagte Haarmann sehr gelassen. Emotionslos berichtete er über die Morde und das Zerstückeln der Leichen. Mehrfach mussten die Zuschauer den Saal verlassen, ihnen sollten die gar zu grausigen Details erspart werden. Haarmann gab die Ermordung von mehreren jungen Männern zu, an die genaue Zahl seiner Opfer konnte er sich jedoch nicht erinnern. Reue zeigte der Angeklagte keine, stattdessen sagte er mehrfach bei der richterlichen Vernehmung, es seien doch nur „Puppenjungs" gewesen, eine damals geläufige Bezeichnung für männliche Prostituierte. An den eigentlichen Hergang der Taten konnte sich Haarmann angeblich nicht mehr erinnern. Er glaubte, seinen Opfern in einer Art sexuellen Rauschzustands die Kehle durchgebissen zu haben. Das deutete er aus Bissspuren, welche er an seinen Opfern entdeckte. Die Vernehmung der Eltern von Haarmanns Opfern gestaltete sich zu einem Fanal aus Tränen und wüsten Beschimpfungen. Auch dieses ließ Haarmann stoisch über sich ergehen. Er hatte sich mit seiner Hinrichtung bereits abgefunden, äußerte auch mehrfach, er habe für seine Taten den Tod verdient. Seinen ehemaligen Geliebten Hans Grans belastete Haarmann während des Prozesses schwer. Jener wusste von den Morden, soll in mehreren Fällen Haarmann sogar potentielle Opfer zugeführt haben, da er deren geschmackvolle Kleidung begehrte. Grans stritt alle Vorwürfe vehement ab, wirkte dabei aber nicht sehr überzeugend. Besonders interessant am Prozess gegen Haarmann und Grans war die Tatsache, dass die Verbindung des Hauptangeklagten zur Hannoveraner Polizei fein säuberlich herausgehalten wurde. Das Leben einiger „Stricher" wog anscheinend wenig gegen die Informationen, welche Haarmann über Diebstähle und Hehlerei lieferte.

Letztendlich konnten Haarmann im Gerichtsprozess 24 Morde angelastet werden. In den namentlichen Fällen Hermann Wolf, Adolf Hennies sowie Hermann Bock konnte dem Angeklagten keine Tatbeteiligung nachgewiesen werden. Am 19. Dezember 1924 wurde Haarmann zum Tode verurteilt. Auf Wunsch des Verurteilten verzichtete sein Strafverteidiger auf eine Revision gegen das Urteil. Hans Grans wurde wegen Anstiftung zum Mord in zwei Fällen ebenfalls zum Tode verurteilt. Auf Grund eines Briefes von Haarmann, in welchem er kurz vor seiner Hinrichtung Grans entlastete, wurde dessen Fall noch einmal neu aufgerollt. Wegen der neuen Beweislage wurde Grans nur noch der Mitwisserschaft angeklagt und das Todesurteil in eine zwölfjährige Haftstrafe umgewandelt.
In den frühen Morgenstunden des 15. April 1925 wurde Fritz Haarmann im Hof des Gerichtsgefängnisses Hannover durch das Fallbeil hingerichtet. Der Hinrichtungstermin war bewusst geheim gehalten worden, um öffentlichen Tumulten vorzubeugen. Laut Gerichtsbeschluss wurde Haarmanns Körper zwei Berliner Pathologen zu Forschungszwecken übergeben und später wohl verbrannt. Sein Kopf gelangte eher zufällig in die pathologische Abteilung der Universität Göttingen, welche wiederum sein Gehirn zur Untersuchung an den Münchner Hirnspezialisten Emil Kraepelin schickte.

Hier lagerte Haarmann die Leichen, bevor er sich ihrer entledigen konnte.

Durch Ungereimtheiten in den Prozessermittlungen trieb die Gerüchteküche im Fall Haarmann bald schillernde Blüten. Bis heute gibt es offene Fragen, welche es an dieser Stelle zu klären gilt.

Was ist von dem ungeheuren, noch immer geäußerten Vorwurf zu halten, Haarmann hätte das Fleisch seiner Opfer an Nachbarn und Bekannte verkauft?

Nicht viel, wenn Sie mich fragen. Bekanntermaßen handelte Haarmann mit Fleisch und Wurstkonserven. Das war gerade in der Zeit des blühenden Schwarzmarkthandels nach dem 1. Weltkrieg nichts Außergewöhnliches. Jenes Gerücht, Haarmann hätte das Fleisch seiner Opfer verkauft, entstand in erster Linie dadurch, dass die Herkunft des Fleisches recht dubios war. Die Angabe, er hätte das Fleisch von einem Mann namens „Schlachterkarle" erhalten, war in den polizeilichen Untersuchungen nicht nachvollziehbar. Tatsächlich stammte das vornehmliche Kaninchen- und Hühnerfleisch aus Diebstählen, wobei Haarmann in erster Linie als Hehler fungierte. Manchmal kaufte er am Bahnhof auch von Durchreisenden lebende Tiere und Wurstkonserven. Während seiner Schwarzmarktgeschäfte gab es nur ein einziges Mal Beschwerden, wobei das bewusste Fleischstück von Polizeibeamten als Schweinefleisch identifiziert wurde. Die Behauptung, Haarmann hätte

Menschenfleisch in Konserven verkauft, ist ebenfalls ein Gerücht. Er besaß zwar einen Fleischwolf und einen größeren Kochtopf, jedoch keinerlei Gerätschaften, um Konserven herzustellen. Noch dazu bewohnte Haarmann in der fraglichen Zeit ein 7(!) qm großes Zimmer, welches wohl kaum Platz zur Konservenherstellung bot. Zudem soll Haarmann selbstgemachte Würste verkauft haben, was ebenfalls nicht nachgewiesen werden konnte. Bekannt ist lediglich, dass er des Öfteren Sülze kochte, welche er zum Teil auch verkaufte. Keiner seiner Kunden hatte allerdings jemals geschmacklich wie qualitativ etwas an den verkauften Waren auszusetzen. Zudem aß Haarmann mehrfach im Beisein verschiedener Kunden von seinen Fleischwaren. Wir können den Vorwurf des Handels mit Menschenfleisch getrost dem Reich der Fantasie zuordnen. Nachdem der Verdächtige endlich seine Taten gestanden hatte, erzählte er den Beamten und später auch dem Psychiater Dr. Schultze alle grausigen Details, nur den Handel mit Menschenfleisch bestritt er immer wieder vehement. Nach eigenen Angaben ekelte sich Haarmann beim Zerstückeln seiner Opfer. Er wird also wohl kaum das Fleisch noch weiter verarbeitet haben. Nicht zuletzt war auch ein in den 1920er und 30er Jahren sehr beliebter Gassenhauer, das „Haarmann-Lied“, dazu angetan, die Gerüchte anzuheizen. Im Lied hieß es unter anderem: „Warte, warte nur ein Weilchen, bald kommt Haarmann auch zu dir, mit dem kleinen Hackebeilchen, macht er Schabefleisch aus dir. Aus den Augen macht er Sülze, aus dem Hintern macht er Speck, aus den Därmen macht er Würste und den Rest, den schmeißt er weg.“

Was ist von der vollen Schuldfähigkeit Haarmanns zu halten, von welcher das Gericht auf Grund des Gutachtens von Dr. Ernst Schultze ausging?
Ebenfalls nicht viel. Im Vergleich zu den heutigen Erkenntnissen steckte die Psychiatrie zu Haarmanns Zeiten praktisch noch in den Kinderschuhen. Die psychiatrische Systematik beruhte im Wesentlichen auf den Arbeiten von Emil Kraepelin, dem wohl bedeutendsten deutschen Psychiater des frühen 20. Jahrhunderts. Obwohl Kraepelin entscheidende Fortschritte in der Erforschung der menschlichen Psyche gelangen, hatte seine Lehre eine ernst zu nehmende Schwäche. Jene lag im Nichterkennen der Wechselwirkung verschiedener psychischer Krankheitsbilder. Gerade im Falle Haarmann waren die bereits besprochenen Vorerkrankungen, biologische Unregelmäßigkeiten sowie traumatische Kindheitserlebnisse in der Summe ausschlaggebend für die grausamen Morde. Neben der angeborenen Hebephrenie wurde bei der Untersuchung von Haarmanns Hirn festgestellt, dass die innere Schädelhaut an mehreren Stellen mit dem Hirn verwachsen war, was auf eine schlecht behandelte Hirnhautentzündung hindeutet. Haarmanns Wesensveränderung, welche von Kindesmissbrauch bis hin zu bestialischen Morden führte, ist vielleicht auf einen vergleichsweise harmlosen Zeckenbiss zurückzuführen. Laut des Gutachtens von Dr. Schultze wurde vom Gericht eine organische Hirnschädigung ausgeschlossen, was durch die Obduktion widerlegt wurde. Im Jahr 1994 unterzog die angesehene Nervenärztin Christine Pozsar das Gutachten von

Dr. Schultze einer eingehenden Prüfung auf Grundlagen der heutigen Schulmedizin. Frau Pozsar deckte dabei gravierende Fehleinschätzungen des Gutachters auf. Speziell der Ausschluss einer Hirnschädigung war ein frappierender Fehler, welcher letztendlich zu einer falschen Darstellung von Haarmanns Schuldfähigkeit führte. Auch wenn Frau Pozsar den Stand der damaligen wissenschaftlichen Forschung mit in ihre Betrachtungen einbezog, kam sie zu einem eindeutigen Urteil: Haarmann hätte in eine psychiatrische Anstalt gehört und nicht unters Fallbeil.

Wie bereits erwähnt hält sich bis heute außerdem hartnäckig das Gerücht, Haarmann wäre bei seinen Taten jahrelang von der Hannoveraner Polizei gedeckt worden. Ein ungeheuerlicher Vorwurf, welcher nicht zuletzt auf den Philosophen und Journalisten Theodor Lessing zurückgeht. Schon im Vorfeld des Prozesses hatte Lessing verschiedene Zeitungsartikel veröffentlicht, in welchen er die dubiose Rolle der Polizei im Falle Haarmann anprangerte. Wie schon an anderer Stelle erwähnt, wurde Lessing sogar vom Prozess ausgeschlossen, da seine Anschuldigungen immer perfider wurden. Obwohl Theodor Lessing heute als anerkannter Philosoph gefeiert wird, hatte seine Berichterstattung im Falle Haarmann das Niveau der modernen Boulevardpresse. Sensationsheischend berichtete Lessing in allen Einzelheiten von Haarmanns Schreckenstaten, schmückte diese je nach Gutdünken noch weiter aus und war somit maßgeblich an der Legendenbildung des von ihm benannten „Werwolfs von Hannover“ beteiligt. Lessings kurz nach Haarmanns Hinrichtung erschienenes Buch „Die Geschichte eines Werwolfs“ spiegelt die einseitige Sichtweise des Verfassers wider und führte zu einer Mystifizierung von Haarmanns Taten.

Dass die Hannoveraner Polizei in den Fall Haarmann verstrickt war, steht außer Zweifel, jedoch nicht in jenem Maße, wie Lessing es zu vermitteln versuchte. Der Polizeiapparat Hannovers war wie in vielen deutschen Großstädten nach Ende des 1. Weltkrieges heillos unterbesetzt. Endlose Überstunden und schlechte Bezahlung machten den Staatsdienst zunehmend unattraktiv. Verständlicherweise war der Diensteifer bei vielen Polizisten abgeklungen. In Zeiten der Wirtschaftskrise wucherte der Schwarzmarkthandel, Kleinkriminalität war an der Tagesordnung. Den zahllosen Vermisstenfällen im Einzelnen nachzuspüren, war kaum möglich. Zudem kam eine Vielzahl von Ausreißern erfahrungsgemäß nach kurzer Zeit zurück nach Hause. Auf Grund der desolaten Personallage war die Polizei auch gezwungen, mit Spitzeln und Zuträgern aus dem kriminellen Milieu zu arbeiten. Einer davon war Fritz Haarmann, welcher laut Zeugenaussagen von 1918 bis 1924 bei der Aufklärung von Diebstählen half. Haarmann war niemals in irgendeiner Form offizielles Mitglied des Staatsapparates, gab sich jedoch gerne als Mitarbeiter der Kriminalpolizei aus. Dazu diente ihm ein schlecht gefälschter Ausweis, welcher aber anscheinend gute Dienste leistete, denn Haarmann war im Bereich des Hauptbahnhofs und auf dem Schwulenstrich als „Kriminaler“ bekannt. Da er als vorgeblicher Staatsbediensteter zwar einen gewissen Respekt ausstrahlte, gleichzeitig aber sehr freundlich und hilfsbereit war, fassten viele seiner späteren Opfer schnell Vertrauen zu ihm. Gerade jugendliche Ausreißer und Heimatlose nahmen das Angebot von Übernachtung und Essen dankbar an, mit welchem Haarmann seine Opfer köderte. Haarmanns Treiben war den Hannoveraner Polizisten wohlbekannt, sie ließen ihn jedoch gewähren, spielten sogar manch eine Posse mit. Er galt in internen Kreisen der Polizei als zuverlässiger Informant. Seine Karriere als Kleinkrimineller hatte Haarmann Zugang zur gesamten Hannoveraner Verbrechergilde verschafft, ein unschätzbarer Vorteil für die Polizei. So wurde stillschweigend geduldet, dass er sich als Beamter ausgab, um sich Vorteile zu verschaffen. Im Zuge der Vermisstenserie geriet jedoch auch der Polizeispitzel Fritz Haarmann in den Fokus der Ermittlungen. Zugegeben, die Hausdurchsuchungen bei ihm wurden recht oberflächlich durchgeführt. Aber man kannte sich, die Beamten sahen die Durchsuchungen als reine Routine an. Haarmann war als Kleinkrimineller bekannt, eine Mordserie trauten ihm die Polizisten wohl kaum zu. Dass sich dies als Fehleinschätzung herausstellte, kann man den Beamten nur bedingt vorwerfen.

Auch das eigentliche Töten der Opfer wirft noch immer Fragen auf. Bis heute hält sich die Vorstellung, Haarmann hätte seine Opfer totgebissen. Begriffe wie Werwolf oder Vampir werden für Haarmann gebraucht. Werwölfe und Vampire sind jedoch mythologische Fabelwesen, haben wohl kaum Gemeinsamkeiten mit jenem geistig zurückgebliebenen Mann, der im sexuellen Rausch junge Burschen ermordete. Genau das hatte Haarmann zunächst in den polizeilichen Ermittlungen behauptet. Er gab an, mit den Männern sexuell verkehrt zu haben und später dann neben den Leichen aufgewacht zu sein. An die eigentlichen Taten vermochte sich Haarmann angeblich nicht zu erinnern. Die Auswahl der Opfer schien zunächst willkürlich zu sein. Es gab genügend junge Männer, die Haarmanns Behausung wieder lebend verließen. Opfer seiner Lust wurden vor allem jene Männer, die besonders leidenschaftlich waren, ihn besonders „geil“ machten, wie Haarmann es auszudrücken pflegte. An allen Opfern habe er Bissspuren bemerkt, sagte Haarmann aus, welche anscheinend vom Liebesspiel stammten. Analen Verkehr lehnte Haarmann ab, „das ist doch verboten“, wie er immer sagte. Vielmehr habe er mit den Männern herumgealbert und gebalgt, was zum gegenseitigen Onanieren und Oralverkehr geführt habe. Zur Luststeigerung habe er seine Partner dann auch gebissen oder habe sich beißen lassen. Haarmanns emotionale Verflachung wirkte sich auch immer stärker auf seine sexuelle Reizschwelle aus. Mit dem Beißen wollte er wohl in Stimmung kommen. Gegenseitiges Beißen ist eine nicht sonderlich ausgefallene sexuelle Spielart. Mit dem Töten seiner Opfer hatte das bei Haarmann nichts zu tun. Theoretisch ist es möglich, mit einem gezielten Biss in den Kehlkopf bei einem Menschen einen Atemstillstand auszulösen. Dazu bedarf es aber fast medizinischer Kenntnisse, welche wohl kaum bei Haarmann vorhanden waren. Während der psychiatrischen Gespräche gab Haarmann an, er erinnere sich, seine Opfer mitunter auch gewürgt zu haben. So hieß es: „Ich denke, ich habe sie zu fest gebissen und dann werden sie wohl geschrien haben und dann werde ich wohl zugegriffen haben.“[12] Dabei machte er die Geste des Würgens. Da Haarmann ein kräftiger Mann war, seine Opfer noch jung und nicht auf einen Angriff vorbereitet, ist in der Mehrzahl der Morde wohl von Erwürgen auszugehen. Nach den Morden schaffte Haarmann die Leichen zunächst aus dem Bett und deckte sie mit Lumpen zu. Er sei jedes Mal erschrocken über seine Tat gewesen. Um diese zu vertuschen, habe er die Leichen mit verschiedenen Messern zerstückelt und die Leichenteile verschwinden lassen. Das Beseitigen seiner Opfer habe ihn jedes Mal unendlich geekelt. Der Anblick von menschlichem Fleisch und Blut habe ihn immer wieder erbrechen lassen. In diesem Zusammenhang ist auch das Gerücht vom Bluttrinken im Reich der Fantasie anzusiedeln.

Obwohl das Gericht im Falle Haarmann zu einem eindeutigen Schuldspruch kam, wurden die eigentlichen Beweggründe für sein Handeln nie ergründet. War es tatsächlich nur Mord aus sexueller Gier, dann wäre Haarmann nach heutigen psychologischen Gesichtspunkten ein sexueller Sadist gewesen. Liest man jedoch aufmerksam die Verhörprotokolle und psychiatrischen Gespräche, begegnet uns ein Täter, der um einiges vielschichtiger erscheint. Natürlich war die krankhafte sexuelle Komponente ein entscheidender Bestandteil in der gestörten Psyche Haarmanns, doch es steckte noch viel mehr dahinter.

Ein entscheidender Grundstein für Haarmanns monströsen Weg zum Serienmörder wurde bereits in seiner Kindheit gelegt. Haarmann kam viel zu früh und vor allem unfreiwillig mit der menschlichen Sexualität in Berührung. Ein frühreifer Mitschüler belästigte ihn immer wieder, rückte während des Unterrichts nahe an ihn heran, steckte die Hand in Haarmanns Hose und streichelte dessen Glied. Ebenfalls unerörtert in der Feststellung von Haarmanns Schuldfähigkeit blieb der sexuelle Missbrauch durch seinen Bruder Wilhelm. Über den Zeitraum von mehreren Jahren legte sich Wilhelm Haarmann immer wieder zu Fritz ins Bett und verging sich an seinem Bruder. Anscheinend fiel es in der Familie niemandem auf oder man wollte es nicht wahrhaben. Praktisch als Abwehrreaktion auf die sexuelle Nötigung durch seinen Bruder entwickelte Haarmann in jener Zeit eine dauerhafte Inkontinenz. Das war eine unterbewusste Reaktion, um sich für seinen Bruder unattraktiv zu machen. Statt dem plötzlichen „Einmachen“ auf den Grund zu gehen, neckte Mutter Hanne ihren Sohn damit. In den psychologischen Gesprächen berichtet Haarmann: „Meine Mutter sagte, wenn ich einen neuen Anzug kriegte ‚Hast du ihn schon eingeweiht?‘ und fasste hinten hin.“[13]

Wenn die Peinlichkeit der Inkontinenz zu Hause noch erträglich war, wurde sie in der Schule zur Qual. Die Kinder riefen Haarmann „Hosenscheißer“ und hänselten ihn. Aus dem Zusammenspiel von unbewusster Abwehr gegen den sexuellen Missbrauch mit der Peinlichkeit der Inkontinenz entwickelte Haarmann ein Trauma, welches beim späteren sexuellen Kontakt mit seinen Opfern wieder ausbrach. Die psychiatrische Medizin der 1920er Jahre war zeitlich bedingt noch nicht sehr fortschrittlich. Gerade im Bereich der Traumatisierung gab es noch kaum Erfahrungen. Dass der frühzeitige Missbrauch durch Bruder und Mitschüler sich traumatisierend auf die Psyche Haarmanns auswirkte, wurde im gerichtlichen Gutachten nicht berücksichtigt. Anzeichen jenes Traumas zeigten sich bei Haarmann bereits im Alter von 26 Jahren. Zu jener Zeit hatte Haarmann so etwas wie einen väterlichen Freund, einen gräflichen Kammerdiener namens Adolf Meil. Jener war damals schon Ende Vierzig und hatte Haarmann auf einem Jahrmarkt angesprochen. Als Meil sich Haarmann sexuell näherte, ließ jener es geschehen, wohl um seinen Freund nicht zu verärgern. Als Ergebnis der Annäherungsversuche des älteren Mannes kam Haarmanns psychologisch gesteuerte Inkontinenz wieder zu Tage, er kotete Meil ins Bett.

Dass Haarmann sich nach den sexuellen Übergriffen seiner Jugendzeit später dem eigenen Geschlecht zuwandte, mag verwundern. Er selbst gab an, mit der Zeit beim weiblichen Geschlecht impotent geworden zu sein. Nur beim Küssen und dem Austausch von Zärtlichkeiten mit Männern stellte sich eine gewisse sexuelle Erregung ein. Psychologisch gesehen scheint die Hinwendung zum eigenen Geschlecht die Vorstufe der späteren „Rache" für den Missbrauch in der Kinderzeit gewesen zu sein. In diese Richtung ist auch die Aussage Haarmanns zu werten, er habe nur jene Männer getötet, die besonders „geil" gewesen seien. Unterbewusst erinnerten ihn gerade diese Männer an die Peiniger seiner Kinderzeit. Obwohl so mancher „Puppenjunge" es Haarmann besonders recht machen wollte, fällte er damit sein eigenes Todesurteil.

Um ein objektives Urteil über Haarmann fällen zu können, muss der Fall in seiner ganzen Komplexität betrachtet werden. Neben dem Trauma des kindlichen Missbrauchs ist bei Haarmann durchaus auch eine soziopathische Veranlagung zu erkennen. Die angeborene Hebephrenie sowie die organische Hirnerkrankung auf Grund einer vermuteten Hirnhautentzündung hatten bei Haarmann eine emotionale Wesensveränderung bewirkt, welche ihn nur noch bedingt zwischen Recht und Unrecht unterscheiden ließ. Nur so lässt sich auch die ekelerregende Beseitigung der Leichen erklären, welche ein geistig völlig gesunder Mensch niemals hätte bewerkstelligen können. Zudem ist auf Grund von Haarmanns Aussagen und seinem Verhalten eine narzisstische Persönlichkeitsstörung zu erkennen. Bei Verhören und Gesprächen beschönigte Haarmann beispielsweise seine bekanntermaßen schlechten schulischen Leistungen, er gab sich als erfolgreichen Händler und Kaufmann aus, obwohl er kaum rechnen konnte. Haarmann jammerte stundenlang, dass ihm die Morde leid täten, um wenig später stolz zu verkünden, über seine Taten würde man noch in hundert Jahren sprechen.

Ziehen wir an dieser Stelle ein Fazit!

Haarmann war bei vollem Bewusstsein, als er seine Opfer tötete. Die Aussage, er habe die Morde in einer Art sexuellem Rausch begangen und könne sich nicht erinnern, waren eine Schutzbehauptung und lassen sich durch Haarmanns weitere Angaben in den psychologischen Gesprächen widerlegen. Grund für Haarmanns Taten war ein kindliches Trauma, ausgelöst durch den sexuellen Missbrauch. Besonders leidenschaftliche Liebhaber ließen wiederholt das Trauma des kindlichen Missbrauchs aufbrechen. Stellvertretend für seine Peiniger bestrafte Haarmann seine späteren Sexualpartner. Aus psychologischer Sicht war Haarmann ein Soziopath mit angeborenen Persönlichkeitsstörungen. Nach dem heutigen Stand der psychiatrischen Wissenschaft wäre eine Verurteilung kaum denkbar. Die Gerüchte über den Handel mit Menschenfleisch und das Bluttrinken gehören in das Reich der Fantasie.

Das Grabmal für Fritz Haarmanns Opfer auf dem Stadtfriedhof Stöcken in Hannover.

Das Matzel – Schutzgeist oder Schreckgespenst?

Schutzgeister sind schon von alters her ein fester Bestandteil der menschlichen Glaubenswelt. Seit jeher waren die Menschen den Unbilden der Natur ausgeliefert, standen Krankheiten oft machtlos gegenüber und hatten einen täglichen Überlebenskampf zu bestehen. Um sich für diese Herausforderungen zu wappnen, schufen sich die Menschen in ihrer Glaubenswelt Schutzgeister, welche neben den übermächtigen Göttern eine eher private Hilfe darstellten. Bis heute glauben noch viele Menschen an einen persönlichen Schutzengel, welcher sie im täglichen Leben begleitet und vor Gefahren beschützt. Der Glaube an jene Wesen ist in seinem Ursprung bei den vorchristlichen Schutzgeistern zu suchen.

In der Sächsischen Schweiz, nahe der sächsischen Landeshauptstadt Dresden, wird in einigen Ortschaften nahe der sächsisch-böhmischen Grenze noch heute von einem ganz besonderen Schutzgeist gesprochen, dem Matzel. Erstaunlich ist, dass der Glaube an jenes mysteriöse Wesen tatsächlich nur auf einige wenige Dörfer beschränkt ist. Namentlich sind das unter anderem Reinhardtsdorf, Schöna, Krippen, Papsdorf, Cunnersdorf und Kleingießhübel, allesamt linkselbisch gelegen. In den rechtselbisch gelegenen Ortschaften wie Porschdorf, Saupsdorf oder Gottleuba hieß es, dass besonders vom Glück gesegnete Menschen einen Drachen hätten. Jene furchteinflößenden Ungeheuer sind uns in erster Linie als Landstriche verwüstende und Jungfrauen verschlingende Bestien bekannt. In der mythologischen Welt unserer Vorfahren war jedoch auch der glückbringende Drache bekannt, der seinem Herrn jeden gewünschten Besitz verschaffte. Der Heimatforscher Dieter Füssel aus Schöna vertritt die Ansicht, dass der Ursprung des glückbringenden Drachen auf dem einen Schatz hütenden Lindwurm der germanischen Mythologie beruht. Bekanntestes Beispiel hierfür dürfte der Drache Fafnir aus den Heldengeschichten der Nibelungen sein, welcher ursprünglich dem nordischen Sagenkreis entstammte. Jener Fafnir war einst ein Mensch und als Sohn des Zauberers Hreidmar geboren. Hreidmars anderer Sohn Otur, ein Gestaltenwandler, wurde in der Gestalt eines Otters versehentlich vom Gott Loki getötet. Der verbitterte Vater verlangte als Wiedergutmachung den gewaltigen Schatz des Zwerges Andwari, welchen Loki ihm besorgen sollte. Der bestohlene Zwerg belegte den Schatz mit einem Fluch, welcher seinem neuen Besitzer Unglück bringen sollte. So kam es auch. Aus Habgier erschlug Fafnir seinen Vater Hreidmar. Seine Gier nach immer mehr Reichtümern wuchs ins Unermessliche. In einer Höhle bewachte Fafnir eifersüchtig seine zusammengerafften Schätze und verwandelte sich mit der Zeit in einen Lindwurm, um seinen Besitz besser vor Dieben schützen zu können. Mythologische Gestaltenwandler wie etwa Fafnirs Bruder Otur scheinen ebenfalls in den Glauben an die glückbringenden Drachen des Mittelalters eingeflossen

In der Sächsischen Schweiz und einigen linkselbischen Orten glaubt man an das Matzel, einen Schutzgeist.

zu sein. Jene Drachen nahmen laut der überlieferten Sagen nur des Nachts ihre wirkliche Gestalt an. Tagsüber bewegten sie sich in unauffälliger Form als Hunde, Katzen oder Hühner im Umfeld ihrer menschlichen Herren. Bei Einbruch der Nacht zogen die Drachen dann als rotglühende Wesen durch die Lüfte und drangen durch die Schornsteine in fremde Häuser ein, um die Menschen zu bestehlen. Wie man zu einem Schätze stehlenden Drachen kam, war für die meisten Menschen des Mittelalters auch völlig klar: Man musste einen Pakt mit dem Teufel schließen, um an so ein unheimliches Wesen zu gelangen. In den mittelalterlichen Hexenprozessen war der Besitz eines Drachen ein gern geäußerter Anklagepunkt, um unbeliebte Mitmenschen zu denunzieren.

Kommen wir nun aber zu unserem eigentlichen Protagonisten. Wie schon erwähnt, hatte man linkselbisch in der Sächsischen Schweiz ein Matzel, wenn man vom Glück begünstigt schien. Auch wenn die alten Leute noch heute vom Matzel reden, ist man sich nicht wirklich einig, was das unheimliche Wesen nun tatsächlich war, wie es aussah und was es bewirkt haben soll. Zudem gab es von Ortschaft zu Ortschaft unterschiedliche Namen für den mysteriösen Glücksbringer. Neben Matzel wurde er auch Mätzel, Buttel, Hühnel oder Hänsl genannt, was aber immer das gleiche Wesen bezeichnete. Auch sein Aussehen wird unterschiedlich beschrieben. So soll das Matzel als Hund, Katze, Henne oder Rabe aufgetreten sein, war aber immer von tiefschwarzer Farbe.

War das Matzel nun ein gutes oder böses Wesen?
Schon über diese simple Frage herrscht Uneinigkeit. Wer ein Matzel hatte, dem brachte es natürlich Glück, wobei hier allerdings nicht nur der oft beschriebene materielle Wohlstand gemeint war. Das Matzel schenkte seinem Besitzer auch ein langes Leben, was an der Tatsache zu erkennen war, dass meist sehr alte Frauen in Verdacht standen, mit dem Matzel im Bunde zu sein. Sah man bei einer alten Frau noch um Mitternacht das Licht brennen, hieß es, sie habe ein Matzel. Denn zu dieser Zeit wurde das Wesen gefüttert, natürlich mit seiner Lieblingsspeise, in Milch aufgeweichten Semmeln. Das vom Matzel geschenkte lange Leben konnte aber auch ein Fluch sein. War der Besitzer alt und krank geworden, ließ ihn das Matzel nicht so einfach sterben. Das Matzel musste an Verwandte vererbt werden, sonst hielt es seinen Besitzer am Leben, ob er wollte oder nicht. Wollte aber niemand das Matzel erben, musste man dem Besitzer eine Handvoll Mist unter das Kopfkissen legen. Dann machte sich das Matzel davon und suchte sich einen neuen Herrn. Obwohl das Matzel Glück verhieß, mochten es viele Leute gar nicht erst haben. Ein Matzel musste nämlich auch gehegt und gepflegt werden. Besonders beim Fressen war es sehr eigen. Immer zur selben Stunde wollte es seine Semmelmilch haben, sonst wurde es böse und wandte sich gegen seinen Besitzer. In Porschdorf soll ein Matzel das Haus seiner Besitzerin niedergebrannt haben, weil sie ein einziges Mal vergessen hatte, es zu füttern. Die viel beschworenen Glücksbringer konnten auch schnell zum Fluch werden, wie in der Sage „Wie sich das Mätzel rächte“ berichtet wird:

„In Reinhardtsdorf wollte einmal eine Frau am Abend das Haus zuschließen. Da sieht sie im Vorgarten in einem Korb eine schwarze Henne. Weil sie Mitleid hat, nimmt sie das Tier mit ins Haus. Aber ihrem Manne war die Sache nicht ganz geheuer. Wenn's noch bloß eine Henne gewesen wäre! Aber so war noch ein Korb dabei! Trotzdem gab ihm die Frau eine Handvoll Körner hin, aber die mochte es nicht. Dann brockte sie Semmel in Milch. Die fraß es und gluckte bei jedem Bissen. Dabei leuchteten die Augen ganz feurig. Der Mann sagt: ‚Tu das Viech naus, das is der Teufel.‘ Aber die Frau hatte Mitleid und setzte es unter den Ofen. Dann gingen sie schlafen und alles blieb ruhig. Als sie am Morgen aufstanden, war der ganze Tisch voller Goldstücke. Nun wusste der Mann, wen er im Haus hatte. Er packte das Geld und warf es zum Fenster hinaus, Henne und Korb hinterher. Den Tag wollte die Frau in den Wald, Farnkraut holen. Sie sagte zu ihrem Man-

ne: ‚Komm mit, mir is so unheimlich.' Der ging auch mit. Als sie ziemlich an der Lichtung waren, sagte der Mann: ‚So, nun siehst du's ja schon. Nun geh ich wieder.' Kaum war er weg, als ein großer, schwarzer Rabe aus der Luft herabkam und die Frau so zerhackte und zerkratzte, dass sie kaum nach Hause kam. Am nächsten Tag ist sie gestorben. Der große Rabe aber war niemand anders als das Mätzel, das sie nicht hatte behalten wollen."[14]

Das Matzel konnte auch sehr bösartig sein. Das bekamen vor allem die Nachbarn zu spüren. Für seinen Herren beraubte das Matzel sie nicht nur, sondern fügte ihnen auch gerne Schaden zu und trieb üblen Schabernack. So waren die Leute gewarnt, wenn sie in ihrem Haus plötzlich Dinge fanden, welche ihnen gar nicht gehörten. Oft sollen es Hühnerfedern gewesen sein, die urplötzlich auftauchten, ohne dass die Leute selbst Hühner besaßen. Angeblich geschah es so in einer Schönaer Schänke. Eine alte Frau wollte dort ihre im Wald gesammelten Pilze verkaufen. Der Wirt hatte jedoch keine Verwendung dafür und schickte die Alte mit unwirschen Worten davon. Ein schwerer Fehler, war doch allgemein bekannt, dass die Frau ein Matzel besaß. Nur kurze Zeit später wurde in der gerade gewischten Küche eine Hühnerfeder entdeckt. Die verdutzten Angestellten ließen die Feder ratlos von Hand zu Hand gehen. An diesem Tag waren keine Hühner gerupft worden, zudem hatte man gerade sauber gemacht. Es war das Matzel, welches sich für die unfreundliche Behandlung seiner Herrin rächen wollte und die Kneipe heimgesucht hatte. Nur kurze Zeit später widerfuhren allen Anwesenden üble Missgeschicke. Dem Wirt schlug ein betrunkener Gast ein paar Zähne aus, der Kellner stürzte auf dem Nachhauseweg und brach sich das Handgelenk. Der Rest der Belegschaft wurde urplötzlich krank und die Schänke musste schließen.
Mit ein paar einfachen Tricks konnte man sich jedoch vor dem Matzel schützen. Sah man eine sogenannte Matzelmutter, brauchte man nur etwas Salz über die Straße streuen, schon war ihr der Weg verstellt. Sein Haus konnte man am besten schützen, wen man einen Besen in die Eingangstür stellte. So war dem Matzel und seinem Besitzer der Zutritt versperrt. War eine Begegnung nicht mehr zu vermeiden, soll auch Ausspucken und das schnelle Aufsagen spezieller Abwehrsprüche geholfen haben.

Der Ursprung des Matzels ist im vorchristlichen Schutz- und Hausgeisterglauben zu suchen. Gerade im sächsisch-böhmischen Grenzraum waren es verschiedene

unheimliche Geisterwesen, welche Eingang in den noch heute bekannten Glauben an Glücksbringer wie das Matzel fanden. Aus der germanisch-nordischen Mythologie ist uns beispielsweise die Fylgja bekannt. Hierbei handelte es sich um einen sogenannten Folgegeist weiblicher Natur, welcher einen Menschen sein Leben lang begleitete und vor Unheil beschützte. Die Fylgja war schon bei der Geburt ihres Schützlings dabei, verbarg sich aber in der Gestalt eines unauffälligen Tieres wie etwa eines Hundes oder einer Katze. Da die Fylgja eine Gestaltenwandlerin war, nahm sie später die Form eines Tieres an, das charakterlich zu ihrem Menschen passte. War es ein stolzer, kämpferischer Mann, begleitete ihn der Schutzgeist als treues Pferd oder Beizvogel. Eine romantische, verträumte Frau hatte nicht selten einen Singvogel in ihrer Nähe, hinter dem sich die Fylgja verbarg. Im Traum erschien das Wesen seinem Schützling auch schon mal in Frauengestalt, um ihn vor Gefahren zu warnen. Auch in der Stunde des Todes stand die Fylgja dem Sterbenden in Frauengestalt bei, um ihn auf dem Weg ins Totenreich zu begleiten. Bekanntester Schützling einer Fylgja war zweifelsohne Håkon Jarl, ein norwegischer König aus dem 10. Jahrhundert. Jener wurde gleich von zwei Fylgja, namentlich Þorgerð und Irp, begleitet. Unter anderem bescherten diese Håkon Jarl den Sieg in der Schlacht von Hjørungavåg, wo er mit seinen Truppen die Dänen besiegte. Auf Grund ihrer Eigenschaften wird die Fylgja aus mythologischer Sicht heute mit den Schicksal webenden Nornen aus der isländischen Edda und den Walküren der nordischen Sagenwelt in Verbindung gebracht.
Ein der Fylgja ähnlicher, glücksbringender Schutzgeist war die Hamingja. Jenes Wesen beschränkte sich aber nicht nur auf den Schutz eines einzelnen Menschen, sondern wachte über eine ganze Sippe. Daher wurde die Hamingja auch als das personifizierte Glück betrachtet, wenn die Mitglieder der Familie gesund blieben und Jagd und Handel erfolgreich waren.

Da das Matzel besonders in der sächsisch-böhmischen Grenzregion bekannt war, flossen in seine Legendenbildung verstärkt auch die mystischen Wesen der slawischen Mythologie ein. Eines davon ist unter dem Namen Domovoiy bekannt. Der Domovoiy war ein kleinwüchsiger Hausgeist, welcher sich tagsüber meistens hinter dem Ofen, seinem Lieblingsplatz, aufhielt. Nur des Nachts ließ er sich manchmal blicken. Der Körper des Domovoiy soll gänzlich von einem schwarzen, zotteligen Pelz bedeckt gewesen sein. Hier haben wir eine Parallele zum Matzel, welches in seinen verschiedenen Tiergestalten ebenfalls immer von tiefschwarzer Farbe war. Der Domovoiy war der „gute Geist" des Hauses. Er räumte auf und kümmerte sich um das Vieh. Ebenso wie das Matzel bestahl der Domovoiy auch die Nachbarn, was seinen Besitzer verständlicherweise sehr unbeliebt machte. Ähnlich wie die germanische Fylgja warnte der Domovoiy seinen Herren auch vor Gefahren. Wenn das Haus brannte oder Diebe ums Haus schlichen, weckte der Domovoiy den Hausherren. Starb ein Familienmitglied, war der Domovoiy tieftraurig. Er weinte und stöhnte zum Herzerweichen und war kaum zu beruhigen. Im Gegen-

Die Sächsische Schweiz kennt zahlreiche Legenden und Sagen.

satz zu anderen Schutzgeistern war der Domovoiy ein „waschechter" Hausgeist. Zogen die Hausbesitzer fort, blieb er im Haus und bot seine Dienste dem neuen Eigentümer an. Jener musste den Domovoiy nur gut behandeln, denn er konnte auch recht ungemütlich werden und seinem Herrn schaden, wenn er sich unrecht behandelt fühlte. Mitunter war der Domovoiy ein recht sensibles Wesen. Jedes Jahr am 30. März häutete sich der Domovoiy, man musste da besonders freundlich zu ihm sein und ihn gut füttern. Beim Fressen war der Hausgeist recht eigen. So musste es am 28. Januar immer Kornbrei sein, sonst wurde der Domovoiy sehr böse und konnte nur schwer beruhigt werden. Der Hausherr persönlich musste mit einer speziellen Spruchformel um Entschuldigung bitten. Auf andere Geister war der Domovoiy sehr eifersüchtig. Wenn im Herbst traditionell dem Wassergeist Vodjanoi eine Gans geopfert wurde, war der Hausherr gut beraten, eine Gans zu kaufen und keine eigene zu schlachten. Wenn der Domovoiy merkte, dass eine „seiner" Gänse fehlte, konnte er furchtbar wütend werden und schon mal das Haus verwüsten.

In der slawischen Mythologie begegnen uns noch andere Geisterwesen, welche dem Domovoiy ähnlich sind. Der Bannik soll in seiner Erscheinungsform dem Domovoiy sehr ähnlich sein, wurde aber auch als winziger, alter Mann mit zotteligem Bart beschrieben. Er war der „gute Geist" des örtlichen Badehauses, hielt es sauber und räumte auf. Man sollte nur nach Anbruch der Dunkelheit nicht mehr das Badehaus betreten, denn dann betrieb der Bannik gewöhnlich selbst seine Körperpflege. Wurde er dabei gestört, konnte er sehr ungehalten werden. Er verbrühte dann die Störenfriede mit heißem Wasser oder ließ sie auf dem nassen Boden ausrutschen. Wichtig war es, den Bannik mit Gaben bei Laune zu halten. Dass konnten Lebensmittel sein, welche er liebte oder auch kleine Geschenke. War der Bannik nämlich schlecht gelaunt, ärgerte er die Badenden mit allerlei Schabernack.

Als Beschützer des Viehs galt der Bagany. Er lebte meistens bei den Tieren im Stall und hatte ganz spezielle Eigenschaften. So war die Farbe der Tiere für ihn besonders wichtig, wobei jeder Bagany seinen individuellen Geschmack hatte. Gefiel ihm ein Tier nicht, vernachlässigte er es. Nicht selten wurden jene Tiere dann schnell krank und starben. Der Bauer war also gut beraten, die Lieblingsfarbe des Bagany herauszufinden. Dazu musste man ein Stück Osterkuchen im Stall aufhängen. Nach sechs Wochen soll der Kuchen die Lieblingsfarbe des Bagany angenommen haben.

Besaß eine Familie Pferde, war es keine Seltenheit, dass im Stall auch ein Vazily hauste, welcher sich um die Tiere kümmerte. Passenderweise soll der Vazily ein menschenähnliches Wesen mit Pferdeohren und Hufen statt Füßen gewesen sein. Er hatte einen beruhigenden Einfluss auf die meist recht sensiblen Tiere und sorgte dafür, dass die Pferde gesund blieben.

Neben den meist männlichen Haus- und Schutzgeistern gab es in der slawischen Mythologie natürlich auch weibliche Wesen, welche über die Menschen wachten. Hier ist im Besonderen die Kikimora zu nennen, die nicht selten mit einem Domovoiy in einem Haus lebte und als dessen Frau betrachtet wurde. Rein äußerlich soll die Kikimora kein wirklich schöner Anblick gewesen sein. In den seltenen Fällen, in welchen sie sich vor Menschen sehen ließ, trat sie meistens als alte, hässliche Frau mit Buckel und schmutziger Kleidung auf. Im Gegensatz zu ihren männlichen „Kollegen“ war die Kikimora kein hilfsbereiter Geist, sondern überwachte eher die Ordnung im Haus. Wurde immer sauber gemacht und aufgeräumt, war alles in Ordnung. Gefiel der Zustand des Hauses der Kikimora jedoch nicht, wurde sie sehr ungehalten, zerbrach das Geschirr und polterte im Haus herum. So manche Kikimora soll unordentliche Hausbesitzer dazu gebracht haben, ihr Heim zu verlassen. Es war also nicht unbedingt ein Segen, solch ein Wesen im Haus zu haben. Daher hieß es auch, dass so mancher Baumeister sich einer Kikimora bediente, um sich an zahlungsunwilligen Kunden zu rächen. Man brauchte nur eine Puppe mit entsprechender Kleidung im Haus verstecken. Kikimoras waren sehr neugierig und wurden von solchen Puppen angelockt, welche sie für „Artgenossen“ hielten. Hatte es sich die Kikimora dann im Haus gemütlich gemacht, war es kaum möglich, sie wieder zu vertreiben.

Die Kirche in Reinhardtsdorf. Hier machte eine Frau einst den Fehler, ihr Matzel zu verstoßen.

Alle die hier angesprochenen Haus- und Schutzgeister vereinte die Eigenschaft, ihre Menschen bei der täglichen Arbeit zu unterstützen. Der Glaube an solche mystischen Wesen entsprang dem verständlichen menschlichen Wunsch, sich das Leben zu erleichtern. In der heutigen hektischen, übertechnisierten Welt ist der Glaube an solche Wesen fast vollständig verschwunden. Am ehesten sind noch die Heinzelmännchen bekannt, die des Nachts die Arbeit der Menschen verrichteten. Auch vom Matzel hört man nur noch wenige Leute reden. Vielleicht brauchen die Menschen heute solche „guten Geister" nicht mehr. Ihre Geschichten sollten jedoch nicht vergessen werden.

Rasputin – Der Dämon Russlands

Ein kalter Wintermorgen in Sankt Petersburg. Man schrieb den 19. Dezember 1916. Eine aufgeregte Menschenmenge stand am Ufer der zugefrorenen Newa. Ein Stofffetzen ragte aus dem Eis. Undeutlich zeichnete sich unter der Eisdecke ein dunkler Schatten ab, als ob sich da ein menschlicher Körper befände. Schnell war die herbeigerufene Polizei vor Ort. Seit Tagen wurde fieberhaft in der ganzen Stadt das Opfer eines angeblichen Mordes gesucht. Obwohl bisher keine Leiche gefunden worden war und die Behörden noch gar nicht wirklich wussten, ob die Tat tatsächlich stattgefunden hatte, waren bereits zwei mögliche Tatverdächtige verhaftet worden. Es handelte sich um hochrangige Mitglieder der Sankt Petersburger Gesellschaft. Die Polizeibeamten ließen sich Spitzhacken bringen und hackten damit das Eis an der verdächtigen Stelle auf. Bald war es traurige Gewissheit, der dunkle Schatten unter dem Eis war ein toter Mensch. Er schien vollständig bekleidet, trug auch einen kostbaren Pelzmantel. Hände und Füße des Toten waren gefesselt. Es bestand kein Zweifel, der Tote war das Opfer eines Verbrechens geworden. Davon zeugten auch die drei Schussverletzungen,

welche wenig später entdeckt wurden. Zudem musste der Mann vor seinem Tod noch schwer misshandelt worden sein. Er wies schwere Kopfverletzungen auf, sein Haar war von Blut verklebt, das Gesicht von Schlägen deformiert. Die Polizeibeamten nahmen ein Protokoll auf und fotografierten den Leichnam. Anschließend wurde er in einen nahegelegenen Schuppen gebracht, um dem Toten ein letztes bisschen Würde zu gewähren und die Menge der Gaffer zu beruhigen. Die Beamten waren sich ziemlich sicher, wen sie gefunden hatten. Um endgültige Gewissheit zu erlangen, wurden die beiden Töchter des vermutlichen Opfers herbeigeschafft. Die bestürzten jungen Frauen bestätigten, was eigentlich schon traurige Gewissheit war. Bei dem Toten handelte es sich um niemand Geringeren als Grigori Jefimowitsch Rasputin, den heftig umstrittenen Freund und Berater der Zarenfamilie. Die Nachricht vom Tode Rasputins ging wie ein Lauffeuer durch die Stadt. Nach Tagen der Ungewissheit war endlich klar, dass der Verschwundene tatsächlich ermordet worden war, wie die Gerüchte besagten. Rasputins Anhänger, in der Mehrzahl Frauen und Geschäftsleute, waren entsetzt und betrübt. Seine Gegner konnten ihre Freude dagegen kaum verbergen.
Wer war jener Mensch, der die Sankt Petersburger Gesellschaft in zwei so unterschiedliche Lager spaltete?

Rasputin stammte aus dem sibirischen Dorf Pokrowskoje im Gouvernement Tobolsk. Neben Landwirtschaft und Fischfang hatte sich in Pokrowskoje ab dem 18. Jahrhundert eine einträgliche Pelz- und Lederverarbeitung etabliert, welche dem Ort einen gewissen Wohlstand bescherte. Entgegen der landläufigen Meinung stammte Rasputin nicht aus armen Verhältnissen. Seine Eltern Jefim Jakowitsch und Anna Wasiljewna führten einen ertragreichen Bauernhof. Der Vater züchtete Pferde, welche auch zu Post- und Kutschdiensten vermietet wurden, was zusätzliches Geld in die Familienkasse brachte. Traditionell bei russischen Bauernfamilien wurde auch bei den Rasputins nicht viel Wert auf Schulbildung gelegt. Der junge Grigori wurde in erster Linie in Religion unterwiesen, lauschte den Geschichten, die der Pope über Gott und den Heiland erzählte. Rasputins Mutter starb früh. Sein Vater versuchte, den Jungen zur Mithilfe auf dem Hof anzuhalten. Grigori erledigte die aufgetragenen Arbeiten zwar gewissenhaft, war aber niemals wirklich mit dem Herzen dabei. Nur um die Tiere kümmerte er sich gerne. Besonders auf die mitunter nervösen Pferde übte der Junge eine beruhigende Wirkung aus, so dass ihn auch Nachbarn rufen ließen, wenn deren Pferde störrisch waren. Ansonsten war Grigori ein Einzelgänger. Wenn seine Altersgenossen sich zum Spielen trafen, ging er lieber zum Popen und lauschte den Heiligengeschichten. In verschiedenen Veröffentlichungen über Rasputin wird behauptet, dass er schon als Kind hellseherische Fähigkeiten besaß. Sein Talent, Lügner zu entlarven und verlorene Gegenstände wiederzufinden, hatte allerdings nichts mit übersinnlichen Begabungen zu tun. Rasputin besaß vielmehr erstaunliche Fähigkeiten, welche schon in der Jugend ausgeprägt waren. Er war ein guter Beobachter, kombinierte geschickt und konnte sich gut in die Psyche anderer Menschen hineinversetzen. Die später so oft erwähnte Begabung, andere Menschen beeinflussen zu können, war Rasputin also in die Wiege gelegt. Schon mit fünfzehn Jahren soll Rasputin verstärkt dem Alkohol zugesprochen haben. Mit dem Gesetz nahm es der jugendliche Rasputin wohl auch nicht so genau. Bereits im Alter von siebzehn Jahren hatte die Polizeidirektion in der für Pokrowskoje zuständigen Stadt Tjumen eine umfangreiche Akte über Rasputin angelegt. In diesem Zusammenhang ist auch seine erste Pilgerreise zu sehen. Laut eigener Aussage war Rasputin beim Pflügen die Muttergottes in einem gleißenden Licht erschienen und hatte ihn zu einer Pilgerreise aufgefordert. Eine schöne Geschichte als Umschreibung für den eigentlichen Grund, aus dem sein Vater ihn für einige Zeit wegschickte: Die Anzeigen wegen Diebstahl, Trunkenheit und Vergewaltigung häuften sich. Noch hatten die Behörden aus Tjumen keine Ermittlungen aufgenommen, doch die Stimmung im Dorf war dabei zu kippen. Um einer möglichen Selbstjustiz der Nachbarn zu entgehen, sah sich Vater Rasputin genötigt, seinen Sohn einige Zeit auf Reisen zu schicken. Jener besann sich auf seine früheren religiösen Interessen und pilgerte zu Fuß zu mehreren Klöstern. Seine erste Station war das Kloster von Abalak, welches eine wundertätige Ikone beherbergte.

Rasputin lernte auf seiner Pilgerreise eine Vielzahl von Mönchen und gelehrten Geistlichen kennen. Besonders die sogenannten Starez faszinierten ihn. Der Starez war in Russland ein traditioneller geistlicher Führer, welcher allerdings kein klerikales Amt bekleidete. Er durchlief zwar die Stufen für ein klösterliches Mönchsleben, lebte später aber in einer Einsiedelei, um sich ganz der Gegenwart Gottes zu widmen. In seiner Klause wurde der Starez oft von Menschen aufgesucht, die Hilfe in religiösen Angelegenheiten suchten. Oft wanderte ein Starez auch von Dorf zu Dorf, um den Menschen religiöse Erbauung zu vermitteln. Der Starez stand den Menschen meistens näher als die Popen und Bischöfe, welche vielmals Respekt einflößend und unnahbar wirkten. Er war ein Mann des Volkes und genoss uneingeschränktes Vertrauen. So ein Starez wollte der junge Rasputin werden. Doch bis dahin war es ein langer Weg. Noch war er von Unruhe und Lebenshunger getrieben. Zu jener Zeit kam Rasputin auch mit der Sekte der Chlysten in Kontakt, welche eine recht absonderliche Auslegung des christlichen Glaubens betrieben. Der Ursprung der Sekte lässt sich bis ins 14. Jahrhundert zurückverfolgen und geht auf einen Mann zurück, der „Christus Awerjan" genannt wurde und sich für die Reinkarnation von Gottes Sohn hielt. Berühmt-berüchtigt waren die Chlysten vor allem wegen ihrer angeblichen sexual-magischen Riten. Auf seiner Pilgerreise lernte Rasputin einige Mitglieder der Chlysten kennen und verbrachte einige Zeit bei ihnen. Für seine Feinde war das die ideale Gelegenheit, Geschichten über seinen unstillbaren sexuellen Trieb zu verbreiten. Die Glaubensgrundlehre der Chlysten, die besagte, dass Christus in jedem Menschen wiedergeboren werden könne, vertrug sich so gar nicht mit Rasputins Vorstellungen von der Heilslehre. Seine oft

Auf Pilgerreise besuchte Rasputin viele Klöster, so 1898 das Kloster Werchoturje.

beschworene lebenslange Mitgliedschaft bei den Chlysten kann daher als eine der vielen Lügen betrachtet werden, die über Rasputin verbreitet wurden.

Nach ausgedehnter Pilgerreise kehrte Rasputin zunächst in sein Heimatdorf zurück, wo sich die Aufregung um seine Person inzwischen gelegt hatte. Auf einem Tanzvergnügen im Nachbardorf lernte der inzwischen achtzehnjährige Rasputin die zwei Jahre ältere Parskjewa Fjodorowna Dubrownina kennen. Schon bald heirateten die beiden und Parskjewa zog in Rasputins Elternhaus ein. Fast schien es, als sei nun Rasputins weiterer Lebensweg als Familienvater und Bauer festgelegt. Jedoch hielt dieser die häusliche Idylle kaum ein Jahr aus. Obwohl ihn seine junge Frau anflehte zu bleiben, zog es Rasputin wieder auf Pilgerreise. Diesmal reiste er zu weiter entfernten Klöstern bis hin nach Kiew, dem damaligen religiösen Zentrum Russlands. Rasputin wollte mehr über die christlich-orthodoxe Religion lernen, wollte ein Starez werden. In den nächsten fünfzehn Jahren war Rasputin nur sporadisch zu Hause. Seine ausgedehnten Reisen führten ihn zu weit entfernten Klöstern, zudem besuchte er Eremiten, welche er besonders nahe an Gott wähnte. Rasputin traf bei seinen Reisen auch auf Schamanen, welche in Sibirien traditionell weit verbreitet waren. Von jenen „heiligen Männern“ lernte er die Grundkenntnisse der Naturmedizin, welche ihm später von ungemeinem Nutzen waren. Eine letzte, lange Pilgerreise führte Rasputin zum berühmten Kloster Athos, wo er eine priesterliche Ausbildung genoss. Kurz bevor er die erste Priesterweihe erhielt, brach Rasputin die Ausbildung ab und kehrte in sein Heimatdorf zurück. Er hatte nie die Absicht gehabt, ein Priester der orthodoxen Kirche zu werden. Auf seinen ausgedehnten Pilgerreisen hatte Rasputin die Schattenseiten der christlichen Religion kennengelernt: Kircheninterne Machtkämpfe, Intrigen um klerikale Ämter und zwanglose Homosexualität hatten Rasputins Illusionen von der Erhabenheit der Kirche zerstört. Je weiter er sich innerlich von der Institution Kirche entfernte, umso stärker wurde sein Glaube an Gott. Die Lehrjahre in Athos dienten nur zum besseren Verständnis des Glaubens und dem Erwerb von kirchengeschichtlichem Wissen. Fest im christlichen Glauben verankert wollte Rasputin eine neue Form der Religion schaffen. Als Starez wollte er den Glauben an Gott auf seine Art vermitteln. Nach der Ausbildung im Kloster Athos sah Rasputin die Zeit gekommen, sich als Verkünder einer erneuerten Religion zu präsentieren. Später berichtete seine Tochter, wie er nach vier Jahren Abwesenheit freudestrahlend in der Tür gestanden und stolz verkündet habe: „Jetzt bin ich ein Starez."

In Pokrowskoje wurde Rasputins religiöser Eifer zunächst mit Argwohn betrachtet. Er galt seit jeher als Sonderling, konnte jedoch schnell Zuhörer für seine flammenden Reden über Gott und religiöse Erneuerung finden. Schnell spaltete Rasputin die Dorfgemeinschaft in zwei Lager. Seine persönliche Suche nach Gott hatte mit der Zeit hysterische Züge angenommen. Er berichtete wiederholt von Erscheinungen, sprach von geistiger Erleuchtung durch die Muttergottes. Manchmal verfiel Rasputin während seiner Reden in eine Art Trance, stammelte unverständliche Sätze. Wiederholt störte er den Gottesdienst mit lauten Zwischenrufen oder begann unvermittelt zu singen.

Seine neuen Anhänger sahen in Rasputin zunehmend einen von Gott gesandten Boten. Ehemalige Freunde und Verwandte hielten ihn schlichtweg für verrückt. In seinem Haus hatte Rasputin einen Andachtsraum eingerichtet, der für die wachsende Zahl seiner Anhänger schnell zu klein wurde. Bald hielt er seine Predigten auf der Straße ab, verkündete seine Vorstellung von Gott bei der täglichen Arbeit, ob beim Fischfang am Flussufer oder auf dem Feld. Rasputins Auslegung der christlichen Religion war eine Rückbesinnung auf die Ideale des Jerusalemer Urchristentums. Er wollte eine Religion ohne die Masse von Mittlern zu Gott und ohne protzige Gotteshäuser. Durchaus lassen sich auch Parallelen zum katharischen Gedankengut aus dem 12. und 13. Jahrhundert in Rasputins Glaubenslehre erkennen und dürften nicht zufällig sein. Von den Glaubensvorstellungen der Katharer hatte Rasputin mit Sicherheit bei seiner priesterlichen Ausbildung in Athos erfahren und nahm sie mit in seine religiösen Ansichten auf. Rasputins Absicht, das System der russisch-orthodoxen Kirche zu erneuern, war sicherlich auch von Eigennutz geprägt. Als jugendlicher Außenseiter war er schon lange vom Wunsch besessen, im Mittelpunkt einer Gemeinschaft zu stehen. Als Starez wurde ihm dieser Wunsch erfüllt. Wenn auch die wirklichen Beweggründe von Rasputins

Rasputin mit seinen Anhängern.

Abwendung von der traditionellen russischen Kirche nur erahnt werden können, hatte er doch mit seinen Predigten Erfolg. Immer öfter stand der örtliche Pope bei seinen Gottesdiensten vor leeren Bänken. Die Reaktion des Klerus ließ nicht lange auf sich warten. Der Dorfpope bezeichnete Rasputin als Antichristen und beschwerte sich beim Bischof in Tobolsk über dessen Machenschaften. Der Bischof hatte schon aus anderen Quellen erfahren, dass Rasputin angeblich eine Sekte anführte, in der sexuelle Ausschweifungen an der Tagesordnung seien. Der Anführer selbst gebe die Spenden seiner Gläubigen für Alkohol und Huren aus und feiere nächtelang zügellose Orgien. Die Lehren des selbsternannten Starez seien ketzerisch, er schmähe die Kirche bei jeder passenden Gelegenheit und sei eine ernste Bedrohung für die religiöse Ordnung.

Der Bischof leitete auf Grund dieser Vorwürfe eine offizielle Untersuchung ein und ließ Rasputin vorladen. Vor dem bischöflichen Untersuchungsausschuss trat Rasputin sehr bescheiden auf. Er stellte sich als einfachen, gläubigen Mann dar, der die Worte Gottes verbreiten wollte. Bei einem Ortstermin in Pokrowskoje besichtigte der Bischof den Andachtsraum in Rasputins Haus und befragte die Dorfbewohner nach ihrem Starez. Im Gefolge des Bischofs wetterte der Dorfpope unentwegt gegen Rasputin, beschwor den Bischof, dem vermeintlichen Sektierer das Tragen von christlichen Symbolen zu verbieten. Er stieß jedoch beim Bischof auf wenig Verständnis. Jener sah in Rasputin einen typischen russischen Starez und ließ die Untersuchungen einstellen.

Nicht nur durch seinen religiösen Eifer, sondern auch als ausgezeichneter Heiler hatte sich Rasputin in seinem Heimatdorf einen Ruf gemacht. Bei den sibirischen Schamanen war er in die Geheimnisse der Naturmedizin eingeweiht worden. Zudem nutzte Rasputin seine angeborenen mentalen Fähigkeiten, um Kranken zu helfen. Er heilte mittels des sogenannten Handauflegens und durch Beten, hatte eine ganz eigene Art der Suggestion entwickelt, um die Selbstheilungskräfte seiner Patienten zu stimulieren. Rasputins mentale Fähigkeiten erwiesen sich jetzt als unschätzbare Hilfe, um seinen Ruf als Starez und Heiler zu vermehren.

Obwohl Rasputin in seiner Heimat als Starez einen hohen Bekanntheitsgrad genoss, reichte ihm mit der Zeit die lokale Berühmtheit nicht mehr aus. Er fühlte sich zu Höherem berufen, es zog ihn in die Zarenstadt Sankt Petersburg. Nach landläufiger Meinung reiste Rasputin in die Hauptstadt, um Geld für eine neue Kirche zu beschaffen. Ein weiterer Grund soll Rasputins Bewunderung für Johannes von Kronstadt gewesen sein. Jener war Erzpriester der russisch-orthodoxen Kirche und galt zudem als bedeutendster Wunderheiler in ganz Russland. Von ihm wollte Rasputin noch mehr lernen, um sich als Starez zu vervollkommnen. Zudem verfügte Johannes von Kronstadt, bürgerlich Iwan Iljitsch Sergijew, über gewaltige Geldsummen, die ihm seine Anhänger zukommen ließen. Jenes Geld verwendete er fast ausnahmslos für wohltätige Zwecke, sodass Rasputin darauf hoffen konnte, die benötigten Mittel für die neue Kirche in Pokrowskoje zu erhalten. Ein weniger bekannter Grund für Rasputins Reise nach Sankt Petersburg war seine Bekanntschaft mit dem jüdischen Edelsteinhändler Aron Simanowitsch, welchen er in Kiew kennengelernt hatte. Von Simanowitsch hatte Rasputin erfahren, dass die Zarenfamilie eine Schwäche für esoterische und okkulte Dinge hatte. Vor allem die ewig kränkelnde Zarin Alexandra ließ sich lieber von Wunderheilern behandeln als von Schulmedizinern. Die Bekanntschaft und Gunst der Zarenfamilie wäre wohl der Höhepunkt von Rasputins Karriere als Starez gewesen. Das zumindest versuchte Simanowitsch Rasputin weiszumachen. Simanowitsch beabsichtigte schon des Längeren, seine Geschäfte nach Sankt Petersburg zu verlegen. In der Hauptstadt war man Juden gegenüber schon immer toleranter eingestellt gewesen als im übrigen Russland. Simanowitsch hatte sofort die überragenden mentalen Fähigkeiten von Rasputin erkannt und hoffte wohl, über den Starez Geschäfte mit dem Zarenhof abwickeln zu können.

Im Mai 1904 kam Rasputin in Sankt Petersburg an. Sein erster Weg führte ihn in das Alexander-Newski-Kloster. Der dortige Abt, Vater Sergej, war ein alter Freund von Rasputin. Der sibirische Starez fand freundliche Aufnahme bei Vater Sergej, welcher auch für ein angemessenes Quartier sorgte. Schon bald nach seiner Ankunft in der Hauptstadt besuchte Rasputin einen Gottesdienst von Johannes von Kronstadt. Über diese erste Begegnung der beiden Männer gibt es eine beachtenswerte Geschichte. Rasputin hatte sich nach dem Betreten der Kirche im Hintergrund gehalten, um andächtig den Worten des Popen zu lauschen. Bevor Johannes

Rasputin zog durch seine Ausstrahlung sogar die russische Zarin in seinen Bann.

von Kronstadt mit seiner Predigt begann, stieg er die Stufen des Altars hinunter und schloss Rasputin in die Arme. Dabei soll er folgende Worte gesprochen haben: „Mein Sohn, ich habe deine Gegenwart gespürt. Du trägst den Funken des wahren Glaubens in dir. Ich werde dich nicht ziehen lassen, bevor aus diesem Funken die Flamme empor schlägt, welche die Welt wärmen wird."[15)]

Rasputins Gegner zweifeln bis heute am Wahrheitsgehalt jener Begebenheit, da die Geschichte zum ersten Mal von Rasputins Tochter Maria niedergeschrieben wurde. Selbstredend ist die Sicht einer Tochter auf ihren Vater nicht immer als ganz objektiv zu betrachten. Es gab aber keinen triftigen Grund für Maria, die Begegnung zwischen ihrem Vater und Johannes von Kronstadt zu erfinden. Bestenfalls hat sie die Geschichte zu Gunsten ihres Vaters etwas ausgeschmückt. Wir dürfen nicht vergessen, dass Rasputin ein guter Ruf vorauseilte. Er war weit über die Grenzen seines Heimatdorfes als Starez und Heiler bekannt. Zudem hatte Rasputin auf seinen jahrelangen Pilgerreisen eine Vielzahl von kirchlichen Würdenträgern getroffen, sodass es nicht verwunderlich war, wenn man seinen Namen bereits in der Hauptstadt kannte. Dass Johannes von Kronstadt Rasputin unter

den vielen Gläubigen in der Kirche erkannt hatte, lässt sich leicht mit einem entsprechenden Wink von Vater Sergej erklären.
Vater Sergej war es auch, der Rasputin in die theologische Gesellschaft der Hauptstadt einführte. Bald zählten so einflussreiche Geistliche wie Bischof Feofan, der Mönchspriester Iliodor und der Bischof Hermogen zu seinen Freunden. Jene religiösen Würdenträger sahen in Rasputin die Personifizierung der Glaubenserneuerung. Noch war er für sie ein „Rohdiamant", den es im Sinne der orthodoxen Kirche zu schleifen galt. Nach Ansicht der Kirchenmänner fehlte es Rasputin noch an entscheidenden Kenntnissen der Glaubenslehre, worauf man beschloss, ihn persönlich zu unterweisen. Durch seine hervorragenden Kontakte wurde Rasputin schnell zu einer angesagten Größe in den klerikalen Kreisen von Sankt Petersburg. Johannes von Kronstadt nannte ihn öffentlich einen „würdigen Vermittler religiöser Werte".[16]
Durch den weltlich eingestellten Bischof Feofan fand Rasputin auch Zugang zur Oberschicht von Sankt Petersburg. Die Großfürstinnen Milizia und Anastasia Nikolajewna gehörten schnell zu Rasputins glühendsten Verehrerinnen. Neben seinem religiösem Eifer waren es sicherlich auch sein ungewöhnliches Aussehen und seine hypnotische Ausstrahlung, die die adligen Damen für Rasputin einnahmen. Dieser war damals fünfunddreißig Jahre alt. Groß gewachsen, von hagerer Gestalt, mit langem schwarzen Haar und langem Bart war er eine beeindruckende Erscheinung. Sein stechender Blick, den Rasputin beim Sprechen immer direkt auf sein Gegenüber richtete, und nicht zuletzt sein scheinbar angeborenes Talent, sich schnell beliebt zu machen, ließen bei so mancher Dame der adligen Gesellschaft unzüchtige Gedanken aufkommen. Schnell wurde Rasputin zu einem beliebten „Exoten", mit dem die feine Gesellschaft ihre Festlichkeiten schmückte. Gekleidet wie ein Bauer, verblüffte er die Leute mit seinem religiösen Wissen, das er mit unwiderstehlichem Charme verband. Ohne Scheu bewegte sich Rasputin in den gehobenen Kreisen, zeigte keinen übertriebenen Respekt vor der sozialen Stellung des Adels. Das imponierte der Sankt Petersburger Gesellschaft.

Durch das Zutun der Großfürstinnen Milizia und Anastasia wurde Rasputin auch am Zarenhof eingeführt. Verschiedene Autoren haben versucht, den beiden Damen unlautere Absichten dabei zu unterstellen. So wurde verschiedentlich behauptet, die Großfürstinnen hätten mit Hilfe von Rasputin versucht, Einfluss auf die Zarenfamilie zu nehmen. Wie dieser Einfluss hätte aussehen sollen, diese Antworten bleiben jene skeptischen Autoren schuldig. Milizia und Anastasia waren durch Heirat bereits mit den Romanows verwandt, gehörten somit zum russischen Hochadel. Dass die Damen Rasputin der Zarenfamilie vorstellten, war für sie ein angenehmer Zeitvertreib. Beide Damen waren von dem ungewöhnlichen Mann aus Sibirien angetan und wollten sich wohl mit seiner Bekanntschaft brüsten. Abgefeimte Hintergedanken waren dabei sicherlich nicht im Spiel. Obwohl die Romanows sehr abgeschottet lebten, war der Ruf des neuen Starez bis in den

Zarenpalast gedrungen. Am 1. November 1905 wurde Rasputin der Zarenfamilie durch die Großfürstinnen Milizia und Anastasia offiziell vorgestellt. Die beiden Damen hatten den Starez für die Audienz extra neu eingekleidet. Zwar hatte Rasputin auch weiterhin auf eine bäuerlich geprägte Ausstattung bestanden, doch war das Hemd jetzt aus Seide, die Hose aus gutem Tuch, die Stiefel aus feinstem Rindsleder. Haar und Bart waren ordentlich gekämmt, Rasputin machte einen halbwegs anständigen Eindruck. Bei der herrschaftlichen Audienz benahm sich der Starez ungewohnt zurückhaltend. Zar Nikolaus II. wechselte nur wenige Worte mit Rasputin, fand ihn wenig interessant. Zu oft wurden der Zarenfamilie Wunderheiler und „heilige Männer" vorgestellt. Ganz anders die Zarin Alexandra. Jene war von Rasputins Bibelkenntnis und seinen theologischen Ansichten begeistert. Womöglich wirkte auch auf sie die charismatische Ausstrahlung des Starez. Das erste Zusammentreffen der Zarenfamilie mit Rasputin war allerdings bei weitem nicht das bahnbrechende Ereignis, als welches es oft hingestellt wurde. Für Zarin Alexandra war er einer von vielen „Wundertätern", welche sie sich zum Zeitvertreib vorstellen ließ, Zar Nikolaus war von dem Starez eher gelangweilt.

Im Gegensatz zur Zarenfamilie war die adlige Gesellschaft nach wie vor begeistert von dem wundersamen Mann aus Sibirien. Neben seinem Ruf als tief religiöser Starez hatte sich Rasputin auch einen Namen als Wunderheiler in Sankt Petersburg gemacht. Speziell die adeligen Damen heilte er von vielerlei Frauenleiden wie etwa Menstruationsbeschwerden und Migräne. Das Nervenleiden der Tochter eines hochrangigen Beamten linderte Rasputin genauso wie die sporadisch auftretenden Lähmungserscheinungen eines Sohnes des Juwelenhändlers Simanowitsch. Rasputin sah das Heilen von Krankheiten als seine Berufung an. Auf seinen Pilgerreisen hatte er sich umfangreiche medizinische Fähigkeiten angeeignet. Eine wichtige Erkenntnis war zudem, dass viele Krankheiten psychosomatischer Natur waren. Solche Fälle konnte Rasputin mit seinen suggestiven Kräften hervorragend behandeln. Um diese Kräfte noch zu verstärken, hatte sich Rasputin von einem Arzt in Sankt Petersburg in medizinischer Hypnose unterrichten lassen. Rasputin wollte natürlich verheimlichen, dass seine heilerischen Fähigkeiten zum größten Teil auf Hypnose beruhten. Es sollte den Anschein haben, dass Gott durch ihn wirkte. So wurde Rasputin nicht müde zu erzählen, dass allein seine Gebete und sein fester Glaube an Gott die Patienten heile. Auch das gehörte zu seinem Plan, ein berühmter Starez zu werden, welchem auch die Zarenfamilie vertraute. Fürst Jussupow, ein erklärter Gegner Rasputins und später an dessen Ermordung beteiligt, unternahm einen Versuch, den Heilkünsten des Starez auf die Schliche zu kommen. Er schützte Kopfschmerzen und starke Ermüdungserscheinungen vor, um Rasputin zu einer Behandlung zu bewegen. Obwohl jener die Abneigung des Fürsten gegen seine Person kannte, erklärte er sich zu einer Behandlung bereit. Rasputin begann zu beten und legte seine Hände auf Jussupows Kopf. Dieser erklärte später, dass sich sofort Wärmewellen durch seinen ganzen Körper ausgebreitet hätten. Er habe versucht zu sprechen, doch seine Zunge sei wie gelähmt gewesen. Stattdessen sei er in einen leichten Schlaf gefallen, so stark war die mentale Kraft des Starez.

Im Juli 1906 unternahmen die Großfürstinnen Milizia und Anastasia einen erneuten Versuch, Rasputin am Zarenhof einzuführen. Um eine erneute Audienz zu ermöglichen, wurde eine Ikone des Hl. Simeon aus dem Kloster Werchoturje herbeigeschafft, welche Rasputin dem Zaren überreichen sollte. Jener war tatsächlich von dem Geschenk beeindruckt. Nikolaus stellte dem Starez sogar seine Kinder vor, welche dieser mit kurzweiligen Heiligengeschichten unterhielt. Doch auch dieser zweite Besuch am Zarenhof brachte nicht die gewünschte dauerhafte Bindung, welche sich die Großfürstinnen für Rasputin wünschten.
Das sollte sich jedoch nach einem erneuten, heftigen Krankheitsschub des Zarewitschs sehr bald ändern. Alexej, jüngster Spross der Romanows und Thronfolger, litt an Hämophilie, landläufig auch als „Bluterkrankheit“ bekannt. Hämophilie wird über die mütterliche Linie eingebracht und Zarin Alexandra war durch ihre englische Großmutter Königin Victoria erblich belastet worden. Die „Bluterkrankheit“ ist eine Erbkrankheit, welche mitunter mehrere Generationen überspringt und dann plötzlich wieder in der betroffenen Familie auftritt. Beim betroffenen Patienten ist die Blutgerinnung gestört. Das Blut aus Wunden gerinnt nicht oder nur sehr langsam. In aggressiven Fällen kommt es auch zu spontanen Blutungen, die ohne sichtbare Wunden auftreten. Hämophilie tritt vermehrt bei den männlichen Nachkommen der betroffenen Familien auf, Frauen erkranken eher selten an der lebensbedrohlichen Krankheit. Heute kann ein Betroffener mittels Medikamenten und speziellen Therapien ein nahezu völlig normales Leben führen. Anfang des 20. Jahrhunderts kam die Diagnose Hämophilie jedoch fast einem Todesurteil gleich. Im Herbst 1907 verschlechterte sich der gesundheitliche Zustand des Zarewitschs auf lebensbedrohliche Weise. Immer wieder begann der Körper des Jungen zu bluten, kleinste Wunden wollten nicht heilen. Alexej verfiel zusehends, die Hofärzte wussten keinen Rat mehr. Großfürstin Anastasia kam auf die Idee, Rasputin zu Rate zu ziehen. Sie brachte ihn mit ihrem Auto persönlich in den Zarenpalast. Die Großfürstin fand die Eltern des Zarewitschs händeringend vor dessen Bett kniend. Allem Anschein nach ging es mit dem Leben des Jungen zu Ende. Anastasia drängte das Zarenpaar, Rasputin vorzulassen, nur er könne den Jungen jetzt noch retten. Gegen die Einwände der anwesenden Ärzte wurde Rasputin in das Krankenzimmer geführt. Nach einer flüchtigen Begrüßung der Regenten machte sich der Starez sofort ans Werk. Er legte seine Hände auf den Kopf des Jungen, begann zu beten und sprach beruhigend auf den Jungen ein. Wie durch ein Wunder wurden die Blutungen schwächer, verebbten schließlich ganz. Der Zarewitsch wirkte auf einmal erholt, umarmte Rasputin und bat ihn, eine Geschichte zu erzählen. Die verdutzten Ärzte untersuchten daraufhin den Jungen und konnten eine erhebliche Verbesserung seines Gesundheitszustandes feststellen. Auch wenn die Spontanheilung den Anwesenden wie ein Wunder

erschien, war sie doch auf Rasputins mentale Fähigkeiten zurückzuführen. Die Schulmedizin weiß heute, dass mittels Hypnose der Herzschlag des Patienten verlangsamt werden kann. Somit sinkt der Blutdruck, was bei einem Bluter zur Verbesserung des Befindens führen kann. Anscheinend war das beim Zarewitsch der Fall. Rasputin heilte den Jungen keinesfalls, er linderte nur dessen Symptome. Die Hofärzte standen allerdings zu jener Zeit noch vor dem Rätsel, wie Rasputin dem kleinen Alexej geholfen hatte. Für die Zarin indes gab es keinen Zweifel. Es war Gott, der durch Rasputin ihrem Sohn geholfen hatte. Rasputin war der Retter der russischen Monarchie, dessen war sich Zarin Alexandra sicher, ließ sich auch Zeit ihres Lebens nicht davon abbringen.

Im Zusammenhang mit der Spontanheilung des Thronfolgers gab es in Sankt Petersburg auch ein böses Gerücht, das seinen Ursprung beim Rasputin-Gegner Wladimir Purischkewitsch hatte. So soll die Heilung des Zarewitschs ein Komplott von Anna Alexandrowna Wyrubowa und Rasputin gewesen sein, um die wundertätigen Fähigkeiten des Starez unter Beweis zu stellen. Wyrubowa war Freundin und engste Vertraute der Zarin, zugleich aber auch glühende Anhängerin und angeblich sogar Geliebte von Rasputin. Laut des besagten Gerüchts soll Wyrubowa zerstoßene Ginsengwurzel in ein Getränk des kranken Jungen gemischt haben. Das Mittel erhöht den Blutfluss und hätte den starken Krankheitsschub bei Alexej auslösen können. So hätte Rasputin seine Fähigkeiten nutzen können, um Einfluss auf die Zarenfamilie zu gewinnen. Dem bekannten Ablauf der Ereignisse zufolge müsste also auch die Großfürstin Anastasia in das Komplott involviert gewesen sein, was nicht sehr wahrscheinlich ist. Purischkewitsch streute jenes verleumderische Gerücht aus, um Rasputin zu diskreditieren und sich eine Handhabe gegen ihn zu verschaffen.

Die Nachricht von der Heilung des Zarewitschs verbreitete sich in Windeseile in der Hauptstadt. Rasputins Anhängerschaft vermehrte sich danach enorm. Die Wohnung des Starez wurde nun täglich von begeisterten und hilfesuchenden Menschen belagert. Rasputin begann regelrechte Audienzen abzuhalten. Für besondere Freunde wurden auch gemeinschaftliche Essen veranstaltet. Dass es dabei nicht sonderlich vornehm zuging, schien die meist adligen Damen nicht im Geringsten zu stören. Obwohl er sich als Mann Gottes inszenierte, war sein Benehmen noch immer das eines einfachen Bauern. Rasputin aß mit den Händen, fütterte mitunter seine Gäste mit ausgesuchten Bissen. Auch im Privaten ging es bei Rasputin nicht unbedingt gottgefälliger zu. Je mehr sich sein Bekanntheitsgrad vermehrte, verstärkte sich auch sein Alkoholgenuss. Zudem führte Rasputin ein ausschweifendes Sexualleben. Dass er mit verschiedenen Damen der Gesellschaft geschlechtliche Beziehungen unterhielt, ist nicht bewiesen, war wohl eine weitere Diffamierung seitens seiner Gegner. Bekannt ist, dass Rasputin fast täglich Prostituierte aufsuchte. Wenn er betrunken war, prahlte er gerne mit seiner gewaltigen Manneskraft.

Dem guten Verhältnis zur Zarenfamilie tat Rasputins ausschweifendes Privatleben keinen Abbruch. Regelmäßig wurde der Starez an den Zarenhof eingeladen, jedoch war er nicht täglich vor Ort, wie in der Sankt Petersburger Gesellschaft gemunkelt wurde. Rasputins Einfluss auf die Zarenfamilie wurde bei weitem überbewertet. Der angeblich so enge Kontakt zwischen der Herrscherfamilie und dem einfachen Bauern aus Sibirien hätte auch den üblichen Gepflogenheiten von Zar Nikolaus und seiner Frau widersprochen. Obwohl im Zentrum der Macht stehend, lebte das Zarenpaar von der Außenwelt abgeschottet. Zarin Alexandra hatte nur eine wirkliche Freundin, die erwähnte Anna Alexandrowna Wyrubowa. Der Zar selbst war zwar täglich von seinen Ministern umgeben, verbrachte aber seine wenige freie Zeit ausschließlich im Kreise seiner Familie. Die Abschottung der Zarenfamilie hatte in erster Linie mit der Angst vor Attentaten zu tun. Auch Rasputin erhielt erst regelmäßigen Zutritt zum Palast, nachdem der Innenminister Pjotr Arkadjewitsch Stolypin ihn vom Geheimdienst hatte überprüfen lassen. Stolypin fand Rasputin nicht sonderlich sympathisch, konnte aber keinerlei Verdachtsmomente dafür erkennen, dass der Starez der Zarenfamilie hätte gefährlich werden können. In erster Linie waren es die Kinder, welche immer wieder nach der Gesellschaft des unterhaltsamen Rasputin verlangten. Besonders der Zarewitsch fragte immer wieder nach seinem „Onkel Grigori“. Rasputins beruhigende Wirkung auf den Jungen zeigte erstaunliche Verbesserungen von dessen Bluterkrankheit. Im Umgang mit Alexej zeigte sich Rasputin besonders liebevoll und freundlich. Es ist nur schwer vorstellbar, dass Rasputin unlautere Absichten verfolgt haben soll, wenn er sich um den Thronfolger kümmerte. Auch die Zarentöchter waren von dem Starez sehr angetan. Sie sahen in ihm so etwas wie einen väterlichen Freund, welchen sie in vielen Dingen um Rat fragen konnten. Zar Nikolaus war zwar ein liebevoller Vater, in so manchen Belangen, welche die heranwachsenden Mädchen bewegten, jedoch völlig unerfahren. So saß Rasputin so manchen Abend mit den Zarenkindern am prasselnden Kaminfeuer und erzählte Geschichten. Nicht selten fand sich auch die Zarin Alexandra bei diesen Zusammenkünften ein.
Seinen Umgang mit der Sankt Petersburger Gesellschaft ließ Rasputin inzwischen von seinem Privatsekretär Aron Simanowitsch regeln. Rasputin hatte den Edelsteinhändler in der Hauptstadt wiedergetroffen und bediente sich dessen trefflicher Kontakte. Die Zahl der Bittsteller, welche täglich vor Rasputins Tür erschienen, wäre ohne Hilfe von Simanowitsch kaum noch zu bewältigen gewesen. Neben den Bitten um gesundheitliche Unterstützung kamen auch vermehrt Anfragen, ob Rasputin sich nicht auch in wirtschaftlichen und sogar politischen Anliegen an den Zaren wenden könne. Inwieweit Rasputin tatsächlich in solchen Angelegenheiten auf den Zaren einwirken konnte, ist mehr als fraglich. Es ist kaum vorstellbar, dass Nikolaus mehr auf einen einfachen Bauern hörte als auf seine Minister. Die bis heute immer wieder auftauchenden Behauptungen, Rasputin hätte die Zügel der Macht in seinen Händen gehalten, sind verleumderische Gerüchte, welche von seinen Gegnern ausgestreut wurden. Je mehr die Popularität des Starez in

Rasputin fand in Sankt Petersburg immer mehr Anhänger, machte sich aber auch Feinde.

der Hauptstadt wuchs, umso größer wurde auch die Zahl seiner Feinde. Gerade die Mitglieder der Duma, des russischen Parlaments, waren in der Mehrzahl gegen Rasputin. Das hatte aber nichts mit dem angeblichen Einfluss des Starez auf die Zarenfamilie zu tun, sondern vielmehr mit seiner bevorzugten Behandlung der jüdischen Gemeinde in Sankt Petersburg. Der massive Antisemitismus in der gehobenen Gesellschaft von Sankt Petersburg ist ein bis heute vernachlässigter Aspekt, welcher im Zusammenhang mit der späteren Ermordung von Rasputin steht. Aron Simanowitsch war so etwas wie die „Graue Eminenz" der jüdischen Gemeinde in der Hauptstadt. Obwohl er innerhalb der Gemeinde kein offizielles Amt ausübte, war er Anlaufstelle für alle Belange der jüdischen Bevölkerung. Seit Jahren gab es Pogrome in ganz Russland, nur in der Hauptstadt fühlten sich die russischen Juden noch halbwegs sicher, wodurch es zu einer stetigen Zuwanderung nach Sankt Petersburg kam. Als Wechselwirkung dazu verschärften sich auch die antisemitischen Tendenzen in der Hauptstadt. Es war in erster Linie der ultranationale und stark antisemitisch geprägte Verband der „Echten Russischen Leute", in dem sich der Widerstand gegen Rasputin formierte. Eine Vielzahl von Mitgliedern jener Vereinigung war gleichzeitig in der Duma vertreten. Noch hatte

Rasputin mächtige Freunde in der Hauptstadt, doch seine Feinde warteten nur darauf, ihn wegen Verfehlungen in Misskredit zu bringen. Führender Kopf von Rasputins Gegnerschaft war das Duma-Mitglied Wladimir Purischkewitsch. Jener vertrat den äußerst rechten Rand des russischen Parlamentes und warnte in seinen flammenden Reden immer wieder vor einer angeblichen jüdischen Verschwörung, die Russland in den Abgrund stürzen wolle. Im Zentrum dieser Verschwörung stand seiner Ansicht nach natürlich Rasputin.

Der Starez hatte es dank finanzieller Unterstützung seiner vielen Gönner und mit Hilfe von Aron Simanowitsch zu einem beachtlichen Wohlstand gebracht. Neben einer prächtig eingerichteten Wohnung in der Hauptstadt hatte Rasputin in seinem Heimatort Pokrowskoje ein großes Haus für seine Familie bauen lassen. Seine Kinder besuchten die besten Schulen Russlands und seine Ehefrau erhielt monatlich hohe Beträge überwiesen. Von Seiten der „Echten Russischen Leute" hieß es natürlich, es sei „Judengeld", mit welchem Rasputin seinen Lebenswandel bestreite. Diese Vorwürfe waren tatsächlich nicht gänzlich zu bestreiten. Es waren in der Tat vermehrt jüdische Bittsteller, welche sich an Rasputin wandten. Dem Starez selbst war es ziemlich egal, welcher Konfession ein Mensch angehörte, ihm war es wichtig, durch seine gesellschaftlichen Beziehungen Hilfe zu leisten. Es war sein Privatsekretär Simanowitsch, welcher Rasputins Einfluss vermehrt für die jüdischen Bewohner von Sankt Petersburg in Anspruch nahm.

Doch nicht nur in den Kreisen der Duma formierte sich eine breite Front gegen Rasputin. Auch frühere Freunde aus Kirchenkreisen stellten sich gegen ihn. Seine früheren Gönner versuchten schon seit Längerem, durch Rasputin Einfluss auf die strenggläubige Zarin zu nehmen. Jene sollte ihren Mann dazu bringen, der orthodoxen Kirche immer neue Privilegien zu genehmigen. Rasputin hatte zwar mit dem Zarenpaar einige Male über kirchenrechtliche Angelegenheiten gesprochen, nach Ansicht der Kirchenoberen aber nicht genügend erreicht. Die Bischöfe und Popen fühlten sich von Rasputin hintergangen. Sie hatten den einfachen Bauern, der ein berühmter Starez werden wollte, wohlwollend aufgenommen und unterrichtet, jetzt schien er seinen Gönnern den Rücken kehren zu wollen. Rasputin vernachlässigte die Belange der Kleriker sicherlich nicht mit Absicht. Die Zahl der Bittsteller war nur inzwischen zu groß geworden. Dass es vermehrt auch die jüdische Gemeinde war, welche Rasputin unterstützte, wird ihr Übriges dazu beigetragen haben, aus früheren Freunden erbitterte Gegner werden zu lassen. Speerspitze der klerikalen Gegnerschaft war zweifelsohne der Mönchspriester Iliodor. Einst engster Vertrauter von Rasputin, ließ Iliodor nichts unversucht, den Starez öffentlich zu diffamieren. Iliodor hatte es speziell auf Rasputins angeblich so ausschweifendes Privatleben abgesehen. Aus seinem 1918 erschienenen Buch „Der tolle Mönch Russlands" stammt die Mehrzahl von Gerüchten und Lügen über Rasputin, die in vielen Veröffentlichungen bis heute Nachhall finden. Die wohl dreisteste Lüge war wohl das angebliche sexuelle Verhältnis von Rasputin zur Zarin Alexandra. Auf Anweisung des Zaren stand Rasputin ständig unter Be-

obachtung des Geheimdienstes, der Verfehlungen solcher Art umgehend gemeldet hätte. Auch mehrere Attentate auf Rasputin soll der Mönchspriester Iliodor initiiert haben. Ob er diese allein plante, ist fraglich. Von Seiten der Kirche gab es natürlich niemals eine Stellungnahme dazu.
Ab dem Frühjahr 1910 traten vermehrt hohe Vertreter der orthodoxen Kirche an den Zaren heran, um ihn vor Rasputin zu warnen. Immer wieder war es Bischof Feofan, der Rasputin als lasterhaften Sektierer hinstellte, der sich mit schamanischem Zauber die Herrscherfamilie hörig machen wolle. Feofan ließ mit Hilfe des Bischofs von Tobolsk sogar eine Untersuchung von Rasputins Beziehung zur Chlysten-Sekte einleiten, welche allerdings keine Verfehlungen seitens des Starez erbrachte. Obwohl die Beschwerden von Seiten der Kirche den Zaren noch nicht zum Handeln gegen Rasputin veranlassten, waren erste Zweifel an dessen Aufrichtigkeit geweckt. Als auch immer mehr hochrangige Beamte die Verbannung von Rasputin aus der Hauptstadt forderten, sah sich der Zar zum Handeln gezwungen. Nikolaus war hin und her gerissen. Als Heiler tat Rasputin seinem Sohn Alexej gut, innenpolitisch sorgte er jedoch für gewaltigen Wirbel. Die einflussreichen Mitglieder der „Echten Russischen Leute" verschrien Rasputin immer lauter als „Judenfreund", in der Duma tobten fast täglich Debatten über Rasputins zunehmenden Einfluss auf politische Entscheidungen. Inwieweit Rasputins Einfluss auf das Zarenpaar wirklich reichte, wird wohl nie geklärt werden. Fakt ist jedoch, dass der einfache Bauer aus Sibirien zur Zerreißprobe für das große russische Reich wurde. Zar Nikolaus reagierte zunächst halbherzig und schickte Rasputin auf Pilgerreise. Während seiner Abwesenheit beruhigten sich seine Gegner aber keinesfalls. Täglich erschienen in der Presse reißerische Artikel, die Rasputin als bösen Geist diffamierten, der Russland und die Zarenfamilie bedrohe. Karikaturen zeigten ihn als Blutsauger, welcher sich vom Zaren und dessen Familie ernährte. Rasputin hatte den Fehler begangen, sich gegenüber Reportern immer wieder als unerlässlich für die Romanows darzustellen. Dass er dabei in erster Linie seine positive Wirkung auf den Thronfolger meinte, interessierte die Presseleute nicht. Die öffentliche Meinung war gegen Rasputin, also schlugen die Zeitungen ebenfalls in diese Kerbe. Im Februar 1912 richtete die Duma eine offizielle Verlautbarung an den Zaren, dass Rasputin als Staatsfeind zu betrachten sei. Rasputin hatte nach seiner Rückkehr in die Hauptstadt den Fehler begangen, immer wieder öffentlich gegen das Parlament zu wettern. Für die Politiker war das Maß voll. Auch die Sankt Petersburger Gesellschaft hatte sich vermehrt von Rasputin abgewandt. Die angebliche Hörigkeit der Zarin hatte eine allgemeine Abschreckung bewirkt. Die Pläne von Duma und Kirche schienen aufzugehen. Rasputin war zur Unperson geworden. Der Zar sah keine andere Möglichkeit, als ihn auf Druck der Öffentlichkeit aus der Hauptstadt zu verbannen. In Pokrowskoje wurde dem Starez ein frostiger Empfang zuteil. Die bösen Gerüchte über seine Person waren bis ins ferne Sibirien gedrungen. Sein augenscheinlicher Reichtum in Form des komfortablen Hauses der Familie hatte zudem schon länger den Neid der Dorfbevölkerung geweckt. Ras-

putins Verbannung aus der Hauptstadt war aber keineswegs so drastisch, wie man erwarten würde. Aus Unterlagen des russischen Geheimdienstes ist bekannt, dass sich Rasputin trotz offizieller Verbannung mehrfach in Sankt Petersburg aufhielt.

Schon kurze Zeit nach Rasputins Abreise verschlechterte sich der Gesundheitszustand des Zarewitschs erheblich. Die Hofärzte versuchten vergeblich, dem Jungen Linderung zu verschaffen. Der Zar sah sich mit einer prekären Situation konfrontiert: auf der einen Seite seine weinende Frau, die ihn händeringend auf Knien anflehte, Rasputin zurückzuholen, auf der anderen Seite die Duma und sein Ministerkabinett, die sich vehement gegen eine Rückkehr des Starez aussprachen. Letztendlich siegte Nikolaus' Vaterliebe. Rasputin wurde am 11. Oktober 1912 per Eiltelegramm zurück nach Sankt Petersburg gerufen. Am Tag darauf erreichte ein Antwortschreiben Rasputins den Zarenpalast. Darin beruhigte der Starez die Zarin und schwor ihr, dass ihr Sohn die Krise überleben würde. Laut eines weit verbreiteten Gerüchts soll sich der Zustand des Jungen auf wundersame Weise schlagartig gebessert haben, als die Zarin die Nachricht von Rasputin las. Unverständlicherweise erscheint diese Geschichte immer wieder in Büchern über Rasputin. Am Wahrheitsgehalt darf gezweifelt werden, da die Geschichte wohl von Anna Wyrubowa, Rasputins glühendster Anhängerin, in Umlauf gebracht worden war. Diese bezeichnete ihn oft als den wiedergeborenen Jesus. Tatsache ist jedoch, dass es Alexej sofort wieder besser ging, als der Starez im Zarenpalast erschien. Wieder war es dessen beruhigende, hypnotische Ausstrahlung, mit der er das Gebrechen des Jungen linderte.

Für Zarin Alexandra war Rasputin nun endgültig zu einem Heiligen geworden. Zum zweiten Mal hatte er ihren geliebten Sohn vor dem sicheren Tod gerettet. In der Folgezeit war Rasputin fast täglich Gast der Zarenfamilie. Er spielte mit Alexej, alberte mit den Zarentöchtern herum und betete mit der Zarin. Zar Nikolaus sah die wachsende Vertrautheit seiner Familie zu Rasputin mit gemischten Gefühlen. Er war dem Starez zwar unendlich dankbar für die Rettung des Thronfolgers, aber Duma und Ministerkabinett tobten. Fast täglich erhielt der Zar empörte Briefe, in welchen er vor dem wachsenden Einfluss Rasputins gewarnt wurde. Doch zu diesem Zeitpunkt konnte niemand dem Starez schaden. Er hatte sich unentbehrlich für die Zarenfamilie gemacht. Zu groß war die Angst um den Thronfolger. Die Zarin hatte jeglichen Bezug zur Realität verloren. Für sie war Rasputin ein heiliger Mann, welchen Gott ausersehen hatte, Russland und dessen Thronfolger zu retten. Alexandra ließ für Rasputin eine riesige, prachtvoll eingerichtete Wohnung anmieten und bezahlte sie aus ihrem persönlichen Vermögen. Dort besuchte sie den Starez auch des Öfteren, was erneut das Gerücht über ein Verhältnis zwischen Rasputin und der Zarin anheizte.

Jene Machtfülle löste eine fatale Wesensveränderung in Rasputin aus. War es Machthunger, Gier nach Reichtum, war es schierer Größenwahn? Wir können nur vermuten, was Rasputin in jener Zeit von seinem eigentlichen Ziel abbrachte, ein geachteter Starez zu sein, zu dem die Leute mit Ehrfurcht aufblickten. Er gab sich wieder verstärkt seinem Hang zu Alkohol und Prostituierten hin, palaverte weinselig in aller Öffentlichkeit über sein Verhältnis zur Zarenfamilie und brüstete sich mit seiner Unentbehrlichkeit für sie. Sein religiöses Gehabe war zu hohlen Phrasen verkommen, was gerade die tief religiöse Zarin nicht zu bemerken schien. Zunehmend begann er, die wachsende Abhängigkeit der Zarin auch finanziell für sich auszunutzen. Seine Bittsteller waren inzwischen in der Mehrzahl Emporkömmlinge, welche auf wirtschaftliche wie politische Ämter spekulierten. Gegen Bezahlung verwendete sich Rasputin für diese Leute bei der Zarenfamilie. Ein denkbar schlechter Berater in diesen Angelegenheiten war sein Privatsekretär Aron Simanowitsch. Jener witterte das große Geld und brachte immer dubiosere Leute mit Rasputin in Kontakt, der diese mit offenen Armen empfing. Rasputin nutzte seinen Einfluss auf die Zarenfamilie immer schamloser aus, ohne an etwaige Konsequenzen zu denken. Dass es inzwischen fast täglich Kundgebungen und Demonstrationen gab, welche seine sofortige Entfernung aus dem Umfeld des Zarenpalastes forderten, schien Rasputin nicht im Geringsten zu stören. Er hielt sich für unangreifbar. Den immer wieder geäußerten Vorwurf, er wolle Russland und dessen Monarchie Schaden zufügen, können wir ihm jedoch nicht unterstellen. Man darf nicht vergessen: Rasputin stammte aus einfachen bäuerlichen Verhältnissen, hatte kaum Schulbildung. Luxus, Reichtum, Machtfülle waren dem einfachen Bauern aus Sibirien einfach zu Kopf gestiegen. Seine negative Wirkung auf wirtschaftliche wie politische Belange kann man ihm ebenfalls nicht wirklich zur Last legen. Rasputin sah seine wachsende Macht am Zarenhof als persönlichen Glücksfall und nutzte ihn zu seinem persönlichen Vorteil.

Im Frühjahr 1914, am Vorabend des 1. Weltkrieges, befand sich Rasputin auf dem Höhepunkt seiner Macht. Er war nun täglich im Zarenpalast anzutreffen, überschüttete die Zarin mit immer neuen Forderungen, für welche er sich mit klingender Münze bezahlen ließ. Zar Nikolaus hatte außenpolitisch alle Hände voll zu tun, so dass seine Frau Alexandra einen großen Teil der innenpolitischen Geschäfte übernommen hatte. Rasputin war inzwischen so etwas wie ihr persönlicher Berater geworden, was jener weidlich ausnutzte. Zu jener Zeit kam es auch zu dem bereits angesprochenen Attentat auf den Starez. Wie jeden Sommer besuchte Rasputin im Juni 1914 seine Familie in Pokrowskoje. Am Tage seiner Ankunft, dem 29. Juni, begab er sich auf einen Spaziergang durch das Dorf. Dabei wurde Rasputin von einer Frau aufgehalten, die eine Bettlerin zu sein schien. Rasputin segnete die Frau und kramte einige Münzen aus seiner Tasche. Unbemerkt zog die Frau ein Messer aus ihrem Gewand und stieß es in Rasputins Unterleib. Während der schwer verletzte Starez sich zurück zu seinem Haus schleppte, hielten herbeigeeilte Bauern die wie von Sinnen schreiende Frau fest. Laut Zeugenaussagen soll

sie immer wieder „Ich habe den Antichristen getötet, den Antichristen habe ich getötet!“ gerufen haben.[17]
Der schwerverletzte Rasputin wurde zunächst von seiner Frau notdürftig verbunden, einen Arzt gab es in Pokrowskoje nicht. Der aus Tjumen herbeigerufene Arzt traf erst acht Stunden nach der Tat ein. Er fand den Patienten bei Bewusstsein vor, der Zustand war jedoch kritisch. Bei Kerzenlicht säuberte der Arzt die Wunde und vernähte sie anschließend. Dabei soll Rasputin immer wieder gemurmelt haben: „Ich werde davonkommen! Ich sterbe nicht!“[18]
Nach einigen Tagen im fiebrigen Dämmerzustand ging es dem Patienten wieder besser, so dass er auf Anweisung der Zarin in das Krankenhaus von Tjumen gebracht werden konnte. Ein speziell aus Sankt Petersburg angereister Chirurg öffnete die Wunde von Rasputin noch einmal und operierte ihn fachmännisch, was dem Starez vermutlich das Leben rettete. Noch vom Krankenhausbett aus erhob Rasputin Anklage gegen seinen Erzfeind, den Mönchspriester Iliodor. Tatsächlich ergab eine vom Zaren angeordnete Untersuchung des Vorfalls, dass die Attentäterin Chionija Gusjewa aus einem Obdachlosenheim stammte, das von Iliodors Kloster betreut wurde. Eine direkte Tatbeteiligung konnte dem Mönch jedoch nicht nachgewiesen werden. Kurze Zeit später machte das Gerücht die Runde, dass die Attentäterin einst als Nonne in einem Kloster von Rasputin verführt worden und aus Schmach wahnsinnig geworden sei. Chionija Gusjewa machte bei ihrer Verhaftung tatsächlich einen geisteskranken Eindruck, jedoch wird vermutet, dass Iliodor das Gerücht streuen ließ, um von seiner Beteiligung abzulenken. Ebenfalls um ein Gerücht dürfte es sich bei der bis heute geäußerten Vermutung handeln, das Attentat sei aus höchsten politischen Kreisen Russlands befohlen worden, um Rasputin daran zu hindern, Zar Nikolaus an der Teilnahme am bevorstehenden Krieg gegen Österreich-Ungarn und Deutschland abzuhalten. Rasputin hatte sich zwar vehement gegen diesen Krieg ausgesprochen, doch hatte er keinen so großen Einfluss, um so weitreichende politische Entscheidungen beeinflussen zu können. Nachdem Rasputin nach einigen Wochen Krankenhausaufenthalt wieder reisefähig war, kehrte er in die Hauptstadt zurück.
Zwischenzeitlich war Russland in den 1. Weltkrieg eingetreten. Gegen den Willen seiner Minister hatte Zar Nikolaus das Oberkommando des russischen Heeres an vorderster Front übernommen. Zarin Alexandra oblagen somit alle herrschaftlichen Pflichten in Sankt Petersburg. Rasputin wich nun nicht mehr von ihrer Seite. Der Bauernsohn aus Sibirien war zum wichtigsten Vertrauten der russischen Herrscherin geworden. Er hatte Mitspracherecht in allen innenpolitischen und wirtschaftlichen Angelegenheiten. Dass Rasputin auch aktiv in militärische Entscheidungen eingriff, ist jedoch nur ein Gerücht. Dieses basierte auf vagen Vermutungen, dass der britische Geheimdienst an Rasputins Ermordung beteiligt gewesen sei, wofür es aber keine stichhaltigen Beweise gibt.
Über das tatsächliche Mordkomplott haben wir ziemlich detaillierte Informationen, welche von einem der Attentäter höchstpersönlich stammen. Der Duma-Ab-

geordnete Wladimir Purischkewitsch berichtete in seinem Buch „Wie ich Rasputin ermordete" ausführlich über den Tathergang. Wenn auch an den Ausführungen von Purischkewitsch bis heute Zweifel gehegt werden, sind sie schlüssiger und plausibler als die vielen Verschwörungstheorien, welche sich um den Tod von Rasputin ranken.

Während der Weltkrieg in Europa unerbittlich tobte, war die innenpolitische Situation in Russland dramatisch geworden. Schon seit Jahren hatte es auf Grund der schlechten Lebensbedingungen der einfachen Leute Unruhen in der Hauptstadt gegeben. Im Herbst 1916 zogen fast täglich Demonstrationen durch Sankt Petersburg. Rasputins Gegner nutzten diese Veranstaltungen geschickt aus, um den Berater der Zarin für die Missstände im Land verantwortlich zu machen. Von der Duma und den „Echten Russischen Leuten" bezahlte Redner stellten Rasputin als Dämonen hin, welcher Russland zwischen seinen Klauen zerquetschte. Dem einfachen Volk war es egal, wer für seine Not verantwortlich gemacht wurde. So war es für Rasputins Feinde ein Leichtes, die Stimmung gegen den Starez anzuheizen. In der Duma waren Rasputin und sein Einfluss auf die Zarin ständiger Tagesordnungspunkt. Zu den antisemitischen Vorurteilen und dem politischen Machtstreben der Abgeordneten gesellte sich inzwischen berechtigte Angst um den innenpolitischen Zusammenhalt des russischen Reiches. Durch Aron Simanowitschs Bestreben hatte Rasputin die Zarin dazu bewegt, völlig ungeeigneten Personen wichtige politische Ämter zu geben. Mehrfach wurde die Zarin von der Duma auf jene Missstände aufmerksam gemacht. Alexandra schenkte den Schreiben jedoch keine Beachtung und vertraute weiter auf Rasputin. In jener Zeit der innenpolitischen Extreme entstand das Mordkomplott. Initiatoren waren die Duma-Abgeordneten Wladimir Purischkewitsch und Fürst Felix Jussupow. Jussupow gehörte durch seine Heirat mit Prinzessin Irina Alexandrowna zur Zarenfamilie und hatte schon seit langem den Einfluss von Rasputin auf Zarin Alexandra mit Argwohn beobachtet. Dass er sich am Mordkomplott nur beteiligte, weil ihn Rasputin einmal in der Öffentlichkeit als angeblichen Homosexuellen outete, kann als eines der viele Gerüchte um den Starez betrachtet werden.

Die folgende Schilderung des Mordkomplotts und dessen Durchführung basiert im Wesentlichen auf den Niederschriften von Wladimir Purischkewitsch:

Im November 1916 war die innenpolitische Lage in Russland für einen Nationalisten wie Purischkewitsch unerträglich geworden. Der Zar war weit fort, Ministerposten mit unfähigen Dilettanten besetzt, die Zarin unter dem Einfluss eines Scharlatans und vermeintlichen „Judenfreundes". Purischkewitsch sah die Zeit für energisches Handeln gekommen. Ob sein Plan, Rasputin zu ermorden, in erster Linie durch seine Angst um „Mütterchen Russland" geprägt war, wie Purischkewitsch nach der Tat immer wieder behauptete, oder vielmehr seinem ausgeprägten Antisemitismus entsprang, diese Frage wird wohl nie geklärt werden. Am 19. November 1916 hielt Purischkewitsch in der Duma eine flammende Rede gegen

Rasputin. Die überschwänglichen Beglückwünschungen seiner Zuhörer bestärkten den Politiker in seinem schon lange gefassten Entschluss, endlich etwas gegen den „Staatsfeind Nr. 1“ zu unternehmen. Als geeigneten Mitstreiter für seinen Plan sah Purischkewitsch Fürst Jussupow. Jener hatte sich bei den Versammlungen der Duma als unversöhnlicher Gegner Rasputins präsentiert und hatte durch seine familiären Beziehungen zur Zarenfamilie auch ein persönliches Motiv, den unliebsamen Starez zu beseitigen. Überraschend bat Fürst Jussupow Purischkewitsch um ein Treffen, welches bereits am Morgen des 21. November stattfand. Ohne Umschweife kam der Fürst auf den Punkt und sprach davon, Rasputin beseitigen zu lassen. Purischkewitsch tat zunächst erstaunt, beglückwünschte sich aber zu seiner Idee, Jussupow in seine Pläne einzuweihen. Schnell waren sich die beiden Männer einig, die Ermordung Rasputins persönlich vorzunehmen. Gedungene Attentäter schienen zu riskant, das Komplott sollte möglichst wenigen Menschen bekannt sein. Auf Anregung von Jussupow wurden der Großfürst Dmitri Pawlowitsch Romanow sowie der Leutnant Suchotin, Offizier im Leibregiment des Zaren, in das Mordkomplott eingeweiht und sagten ihre aktive Teilnahme zu. Da die Tat von vorneherein als Giftmord geplant war, involvierte Purischkewitsch noch seinen langjährigen Freund, den Sanitätsarzt Dr. Lasowert, welcher das Gift besorgen und den Tod Rasputins feststellen sollte.
Der genaue Ablauf des Mordes wurde am 24. November geplant. Die Verschwörer einigten sich darauf, Rasputin unter einem Vorwand in den Palast von Jussupow zu locken. Dort sollte ihm mit Zyankali versetzter Wein und Kuchen angeboten werden. Nachdem Dr. Lasowert Rasputins Tod zweifelsfrei festgestellt hatte, sollten die Kleider des Toten von Purischkewitschs Ehefrau in dessen Lazarettzugwagon verbrannt werden, um Spuren zu beseitigen. Den nackten Leichnam wollte man mit Ketten und Gewichten beschwert an einer eisfreien Stelle in die Newa werfen. Die starke Strömung des Flusses sollte die Leiche Rasputins unter dem Eis bis zum Meer treiben und somit alle Spuren der Tat vertuschen. Nach getaner Arbeit beabsichtigten Purischkewitsch und Dr. Lasowert, noch am selben Abend mit dem Lazarettzug an die Front zu fahren, um möglichen Verdächtigungen zu entgehen. Die beiden Fürsten betrachteten sich auf Grund ihres sozialen Status als immun, wollten ihrerseits zudem Leutnant Suchotin schützen, sollte es Ermittlungen zum Verschwinden von Rasputin geben.

Der vermeintlich geschickt eingefädelte Mordplan entpuppte sich bereits im Ansatz als schwierig durchführbar. Mit welcher Begründung wollte man Rasputin in den Palast des Fürsten Jussupow locken? Zwischen den beiden Männern war es mehrfach zu Streitereien gekommen, weil Rasputin den Fürsten in der Öffentlichkeit als angeblichen Homosexuellen bloßzustellen versuchte. Der Starez war seit dem missglückten Attentat in Pokrowskoje recht misstrauisch geworden. Fürst Jussupow kam auf die Idee, sich seiner jungen und bildschönen Frau Irina zu bedienen. In einem Brief wurde Rasputin gebeten, das Fürstenpaar in ihrem Palast zu besuchen, da Irina den berühmten Starez einmal persönlich kennenlernen wollte. Jener fühlte sich erwartungsgemäß geschmeichelt und verabredete telefonisch mit Jussupow einen Termin für den Besuch. Am verabredeten Abend, dem 18. Dezember 1916, holte Dr. Lasowert als Chauffeur verkleidet Rasputin mit seinem eigenen Wagen ab. Der Wagen von Jussupow wäre mit den fürstlichen Insignien zu auffällig gewesen. Jussupow empfing seinen Gast und führte ihn in einen Kellerraum, welcher von den Verschwörern extra als eine Art Teestube hergerichtet worden war. So wollte man sichergehen, die Spuren der Tat leichter beseitigen zu können, als in den eigentlichen Räumen des Palastes. Wein und Kuchen, welche Dr. Lasowert mit Zyankali präpariert hatte, standen bereit. Aus dem Obergeschoss des Palastes war Musik und das Klirren von Geschirr zu vernehmen. Jussupow informierte Rasputin, dass seine Frau Irina noch Gäste habe, welche jedoch bald aufbrechen würden. Danach wollte die Fürstin den Starez empfangen. In Wahrheit waren es Jussupows Mitverschwörer, welche die Geräusche einer ausgelassenen Gesellschaft imitierten. Fürstin Irina befand sich zu diesem Zeitpunkt gar nicht in Sankt Petersburg. Um die Zeit zu überbrücken, bis seine Frau vorgeblich Zeit für Rasputin hatte, schlug Jussupow vor, ein Glas Wein zu trinken. Rasputin lehnte jedoch zur Bestürzung des Fürsten mit der Begründung ab, er habe heute schon genug getrunken. Jussupow begann eine belanglose Unterhaltung, überlegte dabei fieberhaft, wie er den geplanten Mord durchführen konnte. Rasputin wurde zunehmend ungeduldiger und verlangte, endlich die Fürstin zu sehen. Schließlich ließ er sich doch überreden, ein Glas Madeira zu trinken. Jussupow goss Rasputin aus der präparierten Karaffe ein, bediente sich selbst aus einer anderen Flasche, was seinem Gast nicht aufzufallen schien. Gierig stürzte Rasputin den Wein hinunter, goss sich gleich selbst ein neues Glas ein, welches er ebenso schnell trank. Zu Jussupows maßlosem Erstaunen schien das Gift jedoch keinerlei Wirkung zu haben. Er bot Rasputin nun auch vom präparierten Kuchen an, welchen jener dankbar annahm und mehrere Stücke verspeiste. Auch hier keine entsprechende Wirkung. Rasputin bekam zwar plötzlich Schluckauf und wirkte etwas müde, was aber wohl am Wein lag, von dem er nun schon mehrere Gläser getrunken hatte. Bei der verabreichten Menge an Zyankali hätte er bereits tot sein müssen. In seiner Ratlosigkeit entschuldigte sich Jussupow kurz, angeblich, um nach seiner Frau zu sehen. Im Obergeschoss warteten bereits die Mitverschwörer, um von der gelungenen Tat zu hören. Auch sie waren bestürzt, als Jussupow berichtete, dass das Gift bei Rasputin keinerlei Wirkung zeigte. Die Männer waren zunächst ratlos, dann wurde kurzerhand beschlossen, Rasputin noch eine weitere Dosis Zyankali zu verabreichen. Irgendwann musste das Gift doch wirken. Jussupow fand Rasputin auf einem Diwan sitzend, wo er ihn mit glasigen Augen anstarrte und nach der Fürstin verlangte. Er musste inzwischen ständig rülpsen und der Speichel lief ihm aus dem Mund. Jussupow schöpfte neuen Mut und öffnete eine weitere Flasche Madeira, wobei er beim Einschenken das Gift unbemerkt ins Glas rieseln ließ. Rasputin beachtete ihn jedoch gar nicht. Er hatte begonnen, ein melancholisches Lied zu singen und bewegte sich mit schwerfälligen Tanzbewegungen dazu. Die Szene war an Absurdität kaum zu überbieten. Den angebotenen Wein stürzte Rasputin hinunter und warf sich danach auf den Diwan. Er klagte nun über ein Brennen im Magen, worauf Jussupow neue Hoffnung schöpfte. Doch Rasputin starrte ihn nur böse an, schien womöglich zu begreifen, dass sein Leben in Gefahr war. Der Fürst eilte ein weiteres Mal nach oben. Die Männer redeten wild durcheinander, waren sich uneins, wie man weiter vorgehen sollte. Großfürst Pawlowitsch plädierte dafür, Rasputin laufen zu lassen und ihn bei anderer Gelegenheit zu beseitigen. Purischkewitsch sprach sich vehement dagegen aus, er wollte die Angelegenheit ein für alle mal erledigt haben. Wieder war es Fürst Jussupow, welcher die Initiative ergriff. Er ging in sein Arbeitszimmer, kam mit einer Browning-Pistole zurück und erklärte, Russland jetzt endlich von seinem Peiniger befreien zu wollen. Entschlossen rannte der Fürst in den Keller zurück, seine Mitverschwörer folgten einige Sekunden später. Aus dem Raum waren einige laute Worte zu hören, dann ertönte der dumpfe Knall eines Schusses. Die Männer stürmten durch die Tür und fanden Jussupow über den am Boden liegenden Rasputin gebeugt. Dieser schien tot zu sein. Wie von Sinnen stürzte sich Purischkewitsch auf den vermeintlichen Leichnam und traktierte ihn mit Fußtritten. Nur mit Mühe konnten die anderen Männer den Rasenden beruhigen, so groß war Purischkewitschs Hass auf Rasputin. Nun war es an der Zeit, den letzten Teil des Mordkomplotts auszuführen, die Beseitigung der Leiche und das Verwischen aller Spuren. Dr. Lasowert zog erneut die Chauffeuruniform an, Leutnant Suchotin schlüpfte in Rasputins Pelzmantel. So fuhren die Männer gemeinsam mit Großfürst Pawlowitsch zurück zu Rasputins Haus, um es so aussehen zu lassen, als ob der Starez zu später Stunde heimkommen würde. Diese Vorsichtsmaßnahme war vonnöten, da Rasputin fast ständig von Geheimdienstagenten beschattet wurde. Anschließend ging die Fahrt weiter zu Purischkewitschs Lazarettzug, wo dessen Frau die Überkleider von Rasputin verbrennen sollte. Jene verweigerte das jedoch, worauf die Männer unverrichteter Dinge zu Jussupows Palast zurückfuhren. Dort hatten sich Purischkewitsch und der Fürst derweil ins Arbeitszimmer begeben, um bei einem Glas Wein die aufgeriebenen Nerven zu beruhigen. Von Getränken und einer Zigarre gestärkt wollten die beiden Männer zu dem Ermordeten zurückkehren, um den Leichnam für den Abtransport bereit zu machen. Aus dem Flur des Erdgeschosses waren auf einmal merkwürdige Geräusche zu vernehmen. Im dämmrigen Licht des Flures war gerade noch ein Schatten zu erkennen, welcher aus der Tür des Palastes torkelte. Unglaublich, aber wahr: Es war der vermeintlich tote Rasputin, der versuchte, vor seinen Peinigern zu fliehen. Nach einem Moment der Bestürzung rannten die Männer Rasputin hinterher. Dieser strebte dem Gittertor zu, wobei er unentwegt geschrien haben soll: „Felix, Felix, das sage ich alles der Zarin!“[19)]

Purischkewitsch zog seine Pistole und feuerte mehrfach auf den Fliehenden. Von mehreren Kugeln getroffen, stürzte Rasputin in den Schnee. Um ganz sicher zu gehen, schoss Purischkewitsch Rasputin aus nächster Nähe noch einmal in den

Kopf. Das sorgfältig geplante Mordkomplott war zu einem Desaster geworden. Die Anspannung der letzten Stunden ließen Fürst Jussupow in Raserei verfallen. Immer wieder schlug er mit einem Gummiknüppel auf den Leichnam ein. Diese vermeintlich post mortem beigebrachten Verletzungen wurden später von sensationsheischenden Autoren als Spuren von Folter beschrieben, durch die Rasputin zur Preisgabe von Details seiner intimen Beziehung zu Zarin Alexandra erpresst werden sollte. Als Jussupow sich wieder beruhigt hatte, schaufelte Purischkewitsch Schnee auf die Leiche, um sie notdürftig zu verstecken. Unvermutet tauchte ein Polizeibeamter vor dem Fürstenpalast auf. Ein vorübergehendes Pärchen hatte die Schüsse vernommen und eine nahegelegene Polizeiwache informiert. Mit Mühe konnten die Verschwörer den Beamten begreiflich machen, dass einer der Anwesenden aus purem Übermut in die Luft geschossen habe. Der misstrauische Beamte informierte später seinen Vorgesetzten, dass die Angelegenheit vor dem Fürstenpalast mehr als merkwürdig gewesen sei. Die anwesenden Herren hätten keinesfalls wie eine ausgelassen feiernde Gesellschaft gewirkt, seien vielmehr verschreckt und völlig aufgelöst gewesen. Der Dienststellenleiter ließ am Morgen erste Ermittlungen anstellen, welche schließlich zur Verhaftung der mutmaßlichen Täter führten.

Wenn schon die Mordtat in keiner Weise so abgelaufen war wie geplant, sollte nun wenigstens die Beseitigung von Rasputins Leichnam erfolgreich vonstatten gehen. Doch auch hier taten sich Probleme auf. Dr. Lasowerts sonst immer zuverlässiger Wagen machte auf der Fahrt zur Newa auf einmal Probleme. Er blieb mehrmals stehen, konnte nur mit Mühe neu gestartet werden. Endlich erreichten die Verschwörer die vorgesehene eisfreie Stelle am Fluss. Schnell wurde die Leiche ins Wasser geworfen. Zu spät entdeckten die Männer, dass sie vergessen hatten, Rasputins Überreste mit den vorbereiteten Gewichten zu versehen, um ein Treiben an der Oberfläche zu verhindern. Die Ketten wurden nun einfach in den Fluss geworfen, gleichfalls die Überkleider des Toten, welche eigentlich verbrannt werden sollten. Rasputin war endlich tot und beseitigt, doch am eigentlichen Mordkomplott hatte so gut wie nichts funktioniert, wie es sollte. Die Männer fuhren mit dem wiederum mehrfach stockenden Wagen zurück zu Jussupows Palast und trennten sich dort. Purischkewitsch und Dr. Lasowert fuhren zum Bahnhof, von wo sie mit dem Lazarettzug wie geplant einige Stunden später Richtung Front fuhren und sich zunächst in Sicherheit wähnten.

Ganz anders sah die Situation für die Fürsten Jussupow und Pawlowitsch aus. Schon am frühen Morgen waren mehrere Polizeibeamte im Palast von Jussupow erschienen und hatten den Fürsten zu den nächtlichen Ereignissen befragt. Außerdem war Rasputins Verschwinden bereits Stadtgespräch und sogar die Zarin hatte bereits Befürchtungen geäußert, dass ihr Berater ermordet worden sein könnte. Bei polizeilichen Verhören verstrickten sich die Tatverdächtigen zunehmend in

Widersprüche und wurden daraufhin unter Hausarrest gestellt. Am 19. Dezember entdeckten Passanten die Leiche von Rasputin unter einer dünnen Eisschicht im Fluss Newa. Nachdem der Leichnam geborgen und von Rasputins Töchtern zweifelsfrei als der ihres Vaters identifiziert worden war, wurden die sterblichen Überreste zur Obduktion in ein Militärhospital gebracht. Die Obduktion förderte Erstaunliches zu Tage. Es wurden keinerlei Spuren von Gift in Rasputins Körper gefunden. Auch der Kopfschuss war nicht tödlich. Da die Ärzte Wasser in den Lungen des Toten fanden, wurde als Todesursache Ertrinken festgestellt. Wie konnte das sein? Dass ein Kopfschuss bei entsprechender Schussbahn nicht unbedingt tödlich sein muss, ist wissenschaftlich nachgewiesen. Wieso fanden die Ärzte aber keine Rückstände von Zyankali im Körper des Toten? Darauf gibt es eine einfache Antwort: Rasputin wurde kein Gift verabreicht. Dr. Lasowert erklärte kurz vor seinem Tod, dass er wegen seines hippokratischen Eids beim geplanten Mord an Rasputin in einen schweren Gewissenskonflikt geraten sei. Er hatte das Gift kurz vor der Tat gegen eine harmlose Substanz vertauscht. An einem nicht genau bezeichneten Tag Ende Dezember wurde Rasputin im Park des Zarenpalastes beerdigt. Anwesend war nur ein Teil der Zarenfamilie sowie einige Hofbeamte. Die Begräbnisstelle wurde nicht gekennzeichnet. Es gibt Gerüchte, dass im Zuge der Oktoberrevolution Rasputins Leichnam wieder ausgegraben und verbrannt wurde. Inwieweit das der Wahrheit entspricht, ist nicht nachweisbar. Es existiert zwar eine entsprechende Urkunde über den Vorfall, deren Echtheit jedoch von Experten angezweifelt wird.
Man belangte Rasputins Mörder nie ernsthaft für ihre Tat. Auf Druck der weitverzweigten Romanow-Familie ließ der Zar alle behördlichen Untersuchungen einstellen. Zu groß wäre der Prestigeverlust des Hochadels gewesen, hätte die Justiz zwei Großfürsten wegen des Mordes an einem Bauern angeklagt. Um den juristischen Schein zu wahren, „verbannte" Zar Nikolaus Fürst Jussupow aus der Hauptstadt, was nichts weiter bedeutete, als dass jener sich für eine Zeitlang auf seine Güter bei Kursk zurückziehen musste. Fürst Pawlowitsch wurde mit einem Regiment an die persische Grenze versetzt, was aber keine wirkliche Strafe für einen Soldaten war. Purischkewitsch und Dr. Lasowert blieben vorerst im Lazarettdienst an der Front, kehrten später unbehelligt nach Sankt Petersburg zurück. Leutnant Suchotin wurde ebenfalls nicht belangt.

Schon zu Lebzeiten hatten sich die unwahrscheinlichsten Gerüchte um Rasputin gerankt. Er war im wahrsten Sinne des Wortes „eine lebende Legende". Nach seinem Tod setzte sich die Legendenbildung unvermindert fort. Bis heute hält sich das Bild eines dämonischen, größenwahnsinnigen Mannes, der entscheidenden Einfluss auf wirtschaftliche und politische Angelegenheiten Russlands nehmen wollte. Mit einigen dieser Vorurteile über Rasputin soll an dieser Stelle aufgeräumt werden.

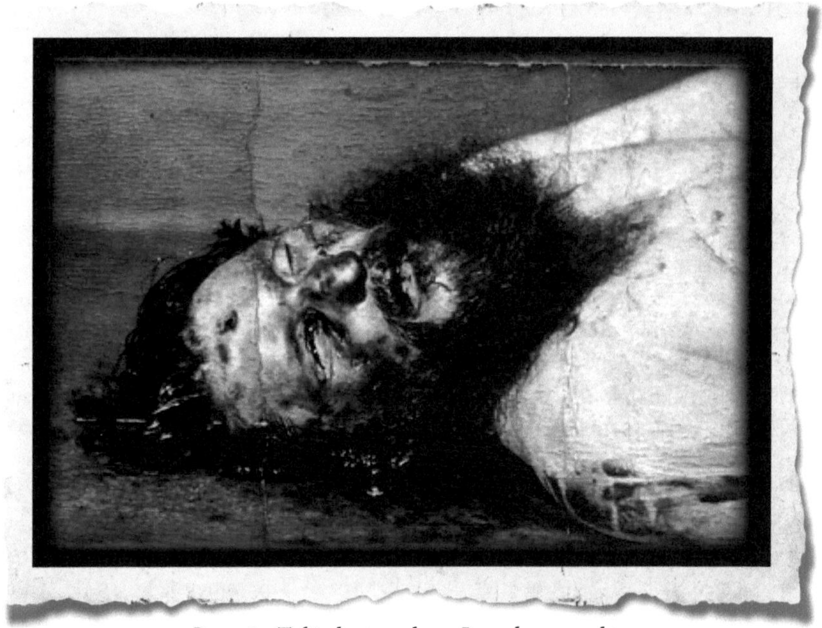

Rasputins Tod ist heute noch von Legenden umrankt.

Rasputin war keinesfalls jener Scharlatan und Machtmensch, als der er vielfach hingestellt wurde. Ein Großteil der Lügen stammt aus der Feder seines Erzfeindes Iliodor. Sicherlich verschaffte sich Rasputin Vorteile aus der Vertrautheit, die Zarin Alexandra zu ihm entwickelt hatte. Allerdings wollte er damit weder Russland noch dessen Monarchen schaden. Seine Einflussnahme auf die Vergabe von politischen Ämtern geschah aus rein finanziellen Gründen, er „verkaufte" die Ämter sozusagen. Seine bereits angesprochene Bevorteilung von Juden war reine Propaganda von antisemitischen Kreisen. Dass es so oft Juden waren, welche Rasputin um Hilfe baten, lag an den Machenschaften seines Sekretärs Aron Simanowitsch. Rasputin selbst war die Konfession eines Bittstellers völlig egal, zahlte dieser nur genügend für die erbetene Dienstleistung. Ein gewisses Mitspracherecht am Zarenhof hatte Rasputin lediglich in der kurzen Zeitspanne von Zar Nikolaus' persönlicher Anwesenheit an der Kriegsfront bis zu seiner Ermordung. Er fungierte in jener Zeit als Berater der Zarin Alexandra. Auf den Zaren als eigentlichem Herren Russlands konnte Rasputin niemals Macht ausüben.
Dass Rasputins heilerischen Fähigkeiten nicht von Gott gegeben waren, wie er selbst immer behauptete, wurde bereits ausführlich besprochen. Es ist keine einzige wirkliche Wunderheilung durch ihn bekannt. Vielmehr linderte er nur die Symptome der Kranken wie etwa beim Zarewitsch Alexej. Das gelang Rasputin durch seine angeborenen mentalen Fähigkeiten, welche er später noch durch Hypnose verstärkte.
Über das Privatleben Rasputins gibt es bis heute ebenfalls die wildesten Gerüchte. Eines davon ist sein angeblich ausufernder Hang zum Alkohol. Es ist bezeugt,

dass Rasputin keinen starken Alkohol trank, wie etwa den in Russland so beliebten Wodka. Rasputin war Weintrinker, bevorzugte den portugiesischen Madeira. Sicherlich war Rasputin auch das eine oder andere Mal in der Öffentlichkeit betrunken und benahm sich entsprechend auffällig. Alkohol gehörte in Russland jedoch schon immer zur Lebensart. Rasputin trank davon nicht mehr oder weniger als seine Mitmenschen.

Auch Rasputins angeblich enormer Geschlechtstrieb ist legendär. Er soll fast täglich ausschweifende Sexorgien gefeiert haben und unterhielt wechselnde Beziehungen zu Frauen der adligen Gesellschaft. Allerdings gibt es nicht den geringsten ernst zu nehmenden Hinweis, dass eine Frau der gehobenen Gesellschaft mit Rasputin das Bett teilte. Aus einem medizinischen Bericht, der aus der Zeit nach Rasputins Tod stammt, geht beispielsweise hervor, dass seine glühende Anhängerin Anna Wyrubowa noch Jungfrau war. Bekannt ist, dass Rasputin oft die Dienste von Prostituierten in Anspruch nahm. Speziell für Zigeunermädchen soll er eine Schwäche gehabt haben. Sicherlich ist es moralisch fragwürdig, dass Rasputin als verheirateter Mann Prostituierte aufsuchte. Grund für die Legenden vom sexbesessenen Mönch ist es wohl eher nicht. In diesem Zusammenhang wurde schon zu seinen Lebzeiten immer wieder über Rasputins enorme männliche Ausstattung getuschelt. Mit diesem Gerücht räumte der behandelnde Arzt vom Krankenhaus in Tjumen auf, in welchem Rasputin nach dem Attentat versorgt wurde. In einem Protokoll der russischen Geheimpolizei ist vermerkt: „Der Professor konstatierte mit eigenen Augen, dass die männlichen Organe des Verletzten keineswegs den fabelhaften Gerüchten entsprachen, die darüber in Petersburg kursierten und so viele Frauen neugierig machten.“[20]

Mit den Gerüchten um Rasputin ließen sich ganze Bücher füllen. Aus Platzgründen sollen die angesprochenen jedoch genügen. Ziehen wir an dieser Stelle ein Fazit:

Rasputin war mit Sicherheit nicht das menschliche Monster, als das er bis heute so oft dargestellt wird. Er war mehr Opfer als Täter: Opfer seiner schon fast triebhaft zu nennenden Sucht nach Aufmerksamkeit seiner Mitmenschen, deren Mittelpunkt er sein wollte. Sein Lebensziel, ein wirklicher Starez zu sein, hat er dabei wohl verfehlt. Obgleich er bei seinen Sankt Petersburger Anhängern als gefeierter Wunderheiler galt, war er doch nie frei von Anfeindungen. Die guten Beziehungen zur Zarenfamilie riefen falsche Freunde auf den Plan, wobei hier an erster Stelle sein Sekretär Aron Simanowitsch zu nennen ist. Mit seinem wachsenden Einfluss auf die Zarin Alexandra zu Beginn des 1. Weltkrieges hatte Rasputin den Bezug zur Realität verloren. Ihn, den einfachen Bauern aus Sibirien, fragte nun die mächtige Herrscherin von Russland um Rat. Maßlose Selbstüberschätzung, plötzlicher Reichtum und die Ratschläge von falschen Freunden haben Rasputin an den Abgrund geführt. Man kann ihn wohl zu Recht eine tragische Gestalt der Geschichte nennen.

Elisabeth Báthory – Die blutige Gräfin

Elisabeth Báthory, ein Name, der mit Sicherheit einige der Leser erschauern lassen wird. Neben dem Knabenmörder Gilles de Rais und dem rumänischen Fürsten Vlad Tepes gilt jene Dame als eine der blutrünstigsten Gestalten der europäischen Geschichte. Gräfin Báthory, für ihre unmenschlichen Grausamkeiten berüchtigt, soll Hunderte von jungen Frauen gequält, verstümmelt und ermordet haben. Dem Rausch der ewigen Jugend verfallen, badete die Gräfin angeblich im Blut ihrer Opfer, um so ihre Schönheit zu erhalten. Unfassbare Geschichten sind bis heute im Umlauf, welche an Unmenschlichkeit kaum zu überbieten sind. Die Geschichte hat ihr Urteil über Elisabeth Báthory schon lange gefällt, doch gibt es meiner Ansicht nach Ungereimtheiten, welche speziell in den Gerichtsakten zu Tage treten. Jene Ungereimtheiten sollen hier geklärt werden.

Elisabeth Báthory entstammte einer bedeutenden Adelsfamilie Ungarns. Gemeinsam mit ihrem Mann Franz Nádasdy begründete sie eine Dynastie, welche zu den mächtigsten im Lande zählte. Da Nádasdy fast ständig auf Kriegszügen weilte, verwaltete Elisabeth in Eigenregie die gewaltigen Ländereien der Familie. Die Gräfin soll eine strenge und unerbittliche Herrin gewesen sein. Bei den kleinsten Vergehen schlug sie ihre Dienerinnen. Die Züchtigungen sollen der Báthory sogar Freude bereitet haben, denn die Strafen wurden immer abgefeimter und brutaler. So wurden Mägde im Winter mit Wasser übergossen und mussten in der Kälte ausharren. Andere wurden für kleinste Vergehen mit dem Bügeleisen verbrannt und mit Nadeln gestochen.

Die Gräfin war von ihrer eigenen Schönheit geradezu besessen. Wie jeder Mensch alterte sie jedoch, was der Dame zunehmend Kummer bereitete. Einmal, beim morgendlichen Frisieren, soll eine Zofe die Báthory zu stark an den Haaren gezogen haben, so dass die Herrin ihr mit voller Wucht ins Gesicht schlug. Das Blut des armen Mädchens spritzte der Gräfin auf die Hand, und sie wischte es sofort angeekelt ab. Doch welch ein Wunder: Die vom Blut benetzte Stelle erschien auf einmal frischer und jünger. Vielleicht war das nur Einbildung, aber nach dem Vorfall war die Gräfin nahezu versessen auf das Blut junger Frauen. Zunächst ließ sie ihren Mägden nur hin und wieder Blut abzapfen, um sich damit Gesicht und Hände zu waschen. Bald genügte das der Báthory jedoch nicht mehr. Sie wollte mehr Blut haben, um ihren ganzen Körper zu verjüngen. Aus diesem Grund ersann die Gräfin einen teuflischen Plan: Sie wollte in Zukunft in einer Wanne voller Jungfrauenblut baden, um ihre einstige Schönheit wiederzugewinnen. Doch wo sollten die Mädchen ermordet werden, ohne dass es jemandem auffiel? Die Wahl der Gräfin fiel auf die alte Familienburg Čachtice mit ihrem weitverzweigten Kellersystem. Dort konnte sie nach Herzenslust morden, foltern und ihre Blutbäder nehmen, ohne dass es Außenstehende bemerkten. Der Umzug von Sárvár nach Čachtice war schnell bewerkstelligt. Nun fehlten der Báthory nur noch willfährige Helfer für ihre wahnwitzigen Pläne. Diese fand sie in zwei alten, gewissenlosen Weibern namens Helena und Dorothea sowie dem Diener Johannes, der auch Ficzkó, „Bürschchen", genannt wurde. An Ficzkó war es, die unglücklichen Opfer zu ermorden und ihre Leichen später zu beseitigen. Die zwei Frauen mussten der Báthory bei ihren abartigen Schönheitskuren zur Hand gehen. Später stieß noch eine Frau mit Namen Darvulia zu dem mörderischen Quartett. Niemand wusste, woher diese Frau stammte oder kannte ihre wirkliche Stellung im Hofstaat der Báthory. Die Gräfin pflegte eine innige Beziehung zu jener geheimnisvollen Dame, so dass es hieß, Darvulia sei ihre heimliche Geliebte gewesen. Darvulia schien eine Vorliebe für sadistische Spielchen zu haben, denn die Morde an den erbarmungswürdigen jungen Frauen weiteten sich zu wahren Blutorgien aus. Vor ihrem Tod wurden die Mädchen auf jede nur denkbare Weise gefoltert und gequält. Perfider Höhepunkt war die Anschaffung einer „Eisernen Jungfrau", einem unvorstellbaren Folterinstrument. Es handelte sich um einen metallenen, menschenähnlichen Hohlkörper, welcher innen mit Dornen versehen war. Das unglückliche Opfer wurde in die Apparatur gesperrt, wobei die spitzen Dornen den Körper durchbohrten, wenn der Mechanismus geschlossen wurde. Die Báthory und ihre

Eiserne Jungfrau

unheimliche Freundin ergötzten sich an den Schmerzensschreien der Mädchen, wobei die Gräfin bereits in der Wanne lag, in welche das Blut aus dem Marterinstrument geleitet wurde. Sie fand zunehmend Gefallen daran, die Mädchen vor ihrem Tod noch zu foltern. Manchen soll sie ganze Fleischstücke aus den Körpern gebissen oder ihnen Fleisch herausgeschnitten haben, das den unglücklichen Mädchen dann gebraten zum Essen vorgesetzt wurde.
Die Leichen der ermordeten Mädchen schaffte Ficzkó des Nachts in die undurchdringlichen Wälder, welche die Burg Čachtice umgaben. Als jedoch immer wieder Leichen von den Dorfbewohnern entdeckt wurden, ging man dazu über, die Opfer in den weitverzweigten Kellern zu verscharren. Die Leichenfunde schürten die Gerüchte über das unheilvolle Tun, welches auf der herrschaftlichen Burg herrschte. Als Ficzkó begann, die Leichen in der Umgebung zu verstecken, ging er zuweilen sehr nachlässig vor, so dass die ausgebluteten Opfer gefunden wurden. Zunächst vermuteten die abergläubischen Dorfbewohner, dass ein Vampir sein Unwesen trieb, doch schon bald geriet die Gräfin in Verdacht. Schon lange hatten die Bewohner der umliegenden Dörfer bemerkt, dass immer wieder junge Frauen verschwanden. Dass ein Mädchen mit einem Liebhaber davonlief, geschah schon einmal, aber inzwischen hatten die Bauern regelrecht Angst um ihre jungfräulichen Töchter. Nicht ohne Grund, denn Ficzkó war dazu übergegangen, Mädchen zu

entführen, um die unstillbare Blutgier seiner Herrin zu befriedigen. Auf der Burg selbst gab es kaum noch Mägde, da die Blutorgien der Gräfin zunehmend bekannt wurden.

Die Báthory soll auch regelrechte „Blutreisen" unternommen haben. Während sie ihre ausgedehnten Ländereien bereiste, verschwanden immer wieder Mädchen aus den Dörfern, in welchen die Gräfin mit ihrem Gefolge übernachtete. Um den Nachschub von Jungfrauenblut zu gewährleisten, soll die Báthory sogar eine Art „Mädchenpensionat" für adlige Töchter eingerichtet haben. Angeblich wollte die Gräfin den jungen Frauen von Adel eine entsprechende Erziehung angedeihen lassen. In Wahrheit glaubte sie, das Blut der adligen Mädchen wäre auf Grund der besseren Ernährung vorteilhafter als das der Bauernmädchen.
Als zunehmend adlige Töchter verschwanden, kamen die Gerüchte auch König Matthias zu Ohren, welcher seinen Palatin Graf Thurzó mit der Aufdeckung der Verbrechen betraute. Thurzó zog umfangreiche Erkundigungen ein und ließ schließlich die Burg Čachtice stürmen, den Hauptwohnsitz der Gräfin. Thurzós Männern bot sich ein Bild des Grauens. In einem unterirdischen Gewölbe stapelten sich die Leichen von toten Mädchen, überall standen Folterwerkzeuge herum, die „Eiserne Jungfrau" war in Betrieb, denn die Báthory genoss wie so oft eines ihrer Blutbäder. Die Gräfin und ihre Helfer wurden sozusagen auf frischer Tat ertappt und verhaftet.
In einem großangelegten Prozess kam das ganze Unheil zu Tage. Hunderte junge Frauen sollen dem unmenschlichen Treiben zum Opfer gefallen sein. Ficzkó wurde enthauptet, die zwei alten Weiber bei lebendigem Leibe verbrannt. Bei der Gräfin ließen die Richter aus Rücksicht auf die adlige Familie Gnade vor Recht ergehen. Die Báthory wurde zu lebenslanger Haft verurteilt und in einem Gemach ihrer Burg eingemauert. Dort sollte sie für ihre Sünden büßen. Nur ein kleiner Spalt wurde aufgelassen, durch welchen man der Gräfin Speisen reichen konnte. Lange dauerte die Gefangenschaft der Báthory nicht, nach drei Jahren starb sie in ihrem Kerker. Manche Leute behaupteten, sie habe sich selbst umgebracht und würde nun im Fegefeuer schmoren. Eine gerechte Strafe für das mörderische Weib.

Soweit zunächst zur eigentlichen Legende. Einiges davon ist sicher wahr, vieles ist wohl erfunden. Die Legendenbildung setzte schon zu Lebzeiten der Gräfin ein. Dass sie ein strenges Regiment führte, war wohl bekannt. Die Báthory bestrafte ihre Dienerinnen härter als notwendig, daraus entstanden dann die Geschichten von angeblichen Folterungen. Dass Todesfälle in einem derart großen Haushalt wie dem von Gräfin Báthory vorkamen, steht auch außer Frage. Die angeblichen Blutbäder halte ich persönlich für bloße Erfindung, um die Gräfin zu verleumden. Weitere blutrünstige Details wurden erst später der Lebensgeschichte der Gräfin beigefügt.

Nach ihrem Tod trat zunächst eine unnatürliche Stille um die Gräfin ein. Die Taten der Báthory wurden totgeschwiegen. Dem lag wohl in erster Linie die Pietät gegenüber ihrer Familie zu Grunde. Im Volk wurden die Gerüchte zwar weiter angeheizt, der Adel jedoch schwieg beharrlich. Die Verhörprotokolle verschwanden in einem Archiv und blieben zunächst für über hundert Jahre ungelesen. Im Jahr 1720 stieß der Jesuitenpater László Turóczi im Kastell von Bytča auf ein Bündel alter, vergilbter Dokumente. Was der Pater zunächst für unwichtige Papiere hielt, entpuppte sich als brisanter „Schatz". Es handelte sich um die verschollen geglaubten Verhörprotokolle des Gerichtsprozesses der Gräfin Báthory. Vor Entsetzen fassungslos, las der Pater von den protokollierten Untaten der blutigen Gräfin. Von unsäglichen Grausamkeiten war zu erfahren, von Folterungen und unmenschlichen Strafen, welche sich nur ein Teufel in menschlicher Gestalt habe ausdenken können. In den Aussagen der Zeugen war von 650 jungen Frauen die Rede, die der Mordlust der Gräfin Báthory zum Opfer gefallen seien. Auf die Frage, warum die Gräfin solch schändliche Taten begangen hatte, fand Turóczi jedoch keine befriedigende Antwort. Die Dokumente hatten ein brennendes Interesse in dem Pater geweckt, welcher das ganze Ausmaß der Geschichte erforschen wollte. In den folgenden Jahren reiste er mehrfach an die Orte des Geschehens und sprach mit ortsansässigen Bauern. Die Legenden um die blutrünstige Gräfin hatten inzwischen derartige Blüten getrieben, dass Pater Turóczi kaum glauben konnte, was er zu hören bekam. Er hörte von der Vorliebe der Báthory für Jungfrauenblut, in welchem jene zu baden pflegte. Die Bauern beschrieben auch anschaulich die „Eiserne Jungfrau", die keiner je gesehen, aber von der alle gehört hatten.
Von der Lektüre der Verhörprotokolle und den gehörten „Tatsachenberichten" beflügelt, veröffentlichte László Turóczi im Jahr 1729 sein Buch „Ungaria suis cum regibus compendio data", in welchem auch der Fall der Gräfin Báthory zur Sprache kam. Allerdings ging Turóczi auf die Gerichtsakten nur oberflächlich ein und erging sich stattdessen in der Schilderung der blutrünstigen Geschichten, welcher er in Čachtice, Beckov und anderen Ländereien der Báthory gehört hatte. Auf das Konto von Turóczi geht auch die Geschichte mit der geschlagenen Zofe, deren Blut der Anlass für die unfassbaren Experimente der Gräfin war. Ausführlich schilderte Turóczi die Blutbäder und den Einsatz der „Eisernen Jungfrau", wofür es allerdings keine Zeugen gibt. Auch für die Folterungen und anderen Grausamkeiten gibt es nur die Aussagen der drei mitangcklagten Helfer der Gräfin. Deren Geständnisse wurden jedoch durch Folter erpresst und dienen kaum der Wahrheitsfindung. Turóczi versuchte in seinem Buch natürlich auch, einen plausiblen Grund für die Taten der Báthory zu finden. Als Kleriker fiel ihm natürlich nichts Besseres ein, als das Verhalten der Gräfin mit dem Abfall von Gott zu begründen. Glaubensabfall wurde bis zu den Zeiten der Aufklärung automatisch mit Teufelsverehrung und Hexerei gleichgesetzt, was zum abstrusen Bild der Gräfin Báthory führte, das spätere Generationen entwarfen.

Aufbauend auf der recht zweifelhaften Veröffentlichung von László Turóczi erschienen in der Folgezeit eine Vielzahl von Büchern und Schriften über das Leben der Gräfin Báthory. Die Mehrzahl der Verfasser machte sich erst gar nicht die Mühe, die Gerichtsakten zu studieren. Vielmehr wurden immer neue, noch grausamere Details in die Geschichte eingeflochten. Vermehrt wurde auch eine sexuelle Komponente mit einbezogen. Man stellte die Gräfin als eine von sexuellen Perversionen getriebene Frau dar und mischte das Ganze noch zusätzlich mit homosexuellen Neigungen. Hierzu möchte ich anmerken, dass ich persönlich eine Liebesbeziehung der Gräfin zu ihrer Freundin Darvulia nicht ausschließen möchte. Da jene Darvulia eine Schlüsselrolle in den Geschehnissen spielte, wird ihre Beziehung zur Gräfin Báthory an späterer Stelle noch ausführlich erläutert werden.

Den Höhepunkt der sexuellen Diffamierung stellten zweifelsohne die lesbischen Vampirfilme der 1970er Jahre dar, welche die Gräfin als blutsaugende Verführerin zeigten. Die angebliche Gier der Gräfin nach Jungfrauenblut hatte jene bereits im 18. Jahrhundert in die Nähe der Blut trinkenden Untoten gerückt. Der Autor Raymond T. McNally versuchte gar in seinem 1984 erschienenen Buch „Dracula was a Woman" eine weitläufige verwandtschaftliche Beziehung der Báthory zu Fürst Vlad III. Drăculea, dem literarischen „Urvater" aller Vampire, zu konstruieren. Fakt ist, dass ein Vorfahre der Gräfin Kampfgefährte von Vlad III. war, eine Verwandtschaft entbehrt jedoch jeglicher historischen Grundlage. Einige der selbsternannten „Experten" sahen auch in dem angeblichen degenerierten Adelsgeschlecht der Báthorys den Grund für Elisabeths Untaten. So soll die Heiratspolitik der verschiedenen Familienlinien untereinander zu langfristiger Degeneration geführt haben. Eine Vielzahl von Angehörigen wurde als Alkoholiker hingestellt, andere als halb wahnsinnige Verbrecher oder sexuell Abartige. Es wurde nichts unversucht gelassen, die Familie Báthory bloßzustellen, um die zum größten Teil erfundenen Untaten der Gräfin zu erklären.

Ab dem frühen 20. Jahrhundert wurde der Fall Báthory dann zunehmend von der psychologischen Warte aus betrachtet. Ein gewisser Carl Felix von Schlichtegroll bescheinigte der Gräfin 1901 eine Krankheit namens Algolagnie gepaart mit Homosexualität. Algolagnie ist eine alte Bezeichnung für die Lust am Zufügen und Empfangen von Schmerzen, heute als Sadomasochismus bekannt. Anzumerken sei an dieser Stelle, dass von Schlichtegroll der Privatsekretär von Leopold von Sacher-Masoch war.

Ein weiterer Punkt, der gebetsmühlenartig in allen Veröffentlichungen über die Gräfin Báthory wiederholt wurde, war ihre grenzenlose Eitelkeit. So soll sie oberflächlich gewesen sein und nur auf ihr gutes Aussehen bedacht. Stundenlang saß die Gräfin vor dem Spiegel, ließ sich schminken und frisieren. Auch die schier grenzenlose Eitelkeit war nur eine Erfindung von jenen „Experten", die immer wieder die Báthory zu diffamieren versuchten. Das Bild der ach so selbstverliebten Gräfin passt nämlich gar nicht zu jener Frau, die schon zu Lebzeiten ihres

Der berüchtigte Vlad Drăculea, angeblich ein Vorfahr der Gräfin Báthory.

Mannes die riesigen Ländereien der Familie allein verwaltete, da Franz Nádasdy bekanntlich fast ständig auf Kriegszug war. Nach dem Tod ihres Mannes wies die Gräfin Báthory verschiedene adelige Bewerber ab, welche sich durch eine Heirat die gewaltigen Besitzungen der Familie Báthory-Nádasdy sichern wollten. Stattdessen regierte sie mit strenger Hand, gepaart mit wirtschaftlicher Umsicht die Ländereien der Familie. Solch eine mächtige Frau gefiel dem ungarischen Adel, einschließlich der eigenen Schwiegersöhne, so gar nicht. Aus diesem Grund wurde eine Intrige gesponnen, welche schließlich zum Sturz der Gräfin führte.

Das Geschlecht der Báthorys reicht laut einer Legende bis in das Jahr 900 zurück. Ein kühner Ritter namens Vitus soll in jenem Jahr einen gar fürchterlichen Drachen getötet haben, welcher die Bewohner des Dorfes Ecséd tyrannisierte. Zum Dank erhielt der Ritter das Schloss Ecséd nebst Dorf als Lehen und trug fortan den Namen Báthor, was Drachentöter bedeutete. Sein Wappen zierten drei Drachenzähne, die von einem Drachen umkränzt waren, welcher sich in den Schwanz biss. Wir bewegen uns hier allerdings auf mythologischem Gebiet. Historisch gesichert ist, dass der ungarische Adlige Briccius im Jahr 1310 Herr des Dorfes Báthor wurde und von diesem den Namen Báthory ableitete. Der soziale wie politische Aufstieg des Adelshauses Báthory begann mit Stephan Báthory II., welcher gemeinsam mit dem berüchtigten Fürst Vlad III. Drăculea das ungarische Heer im Kampf gegen die Türken anführte. Nach der siegreichen „Schlacht auf dem Brotfeld“ im Jahr 1479 wurde Stephan vom König zum Woiwoden von Transsilvanien ernannt. Spätere Mitglieder des Adelsgeschlechts nahmen ebenfalls hochrangige

Posten in Europa ein, wie etwa Stephan Báthory IV., welcher 1575 zum König von Polen ernannt wurde.

Als Kind solch stolzer Vorfahren wurde Elisabeth Báthory im Jahr 1560 im Stammschloss Ecséd geboren. Der genaue Tag der Geburt ist leider nicht überliefert. Elisabeth wuchs in Ecséd auf und entwickelte sich zu einem aufgeweckten, agilen Mädchen. Die Eltern, Georg und Anna Báthory, ließen ihrer Tochter eine standesgemäße Erziehung angedeihen, was bei dem kleinen „Wildfang" sicherlich nicht immer einfach war, da Elisabeth als aufgewecktes Kind galt. Angeblich soll sie auch an Epilepsie gelitten haben, was aber nicht wirklich gesichert ist. Im Mittelalter wurde Epilepsie auch als Fallsucht bezeichnet und war eine Art Sammelbegriff für unterschiedliche Krankheitsbilder. Wir wissen also nicht, ob Elisabeth in ihrer Jugend tatsächlich an einer schweren Krankheit litt. Späteren Chronisten kam jedoch die angebliche Epilepsie gerade recht, um die etwas schwache Gesundheit der jungen Gräfin auf die Inzucht innerhalb der Familie zurückzuführen, welche auch für ihre späteren Taten verantwortlich gewesen sein soll. Nachweislich heirateten die Báthorys gerne innerhalb ihrer weit verzweigten Familienlinien, um den Familienbesitz zusammenzuhalten. Von einer Krankheit Elisabeths, welche auf jene Heiratspolitik zurückzuführen wäre, ist allerdings nichts überliefert. Wir wissen nur aus Briefen der erwachsenen Gräfin, dass sie zeitlebens immer wieder an Kopfschmerzen litt, was aber keine wirkliche Krankheit darstellt. Elisabeth war ein intelligentes Kind und lernte neben ihrer Muttersprache Ungarisch noch verschiedene Fremdsprachen wie etwa Griechisch, Latein und auch Deutsch. Eine selbstbewusste und gescheite Frau war zu jener Zeit auch in Adelskreisen eher eine Seltenheit, noch dazu, da Elisabeth jene Tugenden in ihrem Erwachsenenleben noch vervollkommnete. Die Gräfin Báthory war eine Freundin der schönen Künste und bewegte sich mit vollendeter Sicherheit auf dem politischen Parkett Ungarns. Diese Wesenszüge sollten ihr später als Witwe viele Feinde im ungarischen Adel schaffen, was der eigentliche Grund für die Verleumdungskampagne gegen sie war. Als Verleumdung kann auch das Gerücht über ein unehelich geborenes Kind betrachtet werden, das Elisabeth von einem jungen Bauernsohn empfangen haben soll. Tatsache ist, dass Elisabeth bereits im Alter von elf Jahren mit dem fünf Jahre älteren Franz Nádasdy verlobt wurde. Verlobungen von adligen Kindern waren damals durchaus üblich und wurden in erster Linie aus politischen wie wirtschaftlichen Gründen vollzogen. Franz Nádasdy war ein durchaus standesgemäßer Ehemann für Elisabeth. Die Nádasdys waren, was politischen Einfluss und Ländereien betrifft, den Báthorys durchaus ebenbürtig. Die Hochzeit des jungen Paares fand vier Jahre später, genauer gesagt am 8. Mai 1575 in Varannó statt. Die stolze und selbstbewusste Braut behielt auch nach der Eheschließung den Namen Báthory bei. Immerhin machte sie ihrem frisch angetrauten Gatten die Freude, zukünftig mit ihm auf dem Stammschloss seiner Familie in Sárvár zu leben. Obwohl ihre Beziehung als „Vernunftehe" geplant war, sollen sich Elisabeth und Franz Zeit ihres Lebens sehr zugetan gewesen sein und zeugten mehrere Kinder. Ihr

Auf dem Schloss in Sárvár lebte Gräfin Báthory mit ihrem Mann, Franz Nádasdy.

erstes Kind gebar Elisabeth allerdings erst nach zehn Ehejahren. Grund war wohl die Tatsache, dass ihr Mann fast ständig auf Kriegszügen war. Nach ihrer ersten Tochter Anna bekamen Elisabeth und Franz noch vier weitere Kinder, wobei zwei davon schon kurz nach der Geburt starben. Paul, der potentielle Stammhalter des Adelshauses Nádasdy-Báthory, wurde im Jahre 1598 geboren und war der ganze Stolz seiner Mutter. Jene hatte seit dem Tod der Schwiegermutter 1577 die Verwaltung des Familienschlosses übernommen und vertrat ihren Mann in dessen Abwesenheit in geschäftlichen wie organisatorischen Angelegenheiten. Eine Frau praktisch als Alleinherrscherin über so ein gewaltiges Familienimperium war auch für die vielen Angestellten auf den Besitzungen eine eher ungewöhnliche Sache. Um sich den nötigen Respekt zu verschaffen, hatte sich die Báthory schon früh einen sehr strengen Herrschaftsstil angewöhnt. Bestrafungen und Züchtigungen des Hauspersonals waren keine Seltenheit, was die Gräfin bei ihren Untertanen natürlich nicht beliebt machte. Ihr strenges Regiment war schon früh Anlass für Gerüchte, welche spätere Chronisten zu der Behauptung verführten, dass die Báthory schon mit etwa 25 Jahren begonnen habe, zu morden.

Wir sind hier an einer Stelle im Leben der Gräfin angekommen, wo es fast unmöglich wird, historische Wahrheiten von unverfrorenen Lügen zu trennen. Sicherlich waren die strengen Bestrafungen der Untergebenen übertrieben, rechtfertigen aber in keiner Weise die abscheulichen Untaten, die der Gräfin Báthory angedichtet wurden. Wenn eine der Dienerinnen ein herumliegendes Geldstück einsteckte, soll die Gräfin die Münze zum Glühen gebracht und sie der Diebin in die Hand gedrückt haben. Naschte eine der Mägde heimlich, wurde sie nackt ausgezogen, mit Honig bestrichen und im Burghof den Fliegen ausgesetzt. War die Wäsche einmal nicht ordentlich gebügelt, soll die Gräfin die zuständige Dienerin mit dem Bügeleisen verbrannt haben. Für andere geringfügige Vergehen wurden die Mägde mit Nadeln gestochen, mit der Schere geschnitten oder bei Eiseskälte mit Wasser übergossen. Einer Dienerin, die an epileptischen Anfällen litt, sollen sogar mit Öl getränkte Papierstreifen zwischen die Zehen gesteckt und angezündet worden sein. So sollte wohl ein Anfall provoziert werden. Die Gräfin Báthory schien unermüdlich im Ausdenken von Strafen gewesen zu sein. Mich wundert es nur, dass die Dienerinnen trotz solch übler Torturen nicht wegliefen. Möglicherweise hatten einige der Mädchen Angst vor noch schlimmeren Strafen. Einmal entfacht, brodelte die Gerüchteküche noch viel weiter. Aus nichtigen Anlässen soll die Báthory Prügelstrafen von fünfhundert Schlägen ausgesprochen haben, welche wohl kein Mensch überlebt hätte. Es wurde auch behauptet, dass die Bestrafung ihrer Angestellten der Gräfin sichtbares Vergnügen bereitete. Zunehmend quälte sie ihre Dienerinnen auch gänzlich ohne Grund, wobei auch immer wieder Mädchen zu Tode kamen. Als Beweise für die zu Tode gefolterten jungen Frauen wurden die Särge herangezogen, die immer wieder aus dem Schloss getragen und in aller Stille auf dem Friedhof beigesetzt wurden. Dahinter steckten wohl eher natürliche Todesfälle, welche in einem so großen Haushalt nichts Ungewöhnliches waren.

Die Gerüchte über das unheilvolle Tun auf dem Schloss der Herrscherfamilie kamen natürlich auch István Magyari, dem Pastor von Sárvár, zu Ohren. Er beriet sich zunächst mit zwei Amtskollegen und entschloss sich zu einem öffentlichen Tadel der Gräfin, welchen er während der Ostermesse 1602 aussprach. Wutentbrannt verließ die Báthory den Gottesdienst und beschwerte sich später bei ihrem Mann. In späteren Veröffentlichungen über die Untaten der Gräfin wurde behauptet, dass Franz Nádasdy seiner Frau daraufhin strengstens weitere Grausamkeiten gegenüber der Dienerschaft verboten habe. Daraufhin soll Elisabeth ihren Mann vergiftet haben, um ihr unheiliges Tun ungehindert fortsetzen zu können. Reinste Propaganda gegen die Gräfin, ist doch nachweislich bekannt, dass Franz Nádasdy erst zwei Jahre später, am 4. Januar 1604, starb. So lange hätte die Báthory wohl nicht gewartet, wäre an den Vorwürfen auch nur ein Fünkchen Wahrheit.

Im Zusammenhang mit der öffentlichen Rüge durch Pastor István Magyari fiel auch erstmals der Name Anna Darvulia. Jene unheimliche Frau spielte anscheinend eine Schlüsselrolle in den Legenden um die Gräfin Báthory. Die undurchsichtige Beziehung der beiden Frauen zueinander scheint einen möglichen Lösungsansatz des „Falles Báthory“ zu verbergen.

Nach dem Tod ihres Mannes verlor die Gräfin Báthory jegliche Hemmungen. So wurde es zumindestens in den teilweise recht obskuren Veröffentlichungen behauptet, welche sich mit Leben und Untaten der Gräfin beschäftigten. Um Fiktion und historische Fakten nicht unnötig zu vermischen, betrachten wir zunächst die Gerüchte, welche später das Bild der blutrünstigen Gräfin Báthory formten:

Zum Zeitpunkt des Ablebens von Franz Nádasdy war die Gräfin 44 Jahre alt. Sie war jetzt Alleinherrscherin über ein gewaltiges Familienimperium, sehnte sich aber nach der Bewunderung und Liebe eines Mannes. Der tägliche Blick in den Spiegel verriet ihr, dass ihre einstige Schönheit im Schwinden begriffen war. Ihr gutes Aussehen und ihre jugendliche Ausstrahlung waren stets ihr Kapital gewesen. Nun begannen Falten das einst so makellose Gesicht zu durchziehen und die alabasterne Haut ihres Körpers verlor zunehmend an Spannung. Wie nur sollte jemals wieder ein Mann diesen alternden Körper lieben und begehren können? Verzweifelt versuchte die Báthory mit allerlei Tinkturen und Salben ihre frühere Schönheit zurückzugewinnen, was jedoch nicht gelang. Erst das Blut der Zofe, das auf die Hand der Gräfin spritzte, als sie das unglückliche Mädchen schlug, schien die vornehme Haut der adligen Dame zu verjüngen. Hier findet die Legende ihren Anfang.
Schauen wir an dieser Stelle, was an den Gerüchten um die Gräfin Báthory wirklich wahr ist:

Mit 44 Jahren war Elisabeth Báthory sicherlich keine „taufrische" Schönheit mehr, legte aber weiterhin großen Wert auf ihr Äußeres. Ich glaube nicht, dass die Gräfin ihre Schönheit mit ekelerregenden Blutbädern bewahren wollte, vielmehr gab sie Unsummen für Schmuck und Kleider aus. An potentiellen Heiratskandidaten mangelte es nach dem Tod ihres Mannes nicht. Verschiedene Männer des ungarischen Adels machten der Gräfin ihre Aufwartung. Die Einheirat in eine so bedeutende Familie wie das Adelshaus Báthory schien durchaus verlockend. Die Gräfin war neben König Matthias II. und seinem Palatin Graf Thurzó die reichste Person Ungarns. Der Kaiser Rudolf II. schuldete ihr beispielsweise die für damalige Zeiten astronomische Summe von 17.408 Gulden für geleistete Kriegsdienste ihres Mannes und dessen Truppen. In den ungarischen Adelskreisen kursierte das Gerücht, dass sogar der erwähnte Graf Thurzó der Báthory einen Antrag gemacht haben soll, obwohl er verheiratet war. Bekannt ist, dass beide Familien einen herzlichen Umgang pflegten. Graf Thurzó und Franz Nádasdy waren alte Kampfgefährten. Vom Sterbebett aus schrieb Nádasdy Thurzó einen Brief, in welchem er ihn bat, sich um seine Familie zu kümmern. Sicherlich hatte die starke Gräfin keine Unterstützung nötig, aus erhaltenen Korrespondenzen ist jedoch ersichtlich, dass auch nach Franz Nádasdys Tod die Freundschaft zwischen den Familien erhalten blieb. Daher ist es äußerst verwunderlich, mit welcher Vehemenz Graf Thurzó einige Jahre später die Verurteilung der Gräfin Báthory inszenierte. War es möglicherweise verletzter Stolz, der Thurzó antrieb? Historisch verbürgt ist seine tiefe Zuneigung zur Gräfin nicht, kann aber als möglicher Lösungsansatz für sein Handeln betrachtet werden. Obwohl es genügend Bewerber gab, verheiratete sich die Gräfin nicht wieder. Sie hatte wohl Geschmack am Alleinregieren gefunden und wollte die Macht mit niemandem mehr teilen.

Nach dem Tod ihres Mannes zog die Gräfin tatsächlich mit ihren Kindern nach Čachtice. Allerdings wohnte die Familie nicht in der düsteren, schwer zu heizenden Festung, welche oberhalb des Ortes thronte. Ihr Domizil war vielmehr ein komfortables Herrenhaus mitten im Dorf. Die Gräfin hätte also ihre Blutorgien praktisch vor den Augen aller Dorfbewohner vollziehen müssen. Auch gab es kein weitverzweigtes Kellersystem, in welchem ihr Diener die Leichen der unglücklichen Opfer hätte verscharren können. Die Gerüchte über ihre unvorstellbaren Taten basieren also mit Sicherheit auf den strengen Bestrafungen, welche die Gräfin ihren Untergebenen angedeihen ließ. Dass das Herrenhaus mitten im Dorf Čachtice wohl kaum Schauplatz der gräflichen Blutorgien gewesen sein kann, scheint auch den Verfassern der Schriften über die Báthory klar gewesen zu sein. Also verlegten sie das unheilvolle Tun der Gräfin in die leerstehende Burg Čachtice. So konnten die Geschichten von Blut, Tod und Gewalt viel besser ausgeschmückt werden. Das düstere Gemäuer der Burg war geradezu prädestiniert dafür, solch unvorstellbare Geheimnisse zu beherbergen.
Johannes Ujvári, genannt Ficzkó, Helena Jó und Dorothea Széntes waren tatsächlich Angestellte der Gräfin Báthory. Die Geständnisse der drei Mittäter waren entscheidend für die Verurteilung der Gräfin. Allerdings muss bei einer Aufarbeitung des Falles Báthory daran gedacht werden, dass die drei Hauptzeugen ihre Aussagen erst nach ausgiebiger Anwendung der Folter machten. Nach den unvorstellbaren Torturen der Folter werden die drei Mitangeklagten die Fragen der Richter nur stammelnd bejaht haben, froh darüber, endlich von den Qualen erlöst zu sein. Im Gegensatz dazu stehen die detaillierten Beschreibungen der Verbrechen, welche angeblich von Ficzkó, Helena und Dorothea zu Protokoll gegeben wurden. Auch stehen die wörtlich niedergeschriebenen Aussagen im krassen Gegensatz zur üblichen Ausdrucksweise einfacher Leute der damaligen Zeit. Vielmehr war es wohl so, dass die vor Schmerzen halb wahnsinnigen Angeklagten alle Fragen des Gerichts bejahten und Gerichtsdiener dann die Aussagen im Sinne der Anklage formvollendet formulierten.

Mehr als undurchsichtig ist das Verhältnis, das Gräfin Báthory und die geheimnisvolle Anna Darvulia verband. Nach eingehendem Studium der Verhörprotokolle sowie Auswertung verschiedener Schriften zum Leben der Gräfin, habe ich ein ungefähres Bild von der Beziehung der beiden Frauen erhalten. Allem Anschein nach waren die Báthory und Darvulia ein Liebespaar, wobei das Verhältnis in erster Linie sexueller Natur war. Woher Darvulia kam, ist völlig unklar. Auch ihr sozialer Status im Haushalt der Gräfin ist nicht mit Sicherheit festzustellen. Eine Dienerin war sie nicht. Möglicherweise entstammte Darvulia dem niederen Adel Ungarns, könnte die Witwe oder Tochter eines Lehnsmannes der Báthory gewesen sein. Auch über ihr Alter wissen wir nichts. Zur Zeit des Prozesses gegen die Gräfin soll Darvulia bereits verstorben gewesen sein. Das vermuten zumindest verschiedene Autoren, da Darvulia bei der Durchsuchung der Burg Čachtice nicht angetroffen wurde. Vielleicht hatte sie den Haushalt der Gräfin wieder verlassen oder war gerade auf Reisen. Da die beiden Frauen sich so gut verstanden haben, können wir davon ausgehen, dass sie etwa im gleichen Alter waren. Nachdem Darvulia ins Haus der Gräfin eingezogen war, soll sie wie selbstverständlich den Oberbefehl über die grausamen Folterorgien übernommen haben. Da ich der Ansicht bin, dass die Gerüchte über die Untaten der Gräfin Báthory in erster Linie bloße Erfindungen waren, muss hinter den angeblichen Gewaltexzessen etwas anderes stecken. Weil immer nur blutjunge Frauen in Mitleidenschaft gezogen wurden, könnte ich mir vorstellen, dass Darvulia lesbisch war und sadomasochistische Sexpraktiken bevorzugte. Da Darvulia und die Gräfin Báthory ein inniges Verhältnis verband, könnte ich mir vorstellen, dass die Gräfin von ihrer neuen Freundin in diese Spielart der Sexualität eingeführt wurde. Anscheinend gefiel der Gräfin diese Art der Befriedigung, denn nach Darvulias Auftreten mehrten sich die Gerüchte von Folter und Morden. Es ist möglich, dass Darvulia eine sexuelle Sadistin war, welche es in Kauf nahm, dass bei den Sado-Maso-Orgien auch Mädchen zu Tode kamen. Vielleicht war die Báthory ihrer Geliebten sogar hörig und vertuschte die Morde. Wenn sich die Gräfin mit Darvulia solchen Praktiken hingab, hatte sie sicherlich auch ein eigenes Zimmer dafür, das mit speziellem „Spielzeug" ausgestattet war. Als Thurzós Männer das Haus der Gräfin durchsuchten, können sie dieses Zimmer irrtümlich für eine „gewöhnliche" Folterkammer gehalten haben. In diesem Zusammenhang ist auch die erwähnte „Eiserne Jungfrau" zu sehen. Die Fachwelt ist sich heute relativ einig, dass es jenes Folterwerkzeug gar nicht gab. Der Mythos des unbeschreiblich grausamen Marterinstruments entstand durch die „Eiserne Jungfrau" aus Nürnberg, die sich als Fälschung aus dem 19. Jahrhundert entpuppte. Das angebliche Folterinstrument wurde aus einem sogenannten Schandmantel hergestellt, welcher mit zusätzlichen Spitzen versehen wurde. Mit dieser furchterregenden Apparatur wollten die Museumsbetreiber mehr Besucher anlocken. Der Schandmantel war eine meistens aus Holz oder Blech gefertigte, menschenähnliche Hohlform, in welche sich der Verurteilte zur Demütigung stellen musste. Der Gebrauch einer „Eisernen Jungfrau" als Folterinstrument ist historisch nicht belegt. Die Behauptung, dass die Báthory solch eine Gerätschaft zum Foltern und Ausbluten ihrer Opfer benutzte, entpuppt sich also ebenfalls als bloßes Gerücht. Bei der auf Burg Lockenhausen ausgestellten „Eisernen Jungfrau", welche die Gräfin verwendet haben soll, handelt es sich mit Sicherheit ebenfalls um eine Fälschung.

Dass die angeblichen Blutbäder der Gräfin Báthory eine Erfindung von László Turóczi sind, der sein Buch von 1729 mit schaurigen Details aufwerten wollte, wird heute sogar von der wissenschaftlichen Welt bestätigt. Blutbäder sind rein vom Aufwand her recht schwer zu bewerkstelligen. Blut gerinnt sehr schnell, müsste ständig warm gehalten und umgerührt werden, was bei einer badenden Person ziemlich umständlich wäre. Allenfalls müsste das Blut stark mit Wasser verdünnt werden, um ein längeres Bad zu nehmen. Außerdem hat keiner der befragten Zeugen die angeblichen Blutbäder mit einem Wort erwähnt. Wir können diese ekelerregende Angelegenheit also ebenfalls beruhigt ins Reich der Fantasie abtun.

Dass die Gräfin ein Pensionat für adlige Töchter betrieb, ist ebenfalls nicht historisch verbürgt. Es gab in Čachtice zwar ein „Gynaecaeum", was aber übersetzt „Frauenhaus" bedeutete und nichts weiter als das Wohnhaus der weiblichen Angestellten der Báthory war.
Da die Gräfin und ihre Geliebte ihre ausgefallenen Sexspiele ohne große Heimlichkeit vollzogen, mehrten sich die Gerüchte über das unheimliche Tun in ihrem Haushalt. Obwohl sich die Báthory als Adlige so gut wie unangreifbar fühlte, schienen ihr die nicht verstummenden Schauergeschichten zunehmend zuzusetzen. Daher entschied sie sich im August 1610 zu einem ungewöhnlichen Schritt. Am 19. August erschien sie gemeinsam mit der Witwe Hernath Ungváry vor dem Gericht in Vasvár-Szombathely. Deren Tochter Susanna, eine Zofe der Gräfin, war erst kürzlich verstorben. Vor Gericht gab die Mutter zu Protokoll, dass ihre Tochter eines natürlichen Todes gestorben war. Die Wunden an Susannas Körper stammten von der Krankheit, die Gräfin hätte damit nichts zu tun. Natürlich wird dieser mutige Schritt der Gräfin von den meisten Autoren als Täuschungsmanöver dargestellt. Sie soll die Aussage der Witwe Ungváry mittels Bestechung oder durch Einschüchterung erreicht haben. Ich sehe das anders. Sollte die Gräfin tatsächlich schuld am Tod ihrer Zofe gewesen sein, hätte sie doch nicht noch ein Gericht von dem Todesfall in Kenntnis gesetzt. Vielmehr hätte sie versucht, die Mutter mit Geld zu beruhigen. Der Schritt vor Gericht war vielmehr ein deutliches Zeichen der Gräfin Báthory, gegen die Gerüchte aufzubegehren.

Allerdings kam dieser Versuch zu spät. Die Obrigkeit in Person des Palatin Graf Thurzó war inzwischen über die vermeintlichen Untaten der Báthory informiert. Es soll vermehrt Anzeigen aus dem Adel gegeben haben, dass die hochwohlgeborenen Töchter während ihres Aufenthaltes in Čachtice reihenweise verstarben. Der Wahrheitsgehalt jener Anzeigen scheint mehr als fraglich. Obwohl Thurzó ein enger Freund der Familie Báthory-Nádasdy war, sah er sich gezwungen zu handeln. Unverständlich ist nur, dass er seinen Dienstherren König Matthias II. nicht über sein Vorgehen informierte. Die Gräfin Báthory gehörte zum Hochadel Ungarns und ein Vorgehen gegen ihre Person hätte von höchster Stelle angeordnet werden

müssen. Genauso sah es auch der König, welcher die vorschnelle Verurteilung der Gräfin auf das Schärfste verurteilte und Thurzó befahl, ein neues Verfahren vor dem Parlament in Bratislava anzuberaumen. Wie und warum Thurzó diese Anweisung seines Königs umging, werde ich später erläutern. Im März 1610 beauftragte Thurzó die Notare Andreas von Keresztúr und Mózes Cziráky, Erkundigungen über die Gräfin Báthory einzuholen. Die Notare bereisten die Dörfer rund um Čachtice und befragten eine Vielzahl von angeblichen Zeugen.
Um eins vorwegzunehmen: Durch die Sammlung der Zeugenaussagen zieht sich ein eindeutiger „roter Faden". Alle Personen aus dem näheren Umfeld der Gräfin gaben zu Protokoll, nichts von Morden und Folterungen zu wissen. Lediglich der strenge Umgang der Báthory mit ihren Angestellten kam zur Sprache. Die schon besprochenen Horrorszenarien wurden immer nur von Leuten berichtet, welche die Gräfin gar nicht persönlich kannten. Man hatte immer nur von den Untaten der Báthory gehört, niemand hatte wirklich jemals etwas erlebt. Es gab auch keine einzige junge Frau, die von schlechter Behandlung oder gar Folter berichten konnte. Daraus schlussfolgerten die Notare, dass die Gräfin alle ihre Mägde umgebracht hatte. Erstaunlicherweise gab es bei der Verhaftung der Báthory genügend junge Frauen in der Hofhaltung. Ebenso erstaunlich ist, dass von diesen keine Aussagen vorliegen. Jene Mägde wurden wohl absichtlich nicht befragt, damit ihre Angaben die Gräfin nicht entlasten konnten. Eine Vielzahl von Zeugen gab bei ihrer Befragung an, gar nichts zu wissen. Das sollte nicht erstaunen, hatte Graf Thurzó im Vorfeld doch ein Strafgeld verhängt, sollte ein Zeuge die Aussage verweigern. Ein schlauer Schachzug, brauchten die beiden Notare doch nur genügend Leute befragen, um eine dicke Akte im Fall Báthory zu erhalten. Was darin stand, war eigentlich zweitrangig, da das Urteil bereits feststand, wie ich am Ende des Kapitels noch anschaulich erklären werde.
Zunächst möchte ich einige der wichtigsten Zeugenaussagen auf ihre Aussagekraft untersuchen. Sollten sich meine Leser für die gesamten Verhörprotokolle interessieren, empfehle ich das Buch „Heroine des Grauens" von Michael Farin, die einzige wirklich objektive Veröffentlichung über die Gräfin Báthory.

Andreas von Keresztúr war besonders fleißig und legte Graf Thurzó bereits am 19. September einen Bericht mit 34 Zeugenaussagen vor. Ein Adliger namens Matthias Muraközy, Lehnsherr der Güter Apaj und Alsócheppen gab zu Protokoll, er habe von den adligen Herren Melchior und Paul Nagyváthy gehört, jene hätten ihre Schwester in das „Gynaecaeum" der Gräfin Báthory gegeben. Dort habe diese das Mädchen ermordet. Muraközy hatte das nur gehört. Warum wurden die Herren Nagyváthy nicht selbst befragt? Außerdem war das „Gynaecaeum" ja nichts weiter als das Gesindehaus der weiblichen Angestellten.
Der Adlige Ladislaus Saary gab an, ihm habe der Knecht des Stephanus Doczy von Misshandlungen im Haushalt der Báthory berichtet. Woher soll ein fremder Knecht von Vorkommnissen im Hause Báthory gewusst haben? Von der über-

triebenen Härte, mit welcher die Báthory ihre Untergebenen behandelte, wissen wir bereits. Eine Anklage gegen die mächtigste Frau Ungarns rechtfertigten solche Aussagen wohl aber mit Sicherheit nicht.
Ein gewisser Nicolaus Csíszàr sagte aus, er wisse persönlich nichts Genaues über die Gräfin Báthory. Er habe nur gerüchteweise gehört, die Gräfin sei sehr grausam und habe einige Mädchen umgebracht. Hier erübrigt sich wohl jeglicher Kommentar. Noch erstaunlicher waren die Aussage von Georg Chaba aus Újhely. Jener gab an, nichts zu wissen, außer was man so über die Gräfin hörte. Eine sehr überzeugende Aussage! Und so geht es munter durch alle 34 vereidigten Zeugenaussagen. Man hatte gehört, es wurde erzählt, doch keiner der Befragten war ein wirklicher Zeuge von sadistischer Folterung und Mord im Hause Báthory.

Am 27. Oktober legte Mózes Cziráky seinen Bericht vor. Er hatte es nur auf 18 Zeugenaussagen gebracht. Immerhin waren hier aber einige Leute aus dem näheren Umfeld der Gräfin Báthory dabei. Gleich die erste niedergeschriebene Aussage scheint wider Erwarten alle grausigen Gerüchte zu bestätigen. Der Kastellan von Burg Sárvár, Benedictus Bicsérdy, gab zu Protokoll, seit seinem Dienstantritt als Burgvogt seien nicht weniger als 150 junge Frauen im herrschaftlichen Haus der Gräfin Báthory zu Tode gekommen. Über die Todesursachen wisse er nichts, habe persönlich auch nie einen Mord beobachten können, da er so gut wie nie die Gemächer der Gräfin betrat. Er habe nur des Öfteren das Klatschen von Schlägen gehört. Eine vernichtende Aussage, noch dazu von einem Mann, dem man wohl mehr Glauben schenken konnte, als den befragten Bauern. Problematisch am Wahrheitsgehalt ist lediglich die Tatsache, dass die Gräfin nur bis zum Tode ihres Mannes im Jahre 1604 in Sárvár lebte. Aus dieser Zeit sind zwar Geschichten von Folter und Mord bekannt, zweifelhaft ist jedoch die Menge der angeblichen Opfer. In diesem Zusammenhang ist auch die Aussage des Vizekastellans von Sárvár, Gregor Paisjártó, zu sehen. Jener sprach zwar ebenfalls von Särgen, welche aus dem Hause der Gräfin zur Beerdigung getragen wurden, nannte aber keine so gigantischen Mengen an Toten. Benedikt Zalay, der Zahlmeister von Burg Sárvár, gab an, von den angesprochenen Vorfällen gar nichts bemerkt zu haben. Bei der Aussage von Kastellan Bicsérdy scheint es sich also um eine Gefälligkeitsaussage gehandelt zu haben. Möglicherweise wurde er auch dafür bezahlt. Dieser Schluss liegt nahe, betrachtet man die weiteren von Notar Cziráky gesammelten Zeugenaussagen. Auch in Sárvár hatten die Zeugen nur von den Untaten der Gräfin gehört, niemand war jemals bei Folterungen oder gar Morden anwesend gewesen.

Ausgehend von den eher fadenscheinigen Beweisen für die Untaten der Gräfin Báthory entschloss sich Graf Thurzó zu handeln. Um den guten Namen der Dynastie der Báthorys nicht unnötig in Mitleidenschaft zu ziehen, sah er sich genötigt, Graf Zrínyi und Georg von Homonna, die Schwiegersöhne der Báthory, ins Vertrauen zu ziehen. Beide Männer hatten bereits von den grausigen Gerüchten über ihre Schwiegermutter gehört und waren im Sinne der Familienehre um Aufklärung der angeblichen Vorkommnisse bemüht. Zrínyi und Homonna baten sich zunächst noch etwas Zeit aus, um mit ihrer Schwiegermutter über die Anschuldigungen zu sprechen. Am 3. September 1610 trafen sich die zwei Männer mit der Gräfin Báthory im Schloss Deutschkreutz. An diesem Tag soll die Gräfin auch ihr erstes Testament aufgesetzt haben. Verschiedene Geschichtsforscher gehen davon aus, dass die Gräfin ihr Testament auf Druck ihrer Schwiegersöhne aufsetzte. Als Grund für diese Tatsache wird der Umstand angeführt, dass die Gräfin dieses Testament angeblich zunächst nicht unterzeichnete. Das soll aus graphologischen Untersuchungen hervorgehen, welche einen Unterschied zwischen der Unterschrift im Testament und in erhaltenen Briefen aus jener Zeit erkennen. Ich habe die unterschiedlichen Unterschriften auf Bildern gesehen und möchte an dieser Stelle behaupten, dass die Unterschrift unter dem Testament gar nicht von der Gräfin stammt, sondern dass das Testament vom 3. September 1610 eine Fälschung ist. Die Báthory war die mächtigste Frau in Ungarn, sie hätte sich wohl kaum von ihren Schwiegersöhnen zwingen lassen, ihr Testament aufzusetzen. Das wahrscheinlich gefälschte Testament enthielt rein pragmatisch betrachtet keine außergewöhnlichen Regelungen. Die Besitzungen der Gräfin wurden zu gleichen Teilen unter ihren drei Kindern aufgeteilt. Erstaunlich ist, dass die Gräfin noch bei bester körperlicher und geistiger Gesundheit bereits ihren Besitz aufteilen wollte. Warum Zrínyi und Homonna zu jenem Zeitpunkt ein Testament ihrer Schwiegermutter so ungemein wichtig war, dass sie womöglich Urkundenfälschung begingen, wird sich am Ende meiner Ausführungen klären. Scheinbar war die Báthory tatsächlich von ihren Schwiegersöhnen mit den erhobenen Vorwürfen konfrontiert worden. Darauf deutet zumindest ihre Reise nach Sárvár, wo sie alle transportablen Wertgegenstände zusammenpacken und nach Čachtice bringen ließ. Moderne Historiker vermuten eine geplante Flucht zu ihrem Neffen Gábor, dem Herrscher über Transsilvanien. Aus rein politischen Gründen ist dieser vermutete Fluchtplan mit Skepsis zu betrachten. Fürst Gábor beabsichtigte eine Abspaltung von der österreichischen Krone, wobei unweigerlich ein Krieg drohte. Gräfin Báthory wäre bei einer Flucht nach Transsilvanien zur Landesverräterin geworden, König Matthias hätte ihre Ländereien einziehen können. Möglicherweise kamen Graf Thurzó ähnliche Gedanken, denn er beschleunigte die geplante Festsetzung der Gräfin.

Am 29. Dezember 1610 reisten Thurzó, Zrínyi und Homonna nebst militärischem Gefolge nach Čachtice. Ob und welche belastenden Beweise für die Unschuld der Gräfin Báthory dort entdeckt wurden, ist nicht wirklich nachvollziehbar. Zu groß ist die Vermischung von Gerüchten und historischen Fakten. Die angebliche Folterkammer und die Unmengen an Leichen, verteilt in den weitverzweigten Kellern der Burg Čachtice, sind im Reich der Fantasie anzusiedeln, da die Burg von der Gräfin gar nicht genutzt wurde. Auch die Geschichte, dass die Gräfin bei einem

Das Báthory-Haus in Wien.

ihrer berüchtigten Blutbäder angetroffen wurde, ist absurd. Tatsache dagegen ist, dass Thurzó die Gräfin Báthory kurz nach seiner Ankunft in Čachtice festnehmen ließ und auf der Burg unter Hausarrest stellte. Ihre angeblichen Helfer Ficzkó, Helena, Dorothea sowie eine gewisse Katharina Benetzky wurden ebenfalls verhaftet und nach Bytča gebracht. Von der berüchtigten Darvulia erfahren wir nichts. Später wurde behauptet, sie sei zu jenem Zeitpunkt bereits verstorben. Vielleicht hatte die Gräfin ihre Geliebte auch vor einer möglichen Verhaftung gewarnt und jene hatte die Flucht ergriffen. Sich selbst hielt die Báthory wohl für unangreifbar. Ein schwerer Fehler, wie sich herausstellte.

Der am 2. Januar 1611 beginnende Prozess wurde in großer Eile durchgeführt. Um die angeblichen Helfer der Báthory zügig zu Geständnissen zu bringen, wurden sie in der Folterkammer vom Kastell Bytča der Tortur ausgesetzt. Für die erfahrenen Folterknechte war es ein Leichtes, von den Delinquenten jegliche gewünschte Aussage zu erhalten. Welcher Stellenwert den erpressten Geständnissen beigemessen werden kann, brauche ich an dieser Stelle wohl kaum zu erläutern. Bereits angesprochen wurden die detailgenauen und sprachlich sehr ausformulierten Aussagen der vier Angeklagten. Gerade Ficzkó wurde immer als geistig zurückgebliebener, willfähriger Handlanger der Gräfin dargestellt. Seine protokollierten Aussagen zeugen jedoch von einem geradezu bewundernswerten Erinnerungsvermögen. Auch die Angaben der drei Frauen sind von einer Ausdrucksweise geprägt, die auf eine höhere Bildung schließen lassen und mit Sicherheit nicht mit ihrer bäuerlichen Herkunft vereinbar sind. Die Gerichtsschreiber werden wohl die unter der Folter gestammelten Aussagen als Grundgerüst für ihre Niederschriften verwendet haben und schmückten diese dann nach Willen des Gerichtes mit detaillierten

Graf Thurzós Schloss in Bytča. Hier wurde Gräfin Báthory einige Zeit gefangengehalten.

Informationen aus. Am 7. Januar wurden zusätzlich 13 ausgewählte Zeugen vom Gericht befragt, welche die „Geständnisse" der vier Angeklagten untermauerten. Erstaunlich waren hierbei die genannten Opferzahlen, die stark von den Aussagen der Angeklagten abwichen. Die Angeklagte Dorothea Széntes sprach beispielsweise von 36 Opfern, wogegen eine vereidigte Zeugin namens Susanna von nicht weniger als 650 ermordeten Mädchen sprach. Diese Zahl habe sie in einem Tagebuch gelesen, welches von der Gräfin höchstpersönlich stammen sollte. Erstaunlicherweise wurde nie ein Tagebuch der Báthory gefunden. Nach der Befragung der letzten 13 Zeugen am 7. Januar 1611 wurden unverzüglich die Urteile gesprochen und vollstreckt. Den Angeklagten Helena Jó und Dorothea Széntes wurden zunächst die Finger abgehackt. Danach wurden die angeblichen Mörderinnen bei lebendigem Leib auf dem Scheiterhaufen verbrannt. Ficzkó blieben diese unnötigen Qualen erspart. Ihm wurde der Kopf abgeschlagen, anschließend verbrannte man den Handlager der Gräfin. Am glimpflichsten kam noch Katharina Benetzky davon, sie wurde zu lebenslanger Kerkerhaft verurteilt.
Am erstaunlichsten bei diesem abgekarteten Prozess war die Tatsache, dass die Hauptangeklagte, Elisabeth Báthory, vom Gericht gar nicht vorgeladen wurde. Während in Bytča das Gericht tagte, befand sich die Gräfin unter strengem Arrest auf Burg Čachtice. Ihr wurde keinerlei Möglichkeit gegeben, sich gegen die vorge-

brachten Anschuldigungen zu verteidigen. Auch das Urteil wurde in ihrer Abwesenheit verkündet und lautete auf lebenslangen Hausarrest auf Burg Čachtice. In reißerischen Veröffentlichungen über die Báthory wurde immer wieder behauptet, man habe die Gräfin in einem Zimmer der Burg einmauern lassen und sie nur durch einen schmalen Spalt mit Nahrung versorgt. Das ist wohl sicherlich eine Schauergeschichte. Gräfin Báthory durfte auf Geheiß des Gerichtes ihre Burg nicht mehr verlassen. Sie stand unter strenger Bewachung und durfte nur noch amtlichen Besuch empfangen, so etwa die beiden Geistlichen Andreas Kerpelich und Emericus, welchen sie am 3. August 1614 ein zweites, wohl nun tatsächlich echtes Testament überreichte.

König Matthias wurde erst nach Abschluss des Prozesses von Graf Thurzó über die bereits erfolgte Verurteilung der Gräfin Báthory und ihrer vermeintlichen Helfer informiert. In einem Brief vom 14. Januar 1611 forderte der König Thurzó auf, einen neuen Prozess gegen die Báthory anzustrengen, in dem die Gräfin endlich verhört und gegebenenfalls ihrer gerechten Strafe zugeführt werden sollte. Wenn König Matthias' Empörung über Graf Thurzó auf den ersten Blick löblich und von Gerechtigkeitsdenken geprägt scheint, waren seine Aufforderungen jedoch tatsächlich in erster Linie von Eigennutz geprägt. Bei einer Verurteilung der Gräfin zum Tode wäre ein beträchtlicher Teil ihres Besitzes auf rechtlichem Wege an die Krone gefallen und der König hätte seine ständig leeren Kassen auffüllen können. Unabhängig von Thurzós Reaktion auf den erwähnten Brief des Königs ließ jener selbst Nachforschungen über die vermeintlichen Verbrechen der Gräfin anstellen. Die überlieferten Zeugenaussagen ergaben in etwa das gleiche Bild wie die im Prozess verwendeten Aussagen. Alle Zeugen hatten nur von den Untaten der Gräfin gehört, niemand hatte tatsächlich ein Verbrechen beobachten können. Zwischenzeitlich schaltete sich auch die Kirche in die Angelegenheit Báthory ein. Verschiedene ungarische Kleriker bezichtigten die Gräfin der Hexerei. Die angesprochenen Sachverhalte waren von einer ungeheuren Lächerlichkeit, passten aber durchaus in die Art und Weise der mittelalterlichen Hexenverfolgung. So wurde behauptet, die Gräfin stände im Bunde mit unheimlichen Dämonen, welche sich als Katzen und Mäuse manifestierten. Zudem soll eine Hexe das Badewasser der Gräfin zum Brotbacken verwendet haben, mit dem die Báthory dann ihre Feinde vergiften wollte. Ein Kommentar zu diesen Anschuldigungen erübrigt sich an dieser Stelle wohl. Eine Anklage wegen Hexerei musste Thurzó natürlich unter allen Umständen verhindern. Zu den Umständen der Anschuldigungen hätte man die Gräfin eingehender befragen müssen. Jene hätte natürlich alle unsinnigen Beschuldigungen ad absurdum geführt und zudem die von ihren angeblichen Helfern erpressten Geständnisse widerlegt. Bei einer öffentlichen Anhörung der Gräfin wäre Thurzós wackeliges Gerüst der Beweisführung binnen Kürze in sich zusammen gefallen. Das Interesse der Kirche am Fall Báthory ist ebenfalls leicht zu durchschauen. Eine Verurteilung wegen Hexerei hätte der Kirche einen beträchtlichen Teil vom Besitz der Familie Báthory eingebracht. Wie in der gesamten Verschwörung gegen die Gräfin ging es dem Klerus ebenfalls nur um Besitz und Vermögen der Báthory.

Annähernd zwei Jahre lang forderte König Matthias seinen Palatin Thurzó immer wieder schriftlich dazu auf, den Fall Báthory erneut zu verhandeln. Anstatt den Aufforderungen seines Herrn Folge zu leisten, erfand Thurzó immer absurdere Ausflüchte, um einen neuen Prozess hinauszuschieben. In einem Brief vom 24. Januar 1613 wies der König Thurzó noch einmal eindringlich darauf hin, erneut gegen die Gräfin zu prozessieren. Stattdessen stellte Thurzó ein Sammelsurium an Korrespondenz und Zeugenaussagen zusammen, welches er dem König überbringen ließ. Jenem war es zu müßig, die umfangreichen Unterlagen genauer zu studieren. Zudem forderten wichtige politische Obliegenheiten zu jenem Zeitpunkt seine ungeteilte Aufmerksamkeit. Matthias hatte seit dem Frühjahr 1612 die Kaiserwürde seines verstorbenen Bruders Rudolfs II. übernommen. Die Angelegenheit Báthory geriet für ihn zur Nebensache, sein Palatin Thurzó hatte gewonnen.

Gräfin Elisabeth Báthory starb am 21. August 1614 einsam auf Burg Čachtice. Um ihren Tod ranken sich ebenso unheimliche Legenden wie um ihr Leben. So wurde behauptet, die Gräfin hätte sich des Nachts selbst die Pulsadern aufgebissen und wäre von ihren Bewachern am Morgen tot in einer gewaltigen Blutlache aufgefunden worden. Noch reißerischer ist die Behauptung, die Báthory hätte sich selbst große Stücke des eigenen Fleisches aus dem Körper gebissen und wäre daran verblutet. Die Gräfin wird wohl eher an Gram und Einsamkeit gestorben sein. Getrennt von ihren Kindern, ohne Hoffnung, ihr Gefängnis jemals wieder verlassen zu können, versiegte ihr Lebensmut. Laut einem der Wächter ist die Gräfin friedlich im Schlaf verstorben. Ein weiteres Mysterium ist die Begräbnisstelle der Báthory. So soll die Gräfin am 25. November 1614 in der Kirchenkrypta von Čachtice beigesetzt worden sein. Bei Grabungen im Jahre 1938 wurden jedoch keine Gebeine gefunden, die man der Gräfin hätte zuordnen können. Obwohl verschiedene Vermutungen angestellt wurden, wo sich die letzte Ruhestätte der Gräfin befinden könnte, sind ihre sterblichen Überreste bis zum heutigen Tag nicht entdeckt worden. Am ehesten ist noch die Vermutung glaubhaft, dass der Leichnam nach Nyírbátor gebracht wurde, wo die Báthory in der Familiengruft beigesetzt wurde. Eine Bestattung in der Familiengruft lag sicherlich auch im Sinne der Familienangehörigen.

An dieser Stelle ist es nun an der Zeit, die möglichen Ursachen für das Handeln der Elisabeth Báthory zu untersuchen und etwaige Gründe für das Entstehen der grausigen Legenden um die ungarische Gräfin zu finden.

Der Verdacht liegt nahe, dass es sich bei der Gräfin Báthory tatsächlich um eine sexuelle Sadistin mit gleichgeschlechtlichen Neigungen handelte. Ein mögliches Liebesverhältnis zwischen ihr und ihrer Freundin Darvulia wurde bereits angesprochen. Dass Darvulia auf ausgefallene Sexpraktiken stand, ist ebenfalls bekannt. Wenn die beiden Freundinnen auch Mädchen aus dem Haushalt mit in ihre sadomasochistischen Spiele einbezogen haben, kann das von Außenstehenden schnell falsch verstanden worden sein. Sado-Maso-Spielzeug kann leicht mit wirklichen Folterwerkzeugen verwechselt werden. Da die Báthory auch sonst recht streng mit ihren Untergebenen umging und Prügel an der Tagesordnung war, ist es vorstellbar, dass es bei den Sexspielen mit den Mädchen ungewöhnlich rau zuging. Dass auch Mädchen an den Folgen dieser Behandlung starben, ist durchaus vorstellbar.

Einige sehr interessante psychologische Lösungsansätze für den Fall Báthory liefert uns der Psychoanalytiker Thomas Ettl. Er führt das unbeherrschte Verhalten der Gräfin und die unverhältnismäßig harten Strafen für kleinste Vergehen ihrer Angestellten darauf zurück, dass die Báthory als Kind von Mutter und Amme sträflich vernachlässigt wurde. Von solch einem frühkindlichen Trauma geprägt, nahm die Gräfin jede noch so kleine Nachlässigkeit ihrer Mägde persönlich und reagierte völlig überzogen. Als erfahrener Psychoanalytiker vermutet Thomas Ettl natürlich mehrere psychische Verhaltensstörungen, welche sich im Wesen der Gräfin Báthory manifestierten. So könnte die mit 15 Jahren verheiratete Elisabeth mit ihren ehelichen Pflichten völlig überfordert gewesen sein. Sie war schlichtweg zu jung für Sexualität, fühlte sich gewaltsam defloriert, praktisch vom eigenen Ehemann vergewaltigt. Dass die Gräfin erst nach zehn Ehejahren ihr erstes Kind gebar, könnte ein Hinweis darauf sein, dass sie sich nach der traumatischen Hochzeitsnacht ihrem Mann jahrelang verweigerte. Ettl glaubt, im Verhalten der Gräfin Hinweise auf ein sexuelles Trauma erkennen zu können. Die verfrühte Konfrontation mit der Sexualität und die damit verbundenen Schmerzen ließ sie später an ihren jungfräulichen Mägden aus. Sie bestrafte und quälte die unschuldigen Mädchen praktisch aus Rache für die selbst erlebten Qualen. Thomas Ettls Ausführungen zum Seelenleben der Gräfin Báthory sind durchaus interessant, ob sie zum Kern der Sache führen, ist jedoch fraglich. Seine psychologischen Befunde basieren nur auf Vermutungen. Es gibt keinerlei historisch haltbare Fakten, die bei Elisabeth Báthory ein sexuelles Trauma vermuten lassen. Alle objektiven Berichte und erhaltenen Schriftstücke lassen einen gefestigten und in keiner Weise beeinträchtigten Charakter der Gräfin erkennen. Ettls Gutachten stützt sich auf die wenig glaubhaften Zeugenaussagen sowie die Gerüchte, welche erst nach dem Tode der Báthory in Umlauf kamen.

Beim gründlichen Studieren der Prozessunterlagen bin ich zu der Ansicht gelangt, dass der Ursprung der blutigen Legenden um die Gräfin Báthory in einer infamen Intrige liegt. Initiator jener Verschwörung war Graf Thurzó gemeinsam mit

Die Ruinen von Schloss Čachtice.

Graf Zrínyi und Georg von Homonna, den Schwiegersöhnen der Gräfin. Die drei Männer hatten es in erster Linie auf die Besitzungen der Báthory abgesehen. Der Grund für die Intrige mag zunächst schleierhaft erscheinen. Nach dem Ableben der Gräfin wären ihre Besitzungen fast automatisch ihren Kindern und deren Familien zugefallen. Zudem war Thurzó ein langjähriger Freund der Familie. Möglicherweise hatten die Schwiegersöhne Graf Zrínyi und Georg von Homonna Befürchtungen, dass der König Gräfin Báthory selbst den Prozess machen könnte und somit ihr Besitz der Krone zufallen würde. Politisch gesehen hatte sich die Gräfin immer weiter von König Matthias und der Habsburger Kaisermacht entfernt. Das enge Verhältnis zu ihrem Neffen Gábor Báthory war wohl der ausschlaggebende Grund dafür, dass Zrínyi und Homonna gegen ihre Schwiegermutter intrigierten. Gábor, der Fürst von Transsilvanien, hatte sich offen gegen die Krone gestellt. Es wäre dem König nicht schwergefallen, Gräfin Báthory des Landesverrats anzuklagen. Ein Großteil ihres Besitzes wäre dann an die Krone gefallen und König Matthias hätte seine enormen Schulden an die Gräfin nicht zurückzahlen müssen.

An dieser Stelle kommt nun Graf Thurzó ins Spiel. Als Palatin muss er über etwaige Pläne des Königs in Bezug auf die Báthory informiert worden sein. Dass Thurzó die Schwiegersöhne der Gräfin über diese informiert haben soll, mag zunächst unverständlich erscheinen. Immerhin schadete er so seinem Dienstherren. Die Ursachen für Graf Thurzós Handeln müssen persönlicher Natur gewesen sein. Obwohl er zur damaligen Zeit bereits verheiratet war, hält sich bis heute hartnäckig das Gerücht, dass Thurzó der Witwe Báthory mehrfach Heiratsanträge gemacht haben soll. Da beide Familien protestantischen Glaubens waren, wäre von kirchlicher Seite aus eine Scheidung und Wiederverheiratung kein Problem gewesen. Das bereits erwähnte Gerücht besagte aber ebenfalls, dass die Gräfin Báthory Thurzós amouröse Annäherungen jedoch vehement abgelehnt haben soll. Sollen die grausamen, blutrünstigen Geschichten um Elisabeth Báthory am Ende nur auf die Rache eines verschmähten Liebhabers zurückgehen? Möglich wäre es, denken wir nur an den Spruch „In der Liebe und im Krieg ist alles erlaubt.“ Wenn an meiner These von der Verschwörung etwas dran sein sollte, werden die Schwiegersöhne Graf Thurzó wohl auch einen entsprechenden Anreiz, sprich Ländereien, angeboten haben. Aus einem Brief vom 12. Dezember 1610 von Graf Zrínyi an Thurzó geht ziemlich eindeutig hervor, dass die Intrige gegen die Gräfin ausgeheckt wurde, um zu verhindern, dass König Matthias die Besitzungen beschlagnahmen konnte. In diesem Zusammenhang ist auch das gefälschte Testament der Gräfin vom 3. September 1610 zu sehen. Darin hatte die Gräfin Báthory schon zu Lebzeiten ihren Besitz an ihre drei Kinder verteilt. Für den König gab es im Falle Báthory praktisch nichts zu beschlagnahmen, da die Gräfin rein rechtlich kein Vermögen mehr besaß. Die drei Verschwörer hatten schon ganze Arbeit geleistet, noch ehe der Prozess gegen die Gräfin begann. Dass die von Thurzó gesammelten Zeugenaussagen keinen wirklichen inhaltlichen Wert hatten, wurde schon besprochen. Den angeblichen Mittätern der Báthory wurden unter der Folter Geständnisse abgepresst, die Gräfin selbst wurde nie vernommen und konnte sich nicht gegen die Anschuldigungen zu Wehr setzen. König Matthias wurde von seinem Palatin und seinen beiden Mitverschwörern praktisch ausgespielt, verlor nach einiger Zeit auch das Interesse an der Angelegenheit.

Machen wir es kurz: Gräfin Elisabeth Báthory mag eine strenge Herrin gewesen sein, entwickelte mit den Jahren möglicherweise auch ausgefallene sexuelle Interessen, welche sie mit ihrer Geliebten Darvulia zügellos auslebte. Eine Jungfrauen mordende, in Blut badende Sadistin war sie mit Sicherheit nicht. Aus reiner Besitzgier wurde eine ehrenwerte, vormals angesehene Frau als grausames Monster abgestempelt.

Das Strafgericht Gottes – Der Untergang von Plurs

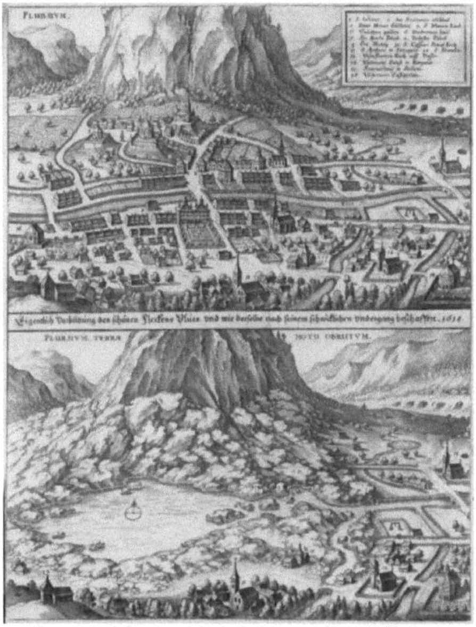

Plurs vor (oben) und nach (unten) dem Felssturz.

Das alpenländische Plurs war seit Jahrhunderten für sein unvergleichliches Kochgeschirr bekannt. Von Nah und Fern kamen die Menschen, um die Waren der Handwerker von Plurs zu kaufen. Jene Meister ihrer Zunft fertigten das Geschirr aus Speckstein, welchen sie am nahe gelegenen Monte Conto abbauten. Durch ihre Fertigkeiten hatten es die Bürger von Plurs zu ansehnlichem Wohlstand gebracht. Sie überboten sich geradezu mit den prächtigsten Häusern und ausschweifendsten Festen. Einige Jahre vor der Katastrophe, die Plurs im Jahre 1618 heimsuchen sollte, pries Johann Guler von Weineck in seiner „Räthischen Chronik" die Stadt als anmutigen Ort mit herrlichen, fürstlichen Palästen gleichenden Gebäuden„ die zudem noch von allerliebsten Lustgärten umgeben waren. Der Chronist verglich Plurs zudem noch mit den berühmten Städten Neapel und Genua.

Doch bekanntlich verdirbt zu viel Reichtum den Charakter, so dass unter den Einwohnern von Plurs seit vielen Jahren Neid und Missgunst herrschten. Eitelkeit und Hochmut waren die hervorstechendsten Eigenschaften der Bürger von Plurs, welche auch den Zorn Gottes weckten, wie es in späteren Geschichten über den Untergang der Stadt hieß. Gott nahm also seine schützende Hand von Plurs, womit er dem Teufel Tür und Tor öffnete. Jener schürte die Zwietracht und die

Gottlosigkeit noch weiter, bis Gott sich gezwungen sah, an Plurs ein Exempel zu statuieren. Laut einer Schweizer Volkslegende war eine letzte ruchlose Tat der Auslöser für Gottes Strafgericht. Ein Paar aus Plurs hatte Hochzeit gefeiert und begab sich nach einem üppigen Mahl mit der gesamten Hochzeitsgesellschaft zu einem Spaziergang an den Fluss Meira. Dort stand ein schneeweißes Lamm, welches die Spaziergänger neugierig beäugte. Einer der anwesenden Gäste kam beim Anblick des unschuldigen Tieres auf die unvorstellbare Idee, jenem zur allgemeinen Belustigung bei lebendigem Leibe das Fell abzuziehen. Der Mann setzte sein grausames Vorhaben auch sofort in die Tat um, worauf das geschundene Tier schreiend verendete. Keiner der Hochzeitsgäste versuchte, den Tierquäler an seinem schrecklichen Tun zu hindern, vielmehr lachte man noch über die kläglichen Schreie des Tieres. Anschließend kehrte die Gesellschaft in den Ort zurück und feierte bei Speisen, Trank und Tanz bis in die späte Nacht. Noch während man feierte, ließ Gott den nahen Monte Conto zusammenbrechen und die ruchlosen Bürger von Plurs mitsamt ihrer ganzen Stadt unter den Gesteinsmassen begraben.

Was geschah nun tatsächlich am 25. August 1618 in Plurs?

Um den Geschehnissen auf den Grund zu gehen, müssen wir uns zuerst mit berühmten Handwerkern der Stadt beschäftigen.
Plurs, im Bergell gelegen und politisch im Freistaat Drei Bünde verankert, war in der Tat für sein Geschirr und die besonders feuerfesten Kochgefäße bekannt. Die Handwerker fertigten es aus Speckstein, einer Art Talkstein, der beim Brennen der Gefäße äußerst hart und widerstandsfähig wurde. Abgebaut wurde der Speckstein am Monte Conto, an dessen Fuße Plurs lag. Wir können davon ausgehen, dass die Gründung der Stadt unmittelbar mit den gewaltigen Vorkommen an Speckstein zusammenhängt, welche der Monte Conto in seinem Inneren barg. Die Ausbeutelöcher befanden sich nach Ansicht verschiedener Geologen etwa 500 Meter oberhalb von Plurs und führten, nebeneinander gelegen, direkt in den Berg hinein. Der bereits erwähnte Chronist Johann Guler von Weineck berichtete, dass schon kurz nach Beginn der christlichen Zeitrechnung mit dem Abbau von Speckstein am Monte Conto begonnen wurde. Der Ort Plurs konnte also auf eine lange Tradition zurückblicken. Neben der Steingutproduktion wurde in der Stadt noch reger Seidenhandel betrieben, da Plurs an einem bedeutenden Handelsweg lag. Beide Einnahmequellen sicherten den Bürgern ein regelmäßiges Einkommen, so dass der Reichtum von Plurs als legendär galt. In den letzten Jahren vor der Katastrophe wurde von einem Jahreserlös um die 60.000 Dukaten gesprochen, eine für damalige Verhältnisse fast unvorstellbare Summe. Doch das viele Geld sollte den Bürgern von Plurs kein Glück bescheren. Die bewusste Katastrophe ereignete sich als Bergsturz, der die Stadt in den späten Abendstunden des 25. August 1618 vollständig unter sich begrub.
Nicht, dass es keine Vorzeichen für das Unglück gegeben hätte. In lokalen Niederschriften wurde schon seit Jahren von gelegentlichen Felsstürzen berichtet, zudem

zeigten sich vermehrt Risse und gar Spalten im Gestein des Monte Conto. Dass solche Vorzeichen kaum beachtet wurden, wird bis heute immer wieder mit der Geldgier der Bürger von Plurs erklärt. Doch sollte man mit den Menschen nicht zu sehr ins Gericht gehen. Ein Großteil der Handwerkerfamilien war seit hunderten von Jahren ortsansässig, der Berg lieferte das Rohmaterial für die Waren, mit denen die Bürger von Plurs ihren Lebensunterhalt verdienten.
Auch am Tage des Unglücks hatte es nicht an Anzeichen für eine Katastrophe gefehlt. Ein Bauer soll am Vormittag des 25. August in den Wald am Monte Conto gegangen sein, um eine Tanne zu fällen. Als er bemerkte, „daß der Grund under ihm gewichen“[21], wie es in einem ersten Bericht vom 26. August 1618 hieß, sei er sofort in die Stadt gelaufen, um die Bewohner zu warnen. Die Menschen in Plurs nahmen den Bauern jedoch nicht ernst, vielmehr soll er wegen seiner Eindringlichkeit beschimpft und sogar geschlagen worden sein. Zudem wird berichtet, dass sich die Bienenvölker der Gegend am Tage des Unglücks äußerst seltsam verhalten haben sollen. Sie schwirrten zur Mittagszeit in großer Zahl aus ihren Stöcken und attackierten sich so vehement, dass die meisten Bienen schließlich tot zu Boden fielen. Auch diese Information stammt aus einem offiziellen Bericht über den Bergsturz von Plurs und kann somit als wahr betrachtet werden. Die Hinweise stammten von einigen glücklichen Bewohnern der Stadt, welche die Katastrophe durch Zufall überlebten, da sie die Nacht außerhalb von Plurs verbracht hatten. Was es dagegen mit dem Wahrheitsgehalt der folgenden Geschichte auf sich hat, ist nicht so einfach zu schlussfolgern.

Am 24. August 1618, also am Vortag der eigentlichen Tragödie, soll ein Tagelöhner beim örtlichen Kanzler Wertemann vorgesprochen haben. Er berichtete von einem fürchterlichen Gestank, den er am Monte Conto wahrgenommen hatte. Der Kanzler schickte den Mann weg, worauf jener versuchte, die anderen Stadtbewohner vor einem großen Unglück zu warnen. Die Menschen verlachten den Tagelöhner und bezichtigten ihn gar der Trunksucht. Seit Jahrhunderten hatte der Berg die Menschen „ernährt“ und sie sahen keinen Grund, die Gegend jetzt Hals über Kopf zu verlassen. Der Tagelöhner beschwor die Menschen weiterhin, ihr Leben in Sicherheit zu bringen. Er hätte „den schwefligen Atem des Teufels gerochen“, der die Stadt ins Unglück stürzen wollte. Die Angesprochenen amüsierten sich umso mehr und jagten den vermeintlichen falschen Propheten aus der Stadt. Inwieweit die Geschichte auf wahren Tatsachen beruht, kann heute nicht mehr geklärt werden. Der Untergang von Plurs wurde jedoch schon kurz nach dem Unglück als Strafe für das gottlose Benehmen der Einwohner gedeutet. In verschiedensten Berichten und Traktaten über den Bergsturz wurde neben den wissenschaftlichen Befunden immer wieder göttliches Eingreifen in die Geschehnisse erwähnt. So hieß es beispielsweise: „… was fuer eine schwaere und sehr erschroekkenliche Ruten und Straff der Allmaechtige gerechte Gott uber die Eynwohner zu Plurs ergehn lassen.“[22]

Um den Legenden vom Strafgericht Gottes, welches Plurs getroffen haben soll, noch weiteren Auftrieb zu geben, wurde zudem noch ein Pfarrer namens Gerolamo Turriani in sie eingewoben. Jener soll von der Kirchenkanzel in Plurs vehement gegen die Trinität gepredigt haben. Ein Häretiker im Gewand der christlichen Kirche wetterte gegen die Grundfesten der Christenheit? Da konnte doch nur der Zorn Gottes die Stadt treffen!
Doch was ist in nun in Plurs tatsächlich geschehen?

Sicherlich waren es nicht die Strafe Gottes oder die Machenschaften des Teufels, die für den Untergang von Plurs verantwortlich waren. In erster Linie muss der Jahrhunderte andauernde unkontrollierte und vor allem unsachgemäße Abbau von Speckstein am Monte Conto für die verheerende Katastrophe verantwortlich gemacht werden. Wie bereits erwähnt, wurde seit annähernd 1.600 Jahren Raubbau am Monte Conto betrieben, der nach Zugrundelegung der finanziellen Verhältnisse von Plurs Anfang des 17. Jahrhunderts seinen Höhepunkt erreicht haben muss. Die systematische wie unprofessionelle Ausbeutung der Vorkommen an Speckstein hatte dazu geführt, dass der Berg praktisch durchlöchert und gefährlich instabil wurde. Neben den Ausbeutelöchern befanden sich am Monte Conto mehrere tiefer angelegte Steinbrüche, durch welche der Hangfuß immer mehr abgebaut wurde, was zu einer Destabilisierung der darüber liegenden Gesteinsschichten führte. Zudem bestand das Gestein des Monte Conto aus dichtem, zähem Material, welches naturgemäß zu größeren Abbrüchen neigte. Zu allem Überfluss war der Berg vom vielen Regen im Sommer 1618 wie „aufgeweicht". Laut Geologenmeinung war es schon einige Zeit vor der eigentlichen Katastrophe zu kleineren Felsstürzen in den höheren Lagen des Monte Conto gekommen. So hatten sich Klüfte gebildet, welche sich immer mehr mit Wasser füllten. Die ursprüngliche Form des Berggipfels lässt zudem die Schlussfolgerung zu, dass sich bedingt durch die übermäßigen Niederschläge ein See bildete. Jener wurde zwar zunächst von der Endmoräne begrenzt, welche jedoch durch den Regen immer mehr aufweichte und schließlich am 25. August 1618 dem Druck der Wassermassen nicht mehr standhalten konnte. Es kam zunächst auf einer Höhe von etwa 1.200 Metern zu ersten Hangabrutschungen, die sich fatal auf den von Menschenhand ausgebeuteten und von Wetterunbilden gebeutelten Berg auswirken sollten. Der „durchlöcherte" Berg brach praktisch in sich zusammen und eine auf 3 bis 4 Millionen Kubikmeter geschätzte Schuttlawine wälzte sich ins Tal. Jene Lawine bedeckte eine Fläche von 1,4 Quadratkilometern mit einer annähernd 30 Meter hohen Schicht aus Gesteinsschutt, wobei die Stadt Plurs völlig verschüttet und das nahegelegene Dorf Chilano stark in Mitleidenschaft gezogen wurde.

Die folgende Schilderung der Katastrophe stammt inhaltlich von Fortunatus Sprecher von Bernegg, dem Kommissar von Graubünden. Jener hielt sich während des

Bergsturzes von Plurs zufällig im nur drei Kilometer entfernten Chiavenna auf. Er war somit als erster Vertreter der Obrigkeit vor Ort und konnte die gegebenen Rettungsmaßnahmen koordinieren sowie die Regierung in Chur über das Unglück informieren. Sein bereits am 26. August 1618 verfasster Bericht ist die zeitnaheste Beschreibung des Unglücks und dürfte allen anderen Schriften über den Untergang von Plurs als Vorlage gedient haben.

Laut Fortunatus Sprecher von Bernegg kam es am 25. August gegen 20.00 Uhr zu einem ersten Felssturz an jener Seite des Monte Conto, an welcher sich die Steinbrüche und Ausbeutelöcher befanden. Dieser erste Felssturz verschüttete zunächst nur einige Weinberge des Dorfes Chilano. Gegen Mitternacht erfüllte ein gewaltiges Donnergrollen die Gegend um den Monte Conto. Ein nicht enden wollendes Tosen, Krachen und Rauschen weckte die Bewohner von Plurs. Die verschreckten Menschen hatten jedoch keine Zeit mehr, ihr Leben zu retten. Der von Menschenhand geschundene und von Naturgewalten gemarterte Berg brach vollständig in sich zusammen, Plurs und das bereits in Mitleidenschaft gezogene Chilano wurden verschüttet.
Der Pfarrer von Chiavenna, Bartholomäus Anhorn, wurde in der Nacht des Unglücks durch das gewaltige Grollen der Steinlawine geweckt. Er gab zu Protokoll, dass die Schuttmassen einen derartigen Staub aufwirbelten, dass sich der Mond verfinsterte und die Gegend in vollkommener Dunkelheit lag. Die Staubwolke soll sich mehrere Stunden gehalten haben. Von anderen Augenzeugen wurden zudem ein blitzartiges Aufleuchten und ein sonderbarer stinkender Geruch bemerkt. Ich bin beileibe kein Experte in chemischen Dingen, doch der bereits aus der Geschichte vom Tagelöhner bekannte Gestank am Monte Conto und die beobachteten Blitze deuten auf eine chemische Reaktion hin, die womöglich Explosionen im Berginneren auslöste und den Zusammenbruch der Felsmassen noch beschleunigte.

Neben der Zerstörung von Plurs und Chilano hatte der Bergsturz auch den Fluss Mera für annähernd eineinhalb Stunden gestaut, worauf ein regelrechter See entstand, welcher die Ortschaft St. Abundj zu überschwemmen drohte. Die Bewohner hatten sich in panischer Flucht in höhere Lagen begeben, die drohende Überflutung des Ortes blieb jedoch glücklicherweise aus. Der vor Ort gebliebene Fortunatus Sprecher von Bernegg organisierte am Morgen nach der Katastrophe Bergungs- und Aufräumaktionen, welche allerdings nur von mäßigem Erfolg waren. Zu hoch türmten sich die Schuttmassen, welche Plurs und Chilano bedeckten. Nur einige wenige Leichen konnten geborgen werden und die Suche nach Überlebenden wurde schnell eingestellt. Genaue Angaben über die Opferzahlen sind heute nicht vorhanden, seriöse Quellen sprechen aber von etwa 1.200 Menschen, welche in der Nacht des 25.August 1618 den Tod fanden.

Wie bereits erwähnt, erschienen bald darauf die verschiedensten Traktate, welche den Untergang von Plurs als göttliche Fügung deuteten. In ähnlicher Weise wurde die ausbleibende Überschwemmung von St. Abundj als Wunder Gottes gefeiert. In den Geschichten von Plurs darf natürlich auch die Legende vom „verschobenen“ Glockenturm der Kirche nicht unerwähnt bleiben. Die Kirche von Plurs soll eine sogenannte Campanile besessen haben, also einen Glockenturm, welcher neben der eigentlichen Kirche stand, aber nicht in deren Bausubstanz verankert war. Die sich vom Monte Conto herabwälzenden Gesteinsmassen sollen den Glockenturm um mehrere hundert Meter auf die nördliche Talseite verschoben, ihn jedoch unversehrt gelassen haben. Fürwahr eine absurde Legende. Der Glockenturm steht heute noch, es handelt sich dabei aber augenscheinlich um ein Bauwerk aus dem 18. Jahrhundert. Seine Baumeister wollten sicherlich dem Unglück von Plurs ein würdiges Denkmal setzen. Die Legendenbildung band die Campanile jedoch in die verworrenen Geschichten vom Strafgericht Gottes mit ein, welches Plurs angeblich getroffen haben soll.

Ziehen wir ein Fazit unserer Betrachtungen:

Wenn auch ein Strafgericht Gottes im religiös geprägten 17. Jahrhundert durchaus glaubwürdig erschien und auch bis heute einen gewissen theatralischen Reiz ausübt, war es sicherlich keine überirdische Macht, welche das Unglück von Plurs auslöste. Es war schlichtweg der unsachgemäße Bergbau, welcher jahrhundertelang am Monte Conto ausgeführt wurde. Allgemeine Wettereinflüsse, nicht zuletzt der vermehrte Regen im Frühjahr 1618, hatten ihr Übriges getan, die Substanz des Monte Conto derart zu schwächen, dass es zu jenem verheerenden Bergsturz kam. Vorzeichen hatte es genug gegeben. In örtlichen Annalen aus dem Unglücksjahr hieß es: „Der Berg reißt immerzu, und ist gar offen und vor 10 Jahren gespalten gewesen.“[23)]
Zudem hatte es schon in den Jahren zuvor kleinere Felsabbrüche gegeben und auch die unmittelbar vor der Katastrophe erfolgten Warnungen waren bei den Menschen von Plurs ungehört verklungen. Zugute muss man den Plurser Bürgern halten, dass es für sie wohl schier undenkbar war, ihr jahrhundertelang angestammtes Leben und die Tradition ihres Handwerks aufzugeben. Heute können wir leichthin sagen, die Bürger von Plurs hätten doch von dem gefährlichen Berg wegziehen und woanders ein neues Leben beginnen können. Doch müssen wir dabei bedenken, dass die Menschen des 17. Jahrhunderts ein gänzlich anderes Verhältnis zu ihrem angestammten Lebensraum hatten. Man war schlichtweg sesshafter als heute. Zudem war wohl niemand in Plurs bereit, sein schönes Anwesen und die sichere Einnahmequelle aus der Geschirrherstellung aufzugeben. So haben die Behauptungen, dass die Geldgier der Einwohner schließlich den Tod über Plurs brachte, eine gewisse Berechtigung. Dass Gott die Menschen für ihre Raffsucht strafte, ist allerdings nur eine schöne, wenn auch traurige Legende.

Die Vampirprinzessin von Krumau

Europa in den zwanziger Jahren des 18. Jahrhunderts, die Hochzeit der Vampirpanik. In nahezu jedem Landstrich Europas ging die Angst vor untoten Wiedergängern um, die aus ihren Gräbern stiegen, das Blut der Lebenden tranken, Seuchen verbreiteten und noch andere schreckliche Untaten begingen.

Auch im böhmischen Krumau griff die Angst vor vermeintlichen Vampiren um sich. Noch hatte es keinen konkreten Fall von Vampirismus in der Stadt gegeben, doch immer wieder kam es zu Todesfällen, bei denen es nicht mit rechten Dingen zuzugehen schien. Gerüchte geisterten durch die Stadt, dass ungeheuerliche Dinge im Schloss vor sich gingen, welches hoch über der Stadt thronte. Immer wieder drang unheimliches Wolfsgeheul aus den Schlossmauern. Die Schlossherrin wurde schon des Längeren nicht mehr am helllichten Tag auf der Straße gesehen. Vor einigen Jahren war Eleonore von Schwarzenberg noch eine begeisterte Jägerin gewesen, nun begegnete man ihr nur noch gelegentlich nach Einbruch der Dunkelheit. Tief verschleiert schlich die Aristokratin durch die Gassen, schien bedacht, nicht erkannt zu werden. Schenkte man dem Apothekergehilfen Glauben, wurden jeden Tag Unmengen an Medikamenten auf das Schloss geliefert. Was ging vor hinter den dicken Mauern? Zelebrierte die Fürstin okkulte Riten, suchte sie nach einem Elixier für ewige Jugend und was hatte es mit dem schauerlichen Wolfsgeheul auf sich?

Rund 280 Jahre später. Im Jahr 2007 entdeckten Arbeiter bei Straßenbauarbeiten im heutigen Český Krumlov drei menschliche Skelette. Schnell wurde ein Archäologenteam aus Prag herbei geordert, da die Skelette augenscheinlich schon lange in der Erde lagen. Was die Archäologen daraufhin ausgruben, sollte sich als Sensationsfund erweisen. Schon die Lagerichtung der Verstorbenen schien außergewöhnlich. Bei christlichen Bestattungen war es üblich, die Verstorbenen in Ost-West-Achse auszurichten. Doch die drei entdeckten Skelette lagen in Nord-Süd-Richtung in ihren Gräbern. Als die Skelette völlig freigelegt waren, wurde es erst richtig unheimlich. Einem der Skelette war der Kopf abgetrennt und zwischen die Beine gelegt worden. In seiner Mundhöhle befand sich zudem ein großer Stein. Allen drei Skeletten hatte man große flache Steine auf die Gliedmaßen gelegt, wie um sie zu beschweren.

Aber warum das Ganze?

Das fragte sich auch der Medienwissenschaftler Rainer Köppl von der Universität Wien, den der sensationelle Fund von Český Krumlov auf den Plan rief. Köppl beschäftigt sich schon seit geraumer Zeit mit der Erforschung des Vampiraberglaubens. Seit Jahren suchte der Akademiker nach einem archäologischen Beweis für den Vampirmythos und war verständlicherweise wie elektrisiert, als er vom Fund in Český Krumlov hörte. Gemeinsam mit einem tschechischen Wissenschaftler untersuchte Köppl in Prag die Skelette auf mögliche Vampirmerkmale und wurde tatsächlich fündig. Die Skelette stammten von drei erwachsenen Männern und wiesen eindeutige Merkmale eines Vampirexorzismus auf. Die Männer wurden von ihren Mitmenschen also tatsächlich für Vampire gehalten und sollten mit angestammten Ritualen im Grab gebannt werden. Christian Reiter, Forensiker an der Universität Wien, unterzog die Skelette einer Altersbestimmung, um sie möglicherweise mit der sogenannten Vampirpanik in Verbindung zu bringen, welche im frühen 18. Jahrhundert in Europa grassierte. Laut eingehender Untersuchung wurden die Verstorbenen im Zeitraum zwischen 1700 und 1750 bestattet, fallen also genau in die Hochzeit der europäischen Vampirhysterie. Neben dem Indiz des abgetrennten Kopfes mit einem Stein im Mund sowie den mit Steinen beschwerten Gliedmaßen wurden an allen drei Skeletten Spuren einer Pfählung durchs Herz entdeckt, dem charakteristischsten Merkmal eines Vampirexorzismus.
Bei seiner weiteren Spurensuche im Fall der vermeintlichen Vampire entdeckte Rainer Köppl in den Archiven von Wien und Český Krumlov Hinweise auf eine adlige Dame, welche er in Verbindung mit dem Vampirmythos bringen konnte.

Es handelte sich dabei um Eleonore von Schwarzenberg, welche lange Jahre über Český Krumlov herrschte und deren Leben so manche Frage aufwirft.
Der Vorname Eleonore machte Rainer Köppl neugierig, erinnerte ihn an die Protagonistin einer Ballade von Gottfried August Bürger aus dem Jahr 1773, welche den Namen Lenore trug. Die Ballade ist zeitlich während des Siebenjährigen Krieges angesiedelt. Lenore wartet auf ihren Verlobten Wilhelm, welcher mit den Truppen des Preußenkönigs Friedrich in die Schlacht bei Prag gezogen ist. Obwohl sie inständig hofft, dass ihr Verlobter wohlbehalten zurückkehrt, wird ihr immer mehr bewusst, dass er wohl in der Schlacht gefallen ist. Lenore betet jeden Tag zu Gott, dass sie Nachricht von Wilhelm erhalten möge. Doch Gott scheint sie nicht zu hören, es kommt keine Nachricht über den Verbleib des Verlobten. Zum Entsetzen ihrer Mutter verflucht Lenore den Herrgott. Die Mutter bittet Gott um Vergebung für die Blasphemie ihrer Tochter aus Angst, die Abwendung von Gott würde unheilige Mächte heraufbeschwören. So geschieht es tatsächlich. Der in der Schlacht gefallene Wilhelm taucht als Untoter bei Lenore auf und entführt sie zu einem Ritt durch die Nacht, wo sie auf andere Geister und dämonische Wesen treffen. Letztendlich nimmt Wilhelm seine Verlobte mit in seinen Sarg und bringt sie so in das Reich der Toten.
Auf den ersten Blick scheint die Geschichte der unglücklichen Lenore nicht viel mit der angeblichen Vampirprinzessin Eleonore von Schwarzenberg gemein zu haben. Interessant wird es erst, wenn der Satz „Die Toten reisen schnell" ins Spiel kommt. Dieser bedeutungsschwangere Satz steht auf der Rückseite einer Gruft nahe München, in welcher eine österreichische Adlige begraben liegt.
So beschrieben wird dies in Bram Stokers Kurzgeschichte „Draculas Gast".
Ursprünglich als Einleitungskapitel für seinen Welterfolg „Dracula" gedacht, erschien die Geschichte erst nach Stokers Tod.
Am Vorabend seiner Reise nach Transsilvanien unternimmt Jonathan Harker eine Kutschfahrt vor den Toren Münchens. Auf dem Friedhof eines verlassenen Dorfes besichtigt Harker die Gruft einer österreichischen Adligen. Um vor einem heraufziehenden Unwetter Schutz zu suchen, betritt Harker die Gruft. Kurz darauf schlägt ein Blitz in die Gruft ein und die Gräfin erwacht zum Leben. Ohne es zu wissen, hat sich Harker in die Behausung einer Untoten begeben. Die Vampirin stürzt sich auf Harker, worauf dieser vor Angst ohnmächtig wird. Als er wieder zu sich kommt, liegt ein Wolf auf seiner Brust, die Untote hat sich wieder in ihren Sarg zurückgezogen. Kurz darauf hört Harker Stimmen, welche seinen Namen rufen. Es ist eine Rettungsmannschaft, welche der Concierge aus dem Hotel „Vier Jahreszeiten" geschickt hat. Jener war durch ein Telegramm informiert worden, das von einem gewissen Dracula stammte.
Rainer Köppl ist der Ansicht, dass Bram Stokers Titelfigur Dracula von den Geschichten um die angebliche Vampirprinzessin Eleonore von Schwarzenberg inspiriert wurde. Als Beweis dient ihm der erwähnte Satz „Die Toten reisen schnell", welcher in einer Abwandlung aus Gottfried August Bürgers Ballade stammt. Dort

heißt es „Die Todten reiten schnell!“ Die Namensähnlichkeit von Bürgers Protagonistin Lenore mit der böhmischen Adligen Eleonore ist zugegebenermaßen verblüffend. Ein weiteres Indiz ist die Tatsache, dass die angebliche Vampirin aus Krumau und Stokers Titelheld dem Adel angehören, was in den schriftlichen Überlieferungen zum Thema Vampirismus einzigartig ist. Die dem Volksaberglauben entstammenden Untoten waren durchgängig Leute aus dem einfachen Volk. Wer war jene geheimnisvolle Eleonore von Schwarzenberg? War sie tatsächlich mit dunklen Mächten im Bunde, wie in alten Dokumenten angedeutet wurde? War sie gar ein Vampir, wie die Bürger von Krumau hinter vorgehaltener Hand flüsterten oder sind das alles Schauergeschichten, welche aus der Vampirpanik entstanden, die im 18. Jahrhundert in Europa umging?

Eleonore wurde als Prinzessin Eleonore Elisabeth Amalia Magdalena von Lobkowitz am 20. Juni 1682 im Schloss Mělník geboren. Das Haus Lobkowitz gehörte zu den ältesten und einflussreichsten Familien des böhmischen Adels. Im Jahr 1701 heiratete Eleonore Adam Franz Fürst zu Schwarzenberg, welcher es bis zum Amt des Obersthofmarschalls am Wiener Hof bringen sollte. Fürst zu Schwarzenberg wurde 1723 zum Herzog von Krumau ernannt. Während ihn seine dienstlichen Pflichten die meiste Zeit in Wien weilen ließen, residierte seine Frau Eleonore auf dem komfortablen Schloss hoch über der Stadt Krumau. Schon in jungen Jahren hatte sich Eleonore für die Jagd begeistert. Eine ungewöhnliche Beschäftigung für eine junge adlige Dame, welche sich jedoch nicht von ihrer Leidenschaft abbringen ließ. Auch später frönte sie in den Wäldern um Krumau fast täglich der Jagd. Eleonores Leben schien fast perfekt, nur der erhoffte männliche Nachwuchs stellte sich nicht ein. Für das Fortbestehen der Adelslinie Schwarzenberg war jedoch ein männlicher Nachfolger vonnöten. Im Jahr 1706 war dem fürstlichen Paar zwar eine Tochter geboren worden, ein männlicher Nachkomme fehlte jedoch zum adeligen Familienglück. Die Fürstin experimentierte mit allerlei medizinischen Tinkturen, nutzte auch das Wissen von heilkundigen Frauen, damit sich der erhoffte männliche Nachwuchs endlich einstellte. Als letztes Hilfsmittel soll Eleonore auch Wolfsmilch getrunken haben, welche im Volksglauben als fruchtbarkeitsfördernd galt. Zu diesem Zweck wurden zahme Wölfe auf dem Schloss gehalten, deren Geheul des Nachts die Stadtbewohner erschreckte. Endlich, im späten Alter von 40 Jahren, wurde Fürstin Eleonore der erhoffte Nachkomme geschenkt. Die späten Mutterfreuden der Fürstin sorgten für Argwohn in der Bevölkerung, schnell wurde von Hexerei gemunkelt. Es hieß, dass dunkle Mächte in Form der herrschaftlichen Wölfe zur Geburt des männlichen Erben beigetragen hätten. Die Herrscherfamilie kam zunehmend in Verruf. Auch die Hofhaltung der Schwarzenbergs war von der einfachen Bevölkerung nicht gerne gesehen. Was in mühevoller Arbeit auf Feldern und Werkstätten an Steuern erarbeitet worden war, gaben die Landesherren mit vollen Händen für rauschende Bälle und andere

Darstellung des Totenritts von Lenore aus der Ballade von Bürger, gemalt von Frank Kirchbach.

Lustbarkeiten aus. Grund genug, böse Gerüchte über die Adligen hoch oben im Schloss zu verbreiten.

Im Jahr 1732 nahm Eleonores Leben eine tragische Wendung. Ihr Gemahl wurde bei einem Jagdunfall erschossen. Der unglückliche Schütze war Kaiser Karl VI. höchstpersönlich. Um den Schaden irgendwie gut zu machen, erbot sich der Kaiser, Eleonores Sohn Joseph die bestmögliche Erziehung am Hof in Wien angedeihen zu lassen. Schweren Herzens ließ die Fürstin ihren Sohn ziehen, sah sie doch die Erziehung am Kaiserhof als den bestmöglichen Weg ins Erwachsenenleben für Joseph. Zudem genehmigte der Kaiser Fürstin von Schwarzenberg eine beträchtliche jährliche Leibrente. Trotz dieser Leibrente und dem ansehnlichen Familienvermögen waren die Kassen der Fürstin fast ständig leer. Erlesener Tabak, teure Weine und kostbarer Schmuck waren nach dem Tod des Ehemannes und Fortgang des Sohnes Eleonores Trost. Dazu kamen horrende Apothekenrechnungen, welche wiederum für neue Gerüchte sorgten.
Mit fortschreitendem Alter soll Eleonore einen verstärkten Hang zu Okkultismus und Spiritualität entwickelt haben. Sie lud Okkultisten und allerlei Scharlatane ins Schloss ein, um spirituelle Sitzungen abzuhalten. Das Befremden in der Bevölkerung wuchs. Noch heute findet sich im Schloss von Krumau eine sogenannte Zauberrolle. Eine solche Rolle war mit magischen Zeichen beschriftet und diente

zur Abwehr böser Geister. Es scheint, als wurde die Fürstin zu Unrecht verdächtigt, mit finsteren Mächten im Bunde zu stehen. Vielmehr versuchte sie, sich vor solchen Mächten zu schützen. Zur damaligen Zeit muss ihre Gesundheit schon sehr angeschlagen gewesen sein. Zu den ausufernden Apothekenrechnungen kamen auffällig viele Arztbesuche. Ärzte aus ganz Europa wurden nach Krumau gerufen, über die Ursachen von Eleonores Unwohlsein und mögliche Krankheiten wurde jedoch niemals gesprochen. Diese Geheimniskrämerei sorgte im Volk für zusätzliche Gerüchte. Viel wurde über die Unmengen an Präparaten und Medikamenten gemutmaßt, welche auf das Schloss geliefert wurden. Braute Eleonore etwa Tränke für die ewige Jugend, wollte sie gar ihr Leben verlängern? Solche Gerüchte führten in Zeiten der Vampirpanik schnell zur Behauptung, die Fürstin hätte sich absichtlich von einem Vampir beißen lassen, um ihr Leben unnatürlich zu verlängern. Solche absurden Ideen wurden vom zunehmend seltsamen Verhalten der Fürstin befeuert, welche sich nur noch tief verschleiert und des Nachts in Krumau sehen ließ.

Mit Hilfe der Pharmazieexpertin Christa Kletter von der Universität Wien hat Rainer Köppl die Medikamentenliste der Eleonore von Schwarzenberg analysiert. Hinter skurrilen Bezeichnungen wie Krebsaugen, Walrat und gegrabenem Einhorn verbargen sich typische Arzneimittel des 18. Jahrhunderts. Krebsaugen waren Ablagerungen aus den Mägen von Flusskrebsen, mit welchen schädliche Säuren aus dem Körper entfernt wurden. Bei Walrat handelte es sich um fetthaltige Absonderungen aus den Kopfhöhlen des Pottwals. Damit wurden verschiedene Salben zubereitet. Einhorn galt als besonders magisches Mittel, war in Wirklichkeit aber Elfenbein von Elefanten. Die in medizinischen Dingen wenig bewanderten Bewohner von Krumau hielten die fantastisch klingenden Medikamente wohl für wahres „Teufelszeug". Trotz der vielen Medikamente und des ärztlichen Beistands wurde Eleonore zunehmend kränker und schwächer. Der Kaiser ließ sie nach Wien bringen, um Eleonore medizinisch noch besser behandeln zu können. Doch auch die Hofärzte konnten nichts mehr für die Fürstin tun. Eleonore verstarb am 5. Mai in der Schwarzenbergischen Residenz in Wien. Ihre sterblichen Überreste wurden noch in der folgenden Nacht nach Krumau gebracht, was der Öffentlichkeit sehr merkwürdig vorkam, wurden die Mitglieder der Familie Schwarzenberg doch traditionell in der Wiener Augustinerkirche beigesetzt. Stattdessen wurde Eleonore in der Kirche von Krumau bestattet. Ungewöhnlicherweise blieb der gesamte Adel der Beisetzung fern, nicht einmal ihr Sohn Joseph war anwesend. Es waren nur Bewohner von Krumau, welche dem Sarg der Fürstin folgten.

Die auszehrende Krankheit der Fürstin, die mysteriösen Umstände ihres Todes und der Beisetzung fachten die Gerüchte um die angebliche Vampirprinzessin erneut an. Ganz Europa war von der Vampirpanik erfasst, die seltsame Adlige auf dem Schloss war schnell als nachtwandelnde Untote stigmatisiert. Bei seinen Un-

Die St.-Veits-Kirche in Krumau. Hier ist das Grab der Eleonore von Schwarzenberg.

tersuchungen des Falles Eleonore von Schwarzenberg stieß Vampirexperte Rainer Köppl auf ein bemerkenswertes Gemälde der Fürstin, das die Adlige gemeinsam mit ihrem Sohn in einer Jagdszene darstellte. An sich nichts Außergewöhnliches für Eleonore, welche als passionierte Jägerin bekannt war. Eine schon mehrere Jahre zurückliegende Restaurierung des Gemäldes hatte ergeben, dass es bereits im 18. Jahrhundert mehrfach übermalt worden war. Gemeinsam mit seinem Forschungsteam unterzog Köppl das Gemälde noch einmal einer genauen Untersuchung. Zur großen Überraschung der Forscher wurde beim Röntgen des Gemäldes festgestellt, dass zu einem nicht mehr genau zu bestimmenden Zeitpunkt im Bereich des Kopfes der Fürstin ein neues Stück Leinwand eingesetzt worden war. Ganz deutlich waren noch die Nähte erkennbar. Köppl hält das für ein Indiz, dass abergläubische Stadtbewohner den Kopf der Fürstin aus dem Bild schnitten, um sie auch virtuell als Vampir zu bannen. Eine gewagte These, die jedoch einige interessante Ansätze bietet. Waren die Bewohner von Krumau tatsächlich der Ansicht, dass die Fürstin nach ihrem Tod zum Vampir geworden war und wollten sich auf so ungewöhnliche Weise vor ihr schützen?

Diese Frage gilt es zu klären. Zunächst soll jedoch auf das Thema Vampirismus im Allgemeinen eingegangen werden.

Aus ethnologischer Sicht betrachtet, hat der uns in seiner heutigen Form bekannte Vampiraberglauben seinen Ursprung im südosteuropäischen Raum, sprich in den sogenannten Balkanländern wie etwa Rumänien und Bulgarien. Einige Völkerkundler vertreten allerdings die Ansicht, dass der Glaube an die untoten Blutsauger einstmals von jenseits des Bosporus aus der Türkei kam und sich etwa ab dem 13. Jahrhundert im Balkanraum verbreitete. Der Balkan als Schmelztiegel der Kulturen war der ideale Nährboden für das Entstehen des Volksaberglaubens an Vampire. Die Jahrhunderte andauernden kriegerischen Auseinandersetzungen zwischen Habsburgern und Osmanen im Balkanraum waren zweifelsohne ebenfalls förderlich für das Entstehen der unheimlichen Legenden von untoten Wiedergängern. Die endlosen Kriege, der allgegenwärtige Tod, Hungersnöte und Seuchen boten fruchtbaren Nährboden für unheimliche Geschichten. Die geschundenen Menschen der Balkanländer suchten ein Ventil für ihre Nöte und fanden es im Aberglauben an Vampire, welche für alle Unbilden des Lebens verantwortlich gemacht werden konnten. Bei eingehender Beschäftigung mit dem Thema Vampirismus ist zu erkennen, dass gerade in Zeiten der Pest ein verstärkter Glaube an Vampire auftrat. Jene wurden für das Ausbrechen der Seuche verantwortlich gemacht. Die verzweifelten Menschen rissen die Gräber der vermeintlichen Vampire auf, pfählten und verbrannten die Leichname und versuchten so, der Seuche zu entgehen.

Traditionell gilt Rumänien als das Ursprungsland des „klassischen“ Vampirs. Nicht ohne Grund siedelte Bram Stoker seinen Klassiker der Vampirliteratur, „Dracula“, in Transsilvanien an, einem wild-romantischen Landstrich im heutigen Rumänien. Allerdings hatte der aristokratische Vampirgraf aus Stokers Bestseller kaum etwas gemein mit den untoten Wiedergängern aus dem Volksaberglauben. Der ursprüngliche Vampir hatte nichts Majestätisches und Verlockendes an sich. Er war ein abscheuliches, nach Tod und Verwesung stinkendes Wesen, das weder Ehrfurcht, geschweige denn sexuelle Erregung hervorrief. Die unterschwellige sexuelle Anziehung, welche in der literarischen wie filmischen Verarbeitung der Vampirthematik immer wieder anklingt, entstand aus dem mittelalterlichen Glauben, sexuell agierende Dämonen würden sich den schlafenden Menschen nähern und mit ihnen verkehren. Der männliche Incubus und sein weibliches Gegenstück, der Succubus, saugten ihren Opfern durch den vollzogenen Verkehr die Lebenskraft aus. Ursprünglich wurde eine solche Art von Dämonen in den Zeiten der Hexenverfolgung als getreue Helfer des Teufels betrachtet. Wissenschaftlich betrachtet sorgte die Verdammung der Sexualität durch die mittelalterliche Kirche für den alptraumhaften Glauben an den Incubus und Succubus. Die unterdrückte Sexualität manifestierte sich im Traum zu einer Vergewaltigung durch einen Dämon, was gleichzeitig als erniedrigend und lustvoll empfunden wurde. Des Öfteren sollen auch verstorbene Ehemänner ihre Frauen aufgesucht und mit ihnen verkehrt haben. Bei den daraus entstandenen Kindern handelte es sich um abscheuliche Missgeburten, wie etwa aus einem serbischen Dorf bekannt ist. Dort gebar eine

Schloss Krumau: Hier lebte Eleonore von Schwarzenberg.

Frau das Kind ihres untoten Mannes, welches keine Gliedmaßen hatte und kurz nach der Geburt verstarb. Eine schauerliche Geschichte, welche wohl mit dem unvorhergesehenen Tod des Familienvaters und der Geburt eines körperlich behinderten Kindes zu erklären ist.

Den Glauben an nachtfahrende, Blut trinkende Geschöpfe kennen wir schon aus der Antike. So etwa die griechischen Lamien: Jene hatten ihren Ursprung in den Mythen um Lamia, eine arabische Königin, mit der der griechische Göttervater Zeus ein Kind zeugte. Hera, die Frau des Zeus, war darüber derart empört, dass sie jenes Kind tötete. Es hieß, dass Lamia aus Kummer über ihren Verlust den Verstand verlor. Aus Gram nahm sie eine erschreckende Gestalt an. Sie trug ein medusenhaftes Haupt und den Unterleib einer Schlange. Um sich für den Tod ihres geliebten Kindes zu rächen, tötete Lamia des Nachts die Kinder anderer Mütter. Lamia war in der Antike ein beliebtes Schreckgespenst, mit welchem Mütter und Kindermädchen unartigen Kindern Angst machten. Im Mittelalter stellte man sich die Lamien als verführerische Weiber vor, welche als einzigen Makel einen Pferdefuß hatten. Sie waren ständig auf der Suche nach frischem Blut und betörten vor allem junge Männer mit ihrer Schönheit. Lamien konnten zwar nicht sprechen, zogen die Männer jedoch mit sirenenhaften Tönen in ihren Bann. Jene dämonischen Weiber saugten auch gerne kleinen Kindern das Blut aus, welches sie besonders schmackhaft fanden.

Ein ebensolcher Geschmack am Blut unschuldiger Kinder wurde den Strigen der römischen Mythologie nachgesagt. Es handelte sich dabei um unheimliche Vogelwesen, welche des Nachts Kindern ihre mit vergifteter Milch gefüllten Brüste reichten, um diese zu töten. Den toten Kindern saugten die Strigen dann Blut und Eingeweide aus, um sich zu nähren. Doch auch Erwachsene wurden von jenen Nachtwesen heimgesucht. War ein Mann impotent, hieß es sogleich, eine Strige hätte ihm heimlich das Blut ausgesaugt. Auf Grund ihres Blutdurstes wurden die Strigen später auch mit Vampiren in Verbindung gebracht. Für den Glauben an die unheimlichen vogelartigen Wesen gab es verschiedene Erklärungen. Es hieß, dass Strigen zauberkundige Frauen seien, welche sich mit einer speziellen Salbe einrieben, um sich in jene „fliegenden Bestien“ zu verwandeln. Laut einer anderen Definition waren Strigen ganz normale Frauen, welche durch einen Fluch verwandelt worden waren. Die Strigen waren auf Grund ihrer Verwandlung so mit Hass auf die Menschen erfüllt, dass sie deren Kinder töteten.

Aus solchen unheimlichen dämonischen Wesen entstanden im Volksaberglauben andere Schreckensgestalten, aus denen dann später der Typus des heute bekannten Vampirs hervorging. Die Bezeichnung „Vampir“ geht nach Ansicht von Linguisten auf das makedonische Wort „Opyr“ zurück, was „fliegendes Wesen“ bedeutet. Im slawischen Sprachgebrauch auf dem Balkan wurde daraus zunächst Vanpir, worauf sich später in Europa eine latinisierte Form als Vanpiri einbürgerte, aus der sich dann bis zur Vampirpanik im 18. Jahrhundert das heute gebräuchliche Vampir entwickelte.

Sehr frühe Formen des Vampirs waren Rufer, Klopfer und Besucher. Jene mythischen Wesen entstammten dem Glauben an die Geister von Verstorbenen, welche keine Ruhe im Grab fanden. Jene Wesen suchten in erster Linie ihre Angehörigen heim und machten sich mit Rufen oder Klopfen bemerkbar. Man könnte sie nach heutigen Maßstäben als Poltergeister kategorisieren. Für die Lebenden waren sie nicht ungefährlich, da so mancher Heimgesuchte vor Schreck zu Tode kam. Der Besucher war ein Geist, der auch fremde Menschen heimsuchte und sie des Nachts mit seinem Erscheinen ängstigte.

Berüchtigte Schreckgespenster waren auch Aufhocker und Alp, welche ihre Opfer sogar körperlich bedrängten. Der Aufhocker lauerte an unheimlichen Orten wie etwa Friedhöfen, verlassenen Kapellen oder im Moor. Kam ein Mensch des Weges, „hockte“ das unheimliche Wesen bei ihm auf und ließ sich mit nach Hause tragen. Ein vom Aufhocker befallener Mensch befand sich daraufhin in einem Zustand völliger Ermattung, da ihm der Geist die Lebensenergie entzog. Ähnliches tat der Alp, welcher sich allerdings den Menschen nur im Schlaf näherte und sich an deren Lebenskraft nährte. Der Alp war wohl die Personifizierung von schlechten Träumen. Wir sprechen nicht grundlos noch heute von Alpträumen. Die Vorstellung vom Aufhocker dagegen spiegelte die menschliche Angst vor unheimlichen Orten wider.

Weitaus komplexere Vorläufer des Vampirs waren Neuntöter und Nachzehrer, von deren unheimlichem Tun die mittelalterlichen Menschen genaue Vorstellungen hatten. Der Neuntöter war ein untoter Wiedergänger, welcher neun seiner Verwandten den Tod brachte. Man nahm an, dass der Verstorbene Sehnsucht nach seiner Familie hatte und diese im Tod mit sich vereinen wollte. Ursprung des Neuntöters war wohl das Massensterben während den verheerenden Epidemien im Mittelalter. Die beängstigende Gestalt des Nachzehrers entstand aus den vermeintlichen Kau- und Schmatzgeräuschen, die aus den Gräbern der vermeintlichen Untoten zu vernehmen waren. Man vermutete, der Verstorbene, welcher noch keinen Eingang ins Totenreich gefunden hatte, verspüre einen gewaltigen Hunger in seinem Grab. Er verzehrte zunächst sein Leichentuch und begann danach, Teile seines eigenen Körpers zu verschlingen. Konnte ein Nachzehrer in diesem Stadium noch durch eine Exhumierung gestoppt werden, war das ein großer Glücksfall für die Lebenden. Ließ man einen Nachzehrer gewähren, konnte er beträchtlichen Schaden anrichten. So wurde ihm nachgesagt, dass er ähnlich wie Aufhocker und Alp den Menschen die Lebensenergie raubte und sie so zu Tode brachte. Das soll auf geheimnisvolle Weise aus dem Grab heraus geschehen sein.

Auch wenn sich zu Zeiten der Vampirpanik im 18. Jahrhundert ein ziemlich klares Bild vom Vampir herausgebildet hatte, gab es gerade in Osteuropa eine Vielzahl von regionalen Formen des Vampirglaubens. Die bekannteste Form war sicherlich der rumänische Strigoi. Noch heute wird in Rumänien dieser Begriff für vermeintliche Untote verwendet. Vom Strigoi hieß es, er habe von Geburt an zwei Seelen. Die gute Seele verließ zum Zeitpunkt des Todes den Körper und fand in Gottes Reich Frieden. Die böse Seele dagegen sorgte für die Auferstehung des Verstorbenen. Der Strigoi ähnelte seiner menschlichen Hülle, war jedoch größer und hatte spindeldürre Arme und Beine. Große rote Augen, ein blutverschmiertes Maul und ein behaarter Schwanz vervollständigten das furchterregende Aussehen des Strigoi. So ähnlich sahen auch die Vampire der frühen Stummfilme aus. Wir können davon ausgehen, dass die ersten filmischen Darstellungen von Vampiren auf den Typus des rumänischen Strigoi zurückgehen. Laut Volksaberglauben verließ der Strigoi um Mitternacht sein Grab und nahm nicht selten seinen Sarg gleich mit. Er fiel über Menschen her, saugte ihr Blut und fraß ihre Herzen. Vom Strigoi hieß es auch, er brächte Pest und Cholera über die Menschen. Wie der klassische Vampir musste auch der Strigoi im Morgengrauen sein Grab wieder aufsuchen.

Eine weitere interessante Form des Vampirglaubens war der Moroiu. Jener entstand aus einen totgeborenen oder ungetauft gestorbenen Kind. Sieben Jahre nach der Beerdigung soll das Kind im Grabe immer wieder „Taufe, Taufe“ geschrien haben. Wurde dann das Grab mit Weihwasser besprengt und sprach ein Priester die Taufformel, war die Gefahr abgewendet. Blieben die Schreie jedoch ungehört, verwandelte sich das Kind in einen Moroiu. Dieser war dann ein dämonisches Wesen, welchem nur schwer beizukommen war. Christliche Symbolik wie Kreuze oder Beten halfen nichts. Der Untote musste ausgegraben, gepfählt und verbrannt werden.

Nur so konnte man auch dem russischen Vârcolac beikommen. Jener war ein Untoter, der nach sieben Jahren Grabruhe als kleines, schwarzes Kind wiederauferstand. Der Vârcolac saugte seinen Opfern Blut aus, tötete sie jedoch nicht, sondern suchte sie später wieder heim. Der Betroffene siechte zwischenzeitlich dahin und verfiel zusehends, ohne dass ein Grund erkennbar war. Nur ein kleiner, roter, kaum sichtbarer Fleck am linken Arm deutete auf das Tun des Vârcolac hin. Neun Mal konnte dieser sein Opfer aufsuchen, dann starb es unweigerlich. Wir haben hier ein Verhaltensmuster, welches wir auch von den klassischen Vampiren kennen. Der Glaube an den russischen Vârcolac ist also mit Sicherheit in das Gesamtbild des Vampirs eingeflossen.

Im 18. Jahrhundert, erstaunlicherweise im Jahrhundert der Aufklärung, kam es in Europa zu einer regelrechten Vampirpanik. Vom Balkan ausgehend erfasste die Angst vor Vampiren den ganzen europäischen Kontinent. Geschichten von untoten Wiedergängern waren schon aus länger zurückliegenden Zeiten bekannt, aber erst im 18. Jahrhundert fanden wissenschaftlich geprägte Abhandlungen zum Thema Vampirismus größere Verbreitung.
Der erste ernsthaft dokumentierte Fall von angeblichem Vampirismus stammte aus dem Jahre 1725. In der Ortschaft Kisolova im heutigen Serbien gab es Gerüchte über einen Verstorbenen namens Peter Plogojovitz, welcher wiederholt seine Frau besucht haben soll und für den Tod von insgesamt neun Menschen verantwortlich war. Die Zahl neun lässt unweigerlich an den bereits angesprochenen Neuntöter denken. Der zur Exhumierung herbeigerufene kaiserliche Verwalter Frombald bestätigte die bekannten vampir-typischen Merkmale des Toten und ordnete die Pfählung und anschließende Verbrennung der Leiche an. Der von Frombald für seine Vorgesetzten verfasste Bericht der Ereignisse wurde schnell in allen wissenschaftlichen Kreisen Europas bekannt. Er inspirierte viele engagierte Akademiker, sich ernsthaft mit dem Thema Vampirismus zu beschäftigen. So auch den deutschen Forscher Michael Ranft, dessen 1734 erschienenes Werk „Traktat von dem Kauen und Schmatzen der Toten in Gräbern" noch heute als frühes Standardwerk der Vampirforschung gilt. Ranft hat sich auch ausgiebig mit dem Fall des Arnold Paole beschäftigt, dem bekanntesten Untoten der Vampirpanik des 18. Jahrhunderts. Arnold Paole stammte aus dem Dorf Medvedia nicht weit von Kisolova entfernt, welches bereits für Aufmerksamkeit in Sachen Vampirismus gesorgt hatte.

Arnold Paoles Leben hatte ein unnatürliches Ende gefunden. Er war vom Heuwagen gestürzt und hatte sich dabei das Genick gebrochen. Zu Lebzeiten galt Paole als Sonderling im Dorf. Hatte er in der Schänke etwas zu viel getrunken, erzählte er jedes Mal von seinen unheimlichen Erlebnissen mit einem Vampir. Als junger Mann hatte Paole seinen Militärdienst in einer sehr verrufenen Gegend des heutigen Kosovo abgeleistet. Verrufen war der Landstrich wegen der jahrzehntelangen Gerüchte über untote Wiedergänger, welche ungehindert ihr Unwesen trieben.

Auch Arnold Paole soll wiederholt von einem Vampir heimgesucht worden sein. Um dem Wesen Herr zu werden, hatte er den Leichnam ausgegraben und verbrannt. Außerdem aß er von der Erde des Grabes, um den Untoten fernzuhalten. Viel genützt schienen diese Maßnahmen nicht zu haben, denn Paole fühlte sich Zeit seines Lebens von unheimlichen Wesen verfolgt. Zudem sprach er immer wieder von seiner Angst, nach dem Tode selbst zu einem Vampir zu werden. Paoles düstere Vorahnungen schienen sich auf die Dorfbevölkerung übertragen zu haben, denn schon bald nach seinem Tod behaupteten einige Leute, Arnold Paole hätte sie des Nachts heimgesucht. Nachdem es auch noch zu einigen unerklärlichen Todesfällen im Dorf gekommen war, glaubten die Bauern tatsächlich, dass der verstorbene Arnold Paole ein Vampir war. Immer mehr Leute meinten, ihn gesehen zu haben, und es hieß, der Untote hätte wiederholt Vieh angegriffen und dessen Blut getrunken. Nach vierzig Tagen in Angst beschlossen die Dorfbewohner, dem Spuk ein Ende zu machen. Sie gruben Paoles Leichnam wieder aus und mussten feststellen, dass er fast unversehrt war. Wie es bei einem Vampir erwartet wurde, wirkte sein Aussehen frisch und rosig, Fingernägel und Haare schienen länger, Gesicht und Hemd waren blutgetränkt. Es bestand kein Zweifel, Arnold Paole war ein Vampir. Nach alter Tradition pfählten die Bauern den Leichnam, worauf dieser ächzende Laute von sich gegeben haben soll und zu bluten begann. Um ganz sicher zu sein, wurde die Leiche verbrannt und die Asche in den Fluss gestreut. Doch damit war das Unglück vom Dorf nicht abgewendet. Innerhalb von drei Monaten starben weitere fünfzehn Bewohner aus unerklärlichen Gründen. Junge wie alte Leute waren betroffen, auch Säuglinge starben. Alle hatten kurz vor ihrem Tod über Magenprobleme, Brechreiz, Herzschmerzen und fast unstillbaren Durst geklagt. Der Tod war bei den Betroffenen nach zwei bis drei Tagen eingetreten. In Medvedia brach eine regelrechte Vampirhysterie aus. Überall wurden untote Wiedergänger gesehen. Die Menschen verbarrikadierten sich in ihren Häusern, das Dorf wirkte wie ausgestorben. Schnell machte das Gerücht die Runde, die kurz nach Arnold Paoles unheiliger Auferstehung verstorbenen Dorfbewohner hätten vom verdorbenen Fleisch der Tiere gegessen, welche Paole angefallen hatte. Die Leichen wurden ebenfalls exhumiert und sollen Zeichen von Vampirismus aufgewiesen haben. Möglicherweise war hier auch der Wunsch Vater des Gedanken, denn man wollte dem unheimlichen Treiben ein Ende setzen und die vermeintlichen Untoten für das Sterben im Dorf verantwortlich machen. Nachdem die Leichen gepfählt und verbrannt waren, soll sich das Leben in Medvedia wieder beruhigt haben. Eine unterschwellige Angst vor Vampiren blieb jedoch in der Bevölkerung erhalten. In den folgenden Jahren wurde jeder unnatürliche oder frühzeitige Todesfall im Dorf mit Vampirismus in Verbindung gebracht.

Innerhalb von fünf Jahren nach Arnold Paoles Tod waren die unheimlichen Geschichten aus Medvedia bis ins kaiserliche Wien gedrungen. Kaiser Karl VI. ließ höchstpersönlich in Belgrad eine Expertenkommission aus mehreren Militärärzten und einem Priester zusammenstellen, welche die Vorkommnisse in Medvedia untersuchen sollte. Die Kommission fand ein Dorf voller ängstlicher und kranker Menschen vor. Viele Bewohner litten an den Symptomen, welche bereits bei den vor Jahren verstorbenen, angeblichen Vampiropfern beobachtet worden waren. Die Ärzte untersuchten die Kranken ausführlich, konnten jedoch keine ansteckende Krankheit feststellen. Die Kommission stand vor einem Rätsel. Was machte gerade die Bewohner von Medvedia so krank? Aus den Nachbardörfern waren keine auffälligen Krankheiten und kein vermehrtes Sterben zu vermelden. Die Menschen in Medvedia lebten wie alle anderen Bauern auf dem Balkan. Die Kommissare konnten lediglich in Erfahrung bringen, dass die Dorfbewohner ungewöhnlich viel Schaffleisch aßen. Dass hier ein Zusammenhang mit dem vermehrten Sterben zu vermuten ist, wird an späterer Stelle geklärt werden. Um den Gerüchten von angeblichen Vampiren auf den Grund zu gehen, wurden insgesamt zehn Leichen exhumiert, welche in den vergangenen Monaten gestorben waren. Bei einigen wurde ein stark verlangsamter Verwesungsprozess festgestellt. Johannes Fluchinger und Johann Friedrich Baumgarten, die Leiter der Kommission, konnten sich als moderne, aufgeklärte Mediziner nicht dazu durchringen, in ihrem anschließenden Bericht das massenhafte Sterben in Medvedia in direkten Zusammenhang mit Vampirismus zu bringen. Vielmehr wurde der vorsichtige Verdacht geäußert, Arnold Paole hätte sich während seiner Militärzeit mit einer unbekannten Krankheit angesteckt, welche sich über die Jahre hinweg im Dorf ausgebreitet hatte. Nachdem die Kommissare das Dorf verlassen hatten, nahmen sich die Bauern dem Problem auf die übliche Weise an: Die verdächtigen Leichen wurden aus den Gräbern gezerrt, gepfählt und verbrannt. Danach soll es ruhig in Medvedia geworden sein, zumindest wurden keine weiteren Vorkommnisse mehr vermeldet. Der Fall des vermeintlichen Untoten Arnold Paole und der Bericht der Expertenkommission über die Vorfälle in Medvedia sorgten für ein weites Echo in Europa und veranlassten viele Akademiker dazu, sich nun mit dem Phänomen Vampirismus zu beschäftigen.

Akademikern wie Michael Ranft war es auch in den Hochzeiten der Vampirpanik klar, dass untote Wiedergänger und nächtliche Blutsauger dem Volksaberglauben entsprungen und kaum real waren. Wenn in jener Zeit auch eine Vielzahl von Schriften erschien, welche versuchten, den angeblichen Vampirismus rational zu erklären, war es schier unmöglich, dem einfachen Volk die Angst vor Vampiren zu nehmen. Die Akademiker waren der Ansicht, dass der Glaube an Vampire aus der Unwissenheit des Volkes über verschiedene Naturgesetze entstand. Wir wissen heute, dass sie recht hatten. Aus frühen Schriften, die eine wissenschaftliche Annäherung an die Thematik erkennen lassen, ist ersichtlich, dass die Akademiker den Zusammenhang von Seuchen und Kriegen mit dem Glauben an untote Wiedergänger erkannten. Man war der Ansicht, das massenhafte Sterben habe die Überlebenden derart traumatisiert, dass sie sich einbildeten, die Verstorbenen würden zurückkehren, um sie ebenfalls ins Reich der Toten zu holen.

Die Kirche stand dem Thema Vampirismus relativ neutral gegenüber. Aus dem Vatikan gab es nur eine einzige offizielle Äußerung zum Thema. Papst Benedikt XIV. forderte im Jahr 1752 in einer theologischen Abhandlung seine kirchlichen Mitstreiter auf, den Aberglauben an Vampire auf das Schärfste zu bekämpfen. Ansonsten war es gängige Praxis der Kirche, sich die Angst vor Vampiren zu Nutze zu machen. Priester lasen gegen Bezahlung Messen, um Vampire von den Lebenden fernzuhalten, Exorzismen wurden durchgeführt, um Wiedergänger aus den Häusern zu vertreiben. Die griechisch-orthodoxe Kirche drohte ihren Anhängern, dass eine Exkommunizierung unweigerlich zu einem untoten Leben als Vampir führen würde. Überhaupt waren sich die Kleriker ziemlich sicher, wer nach dem Tode zum Vampir wurde: So ziemlich jeder, der nicht in das dogmatische Schema der Kirche passte, lief Gefahr, ein untoter Wiedergänger zu werden. Neben den bereits erwähnten Exkommunizierten waren es Selbstmörder, Verbrecher und Sünder jeder Art, Verstorbene ohne Sterbesakramente, der Hexerei oder Zauberei verdächtigte Personen, unehelich geborene Kinder oder auch Christen, die näheren Kontakt zu Andersgläubigen unterhielten. Der Glaube an Vampire barg gleichzeitig auch den Glauben an das Urböse überhaupt. Vampire waren Werkzeuge einer uralten Macht, welche sich die Menschheit untertan machen wollte. In den Zeiten der Vampirpanik im 18. Jahrhundert wurde von Seiten der Kirche mitunter der Teufel als Urheber der Vampire betrachtet. Das deckt sich mit der Tatsache, dass sich die Angst vor Vampiren fast nahtlos an die Zeit der Hexenhysterie anschloss.

Die einfache Bevölkerung der Balkanländer hatte ihre ganz eigenen Vorstellungen, warum ein Verstorbener zum untoten Wiedergänger wurde. Speziell die sensible Zeit während der Geburt und des Todes eines Menschen war entscheidend, um aus einem Menschen einen Vampir werden zu lassen. Kleinste Unregelmäßigkeiten während dieser zwei Stationen des menschlichen Lebens wurden als Ursache für möglichen Vampirismus gedeutet. Wurde ein Kind mit einer Art Häubchen, bestehend aus der Plazenta, geboren, stand es im Verdacht, bald zu sterben und ein Vampir zu werden. Zur Vorbeugung musste die Mutter das Häubchen vorsichtig ablösen, trocknen und aufbewahren. Zu gegebener Zeit war es dann am örtlichen Geistlichen, das Gebilde zu segnen, worauf es verbrannt und die Asche mit Wasser vermischt dem Kind zu trinken gegeben wurde. Nur so könnte verhindert werden, dass ein neuer Vampir entstand. Auch andauernde Knabengeburten waren ein mögliches Zeichen für Vampirismus. So hieß es, dass der siebte Sohn eines siebten Sohnes ein Wiedergänger wurde. Auch spezielle Geburtsdaten waren verdächtig. In erster Linie handelte es sich um die angestammten Tage des Hexensabbats, an welchen der Teufel mit seinen Buhlen feierte. Neugeborene mit körperlichen Missbildungen galten ebenfalls als böses Zeichen. Man vermutete untote Wiedergänger oder gar einen dämonischen Incubus als Vater dieser Kreaturen. Um die Gemeinschaft vor der Gefahr zu schützen, wurden missgestaltete Säuglinge oft gleich nach der Geburt getötet und der ahnungslosen Mutter als

Totgeburt präsentiert. Kinder, die bereits mit Zähnen auf die Welt kamen, galten ebenso als künftige Vampire wie solche, welche, bereits von der Mutterbrust entwöhnt, wieder angelegt wurden.
Mehr noch als die Geburt waren die Umstände des Todes für die mögliche Wiederkehr aus dem Grab entscheidend. War ein Mensch verstorben, gab es feste Rituale, welche zwingend eingehalten werden mussten, um einen sicheren Übergang ins Reich der Toten zu gewährleisten. Totenwache, der Weg zum Friedhof und das anschließende Totenmahl mussten ohne Zwischenfälle ablaufen, ansonsten bestand die Gefahr, dass der Verstorbene ein Vampir wurde. Sprang eine Katze unvermutet auf einen aufgebahrten Leichnam, drehte sich ein Leichenträger auf dem Weg zum Friedhof noch einmal um oder kam es beim Leichenschmaus zu Zwischenfällen, galt es als sicher, dass der Verstorbene aus dem Grab zurückkehren würde. Die Angehörigen achteten auch peinlich genau darauf, dass der Verstorbene mit den Füßen voran aus seinem Haus getragen wurde, sodass sich ihm nicht der Anblick seines Zuhauses einprägte und in ihm der Wunsch entstand, dahin zurückzukehren. Auch die Umstände des Todes waren entscheidend. Ein frühzeitiger Tod, Selbstmord, unnatürliche Tode durch Unfälle oder Ertrinken und durch Naturkatastrophen waren Indiz für möglichen Vampirismus. Auch körperliche Makel und sogar bestimmte Berufszweige standen unter Generalverdacht.

Wurde von einem Toten erwartet, dass er als Vampir zurückkehren würde, konnten auch spezielle Vorkehrungen getroffen werden. Dem Verstorbenen wurden die Achillessehnen durchgeschnitten und die Beine mit Kniebändern gefesselt. Nicht selten wurde dem Leichnam vorsorglich schon ein Pfahl ins Herz geschlagen oder auch der Kopf abgetrennt. Außerdem legte man Steine auf den Sarg, um die unheilige Auferstehung zu verhindern.
In Büchern und Filmen wird es immer als relativ leicht dargestellt, einen Vampir unschädlich zu machen. Die Vampirjäger spüren das Versteck auf, in welchem der Vampir am Tage schläft. Der schlafende Untote wird ans Tageslicht gezerrt, man schlägt ihm einen Pfahl durchs Herz, worauf er zu Staub zerfällt oder vom Sonnenlicht zu Asche verbrannt wird. Ganz so einfach war es nicht, einem vermeintlichen Vampir beizukommen. Seit Menschen in Gemeinschaften zusammenlebten, war die Totenruhe eine streng geregelte Angelegenheit. Störungen der Totenruhe wurden schon immer streng bestraft. Exhumierungen durften nur in berechtigten Ausnahmefällen erfolgen. Auch während der in Europa grassierenden Vampirpanik mussten Graböffnungen von behördlicher Seite genehmigt werden. Bei der Exhumierung war stets ein staatlicher Beamter zugegen, welcher Protokoll führte. Zudem wurde für den geistlichen Beistand ein Priester hinzugezogen sowie der örtliche Henker, der bei Verdacht auf Vampirismus den Leichnam pfählen musste. Aus Rumänien sind Fälle bekannt, in welchen es vor den Exhumierungen vermeintlicher Vampire zu regelrechten Gerichtsverhandlungen kam. Der Verstorbene wurde formell angeklagt, Zeugen wurden angehört, Angehörige des Toten

konnten Widerspruch gegen dessen Exhumierung einlegen. Sprach der Richter den Verstorbenen des Vampirismus für schuldig, schritt man zur Graböffnung.

Der exhumierte Leichnam wurde auf Indizien für möglichen Vampirismus untersucht. Es gab verschiedene Anzeichen, nach welchen ein Verstorbener als Vampir identifiziert werden konnte. Laut verschiedenen schriftlichen Überlieferungen wurden immer wieder Leichen exhumiert, welche mehrere Wochen oder gar Monate nach ihrer Beisetzung keinerlei Anzeichen von Verwesung aufwiesen. Die Körper wirkten zum Teil fülliger als zu Lebzeiten, die Haut war rosig, Haare und Fingernägel schienen nach dem Tode weiter gewachsen zu sein. Nicht selten wurde frisches Blut im und um den Mund des Toten vorgefunden.
Man kannte schon im frühen Mittelalter die wundersame Tatsache, dass die Körper mancher Verstorbener nicht verwesten. Von kirchlicher Seite wurde dieses „Wunder“ der vermeintlichen Tatsache zugeschrieben, dass der Verstorbene ein besonders gottgefälliges Leben geführt hatte oder ein bedeutender Mensch war. Beim einfachen Volk entstand dagegen der Aberglauben an Untote, welche des Nachts aus ihren Gräbern stiegen. Wir wissen heute, dass es allein äußere Umstände sind, die das Verwesen von Leichen beeinflussen. Im 18. Jahrhundert, der Hochzeit des Vampirmythos, waren Ärzte dagegen der Ansicht, dass verabreichte Gifte oder eingenommene Opiate für die Unverwesbarkeit von Körpern sorgten. Das augenscheinliche Weiterwachsen von Nägeln und Haaren wurde von wissenschaftlicher Seite mit dem Argument erklärt, dass Haare und Nägel aus dem noch vorhandenen Körper Nährstoffe zogen. Wir wissen heute, dass länger erscheinendes Haar und gewachsene Nägel ebenso wie die besonders groß erscheinenden Zähne eines schon länger beerdigten Leichnams lediglich eine optische Täuschung sind. Haare, Zähne und Nägel sind so beschaffen, dass sie sich nur schwer zersetzen. Weil der Körper sich durch die bakterielle Zersetzung durch entstandene Gase zunächst aufbläht und dann durch Austrocknung schrumpft, wirken Haare, Zähne und Nägel optisch länger. Skelettfunde mit Haaren und Zähnen befeuerten zusätzlich den Aberglauben an Untote. Das rosige und fülligere Aussehen der Toten hatte ebenfalls mit den entstehenden Gasen während der Zersetzung zu tun. Das im und um den Mund auftretende vermeintliche „Blut“ war nichts anderes als austretende Fäulnisflüssigkeit.
Warum manche Leichname anscheinend nicht oder nur langsam verwesten, ist leicht mit naturwissenschaftlichen Gründen zu erklären. Die Verwesung eines organischen Körpers wird durch Bakterien vollzogen, welche Sauerstoff benötigen. Wurde ein Verstorbener in sauerstoffarmem Boden begraben, wie etwa in stark lehmhaltiger Erde, verlangsamte sich der Verwesungsprozess stark. Auch die Jahreszeit der Bestattung spielte eine entscheidende Rolle. Ein zum Winteranfang beerdigter Leichnam hielt sich länger frisch, da die Erde im Winter natürlich kälter war.
Auch das in alten Schriften immer wieder erwähnte Schmatzen der Toten hatte ganz natürliche Ursachen. War der Tote nicht tief genug beerdigt, waren es die Ge-

räusche der Verwesung, welche durch den Boden drangen. Es konnten aber auch Geräusche des zerfallenden Sarges in der Erde sein, die die Friedhofsbesucher erschreckten. Wenn ein exhumierter Leichnam schmatzende Geräusche von sich gab, lag das an den Gasen im Körper, welche während der Verwesung entstanden. Im Volksaberglauben des Balkan wurde auch immer wieder von Verstorbenen berichtet, die im Grab ihre eigenen Körper verschlangen. Jene waren die bereits besprochenen Nachzehrer. Michael Ranft, der „Urvater" der Vampirforschung, bemerkte dazu richtigerweise, dass es Tiere wie Mäuse, Ratten oder auch Schlangen waren, welche die Leichen anfraßen. Das war ein völlig normaler Vorgang bei Erdbestattungen, wurde aber bei der Exhumierung vermeintlicher Vampire falsch gedeutet.

Eine Vampirjagd lief fast immer nach einem ähnlichen Schema ab. Am Anfang stand immer eine Plage, die die menschliche Gemeinschaft heimsuchte. Das konnten Seuchen, Hungersnöte oder auch Naturkatastrophen sein. Um den Unbilden ein Ende zu setzen, machte sich die Gemeinschaft auf die Suche nach einem Schuldigen. Man erinnerte sich an scheinbar unbedeutende Begebenheiten, die in ihrer Summe auf einen bereits Verstorbenen projiziert wurden, der sich gegen die Vorwürfe nicht wehren konnte. Nun wurden alle möglichen Begebenheiten aus dem Leben des „Übeltäters" hergenommen, um ihn als Außenseiter der Gesellschaft zu brandmarken und ihm das Stigma des Vampirs aufdrücken zu können. War die Gemeinschaft dann genügend „aufgeheizt", wurde eine Exhumierung von behördlicher Seite angestrebt oder auf eigene Faust vorgenommen. Zeigte der Leichnam dann die angestammten Vampirmerkmale, wurde der Verstorbene gepfählt und geköpft, mitunter auch verbrannt.
Die in den modernen Romanen und Filmen dargestellte Erschaffung eines Vampirs durch Biss und gegenseitigen Blutaustausch mit dem Opfer spielte in den Hochzeiten der Vampirhysterie nur eine nebensächliche Rolle. In der Mehrzahl der überlieferten Fälle suchten die Untoten ihre Opfer zwar heim, körperliche Attacken waren aber nicht die Regel. Stattdessen war es gefährlich, das Fleisch von Tieren zu essen, die ein Vampir gebissen hatte. So geschah es im bereits geschilderten Falle des Arnold Paole.

Eine wenig beachtete Komponente des Vampiraberglaubens ist die Tatsache, dass sich, wie bereits erwähnt, die sogenannte Vampirpanik des 18. Jahrhunderts fast nahtlos an die Zeiten der Hexenhysterie anschloss. Kaum hatte es die Aufklärung geschafft, der Hexenverfolgung Einhalt zu gebieten, rollte eine neue Welle abergläubischen Wahns in Form des Vampirglaubens durch Europa. Es scheint fast so, als bräuchten die Menschen etwas in ihrem Leben, das als das personifizierte Böse betrachtet werden konnte, was für alle Misslichkeiten des Lebens verantwortlich war. Im Frühmittelalter waren es Juden und Moslems, später vermeintliche Hexen, anschließend nachtfahrende Wiedergänger.

Die Wiederkehr der Toten war seit jeher ein zentrales Schreckensszenario der Menschheit. Der Brauch, einem Verstorbenen Gaben ins Grab zu legen, sollte jenem den Weg ins Totenreich erleichtern und so sicherstellen, dass er sich nicht wieder aus seinem Grab erhob. Im antiken Griechenland wurde dem Verstorbenen eine Geldmünze für den Fährmann Charon mitgegeben, damit jener ihn über den Fluss Styx ins Totenreich brachte. Wohlgemerkt nur eine Münze für die Hinfahrt. Obwohl ein Vampir in heutiger Zeit als unsterblich gilt: Wurde er nicht von beherzten Menschen vernichtet, war das untote Leben des Wiedergängers in seinem Ursprungsmythos zeitlich begrenzt. So vertrat man in Teilen Serbiens die Ansicht, der Vampir triebe nur drei Monate nach seiner unheiligen Auferstehung sein Unwesen, dann lege er sich zur ewigen Ruhe. In anderen Regionen des Balkan war gar von nur vierzig Tagen die Rede.

In Rumänien, dem Kernland des Vampiraberglaubens, sind sich die Bewohner der ländlichen Gegenden bis heute sicher, dass die Strigoi noch immer ihr Unwesen treiben. Der führende deutsche Vampirexperte Peter Kreuter bereist seit vielen Jahren das Karpatenland und sammelt Geschichten über untote Wiedergänger. Obwohl Kreuter nach eigenen Aussagen nicht an Vampire glaubt, hört er doch immer wieder verblüffende Berichte von den rumänischen Strigoi. So die Geschichte der Bauersfrau Anna Babeu aus dem Dorf Slatina Timis. Jene wurde immer wieder von ihrem verstorbenen Mann heimgesucht. Er erschreckte seine Frau unvermutet bei der Feldarbeit, stand des Nachts urplötzlich vor ihrem Bett und soll sie sogar gewürgt haben. Gebete und extra abgehaltene Messen für das Seelenheil des Verstorbenen konnten dem unheimlichen Tun kein Ende bereiten. Anna Babeu besann sich der traditionellen Methoden und begab sich mit einer eineinhalb Meter langen Eisenstange sowie einem großen Hammer auf den örtlichen Friedhof. Dabei wurde sie von ihrer Cousine begleitet, welcher bei dem Vorhaben mehr als unwohl war. Nachdem Anna Babeu am Grab ihres Mannes ungefähr ausgemessen hatte, wo sich dessen Herz befinden musste, ging die beherzte Frau zu Werke. Sie brachte die Eisenstange in Position und schlug sie mit kräftigen Hammerschlägen in die Erde. Immer tiefer drang die Stange in die Tiefe, durchbohrte den Sarg und die darin liegende Leiche. Erst als die Eisenstange vollständig in der Erde verschwunden war, ließ Anna Babeu den Hammer fallen. Nun blieb nur noch zu hoffen, dass mit dem Pfählen des Leichnams das Problem erledigt war. Anscheinend hatte Anna Babeu alles richtig gemacht, denn sie versicherte Peter Kreuter, ihren untoten Ehemann nie wieder gesehen zu haben. Im Dorf Lipov hörte Kreuter von einem im Juni 2002 verstorbenen vierzehnjährigen Jungen, welcher nach sechs Monaten wieder im Dorf gesehen wurde. Im Zusammenhang mit dem Wiedergänger wurde von einem Poltergeist und einer verdorbenen Ernte gesprochen. Die Dorfbewohner waren sich sicher, der Junge sei zu einem Strigoi geworden. Selbst der Bürgermeister ließ sich von der Vampirhysterie anstecken und beantragte bei den zuständigen Behörden eine Exhumierung, die jedoch verweigert wurde. Im Dorf war es ein offenes Geheimnis, dass die Eltern des Jungen daraufhin die

Angelegenheit selbst in die Hand genommen hatten, worauf der Spuk aufhörte. Ein vorzeitig beendetes Leben, eine verdorbene Ernte, ein wiederkehrender Ehemann, alles klassische Beispiele, wie wir sie aus den Hochzeiten der Vampirpanik kennen. Während im westlichen Europa der untote Wiedergänger nur noch in Romanen und Hollywoodfilmen auftaucht, ist er in Osteuropa erstaunlicherweise noch immer Bestandteil der ländlichen Kultur. Gräberfunde mit Skeletten, die eindeutige Zeichen von Vampirexorzismen aufweisen, befeuern den Vampiraberglauben immer wieder aufs Neue. So etwa im Juni 2012 im bulgarischen Sosopol, wo bei Erdarbeiten auf einem Kirchenfriedhof zwei männliche Skelette entdeckt wurden, welchen Metallpfähle in den Hals geschlagen worden waren. Eines der Skelette wies zudem Anzeichen einer Pfählung durchs Herz auf. Datiert wurden die Funde auf das 14. Jahrhundert. Der Historiker Boschidar Dimitrow äußerte auf Grund von Deformationen an einem der Skelette die Vermutung, dass es sich dabei um den berüchtigten Piraten Kriwitsch handelte, der mit seinen Männern in der Gegend von Sosopol sein Unwesen getrieben hatte. Ein jenseits der gesellschaftlichen Schranken agierender Pirat, welcher zudem noch körperliche Makel aufwies, war natürlich prädestiniert, als Vampir verdächtigt zu werden.

Ein bemerkenswertes Phänomen ist die Tatsache, dass die Vampirhysterie immer dann besonders stark aufflammte, wenn Seuchen wie die Pest oder Milzbrand ausbrachen. Beginnende Epidemien galten oft als von Vampiren ausgelöst. Der Verursacher, wie etwa ein Selbstmörder, Hingerichteter oder Exkommunizierter, welcher zum Vampir geworden war, ließ sich leicht finden. Der österreichische Forensiker und Pathologe Christian Reiter vertritt die Ansicht, dass eine Milzbrandepidemie auf dem Balkan das Massensterben verursachte, das zum Ausbruch der Vampirpanik im 18. Jahrhundert führte. Entstanden war die Epidemie höchstwahrscheinlich durch Übertragung von Milzbranderregern von erkrankten Schafen auf Menschen. Die in den langen Wintermonaten auftretende Nahrungsknappheit ließ die hungernden Menschen auch verendete Schafe essen und so unheilbar erkranken. Beschwerden wie Atemnot, Beklemmungsgefühle und schneller körperlicher Verfall erinnern an die Beschwerden vermeintlicher Vampiropfer. Durch den Milzbrand ausgelöste Wahnvorstellungen lassen sich ebenfalls mit der Furcht vor vermeintlichen Vampiren erklären. Das massenhafte Sterben im serbischen Dorf Medvedia ist also wohl eher auf verdorbenes Schaffleisch zurückzuführen und nicht auf den unglücklichen Arnold Paole. Auch die Tollwut kann durchaus als Auslöser für den Vampiraberglauben betrachtet werden. Tollwut war bis in das 19. Jahrhundert in Europa eine weitverbreitete Krankheit. Gerade im 17. und 18. Jahrhundert gab es in Transsilvanien regelrechte Epidemien mit zehntausenden Toten. Die an Tollwut Erkrankten zeigten ähnliche Symptome, wie wir sie von vermeintlichen Vampiren kennen. Sie waren extrem lichtempfindlich und versteckten sich daher an dunklen Orten. Dazu kam die Scheu vor Wasser und Empfindlichkeit vor starken Gerüchen, wie etwa von Knoblauch. Im späteren Verlauf der Krankheit geriet der Betroffene in das sogenannte Wutstadium, in dem er wie von Sinnen andere Menschen angriff. Ein Wesen, welches sich mit wutverzerrtem Gesicht, blutigem Schaum vor dem Mund und fahrigen Bewegungen auf seine Mitmenschen stürzte, konnte wohl an einen untoten Wiedergänger erinnern, war letztendlich jedoch nur ein unheilbar kranker Mensch.

Die Menschen in den Hochburgen der Vampirhysterie hielten die vermeintlichen Wiedergänger mit Knoblauch, Fenchel und Weihrauch fern. Auch vorchristliche Symbole wie der Drudenfuß vertrieben die unliebsamen Besucher. Die Gräber von Vampiren versuchte man mit Hengsten, Stieren und Gänserichen zu lokalisieren. Weigerten sich die Tiere, über ein Grab zu steigen, lag möglicherweise ein Vampir darin.

Auch das Thema Scheintod darf nicht vergessen werden, wenn man sich mit der Entstehung des Vampiraberglaubens beschäftigt. Vom medizinischen Standpunkt aus betrachtet, ist der Scheintod ein Zustand, in welchem das Leben erloschen scheint. Bei Vergiftungen und körperlichen Erschöpfungszuständen wie etwa durch langen Nahrungsentzug, Herzstörungen und Hirnschädigungen sinken Atmung und Herztätigung auf ein solches Minimum, dass die betroffene Person tot erscheint. In den Zeiten der noch wenig fortgeschrittenen Medizin standen den Ärzten nur Puls- und Atmungskontrolle zur Verfügung, um den Tod eines Menschen festzustellen. Nicht selten wurden Scheintote beerdigt, da sich dieser Zustand über mehrere Tage hinziehen konnte. Kratzspuren an Sargdeckeln und seltsam verkrümmte Leichname erzählen grausame Geschichten von solchen unglücklichen Menschen. In einigen Teilen Europas wurde es zur Gewohnheit, Klingelvorrichtungen an den Gräbern anzubringen, mit welchen sich lebendig Begrabene bemerkbar machen konnten. Wie werden sich wohl Friedhofsbesucher erschreckt haben, wenn plötzlich solch eine Klingel zu läuten begann.

Erstaunlicherweise fallen die Zeugenaussagen zu vermeintlichen Vampiren immer sehr vage aus. Die Betroffenen sprachen meist davon, dass sie im Schlaf von einem Vampir heimgesucht worden seien. In erster Linie waren es nur Gerüchte, die verbreitet wurden. Untersuchungen von amtlicher Seite erbrachten nie wirkliche Beweise für angeblichen Vampirismus. Wenn Priester und Amtspersonen bei Exhumierungen das Pfählen und Verbrennen einer Leiche anordneten, geschah das zur Beruhigung der aufgebrachten Bevölkerung. Obwohl immer wieder behauptet wurde, Tote würden aus ihren Gräbern auferstehen, ist kein Fall belegt, in welchem die Auferstehung tatsächlich beobachtet wurde. In diesem Zusammenhang ist auch die Frage interessant, wie der Wiedergänger sein Grab verlassen haben soll. Rein praktisch gesehen, hätte man auf dem Friedhof offene Gräber und aufgebrochene Särge finden müssen. Davon gibt es jedoch keinerlei schriftliche Überlieferungen. Es wurde nur von kleinen Löchern in den Särgen berichtet, durch welche die vermeintlichen Vampire geschlüpft seien. Daher können Vampire nur als geisterhafte, nicht als physische Wesen betrachtet werden.

Nach der umfassenden Betrachtung des Themenkomplexes Vampire stellt sich nun die Frage, ob Eleonore von Schwarzenberg von ihren Mitmenschen tatsächlich als Vampir verdächtigt wurde und die in Český Krumlov entdeckten Skelette mit der Fürstin in Zusammenhang gebracht werden können.

Aus den von Rainer Köppl in Wien und Český Krumlov entdeckten Dokumenten über Eleonore von Schwarzenberg geht hervor, dass die Fürstin schwer krank war. Schon wenige Stunden nach ihrem Tod wurde Eleonores Leichnam auf Anweisung des Kaisers von mehreren Hofärzten obduziert. Die Ärzte entdeckten einen kinderkopfgroßen Tumor in ihrem Unterleib, der Metastasen in Lunge und Brustfell gestreut hatte. Ein Jahr vor ihrem Tod muss Eleonore nur noch ein Schatten ihrer selbst gewesen sein. Ständige Schmerzen und Magenkrämpfe ließen keine geregelte Nahrungsaufnahme mehr zu. Die Fürstin magerte immer mehr ab, ihr Gesicht wirkte wie ein Totenkopf, Arme und Beine waren spindeldürr. Die Heimlichkeit in der Öffentlichkeit war auf das verhärmte Aussehen der Fürstin zurückzuführen. Sie verbarg ihre geschundene Gestalt aus Eitelkeit, mit Vampirismus hatte das wahrlich nichts zu tun. Das einfache Volk wertete die sich abzeichnende Veränderung der Fürstin jedoch als Indiz für ihr unheimliches Tun. Eleonore erschien von Tag zu Tag ausgezehrter, sie wirkte auf andere Menschen wie blutleer, man munkelte, Eleonore befände sich in den Fängen eines Vampirs, der ihr Blut und Lebensenergie aussaugte. Durch die ständigen Schmerzen litt Eleonore auch an Schlaflosigkeit. Die Bewohner sahen die Lichter des Schlosses, welche die ganze Nacht nicht gelöscht wurden. So hieß es, auf dem Schloss gingen Untote um, welche in der Nacht lebten und am Tage ruhten. In den letzten Lebensjahren der Fürstin hatte die Vampirhysterie auch in Böhmen ihren Höhepunkt erreicht. Der absonderliche Zustand von Eleonore wirkte bedrohlich auf das Volk. Lauerte das Grauen hoch oben im Schloss, war die Landesherrin schuld an den vermehrten Todesfällen in Krumau? Die todkranke Fürstin wird von solch absurden Anschuldigungen wohl kaum etwas mitbekommen haben, ihr Gesundheitszustand ließ dafür keinen Raum. Auch die Beerdigung der Fürstin bot Anlass für unheimliche Gerüchte. Noch in der Nacht ihres Todestages wurden die sterblichen Überreste der Eleonore von Schwarzenberg nach Krumau überführt. War sie tatsächlich eine Vampirin, welche des Nachts zurück in die Heimat reiste? Mit Sicherheit nicht! Eleonore hatte testamentarisch verfügt, dass sie in Krumau beerdigt werden wollte. Die Überstellung des Leichnams geschah in aller Eile, da ihr Leib bereits vom Krebs zerfressen war und die Ärzte eine schnelle Verwesung fürchteten. Auch dafür, dass die Beisetzung alles andere als in Adelskreisen üblich verlief und ausschließlich Bewohner von Krumau anwesend waren, gibt es eine Erklärung: Auch das war im Testament festgelegt. Dort hieß es, dass nur arme Leute die Herrin zu Grabe tragen sollten. Ein pompöses Begräbnis war von Eleonore kategorisch ausgeschlossen worden. An der Beisetzung von Eleonore von Schwarzenberg war also nichts Unheimliches, die Nachlassverwalter hielten sich nur peinlich genau an die Vorgaben des Testamentes. Doch das wusste niemand in Krumau. Die angeblich mysteriösen Todesumstände der Fürstin ließen die angestaute Vampirhysterie im Ort endgültig ausbrechen. In diesem Zusammenhang wird es wohl auch zu Vampirexorzismen gekommen sein. Aus den Chroniken von Krumau sind aus jener Zeit drei Selbstmörder bekannt. Jene unglücklichen Männer wurden ebenfalls als Vampire abgestempelt. Vampirexperte Rainer Köppl geht davon aus, dass es sich um die Skelette der drei Selbstmörder handelte, die 2007 in Český Krumlov entdeckt wurden.

Die Frage, ob Eleonore tatsächlich mit finsteren Mächten im Bunde stand oder sogar eine leibhaftige Vampirin war, können wir also mit einem klaren „Nein“ beantworten. Die Fürstin glaubte zwar an magische Tränke und spirituelle Rituale, versuchte damit aber keineswegs ihren Mitmenschen zu schaden. Wolfsmilch sollte ihr zu einem männlichen Nachkommen verhelfen, mit den Unmengen von Arzneimitteln wollte sie ihre Krankheit behandeln. Mit Schleiern und weiten Umhängen versuchte sie, ihren von Krankheit ausgezehrten Körper zu verbergen. Eleonore starb unter fürchterlichen Schmerzen an Unterleibskrebs, eine blutsaugende Untote war sie mit Sicherheit nicht.

So stellte sich Philip Burne-Jones im 19. Jahrhundert eine blutsaugende Vampirin vor.

Ludwig II. – Genie oder Wahnsinn?

Der Bayernkönig Ludwig II., auch als der „Märchenkönig" bekannt, ist mit Sicherheit eine der tragischsten Herrscherfiguren der europäischen Geschichte. Jung auf den Thron des Königreichs Bayern gelangt, wurde er seiner Rolle als Landesvater nie wirklich gerecht. Anstatt sich um die Belange seiner Untertanen zu kümmern, schwelgte Ludwig in seiner eigenen Welt aus Opernromantik und Märchenschlössern. Um die Person Ludwigs II. ranken sich eine Vielzahl von Gerüchten und Legenden. War er tatsächlich geisteskrank, liebte er Männer, setzte Ludwig seinem Leben selbst ein Ende oder wurde er gar ermordet? Diese und andere Fragen gilt es zu klären!

Kurz nach Mitternacht zerriss am 25. August 1845 Kanonendonner die nächtliche Stille über Schloss Nymphenburg. Die königlichen Kanonen verkündeten die Geburt des bayerischen Thronfolgers. Der Erbprinz erblickte im Grünen Salon der herrschaftlichen Sommerresidenz das Licht der Welt. Kronprinz Maximilian stand überglücklich am Bett seiner erschöpften Gattin Marie, die in einer mehr als zwölfstündigen Geburt den erhofften Thronfolger zur Welt gebracht hatte. Ebenso glücklich war der frischgebackene Großvater König Ludwig I., denn der

Enkel wurde just an seinem 59. Geburtstag geboren. Bereits einen Tag nach seiner Geburt wurde der Säugling im Steinernen Saal von Schloss Nymphenburg vom Erzbischof Lothar Freiherr von Gebsattel getauft. Der Taufname Otto wurde wenige Tage später auf Wunsch des Großvaters in Ludwig geändert. Taufpaten waren niemand Geringeres als Friedrich Wilhelm IV., König von Preußen, sowie König Otto von Griechenland.
Zur Amme des Neugeborenen wurde zunächst eine robuste Bauersfrau bestimmt, die schon mehrere eigene Kinder großgezogen hatte. Unglücklicherweise verstarb die Amme jedoch bereits nach acht Monaten an Meningitis. Als neues Kindermädchen wurde eine gewisse Sybille Meilhaus ausgewählt, unter deren Obhut der Knabe prächtig gedieh. Der in den ersten Lebensmonaten oft kränkelnde Ludwig entwickelte sich durch die Fürsorge von Sybille Meilhaus zu einem prächtigen Kind. Der künftige König genoss die liebevolle Zuneigung des Kindermädchens und war ihr auch als Erwachsener in Freundschaft verbunden.
Obwohl es in den Herrscherhäusern Europas durchaus üblich war, die Erziehung des adligen Nachwuchses dem Hofpersonal zu überlassen, kümmerte sich Kronprinzessin Marie so oft es ging selbst um ihre Söhne Ludwig und den 1848 geborenen Otto. Wenn das Kronprinzenpaar auf Grund von Repräsentationspflichten außerhalb von München weilte, schrieb sie ihren Söhnen regelmäßig Briefe und schickte Spielsachen. Ludwigs Zuneigung zu seiner Mutter zeigte sich, als er von seinem ersten Taschengeld, welches er vom Vater erhielt, ein Medaillon für sie kaufte.
Am 20. März 1848 dankte König Ludwig I. ab und übertrug die königliche Würde auf seinen Sohn Maximilian. Grund für die Abdankung war unter anderem die Liaison mit einer gesellschaftlich fragwürdigen Tänzerin, die im streng katholischen Bayern zu Protesten geführt hatte. Zudem hatte Ludwig I. an politischem Einfluss verloren, da er den demokratischen Bestrebungen ablehnend gegenüberstand, welche sich über ganz Deutschland ausbreiteten. Ludwig I. war Herrscher von „Gottes Gnaden“ und lehnte jegliche Einmischung des Volkes in seine Politik kategorisch ab. Diese starre politische Haltung hatte in revolutionären Kreisen Bayerns zu Plänen geführt, die Monarchie im Lande ein für alle Mal abzuschaffen. König Maximilian übernahm ein schweres Erbe, welches er jedoch mit Bravour meisterte und die königliche Macht in Bayern wieder festigen konnte. Schon kurz nach Regierungsantritt setzte der neue König eine Verfassungsreform in Kraft, durch welche die Bayerische Ständeversammlung mehr Verfügungsmacht erhielt und dem Ministerkabinett größeres Mitspracherecht an politischen Entscheidungen eingeräumt wurde.
Ludwig lernte schon früh die Schattenseiten der Macht kennen. Durch die herrschaftlichen Pflichten hatte der Vater kaum Zeit für seine Söhne. König Maximilian gelang es nur schwer, nach getaner Arbeit seine königliche Distanz abzulegen, mit der er das Land regierte. Ludwig und Otto fühlten sich von ihrem Vater von oben herab behandelt. Liebevolle Worte oder gar Zärtlichkeiten gab es so gut wie

nie vom Vater. Die Jungen sahen ihn fast ausschließlich zu den Mahlzeiten, bei denen der König auch nur selten das Wort an seine Kinder richtete. Ungehorsam und Pflichtversäumnis ahndete König Maximilian jedoch unverhältnismäßig streng bei seinen Söhnen. Körperliche Züchtigung sah der Vater als wirksames Erziehungsmittel an. Später soll Ludwig einmal gesagt haben: „Wir haben vor unserem Vater gezittert.“[24]
Nach mehr oder weniger unbeschwerten Kinderjahren begann 1854 für Ludwig der sprichwörtliche Ernst des Lebens. Seine Erziehung übernahm von nun an Generalmajor Graf Theodor Basselet de La Rosée, welcher zudem von Baron Emil von Wulffen und Major Carl von Orff Unterstützung bekam. Religionsunterricht erhielt Ludwig vom Domdechant Georg Carl von Reindl sowie dem Abt Daniel Haneberg von der Abtei Sankt Bonifaz. Statt unbeschwerter Spiele und Herumtollen mit Bruder Otto und den Kindern des Hofpersonals standen nun endlose Lehrstunden und militärische Übungen auf der Tagesordnung. Besonders die Religionsunterweisungen wurden Ludwig schnell zuwider. Statt den Geschichten seines liebevollen Kindermädchens zu lauschen, musste er nun Heiligengeschichten über sich ergehen lassen, vorgetragen von zwei griesgrämigen Dienern Gottes. Ab 1856 kam noch der weiterführende Gymnasialunterricht dazu. Professor Franz Steininger unterrichtete Ludwig in Latein, Griechisch, Deutsch und Geschichte. Bestens vorbereitet schrieb sich Ludwig mit siebzehn Jahren an der Universität München ein. Er studierte in den Fächern Physik, Chemie, Geschichte und Philosophie und schien auch Freude daran zu haben, denn er plante, sich an der renommierten Universität von Göttingen einzuschreiben. Doch dann sollte alles ganz anders kommen.

Am 10. März 1864 verstarb König Maximilian völlig unerwartet mit gerade 53 Jahren. Auf den erst achtzehnjährigen Ludwig wartete nun der Thron Bayerns. In Regierungsangelegenheiten völlig unerfahren stürzte sich Ludwig jedoch mit Feuereifer auf seine neuen Aufgaben. Verschiedene Minister, welche in Ludwig einen „Marionettenkönig“ sahen, wurden bitter enttäuscht. Anstatt mehr Einfluss auf die Regierungsgeschäfte zu erlangen, mussten einige Minister sogar ihre Posten räumen. Das bayerische Volk war zunächst begeistert von seinem neuen König. Ein junger, agiler Mann, noch dazu gutaussehend und energisch genug, politisch engstirnige Minister ihres Amtes zu entheben, das war ganz nach dem Geschmack der Bevölkerung. Der junge König war mit seinen 18 Jahren eine eindrucksvolle Erscheinung: 1,92 Meter groß, von schlanker, athletischer Gestalt, das Haar mit einem Brenneisen modisch gewellt. Besonders die verträumten blauen Augen Ludwigs hatten es der Damenwelt angetan. Zum Leidwesen der adligen Damen in München zeigte der junge König jedoch nur wenig Interesse am weiblichen Geschlecht. In Münchens Gesellschaftskreisen wurde getuschelt, Ludwig habe ein Keuschheitsgelübde abgelegt. Was wirklich hinter Ludwigs Desinteresse an der Damenwelt steckte, sollte sich erst in späteren Jahren zeigen.

Ludwig regierte mit 18 Jahren über 4,8 Millionen Bayern. Eine gewaltige Aufgabe, welche wohl so manchen jungen Menschen buchstäblich erdrückt hätte. Nicht so Ludwig. Allerdings traten schon zu Beginn von Ludwigs Regierungszeit seine introvertierten Charakterzüge zu Tage, welche sich mit den Jahren noch stärker ausprägten und abträglich für die Regierungsgeschäfte waren. Schon früh zeigte sich die Aversion des Königs gegenüber dem Großstadtleben. Er leitete seine Regierungsgeschäfte viel lieber von abgelegenen Forsthäusern aus, was mitunter zu schwierigen Situationen für die Regierungsmitglieder führte. Dass Ludwigs Sehnsucht nach einsamen Orten in den Bergen ein heimliches Doppelleben vertuschen sollte, wurde erst viel später bekannt.

Mit 16 Jahren hatte Ludwig seine erste Oper des Komponisten Richard Wagner besucht. Seit diesem Zeitpunkt war er dem Komponisten regelrecht verfallen. Zudem regte sein Erzieher Graf de La Rosée Ludwig an, sich eingehend mit Wagners philosophischen Abhandlungen zum Thema Musik zu beschäftigen. Schon bald sah Ludwig in Wagner einen Seelenverwandten. Daher war es eine der ersten Amtshandlungen des neuen Königs, Wagner als Hofkomponisten zu gewinnen. Dieses Unterfangen sollte sich als nicht ganz leicht erweisen. So grandios Wagners künstlerisches Schaffen war, so unfähig stellte sich der Komponist in der Meisterung des alltäglichen Lebens an. Wagner war fast ständig in Geldnöten, machte Schulden und war zu Ludwigs Amtsantritt gerade auf der Flucht vor seinen Gläubigern. Der König schickte Kabinettssekretär Pfistermeister nach Wien, um Wagner die Stelle als Hofkomponist anzubieten. Wagner hatte die Stadt jedoch in aller Heimlichkeit verlassen. Pfistermeister erhielt mit etwas Glück den Hinweis, dass sich der Komponist in Stuttgart versteckt hielt. Dort fand der Sekretär einen verängstigten, fast paranoiden Wagner vor, welcher Pfistermeister zunächst ebenfalls für einen Gläubiger hielt, der ihm auf den Fersen war. Wagner ließ sich erst nach zahlreichen Versuchen dazu bringen, sich mit Ludwigs Gesandten zu treffen. Das Angebot, nach München zu kommen, um für den bayerischen König zu arbeiten, erschien dem Komponisten zunächst fast surreal. Der Kabinettssekretär musste sein Angebot mehrfach wiederholen, bis Wagner dessen ganze Tragweite erkannte. Eine Anstellung als Hofkomponist würde seine Geldprobleme ein für alle Mal bereinigen, das wurde Wagner nun endlich klar.

Am 4. Mai 1864 stand König Ludwig II. in München endlich seinem Idol gegenüber. Jahre später äußerte der König, er sei zunächst etwas enttäuscht von dieser ersten Begegnung gewesen. Es schien ihm fast unglaublich, dass die so geliebten, gewaltigen Opern von diesem kleinen, krummbeinigen Mann stammen sollten, der noch immer von den jahrelangen Geldsorgen gezeichnet war. Doch schon das erste Gespräch mit Wagner überzeugte den König, dass der Meister seine Vorlieben für mittelalterliche Ritterromantik und Minne teilte. Wagners kühne Pläne für nie dagewesene Musikspektakel waren ganz im Sinne des jungen Königs. Die Wagnersche Vision vom Ring-Zyklus, der musikalischen Verarbeitung der Nibe-

lungensage, schien wie dazu gemacht, Künstler wie Förderer in der Kunstwelt unsterblich zu machen. Ludwig ging es nie darum, auf dem Parkett der europäischen Politik im Rampenlicht zu stehen, vielmehr wollte er sich einen Platz in der Welt der schönen Künste erobern. So schrieb Ludwig an Wagner: „Ich, der König, habe Euch gefunden und will Euch den Weg ebnen zu einer Burg, unnahbar fremden Schritten, wo wir gemeinsam das Kunstwerk der Zukunft schmieden wollen, beglückend eine Menschheit immerdar.“[25]
Der König quartierte seinen neuen Hofkomponisten in bester Münchner Lage ein und traf sich fast täglich mit ihm. Ludwig überschüttete Wagner förmlich mit Geld. Dem Künstler durfte es an nichts fehlen, er sollte sich ganz auf seine Arbeit konzentrieren können. Für Wagners Monumentalwerk „Der Ring der Nibelungen“ wollte Ludwig gar ein eigenes Opernhaus bauen, jedoch scheiterte dieses Projekt am Widerstand seiner Minister. Schon damals zeichnete sich die Verschwendungssucht des Königs ab, welche ihn letztendlich den Thron kosten sollte. Wagner sonnte sich in der Gunst des Königs, wurde jedoch recht schnell zu übermütig. In einem von ihm angeregten Artikel in den „Münchner Neuesten Nachrichten“ beleidigte er führende Hofbeamte. Wohl oder übel musste der König Konsequenzen ziehen und bat seinen Freund, München für einige Zeit zu verlassen, bis sich die Wogen der Empörung geglättet hatten. Tief beleidigt reiste Wagner daraufhin in die Schweiz und ließ verlauten, er beabsichtige, nie wieder einen Fuß nach München zu setzen. Tatsächlich fand der Meister später in Bayreuth seine neue Wirkungsstätte, wo bis heute die jährlichen Wagner-Festspiele stattfinden. Die vorübergehende „Eiszeit“ zwischen Komponist und Gönner war recht bald vorüber. Ludwig unterstützte Wagner auch weiterhin finanziell. Dieser bedankte sich dafür immer wieder mit kleinen Nettigkeiten, die der König genoss. So ließ Wagner beispielsweise am 12. November 1865 in Schloss Hohenschwangau zu Ehren des Königs einen musikalischen Morgengruß von den Türmen erschallen, vorgetragen von zehn Oboisten.
Es kam jedoch immer wieder zu Unstimmigkeiten zwischen den beiden Männern. Ludwig war mit Wagners Frauengeschichten nicht einverstanden. Die von sensationsheischenden Autoren aufgestellte Behauptung, Ludwig habe für Wagner mehr als nur Freundschaft empfunden, sind in diesem Zusammenhang als übertrieben zu betrachten. Wenn es auch schon zu Lebzeiten des Königs ein offenes Geheimnis war, dass sich Ludwig zu Männern hingezogen fühlte, verband ihn mit dem bewunderten Komponisten nur eine platonische Freundschaft. Ludwigs Unwillen erregte Wagners unziemliches Verhältnis zur verheirateten Cosima von Bülow, welche eine gute Freundin von Ludwig war. Im Gegenzug war Wagner über Ludwigs Umgang mit seinen Opern empört. In Abwesenheit des Komponisten wurde „Rheingold“ am 22. September 1869 in München uraufgeführt. Ein Jahr später folgte mit der „Walküre“ der zweite Teil des Ring-Zyklus, ebenfalls ohne Mitarbeit Wagners. Der Meister war außer sich vor Wut, hatte er den vierteiligen Zyklus doch erst nach seiner Fertigstellung als Gesamtkunstwerk aufführen wollen.

Ludwig II. verehrte Richard Wagner und liebte seine Opern.

Rein rechtlich konnte Wagner den bayerischen König nicht belangen, hatte dieser doch schon frühzeitig die Rechte an den Opern von Wagner erworben. Jahrelang herrschte daraufhin Funkstille zwischen Ludwig und Wagner.

Obwohl der Komponist mit seinen Opern in Bayreuth rauschende Erfolge feierte, waren seine Aufführungen finanziell ein Desaster. Die opulenten Ausstattungen verschlangen Unsummen, welche mit den Eintrittsgeldern nicht gedeckt werden konnten. Obwohl Wagner und Ludwig jahrelang kein Wort miteinander wechselten, ließ der König dem Komponisten immer wieder Geld über Mittelsmänner zukommen. Im Jahr 1876 war „Der Ring der Nibelungen" nach 28 Jahren endlich vollständig. Während der Festspielzeit im August 1876 ließ Wagner den gesamten Ring-Zyklus mehrfach aufführen. Inzwischen hatten sich König und Komponist wieder ausgesöhnt und Ludwig besuchte auf Einladung Wagners die Aufführungen vom 27. bis 30. August. In einer Aufführungspause feierte Wagner König Ludwig II. als Mitschöpfer seiner Werke, was im Publikum für frenetischen Applaus sorgte. Ludwig war überglücklich. Er, der schon als Jugendlicher die genialen Werke Wagners bewundert hatte, wurde nun als dessen Muse gefeiert. Der Traum eines jeden Kunstliebhabers.

Bis zu Wagners Lebensende pflegten die beiden Männer nur noch losen Kontakt. Ludwig unterstützte dennoch weiterhin Wagners Arbeit mit immensen Summen. Zu einem letzten Treffen zwischen Komponist und Gönner kam es Ende Oktober 1880. Wagner befand sich auf der Rückreise von einer mehrmonatigen Erholungskur in Italien und machte auf Einladung des Königs einen Zwischenstopp in München. Der Komponist war damals gesundheitlich schon schwer gezeichnet. Zu seinen Ehren hatte Ludwig eine Aufführung mit Teilen aus Wagners beliebtesten Opern arrangiert. Noch einmal saßen die beiden Männer nebeneinander und lauschten der Musik, die sie gemeinsam geschaffen hatten. Am 13. Februar 1883 starb Wagner in Venedig.

Wer Ludwig II. ob seiner musischen Veranlagung und Hingabe zur Musik für einen wenig alltagstauglichen Menschen hält, der irrt gewaltig. Neben seinem Engagement in verschiedenen Bereichen der schönen Künste war Ludwig auch ein großer Förderer von technischen Neuerungen. So führte er in Bayern Dampfkraft, Elektrizität und Telefon ein. Für seine gewaltigen Bauvorhaben ließ er verstärkt Eisen- und Glasarchitektur verwenden, Technologien, die zu jener Zeit gerade Europa eroberten. Mit seinem Maschinenmeister Friedrich Brandt schmiedete Ludwig sogar Pläne für eine Art Gondelseilbahn über den See bei Schloss Hohenschwangau, welche sich allerdings technisch nicht realisieren ließ.

Weit weniger Interesse als an Kunst und Technik zeigte Ludwig II. an seiner eigentlichen Aufgabe, dem Regieren des Königreichs Bayern. Das überließ er meist seinen Ministern. Repräsentationspflichten waren Ludwig ein Graus, er ließ sich bei öffentlichen Veranstaltungen meistens von seiner Mutter oder seinem Bruder Otto vertreten. Selbst das bayerische „Nationalheiligtum" Oktoberfest soll Ludwig nur fünf Mal besucht haben. Er war alles andere als ein volksnaher König. Bei der traditionellen Zeremonie der „Fußwaschung" am Gründonnerstag ließ er sich fast jedes Jahr von einem Geistlichen vertreten. Sein Großvater und Vater hatten sich niemals die Gelegenheit entgehen lassen, einmal im Jahr ihren Untertanen diese symbolische Ehrerbietung zu erweisen. Ein wirklicher König war Ludwig den Bayern nie. Die Innenpolitik überließ er fast gänzlich seinem Ministerkabinett, außenpolitisch agierte Ludwig eher farblos. Auf seinen wenigen Auslandsreisen interessierte er sich mehr für architektonische Schönheit als für Politik. Nicht selten verprellte er Staatsmänner, indem er nicht zu vereinbarten Empfängen erschien, weil er lieber deren Schlösser besichtigte.

Zwei Jahre nach der Thronbesteigung hatte es der König noch immer nicht für nötig gehalten, sich seinen Untertanen außerhalb von München zu zeigen. Gerade in den ländlichen Gegenden Bayerns herrschte eine wenig geneigte Stimmung gegenüber der Regierung in München. Ende 1866 drängte das Ministerkabinett den König zur einer ausgedehnten Reise in verschiedene Landstriche Bayerns. Wichtigste Station dieser Reise sollte Franken sein, wo große Teile der Bevölkerung preußisch gesinnt waren und im vergangenen „Deutschen Krieg" sogar mit dem Feind kollaboriert hatten. Während der Reise gab sich der junge König sehr leutselig, nahm an verschiedenen Veranstaltungen zu seinen Ehren teil. Er besuchte verschiedene Produktionsstätten und sprach sogar mit einfachen Arbeitern. Dieses viel zu selten gezeigte volksnahe Verhalten ließ im Volk ein gänzlich neues Verständnis für den jungen Herrscher aufkeimen. Hatte man sich ihn als unreifen,

Schloss Hohenschwangau war nur eines der prunkvollen Schlösser, in denen Ludwig II seine Sehnsucht nach einer opernhaften Sagenwelt auslebte.

eigenbrötlerischen Jüngling vorgestellt, waren seine Untertanen nun begeistert von dem anmutigen, jugendlichen König. Die Damen der Gesellschaft lobten ihn als galanten, vollendeten Kavalier. Die sogenannte „Frankenreise“ sollte sich als voller Erfolg erweisen, die missmutige Bevölkerung der Region stand nun wieder ganz hinter der bayerischen Krone.
Ab 1867 wagte sich König Ludwig II. endlich auch auf internationales Parkett. Im Rahmen der Weltausstellung in Paris traf er mit verschiedenen Herrschern Europas zusammen. Ein wohlüberlegter Schachzug des Bayernkönigs, konnte er sich doch so als moderner und aufgeschlossener Monarch präsentieren, der dem Fortschritt in Wirtschaft und Technik positiv gegenüberstand. Vater und Großvater hatten es als Regenten versäumt, sich in dieser Form hervorzuheben, so dass Bayern in Europa als vergleichsweise rückständig betrachtet wurde. Die Weltmetropole Paris war für einen feinsinnigen Menschen wie Ludwig jedoch zu laut und hektisch. Er schrieb seiner Vertrauten Cosima von Bülow: „Oh welche wohlthuende Ruhe nach den Tagen der Hast des Weltgeräusches.“[26)]
Seine zweite Frankreichreise führte Ludwig nach Versailles, wo er wie verzaubert von der Architektur und Parkgestaltung war. Spontan beschloss der König, dort seinen 29. Geburtstag zu feiern, ganz zum Unmut seiner Untertanen in Bayern. Der Glanz und Prunk von Versailles, das war Ludwigs Welt.

Während der Amtszeit von König Ludwig II. war Bayern an zwei Kriegen beteiligt. Einmal der bereits angesprochene „Deutsche Krieg“, in welchem Bayern seinem

Bündnispartner Österreich und dem Deutschen Bund beistehen musste, sowie des Weiteren der Krieg gegen Frankreich im Jahr 1870/71. Den innerdeutschen Krieg wollte Ludwig nicht wirklich. Er plädierte für eine Neutralität Bayerns in dieser kriegerischen Auseinandersetzung, erfüllte jedoch seine Bündnispflicht. Der Krieg ging zu Gunsten von Preußen aus, den Verlierern, also auch Bayern, wurden horrende Reparationszahlungen und Gebietsabtretungen auferlegt. Im Rahmen der Friedensverhandlungen wurden die politischen Karten Europas neu gemischt, Bayern war nun der Bündnispartner von Preußen. Aus diesem Grund war das Königreich Bayern gezwungen, am Deutsch-Französischen Krieg 1870/71 teilzunehmen. Ein Krieg gegen jenes Land, welches er so liebte, war Ludwig erst recht zuwider. Doch Preußenkönig Wilhelm I. pochte auf die Bündnisvereinbarung, Bayerns Soldaten mussten gegen Frankreich ins Feld ziehen. Demonstrativ zeigte Ludwig keinerlei Interesse an den Kampfhandlungen. Er verweigerte standhaft jegliche Besuche bei seinen Truppen, welche ihm das Ministerkabinett immer wieder nahelegte. Dieses Verhalten trug Ludwig im Volk den Ruf des wenig patriotischen Königs ein. Auch der Siegesfeier in München blieb er fern, was für weiteren Unmut in Bevölkerung und Regierung sorgte. Dass ihn ein Krieg gegen Frankreich, das Ludwig wegen dessen Kultur und Schönheit so innig verehrte, seelisch unendlich peinigte, konnten seine Untertanen nicht verstehen.

Bei der Gründung des Deutschen Reichs im Jahr 1871 spielte Ludwig II. eine entscheidende Rolle. Durch den sogenannten Kaiserbrief, einem vom preußischen Ministerpräsidenten Otto von Bismarck aufgesetzten und von Ludwig II. unterzeichnetem Schreiben an alle deutschen Fürsten, wurde die Kaiserproklamation von Wilhelm I. auf den Weg gebracht. Mit diesem Kunstgriff versuchte Preußen, die anderen Länder von der Idee eines geeinten Reiches zu überzeugen. Wenn das so auf Eigenständigkeit bedachte Bayern die Kaiserproklamation befürwortete, würden die anderen Länder mit Sicherheit nicht nachstehen. Bismarcks Plan ging auf: Wilhelm I. wurde am 18. Januar 1871 in Versailles zum deutschen Kaiser ausgerufen. Ludwigs Bestrebungen werden bis heute mit Argwohn betrachtet. Einerseits regte er gemeinsam mit Bismarck die Kaiserproklamation an, pochte jedoch bei den Sondierungsverhandlungen auf eine souveräne Behandlung von Bayern im Staatenbund. Licht ins Dunkel bringt ein Telegramm des preußischen Botschafters Georg von Werthern an Bismarck, in welchem es unter anderem heißt: „Ganz Geheim. Der König von Bayern ist durch Bauten und Theater in große Geldverlegenheit geraten. Sechs Millionen Gulden würden ihm sehr angenehm sein, vorausgesetzt, dass die Minister nichts erfahren. Für diese Summe würde er sich auch zur Kaiserproklamation und Reise nach Versailles entschließen.“[27]
Man kann es kaum glauben, aber König Ludwig II. hatte sich seine Zustimmung zur deutschen Reichsgründung mit barer Münze bezahlen lassen. Im bayerischen Volk sorgte Ludwigs Haltung zur Kaiserproklamation für verständlichen Unmut. Den König störte das wenig, hatte er doch neues Geld, um seiner zweiten Lei-

denschaft, dem Bau von „Märchenschlössern", nachzugehen. Prunkbauten wie Linderhof, Herrenchiemsee und nicht zuletzt das weltberühmte Neuschwanstein zeugen bis heute von Ludwigs Liebe zur Architektur. Alle Arbeiten mussten penibel nach des Königs Anweisungen ausgeführt werden. Selbst kleinste Details wie Schreibtischgarnituren wurden nach Ludwigs Wünschen hergestellt und waren von erlesenster Qualität. Es gibt eine Vielzahl von Veröffentlichungen über Ludwigs Bauvorhaben, daher werde ich an dieser Stelle nicht näher darauf eingehen. Die immense Verschuldung des Königs auf Grund seiner Prachtschlösser wird an späterer Stelle noch angesprochen werden.

König Ludwig II. blieb Zeit seines Lebens unvermählt. Für einen Monarchen ein äußerst ungewöhnlicher Umstand, war doch ein König stets bestrebt, einen Erben zu zeugen, um die Thronfolge zu sichern. An den adligen Damen wird es kaum gelegen haben, Ludwig galt als einer der begehrtesten Junggesellen seiner Zeit. Es schien eher so, als ob sich der König nicht viel aus dem weiblichen Geschlecht machte. Abgesehen von seinen Schwärmereien für die ältere und obendrein verheiratete Elisabeth von Österreich-Ungarn sowie für Marija Alexandrowna von Russland wissen wir nichts von tieferen Gefühlen, welche Ludwig einer Frau entgegengebracht hätte. Sein Verhältnis zu der 21 Jahre älteren Marija Alexandrowna ist nur schwer verständlich. In seinen Briefen bezeichnete er sie wahlweise als „mein Engel", „meine Kaiserin" und „meine wahre Mutter". Letztere Bezeichnung verbat sich die Kaiserin energisch. Dass Ludwig in Marija Alexandrowna eine Mutterfigur suchte, ist bei der liebevollen Zuneigung seiner Mutter Marie kaum nachzuvollziehen.
Seine Cousine Elisabeth von Österreich-Ungarn (Sissi) genoss einen ganz besonderen Stellenwert in Ludwigs Leben. Sie war für ihn eine Art Seelenverwandte. Ähnlich weltentrückt wie Ludwig fühlte sich Elisabeth in ihrer hochwohlgeborenen Rolle mehr als unwohl. Acht Jahre älter als Ludwig war sie seit 1854 mit dem österreichischen Kaiser Franz Joseph verheiratet, einem der mächtigsten Männer Europas. Ludwig und Elisabeth verband die Liebe zur Kunst; beide hatten ein romantisiertes Geschichtsverständnis und verabscheuten die höfischen Repräsentationspflichten. Es ist nicht ausgeschlossen, dass Ludwig in jungen Jahren in seine Cousine verliebt war. Allerdings wird diese Liebe ähnlich wie seine Schwärmerei für die russische Großfürstin gewesen sein. Der junge König war in dem romantischen Wahn gefangen, dass das Leben so dramatisch und kunstvoll wie eine Oper sein müsse. Er war Frauen sicherlich nicht gänzlich abgeneigt, seine Schwärmereien galten jedoch immer unerreichbaren Frauen. Ähnlich wie die mittelalterlichen Minnesänger stellte Ludwig seine Angebeteten auf ein Podest, wo er sie bewundern und ihre Vorzüge preisen konnte. Sein Großvater hatte Ludwig davor gewarnt, sich zu früh an eine Frau zu binden. Diese Warnung schien der König sehr ernst zu nehmen, ganz zum Leidwesen der restlichen Familie und des gesam-

ten bayerischen Volkes. Man wollte ein Paar auf dem Thron und natürlich auch einen Kronprinzen, keinen eigenbrötlerischen Monarchen. Mutter Marie und auch die Herren des Ministerkabinetts brachten immer wieder neue Damen ins Spiel, an welchen Ludwig allerdings kaum Interesse zeigte. Die Heiratsvermittlungen des herrschaftlichen Umfeldes versetzten den König derart in Stress, dass er sich schließlich dazu entschloss, seiner Cousine Sophie den Hof zu machen. Jene war die jüngere Schwester seiner besten Freundin Elisabeth von Österreich-Ungarn. Böse Zungen behaupteten schon damals, dass Ludwig unglücklich in Elisabeth verliebt sei und sich mit deren Schwester als zweiter Wahl begnüge. Ludwig und Sophie verband wenig miteinander, nur die Liebe zu Wagners Musik war beiden zu eigen. Sophie war eine Notlösung für Ludwig. Durch die Verlobung mit ihr war für den König das Thema Eheplanung erledigt. Von Beginn an zeigte Ludwig wenig Interesse an seiner Verlobten. Die Blumen und Geschenke, welche er Sophie fast täglich schickte, suchten seine Hofangestellten aus. Die wenigen Briefe, die er seiner Verlobten schrieb, waren zwar voll von schmachtender Romantik, schienen aber nicht sehr ernst gemeint. Die Zeile „Willst Du meine Gattin werden? Genossin meines Thrones?“ hätte genauso gut aus einer von Wagners Opern stammen können.[28)]

Bei ihren gelegentlichen Treffen gingen die Verlobten sehr reserviert miteinander um. Aus Gründen der Etikette war stets eine Hofdame anwesend. Der König sprach kaum ein Wort, während Sophie an einer der üblichen Stickereien arbeitete. Nie kam es zu einer verstohlenen Zärtlichkeit, kein Kuss auf die Stirn, kein Händchenhalten. Wie wenig ihm Sophie bedeutete, zeigte Ludwig ganz deutlich während der eigentlichen Verlobungsfeier. Aus Anlass des feierlichen Ereignisses gab das Königshaus einen Hofball, welchen die meisten Anwesenden als sehr gezwungen empfanden. Der König wirkte ungeduldig, wollte am Abend noch ins Theater. Eine Aufführung von Schiller war ihm wichtiger als seine eigene Verlobung. Als die Zeit drängte, verließ Ludwig den Ball, ohne sich von Sophie zu verabschieden. Nach der Verlobung sah sich das Paar nur noch selten. Je näher der geplante Hochzeitstermin im August 1867 rückte, umso rarer machte sich der König. Er verschob den Hochzeitstermin mehrfach, was bei den Brauteltern für Empörung sorgte. Herzog Max in Bayern forderte König Ludwig II. in einem Brief auf, das gegebene Heiratsversprechen einzuhalten, damit seine Tochter nicht kompromittiert wurde. Am 11. Oktober ließ Ludwig offiziell die Entlobung bekannt geben. Sophie wird das wenig berührt haben, sie hatte sich längst in einen jungen Fotografen verliebt. Später heiratete sie den Herzog Ferdinand von Alençon und wurde Mutter zweier Kinder.

In einem Brief an seine Vertraute Cosima von Bülow ließ Ludwig erkennen, wie erleichtert er über die Auflösung der Verlobung war und wie unglücklich ihn die Vermählung mit Sophie gemacht hätte. In Ludwigs Brief hieß es unter anderem: „Nun ist es entschieden, was mich quält und so ist es gut, ich bin wieder ruhig und heiter, der Frieden, der aus mir geflohen war, ist wieder eingekehrt in meine Seele und wird, wie ich sicher hoffe und fest glaube, nie wieder mich verlassen."[29] Die Worte eines Mannes, dem eine schwere Last von der Seele genommen war.

Ludwigs schwieriges Verhältnis zu Frauen nährte schon zu seinen Lebzeiten das Gerücht, er sei homosexuell. Die Mehrzahl der Veröffentlichungen über Ludwig II. klammern dieses Thema diskret aus. Um den Grund für Ludwigs zerrissenes Seelenleben zu ergründen, darf eine mögliche sexuelle Orientierung des Königs zum eigenen Geschlecht jedoch nicht unerwähnt bleiben.
Wann Ludwig sein persönliches „Coming out" hatte, sich also eingestand, Männer zu lieben, lässt sich nicht mit Sicherheit sagen. Seine Tagebucheinträge lassen erkennen, dass Ludwig sich wahrscheinlich selbst nie ganz eingestand, anders zu sein als die breite Masse. Wenn Ludwig tatsächlich homosexuell war, muss die Unterdrückung seiner Veranlagung permanenten Stress bei ihm ausgelöst haben, was sich schließlich in einer psychischen Erkrankung äußerte.
Viele von Ludwigs für seine Umgebung unverständlichen Handlungen lassen sich leicht erklären, wenn man eine homosexuelle Veranlagung zu Grunde legt. Seine offensichtliche Abneigung gegen Frauen, die vielen Aufenthalte in einsamen Jagdhütten, Schlösser, die Ludwig nur für sich alleine errichten ließ, das alles lässt auf ein Doppelleben Ludwigs schließen. Ein König, der Männer liebte, das war nicht nur im streng katholischen Bayern ein Ding der Unmöglichkeit. Lange Jahre versuchte Ludwig, seine Gefühle zu verdrängen, gab ihnen jedoch immer wieder nach. Seinen Tagebucheinträgen zufolge war Ludwig jedes Mal selbst bestürzt über die vermeintliche Sünde und gelobte sich selbst Besserung. Aus den Aufzeichnungen geht auch hervor, dass sexuelle Enthaltsamkeit Ludwigs eigentliches Ziel war. Er schien mit den Jahren zu der Überzeugung gelangt zu sein, dass die einzig wahre Liebe auf einer geistigen Verbindung basierte. So war es folglich egal, ob er diese Liebe zu einem Mann oder einer Frau empfand. Die Vorstellung der romantischen Liebe, die nicht von triebhaften Bedürfnissen befleckt wurde, entnahm Ludwig aus Opern und Büchern, aus welchen er schon früh seine eigenen Wertevorstellungen zog. Er sah sich wohl selbst als eine Art „reinen Ritter" wie etwa Sir Galahad aus der Artuslegende. Jener errang den Heiligen Gral, da er keinem irdischen Laster und keiner Versuchung anheim fiel. Die Wirklichkeit sah jedoch ganz anders aus. Ludwig gab seinen natürlichen Gefühlen immer wieder nach und verdammte sich gleichzeitig dafür.
Lange Zeit war es nur eine Vermutung, dass Ludwig dem eigenen Geschlecht zugetan war. Auch die erwähnten Tagebuchaufzeichnungen waren lediglich ein Indiz, kein wirklicher Beweis. Bis zum 3. November 1999, als der Autor Robert Holzschuh 27 bisher unveröffentlichte Briefe des Königs auf einer Auktion in München ersteigerte. Holzschuh wertete die Briefe, die zum größten Teil an Ludwigs vermeintlich einzigen Vertrauten Karl Hesselschwerdt gerichtet waren, gründlich aus und veröffentlichte seine Erkenntnisse zwei Jahre später. In seinem Buch „Das verlorene Paradies Ludwigs II." sind entscheidende Auszüge der Briefe

abgedruckt, welche einen tiefen Blick in das Seelenleben des Königs zulassen. Fast jeder dieser Briefe endete mit einem Vermerk, das Schriftstück unverzüglich zu vernichten. Ludwig muss in diesen Zeilen also seine innersten Gefühle offenbart haben. Aus den Briefen geht eindeutig hervor, dass der König in seinen letzten Lebensjahren regelmäßig sexuellen Kontakt zu jungen Männern suchte. Unter anderem ließ er sich eindeutig über die männliche Ausstattung seiner Bettgenossen aus.

Eine sexuelle Ausrichtung auf das eigene Geschlecht soll hier nicht verdammt werden. Homosexualität ist eine völlig natürliche Sache. Allerdings war sie im katholischen Bayern des 19. Jahrhunderts und angesichts von Ludwigs Position als König ein Ding der Unmöglichkeit. Ludwig wusste das, doch der Drang der Natur war stärker. Ludwig war innerlich wie zerrissen, gefangen zwischen körperlichen Bedürfnissen und königlichen Pflichten. Das war wohl auch ein Grund dafür, dass sich Ludwig immer mehr von den Regierungsangelegenheiten zurückzog und sich in seine Welt aus Opernromantik und Prunkschlössern flüchtete, die er mit wechselnden Liebhabern teilte. Der erste Mann von Bedeutung in Ludwigs Leben war ein gewisser Richard Hörnig, Angestellter im königlichen Reitstall. Jung, von athletischer Gestalt, mit dichtem Vollbart, so wie es der König liebte. Hörnig wurde der ständige Begleiter des Königs, beide verbrachten Tage und Nächte in einsamen Berghütten, was am Königshof argwöhnisch betrachtet wurde. In der Öffentlichkeit trat Hörnig immer nur als der dienende Begleiter des Königs auf, was hinter verschlossenen Türen geschah, vertraute Ludwig seinen Tagebüchern an. Er kämpfte damals noch gegen seine Gefühle, tadelte sich selbst für seine immer wiederkehrenden sexuellen Verfehlungen. Ab dem Frühjahr 1869 war Ludwig bereit, sich selbst einzugestehen, dass er geschlechtlich auf Männer fixiert war und Enthaltsamkeit sein „Problem" nicht lösen konnte. Seine Vorstellung von der reinen, unbefleckten Liebe behielt er bei, gestand sich aber gelegentliche Verfehlungen zu. So war es dann ein Schock, dass der geliebte Richard Hörnig im Mai 1870 heiraten wollte. Nach der Hochzeit war die Freundschaft der beiden Männer nicht mehr dieselbe. Obwohl es zu gelegentlichen intimen Momenten kam, war der endgültige Bruch nicht zu verhindern. Ludwig war eifersüchtig, ließ Hörnig für Nichtigkeiten bestrafen, verzieh ihm kurz darauf huldvoll, um anschließend hinter verschlossenen Türen eine Szene zu machen. Obwohl die Beziehung zwischen Ludwig und Richard Hörnig merklich abkühlte, wollte Ludwig jedoch nicht gänzlich auf seinen früheren Favoriten verzichten, ernannte ihn sogar zu seinem Stallmeister. Erst ein Jahr vor Ludwigs Tod verließ Hörnig den königlichen Dienst. Zu jenem Zeitpunkt hatten sich die ehemaligen Freunde jedoch schon lange nichts mehr zu sagen.

Nachdem die Freundschaft mit Hörnig zerbrochen war, begann König Ludwig die zunehmende innere Leere mit flüchtigen Männerbekanntschaften zu füllen. Seine Begleiter wechselten nun häufig, Ludwigs Verhalten ihnen gegenüber begann ins Theatralische abzugleiten. Kleinste Gefühlsregungen seiner Günstlinge ließen den

Die Stelle im Starnberger See, an der der König ertrank.

König von höchsten Glücksgefühlen zu todessehnsüchtiger Traurigkeit fallen. So beabsichtigte Ludwig, seinen besonderen Favoriten, den Schauspieler Josef Kainz, in einer gigantischen Inszenierung von Schillers „Wilhelm Tell" zum Theaterstar zu machen. Als Kainz nur mäßiges Interesse zeigte, war Ludwig schwer beleidigt und brach den Kontakt zum Schauspieler ab.

Josef Kainz war der letzte Mensch, an dem Ludwig wirkliches Interesse zeigte, danach vereinsamte er zunehmend. Zu seinem einzigen Vertrauten wurde der Marstallfourier Karl Hesselschwerdt, welcher auch als Kuppler fungierte. Seine Sexualität lebte Ludwig nun mit Männern niedrigen Standes aus. In den letzten Lebensjahren wurde es für Hesselschwerdt zunehmend schwieriger, geeignete Liebhaber für den König zu finden. Die Männer mussten immer jünger und gutaussehender werden, der König verfiel dagegen körperlich immer stärker. Durch verstärkten Alkoholgenuss und unmäßiges Essen war der König dick geworden, außerdem hatte er mit fortschreitendem Alter fast alle Zähne verloren. Ludwig weigerte sich aus Angst, zum Zahnarzt zu gehen, bekämpfte die jahrelangen Zahnschmerzen lieber mit Opium, was seinem angeschlagenem Nervenkostüm mit Sicherheit nicht zuträglich war. Das jahrelange Unterdrücken seiner homosexuellen Veranlagung, sein Doppelleben sowie der exzessive Alkohol- und Drogenmissbrauch lösten letztendlich eine schwere Psychose bei Ludwig aus. In seinen letzten Jahren lebte Ludwig in einer Art Traumwelt, gleichsam einer großen, irrealen Opernvorstellung. Er sah sich als gottesgleichen Monarchen, erhob Männer aus sozial niedrigstem Stand zu seinen Günstlingen, nur um sie bei den kleinsten Verfehlungen wieder vom Hof zu verbannen. Auf Ludwigs Geheiß sollte

Hesselschwerdt Ministerposten ständig neu besetzen lassen und für hochrangige Politiker ließ er drakonische Strafen aussprechen, welche jedoch nie ausgeführt wurden. Hesselschwerdt suggerierte dem König, dass alle seine Befehle ordnungsgemäß ausgeführt wurden. Ludwig hielt sich nur so lange auf dem Thron, weil Hesselschwerdt alles geschickt arrangierte; ohne ihn hätte es viel eher eine Revolte der Regierung gegeben. Die Geschicke des Landes waren dem König schon lange entglitten, Bayern wurde vom Ministerkabinett regiert. Der König interessierte sich fast nur noch für seine gigantischen Bauvorhaben und gab Unsummen von Geld dafür aus. Die Finanzierung des königlichen Haushaltes war in Bayern schon immer streng geregelt, nur König Ludwig II. hielt sich nicht daran. Vielmehr brachte er den geregelten Finanzhaushalt des Königreiches durcheinander, weil er Rechnungen immer öfter aus dem Staatsetat bezahlte. Über Mittelsmänner ließ Ludwig Kredite bei Bankhäusern aufnehmen, ohne sich je Gedanken über die Rückzahlung zu machen. Immer öfter blieben Handwerkerrechnungen unbezahlt, die Gläubiger wandten sich an die bayerischen Minister, die jedoch nicht einsahen, Ludwigs Schulden aus der Staatskasse zu bezahlen. Dass Ludwig in seinen letzten Lebensjahren fast gänzlich den Bezug zur Realität verloren hatte, beweist ein Brief an Karl Hesselschwerdt vom Januar 1884, in welchem der König schrieb: „Geld ist in der Welt in Hülle und Fülle vorhanden, folglich muß es her um jeden Preis, man muß nur geschickt zu Werke gehen."[30]
Zu jener Zeit hatten schon alle vertrauenswürdigen Personen im Umfeld des Königs den Dienst quittiert. Neben Karl Hesselschwerdt war nur noch der Polizeirat Phillipp Pfister an seiner Seite, welcher sich um die finanziellen Obliegenheiten des Königs kümmerte. Im Frühjahr 1884 war jeglicher Kredit des Königs aufgebraucht. Gläubiger legten dem Hofsekretariat immer neue Schuldscheine vor, Baufirmen stellten die Arbeit ein. Mit aller Kraft konnte Finanzgenie Pfister noch einmal einem Bankenkonsortium 7,5 Millionen Mark abringen. Doch anstatt wenigstens zu versuchen, damit einen Teil seiner Schulden zu bezahlen, steckte Ludwig das Geld sofort in weitere Bauvorhaben. Nun erkannte auch Pfister die Ausweglosigkeit der Situation und reichte seine Entlassung ein.

Anfang 1886 war Ludwig finanziell wie psychisch bankrott. Das bayerische Ministerkabinett ordnete einen Baustopp auf allen Baustellen des Königs an. Jener hatte sich mittlerweile mit einer Handvoll Diener auf Schloss Neuschwanstein zurückgezogen. Karl Hesselschwerdt war nicht mehr mit dabei. Er hatte erkannt, dass Ludwigs Regierungszeit nicht mehr von langer Dauer sein würde und machte sich beim Ministerkabinett gefällig, indem er private Details aus Ludwigs Leben preisgab. Als der König vom Baustopp erfuhr, soll er getobt und Einrichtungsgegenstände zerschlagen haben. Ausrichten konnte er inzwischen nichts mehr. Da er sich schon länger fast völlig aus den Regierungsgeschäften zurückgezogen hatte, waren seine Anordnungen für niemanden mehr von Bedeutung. Im ganzen Land hieß es, der König sei verrückt geworden.

Ludwigs Geisteszustand war zu dieser Zeit bereits so desolat, dass er seine Situation nicht mehr begreifen konnte. In München war man ratlos, immer wieder ließ der König den Regierungsbeamten obskure Befehle überbringen, verweigerte aber jeglichen Besuch seiner Minister in Neuschwanstein. Das Land hatte zwar einen König, aber keinen Herrscher mehr. Ludwig wurde zunehmend paranoider. In seinen letzten Lebensmonaten plante er noch den Bau einer Trutzburg nur für sich allein, mit einigen wenigen Zimmern für Angestellte. Er wollte sich komplett von der Außenwelt abschotten, sprach immer wieder von Abdankung. Seine wenigen Diener erzählten, Ludwig hätte auch davon gesprochen, Bayern heimlich zu verlassen, um sich in einem weit entfernten Land niederzulassen. Doch alle diese Pläne waren nur Fantasien eines Mannes, der inzwischen weitab der Realität lebte. Längst führte Ludwig ein einsames, bedauernswertes Leben in seinem Märchenschloss. Seine Diener gaukelten ihm eine heile Welt vor. Täglich inszenierte kleine Schauspiele wurden für Ludwig immer mehr Ersatz für das reale Leben.
Die Regierung in München wurde zunehmend ungeduldiger ob der unbegreiflichen Zustände auf Neuschwanstein und beschloss zu handeln. In aller Heimlichkeit wurde ein Entmündigungsverfahren vorbereitet, in dessen Zentrum Bayerns bekanntester Psychiater, Bernhard von Gudden, stand. Jener sollte gemeinsam mit seinen Kollegen Friedrich Wilhelm Hagen, Hubert von Grashey und Max Hubrich ein medizinisches Gutachten über den König erstellen. Ohne dass die Psychiater den König jemals zu Gesicht bekommen hätten, nur auf Grund von Zeugenaussagen und Dokumenten, wurde König Ludwig II. für geistesgestört und somit nicht regierungsfähig erklärt. Für die Entmündigung und Absetzung des Königs war somit alles vorbereitet.
Am 5. Mai 1886 versuchten die Minister ein letztes Mal, Ludwig zur Vernunft zu bringen. In einer schriftlichen Eingabe unterrichteten sie den König über die desolate Finanzlage in Bayern, forderten ihn auf, seinen exzentrischen Lebensstil aufzugeben und wieder die Regierungsgeschäfte zu übernehmen. Ludwig war jedoch unbelehrbar, als Antwort ließ er verlauten, das gesamte Ministerkabinett sei entlassen. Damit hatte er das Fass sprichwörtlich zum Überlaufen gebracht.
Am 10. Juni 1886 wurde eine Abordnung der Regierung nach Neuschwanstein geschickt, um den König in den frühen Morgenstunden festzunehmen. Neben hohen Regierungsbeamten gehörten auch Dr. Gudden nebst mehreren Pflegekräften zu jener Abordnung, welche Ludwig II. entmachten sollte. Dieser wurde jedoch kurz vor Eintreffen der Kommission gewarnt und ließ das Anwesen von örtlicher Gendarmerie absperren. Unverrichteter Dinge musste die Abordnung wieder umkehren. Da mit einem weiteren Versuch zu rechnen war, den König zu verhaften, riet ihm sein Flügeladjutant und letzter verbliebener Vertrauter, Alfred von Dürckheim-Montmartin, in die Offensive zu gehen und sich in München dem Volk zu zeigen. Danach stand dem König jedoch kaum der Sinn. Tief in Selbstmitleid versinkend, begann er sich systematisch zu betrinken. Schon einen Tag später wurde der nächste Versuch unternommen, des Königs habhaft zu werden.

Der vom Ministerkabinett eingesetzte, provisorische Regent Luitpold von Bayern hatte inzwischen alle Dienststellen um Neuschwanstein informieren lassen, dass König Ludwig II. entmündigt und nicht mehr regierungsfähig war. So sollte ein weiterer Fehlschlag verhindert werden. Am 11. Juni 1886, kurz vor Mitternacht, erschien die Staatskommission erneut auf Schloss Neuschwanstein und gelangte diesmal ungehindert zum König. Ludwig war stark angetrunken und verstand den Ernst der Situation nur schwer. Dr. Gudden hatte die Aufgabe, dem König zu übermitteln, dass er für geisteskrank erklärt und seines Amtes enthoben war. Ludwig schien nun zu begreifen, dass es den Männern ernst war und ihr Besuch zu keinem seiner Schauspiele gehörte. Er begann sich furchtbar aufzuregen, worauf ihn die Pfleger ergriffen und zunächst mehrere Stunden in seinem Schlafgemach festsetzten.

Am Morgen des folgenden Tages wurde Ludwig unter Aufsicht von Dr. Gudden nach Schloss Berg am Starnberger See gebracht, was zukünftig sein abgeschottetes Domizil sein sollte. Dort war alles schon vorbereitet, den entmachteten König sicher zu beherbergen und eine Flucht weitestgehend auszuschließen. Die Fenster seiner Gemächer waren vergittert, man hatte die Türklinken abgeschraubt und Gucklöcher in die Türen gebohrt. Ludwig war nun ein Gefangener, das wurde ihm auf Schloss Berg endlich klar. Gegen Mittag am 13. Juni machten Ludwig und Dr. Gudden einen ersten Spaziergang im weiträumig von Gendarmen abgeriegelten Schlosspark. Ludwig bestürmte den Psychiater mit schier endlosen Fragen, welche dieser bei einem weiteren Spaziergang am Abend zu beantworten versprach. Die beiden Männer spazierten gegen 18.00 Uhr ohne die eigentlich vorgesehenen Pflegekräfte Richtung See. Die Bewachung des Anwesens war inzwischen wieder gelockert worden, so dass Arzt und Patient völlig ungestört am Seeufer flanieren konnten. Was zwischen den Männern besprochen wurde, wird auf ewig ein Rätsel bleiben. Der ebenfalls auf Schloss Berg anwesende Dr. Müller wurde gegen 20 Uhr unruhig, da Ludwig und Dr. Gudden nicht wie versprochen zum Abendessen erschienen. Da es inzwischen stark zu regnen begonnen hatte, schickte Dr. Müller die Gendarmen und alle verfügbaren Männer auf die Suche. Gegen 22 Uhr fanden Hofangestellte zunächst Kleidungsstücke der Gesuchten am Ufer des Sees. Eine furchtbare Tragödie schien sich abzuzeichnen. Ein eilig herbeigerufener Fischer entdeckte dann auch wenig später die Leichen von Ludwig und Dr. Gudden im seichten Wasser treibend. Der Körper des Psychiaters wies zahlreiche Prellungen auf, was auf einen Kampf mit seinem Patienten hindeutete. Der Leichnam von König Ludwig II. wurde zunächst im Schloss Berg aufgebahrt und in der Nacht vom 14. auf den 15. Juni nach München überführt, wo er am Samstag, dem 19. Juni 1886, mit einem feierlichen Staatsbegräbnis in der St. Michael-Kirche beigesetzt wurde.

Ein Gedenkkreuz erinnert an den Tod des Königs im Starnberger See. Die genauen Umstände werden wohl nie ganz geklärt.

Um den Tod des bayerischen „Märchenkönigs“ ranken sich bis heute unzählige Gerüchte und Theorien. Sie reichen von Unfall, Selbstmord bis hin zu Mord. Die sogenannten Guglmänner, ein traditionalistischer Verein, dessen Mitglieder sich bei öffentlichen Veranstaltungen hinter archaisch anmutenden Kutten mit Kapuzen verbergen, sind bis heute von einem Mordkompott gegen ihren geliebten König überzeugt. Nach Ansicht der Guglmänner wurde Ludwig hinterrücks erschossen. Wirklich überzeugende Beweise für ihre Theorien gibt es nicht. In einer Pressemitteilung zum 120. Todestag Ludwigs II. bezichtigten die Guglmänner den preußischen Ministerpräsidenten Otto von Bismarck der Ermordung des Königs. Als Beweis für diese unverfrorene Anschuldigung diente eine dubiose „Tatortskizze“ sowie die angebliche Aussage eines vermeintlichen Fluchthelfers des Königs. Jene mit Recht als Verschwörungstheorie zu betrachtenden Ansichten fußen auf der Tatsache, dass die bayerische Regierung einer Exhumierung und Untersuchung der sterblichen Überreste des Königs verständlicherweise ablehnend gegenübersteht. Bei der Obduktion der Leichnams am 15. Juni 1886 waren nicht weniger als 13 Ärzte, darunter auch der königliche Leibarzt Dr. Max Josef Schleiß von Loewenfeld, anwesend. Keiner dieser Männer hat je etwas von einer Schussverletzung am Körper des Königs verlauten lassen. Hätte es tatsächlich ein preußisches Komplott zur Ermordung Ludwigs II. gegeben, warum hätten die bayerischen Ärzte Hinweise darauf verschweigen sollen? Die vorgebliche Ermordung des Königs setzt zudem einen tatsächlichen Fluchtversuch Ludwigs voraus.

Dieser war jedoch weder mental noch körperlich in der Lage, in so kurzer Zeit eine Flucht zu organisieren.

Es gibt noch weitere vorgebliche „Beweise“ für eine Ermordung des bayerischen Königs. So beruft sich der Kunsthistoriker Siegfried Wichmann auf ein wenig bekanntes Gemälde von Hermann Kaulbach, welches das Gesicht des toten Königs zeigt. Das Gemälde soll kurz nach dem Tod des Königs angefertigt worden sein und zeigt Blut im Mund Ludwigs, was Wichmann auf einen Lungenschuss zurückführt. Die Beweislage ist eher dünn, es gibt keine Hinweise, dass sich Kaulbach am Todestag des Königs in Schloss Berg aufhielt. Zudem haben weder die Beteiligten der Suchaktion noch die an der Obduktion beteiligten Ärzte jemals eine äußere Verletzung des Königs erwähnt. In die Vertuschung eines möglichen Mordkomplotts wäre somit eine ungewöhnlich große Anzahl an Leuten eingebunden gewesen, was eine vollständige Geheimhaltung praktisch unmöglich gemacht hätte.

Ähnlich wenig Beweiskraft hat die Geschichte vom durchlöcherten Mantel des Königs. Am 1. Oktober 2007 gab der in München lebende, sechzigjährige Detlev Utermöhle eine eidesstattliche Erklärung ab. Darin erklärte er, dass er als zehnjähriger Junge gemeinsam mit seiner Familie im Haus der Reichsgräfin Josephine von Wrbna-Kaunitz einen von Schüssen durchlöcherten Herrenmantel gesehen habe. Laut Aussagen der Gräfin handelte es sich um den Mantel, den König Ludwig II. bei seiner Ermordung getragen habe. Des Weiteren erklärte die Dame, sie hätte von einer „gut eingeweihten“ Person erfahren, dass der König bei einem Fluchtversuch erschossen worden sei. Der bewusste Mantel soll später von Unbekannten gestohlen worden sein. Was für ein Zufall!

Die seriöse Geschichtswissenschaft hat die angebliche Ermordung von König Ludwig II. zu Recht schon seit Langem ins Reich der Verschwörungstheorien abgetan. Das ist jedoch kein Grund für sensationsheischende Autoren, die Geschichten von den Fluchtplänen und der Ermordung des Königs nicht immer wieder aufzugreifen. Manche gehen sogar so weit, niemand Geringeren als Kaiserin Elisabeth von Österreich als prominente Fluchthelferin zu präsentieren. Wie Elisabeth in der kurzen Zeitspanne von Ludwigs Verhaftung bis zu seinem Tod eine Flucht hätte organisieren können, diese Information wird von den Verschwörungstheoretikern natürlich nicht geliefert.

Obwohl niemals eine offizielle Todesursache des Königs angegeben wurde, geht die Mehrzahl der Historiker von Tod durch Ertrinken aus. Dass Ludwig in den Fluten des Starnberger Sees vorsätzlich Selbstmord beging, ist eine weitere These, welche nur schwer zu beweisen ist. Ludwigs Leichnam wurde im seichten Wasser gefunden, zudem war er ein guter Schwimmer. Dass der König im tieferen Wasser ertrank und dann in Ufernähe getrieben wurde, ist auch eher unwahrscheinlich, da der Abend des 13. Juni 1886 fast windstill war. Natürlich kann man sich auch im flachen Wasser ertränken, dazu ist allerdings ein ungeheurer Wille zur Selbstaufga-

be nötig, sonst treten automatische Schutzmechanismen in Kraft; der Selbsterhaltungstrieb lässt ein bewusstes Ertränken nicht ohne Weiteres zu.
Dass Ludwig tatsächlich gewillt war, sich umzubringen, ist nicht sehr wahrscheinlich. Seine geistige Verfassung hatte ihn in der kurzen Zeit seiner Verhaftung nicht die ganze Tragweite seiner Situation erkennen lassen. Der König hatte die letzten Monate in einer Art dauerhaften Theaterinszenierung verbracht, so dass ihm seine Entmündigung und Absetzung mit Sicherheit nicht wirklich real vorkamen. Es ist davon auszugehen, dass sich das Ende des „Märchenkönigs" ähnlich theatralisch abspielte wie sein ganzes Leben. Ohne sich tatsächlich umbringen zu wollen, stürzte sich Ludwig in die Fluten des Starnberger Sees. Es war wohl seine Art, gegen die unziemliche Behandlung seiner Person zu protestieren, womöglich auch ein verzweifelter Hilferuf nach seinem alten Leben. Dr. Gudden stürzte dem König nach, wollte ihn von einem vermeintlichen Selbstmord abhalten. Es kam zum Handgemenge, der deutlich kleinere Gudden wurde durch einen unglücklichen Schlag getroffen, was seine Kopfverletzungen erklärt. Als Nichtschwimmer und vom Schlag betäubt, ertrank der Psychiater. König Ludwig selbst wird beim Handgemenge mit Dr. Gudden eine Herzattacke erlitten haben. Der König hatte seine Gesundheit durch jahrelangen Alkohol- und Medikamentenmissbrauch derart ruiniert, dass ein Herzinfarkt durchaus als Todesursache in Frage kommt.

Zusammenfassend kann man sagen, dass der Tod König Ludwigs ein unglücklicher Unfall war. Ludwig starb ebenso geheimnisvoll, wie er gelebt hatte. Er führte ein exzentrisches Leben. Von diesem einzigartigen Leben zeugen seine prächtigen Schlösser, die bis heute an den bayerischen „Märchenkönig" erinnern.

Ludwigs „Märchenschloss" Neuschwanstein. Hier verbrachte Ludwig seine letzten Lebensmonate.

Der Mordfall Hinterkaifeck

Die Bewohner von Gröbern hörten den Jungen von Weitem schreien. Er rannte die Hauptstraße entlang und rief jedem, dem er begegnete, etwas zu. Tränen rannen über das Gesicht des Jungen, seine Worte waren kaum verständlich.

„Was hat er nun schon wieder angestellt, der Bengel vom Schlittenbauer? Der Vater sollte ihn mal ordentlich verprügeln, gottesfürchtige Leute so zu erschrecken!" So dachten die meisten Leute, denen der völlig aufgelöste sechzehnjährige Johann Schlittenbauer begegnete. Seine Schreie waren durch das Schluchzen kaum verständlich, doch die Wenigen, die genauer hinhörten, konnten kaum glauben, was der Junge rief: „Sie sind alle tot! In Hinterkaifeck sind alle tot!"

Hinterkaifeck, ein Einödhof einige Hundert Meter von Gröbern entfernt, bis zum Ort Wangen war es ein Kilometer. Betrieben wurde der Hof von der Familie Gruber. Man kannte sich, gemocht wurde die Familie von niemandem. Das lag in erster Linie am Familienoberhaupt Andreas Gruber, einem unangenehmen Menschen. Gruber suchte mit jedermann Streit, versuchte Geschäftspartner zu übervorteilen; unangemeldeten Besuch vertrieb er mit seinem Hund vom Hof. Seit Jahren gab es Gerüchte über ein unerhörtes Tun, das sich auf dem Gruberhof abspielen sollte. Es hieß, Vater Gruber und seine Tochter Viktoria poussierten einvernehmlich miteinander. Sogar ein Kind sei aus dieser unheiligen Verbindung entstanden, welches Viktoria aber offiziell dem Nachbarn Lorenz Schlittenbauer angehängt hatte. Was im Frühjahr 1922 in Hinterkaifeck geschah, sahen viele Nachbarn als Strafe Gottes. Manche dachten sogar noch weiter: Noch heute heißt es, dass in der Nacht des 31. März 1922 der Teufel über Hinterkaifeck gekommen sei.

Am 14. April 1886 heiratete der damals 28-jährige Andreas Gruber die neun Jahre ältere, verwitwete Cäzilia Asam, Eigentümerin des Einödhofes Hinterkaifeck. Durch einen notariell beglaubigten Ehe- und Erbvertrag wurde Andreas Gruber Mitbesitzer des Hofes. „Der nichtsnutzige Sohn vom alten Gruber hat sich ins gemachte Nest gesetzt!", hieß es in den umliegenden Dörfern. Sicherlich ist davon auszugehen, dass es in erster Linie materielle Aspekte waren, die Andreas Gruber die Ehe mit der älteren Cäzilia Asam eingehen ließen. Er stammte aus einfachen Verhältnissen, die Einheirat in einen profitablen Bauernhof versprach eine eindeutige Verbesserung seines Lebens. Joseph Asam war unerwartet am 21. Mai 1885 gestorben; es fehlte nun eine männliche Hilfe auf dem Hof. Cäzilia war froh, schnell einen neuen Mann gefunden zu haben. Sie war eine unscheinbare, wenig attraktive Frau, zudem war die Zahl der potentiellen männlichen Kandidaten begrenzt.

Am 06. Februar 1887 wurde die gemeinsame Tochter Viktoria geboren. Das Mädchen tat sich vor allem im Kirchenchor hervor und wurde wegen ihrer schönen Stimme auch die „Lerche von Kaifeck" genannt. Als das Mädchen älter wurde, kamen unschöne Gerüchte in den Dörfern auf. Es hieß, auf dem einsamen Hof der Grubers ginge das Vater-Tochter-Verhältnis weit über die üblichen Grenzen hinaus. Ursache für die Gerüchte soll ein Gespräch zwischen Viktoria Gruber und der Nachbarin Viktoria Schlittenbauer gewesen sein. So gab es jedenfalls Lorenz Schlittenbauer bei einer polizeilichen Befragung im Jahre 1931 an. Viktoria Gruber soll der Nachbarin schon 1903 erzählt haben, dass ihr Vater sie regelmäßig verführe. Der bestürzten Nachbarin schien es, als ob Viktoria Gruber nicht im Geringsten bewusst wäre, was ihr Vater tat. Vielmehr schien dem Mädchen die Aufmerksamkeit zu gefallen, die ihr der Vater angedeihen ließ. Die Schlittenbauers behielten ihr Wissen für sich, über die Blutschande auf dem Gruberhof wurde aber weiterhin getuschelt. Die Gerüchte verstummten nur kurz, als Viktoria Gruber am 3. April 1914 einen gewissen Karl Gabriel aus Laag heiratete. Die Ehe schien von Beginn an nicht glücklich gewesen zu sein, da der frischgebackene Ehemann schon kurz nach der Trauung wieder nach Hause kam, vom Vater aber zurück nach Hinterkaifeck geschickt wurde. Erstaunlich ist auch die Tatsache, dass sich Karl Gabriel kurz nach Ausbruch des Ersten Weltkrieges freiwillig zum Militär meldete. Welcher frisch verliebte Ehemann hätte so etwas derart bereitwillig getan? Es ist nicht auszuschließen, dass Andreas und Viktoria Gruber die Ehe nur arrangierten, um ihr inzestuöses Verhältnis zu verbergen.

Am 12. Dezember 1914 fiel Karl Gabriel bei Neuville in Frankreich während eines Grabenkampfes. Im Zuge der späteren Mordermittlungen im Fall Hinterkaifeck wurde sein Tod mehrfach angezweifelt. Laut dem Volksbund Deutsche Kriegsgräberfürsorge ruht Karl Gabriel jedoch auf der Kriegsgräberstätte in Saint-Laurent-Blangy in einem Kameradengrab.

Am 9.Januar 1915 brachte Viktoria Gabriel eine Tochter zur Welt, welche auf den Namen Cäzilia getauft wurde. Obwohl offiziell der bereits gefallene Karl Gabriel als Vater angegeben wurde, kamen neue Gerüchte über ein Verhältnis zwischen Gruber und seiner Tochter auf. Es ist nicht auszuschließen, dass Andreas Gruber der Vater von Cäzilia Gabriel war. Durch eine anonyme Anzeige wurden die staatlichen Behörden über den vermeintlichen Inzest auf dem Gruberhof informiert und begannen zu ermitteln. Leider sind die Ermittlungsakten nicht mehr vorhanden. Die Ermittlungen müssen allerdings hinreichende Verdachtsmomente erbracht haben, da Andreas Gruber und Viktoria Gabriel gegen Ende des Jahres 1915 vor dem Landgericht Neuburg wegen Verbrechens gegen die Sittlichkeit angeklagt wurden. Laut Gerichtsurteil wurde Andreas Gruber wegen Blutschande zu einem Jahr Gefängnis verurteilt. Seine Tochter Viktoria erhielt eine Haftstrafe von einem Monat. Erstaunlich ist, dass Vater und Tochter nur die Mindeststrafe erhielten. Vermutlich legten die Angeklagten umfassende Geständnisse ab und zeigten glaubhafte Reue, was zur Strafmilderung führte. Andreas Gruber verbüßte seine Haftstrafe vom 3. Februar 1916 bis zum 3. Februar 1917 im Zuchthaus Straubing. Viktoria Gabriel saß ihre Haftstrafe vom 10. Januar 1916 bis zum 10. Februar 1916 im Landgerichtsgefängnis Neuburg ab.
Nach Grubers Haftentlassung schien es zu keinen weiteren sexuellen Kontakten zwischen Vater und Tochter gekommen zu sein. Zumindest sind keine schriftlichen Aufzeichnungen darüber vorhanden. Bekannt ist nur, dass sich die Familie zu jener Zeit immer mehr von der Außenwelt abkapselte. Abgesehen von den obligatorischen Kirchenbesuchen und geschäftlichen Kontakten lebte die Familie auf dem Einödhof völlig zurückgezogen.

Im Jahr 1919 kam die Familie Gruber erneut ins Gerede, als am 7. September Viktorias Sohn Josef geboren wurde. Als Vater gab Viktoria Lorenz Schlittenbauer an, mit dem sie ein mehrmonatiges intimes Verhältnis hatte, in das die Zeugung ihres Sohnes zeitlich passte. Laut eigenen Angaben hatte Schlittenbauer fünf Mal geschlechtlichen Verkehr mit Viktoria Gruber, die sich ihm regelrecht aufgedrängt haben soll. Viktoria sprach auch von Heirat. In den späteren Ermittlungen im Mordfall Hinterkaifeck wurden Vermutungen laut, dass Viktoria Gruber das Verhältnis mit Lorenz Schlittenbauer nur eingegangen sei, um die Schwängerung durch den eigenen Vater zu vertuschen. Solche Vermutungen muss auch Schlittenbauer angestellt haben, denn er zeigte am 10. September 1919 Andreas Gruber wegen Blutschande mit der eigenen Tochter bei den Behörden an. Gruber saß

vom 13. bis 27. September 1919 in Untersuchungshaft. Angeblich auf Drängen von Viktoria widerrief Schlittenbauer am 23. September seine Anschuldigungen gegen Gruber. Dafür soll Schlittenbauer sogar Geld erhalten haben. Wenig später erkannte er Viktorias Sohn als sein Kind an, wofür er noch einmal eine beträchtliche Summe von der Familie Gruber erhalten haben soll. Rein rechtlich war die Angelegenheit damit geklärt, doch das Gerede in den Dörfern rund um den Einödhof der Grubers war groß. Überall war man sich einig, dass der alte Gruber der Vater des kleinen Josef war. In den Wirtshäusern, an Gartenzäunen und gar beim Gottesdienst wurde über die Blutschande auf dem Gruberhof getuschelt. Immer wieder wurden Stimmen laut, dass solch ein „Schweinskram" mitten unter gottesfürchtigen Leuten nichts zu suchen habe. Nach einigen Gläsern Bier wurde in den Dorfschänken auch schon mal darüber geredet, dem Gruber und seiner „Teufelsbrut" eine Abreibung zu verpassen. Persönlich wurde Andreas Gruber jedoch niemals angefeindet, man hatte dann doch zu viel Angst vor ihm. Am ärgsten wurde der kleinen Cäzilia Gabriel zugesetzt, welche täglich den Spott ihrer Mitschüler ertragen musste.
Durch die angesprochenen Vorkommnisse herrschte im Vorfeld der Morde in Hinterkaifeck eine gespannte Stimmung zwischen den Bewohnern der Nachbardörfer und der Familie auf dem Einödhof. Man ging sich aus dem Weg, beim sonntäglichen Kirchenbesuch wurden nur wenige Worte mit den Grubers gewechselt. Geschäfte wurden kaum noch getätigt, nur der Briefträger und der nächste Nachbar, Lorenz Schlittenbauer, sahen hin und wieder in Hinterkaifeck vorbei.

Im März 1922 fühlte sich die Familie Gruber zunehmend unwohler auf ihrem einsamen Hof. Irgendjemand schien das Anwesen schon geraume Zeit zu beobachten. Viktoria Gabriel war regelrecht hysterisch und bat entfernt wohnende Verwandte, sie und die Kinder aufzunehmen. Sie hatte sich in den Kopf gesetzt, dass ihr angeblich im Krieg gefallener Mann gar nicht tot sei und auf Rache für ihre Untreue sinne. Angeblich hatte Viktoria am Waldrand mehrfach einen Mann gesehen, der sie beobachtete. An eben dieser Stelle fand Andreas Gruber eine aktuelle Ausgabe der „Münchner Zeitung". Seine Tochter hatte sich den Beobachter also nicht nur eingebildet. Gegen Ende des Monats häuften sich die mysteriösen Vorfälle auf dem Einödhof. Die Magd Kreszenz Rieger hatte schon vor Monaten gekündigt, da sie glaubte, es spuke auf dem Gruberhof. Tatsächlich waren vom Dachboden immer wieder seltsame Geräusche zu vernehmen, die Bauer Gruber auf Mäuse und Ratten schob. Am 30. März stellte Gruber fest, dass ein Vorhängeschloss am Seiteneingang des Hauses aufgebrochen worden war. Außerdem entdeckte er Spuren im Schnee, die vom Waldrand zum Hof hin, aber nicht wieder weg führten. Obwohl Gruber daraufhin das gesamte Anwesen durchsuchte, konnte er nichts Ungewöhnliches entdecken. Er fragte auch den Nachbarn Lorenz Schlittenbauer, ob jener Ortsfremde bemerkt hätte, welche sich im Dorf oder nahe dem Einödhof aufhielten. Schlittenbauer hatte nichts bemerkt, gab aber in einer späteren

Vernehmung an, er hätte die Spuren verursacht, als er wieder einmal seinen Sohn auf dem Gruberhof besuchen wollte. Allerdings schien hier eine Verwechslung vorzuliegen, denn die Spuren kamen vom Wald, nicht von Schlittenbauers Hof. Es scheint, als wurde der Gruberhof tatsächlich mehrere Tage von Unbekannten beobachtet. Erstaunlich war, dass in den Verhörprotokollen der Dorfbewohner keinerlei Ortsfremde erwähnt wurden, die sich zu jener Zeit in der Gegend aufhielten. Nicht einmal die üblichen Vertreter oder fahrenden Händler waren gesehen worden. Waren es also Kriminelle, welche sich im Wald versteckt gehalten und tagelang den Gruberhof ausspioniert hatten? Schwer vorstellbar, da laut Wetteraufzeichnungen die Temperaturen kaum über den Gefrierpunkt stiegen.

Am Nachmittag des 31. März 1922 trat die neue Magd Maria Baumgartner ihren Dienst auf dem Gruberhof an. Franziska Schäfer, welche ihre Schwester zur neuen Arbeitsstelle begleitet hatte, fiel sofort die gedrückte Stimmung auf, in welcher sich die gesamte Familie Gruber befand. Maria Baumgartner soll sich sehr unwohl gefühlt haben, denn sie bat ihre Schwester sie wieder mitzunehmen, was diese jedoch ablehnte. Am folgenden Tag, einem Samstag, fehlte Cäzilia Gabriel in der Schule. Es war das erste Indiz, dass auf dem Gruberhof etwas nicht in Ordnung war. Allerdings wurde dem Fernbleiben des Mädchens nicht viel Bedeutung beigemessen. Kinder wurden schon einmal krank und die Mutter würde sie sicherlich noch entschuldigen. Dass die Familie Gruber auch vollständig beim sonntäglichen Gottesdienst in der Waidhofer Kirche fehlte, fiel den Dorfbewohnern dann schon eher auf. Jedoch wurde vermutet, dass die Familie zu Besuch bei Verwandten war. Das glaubte auch der Briefträger Josef Mayer, der am Montagmorgen vergeblich versuchte, in Hinterkaifeck einen Brief zuzustellen. Ein Blick durch das Fenster in die leere Küche und der fehlende Rauch aus dem Schornstein überzeugten ihn, dass die Grubers nicht zu Hause waren. Am Dienstag, den 4. April 1922, erschien der Monteur Albert Hofner von der Maschinenfabrik Ziegler aus Pfaffenhofen auf dem Einödhof. Andreas Gruber hatte vor einiger Zeit einen Motor bei der Firma Ziegler gekauft, welcher nicht mehr richtig funktionierte. Der Monteur war sehr erstaunt, dass auf dem Gruberhof niemand anzutreffen war, denn er war für eben diesen Tag bestellt worden. Erst wollte Hofner unverrichteter Dinge wieder abziehen, doch als er sah, dass die Tür zum Motorenraum nur notdürftig verschlossen war, machte er sich an die Reparatur. Als er während der Arbeit einmal aufschaute, war es ihm, als hätte er eine Bewegung auf dem Hof ausgemacht. Als Hofner nachsah, fand er die Türe zum Stadel plötzlich offen stehen, die vorher verschlossen gewesen war. Dem Monteur wurde es unheimlich auf dem Gruberhof, denn trotz der plötzlich offen stehenden Tür befand sich augenscheinlich niemand auf dem Hof. Nach einer Motorenprobe packte er schnell sein Werkzeug zusammen und verließ den Hof. Auf dem Rückweg sagte Hofner noch den Töchtern von Lorenz Schlittenbauer Bescheid, dass er den Motor in Hinterkaifeck repariert habe, aber niemandem von der Familie begegnet sei.

Lorenz Schlittenbauer, der in Gröbern die Funktion des Ortsführers innehatte, fühlte sich inzwischen dafür verantwortlich, den Verbleib der Familie Gruber zu ergründen. Zunächst schickte er seine Söhne Johann und Josef nachschauen, ob tatsächlich niemand auf dem Gruberhof war. Vielleicht lagen die Familienmitglieder krank im Bett und brauchten Hilfe. Laut Auskunft der Jungen schien der Hof in Hinterkaifeck tatsächlich verlassen, nur das Vieh schrie erbärmlich im Stall und der winselnde Hund war zu hören. Nun wurde Lorenz Schlittenbauer tatsächlich unruhig. Irgendetwas musste auf dem Einödhof vorgefallen sein. Die Grubers hätten ihre Tiere nicht tagelang allein gelassen. Zur Verstärkung holte sich der Ortsführer noch die Nachbarn Michael Pöll und Jakob Sigl dazu. Gemeinsam mit den beiden Jungen machten sich die Männer nach Hinterkaifeck auf. Wie erwartet wirkte der Hof wie ausgestorben, nur die Tiere waren zu hören. Die vom Monteur Albert Hofner beschriebene Tür stand noch offen. Von diesem Raum aus gelangte man durch das Stadel weiter ins Innere des Hauses, das wusste Lorenz Schlittenbauer von seinen Besuchen bei Viktoria Gabriel. Die Tür zum Stadel war von innen verriegelt, doch mit gemeinschaftlicher Anstrengung gelang es den Männern, sich Zutritt zu verschaffen. Was die Suchmannschaft dort vorfand, kann nur als das reinste Grauen bezeichnet werden: Notdürftig mit Stroh bedeckt, lagen im Stadel die Leichen von Andreas Gruber, seiner Frau Cäzilia sowie der Tochter Viktoria Gabriel und der Enkelin Cäzilia Gabriel. Von dem unerwarteten Anblick entsetzt, stürmten Michael Pöll und Jakob Sigl aus dem Stadel, nur Lorenz Schlittenbauer blieb einigermaßen gefasst. Die völlig verängstigten Knaben wurden ins Dorf geschickt, um den Bürgermeister zu informieren. Nach einiger Zeit der Beruhigung schickten die drei Männer sich an, das Haus zu betreten. Lorenz Schlittenbauer war in Angst um das Kind, das er als sein Fleisch und Blut anerkannt hatte. Seine schlimmsten Befürchtungen bewahrheiteten sich: Die Täter hatten nicht davor zurückgeschreckt, das unschuldige Kind in seiner Wiege zu erschlagen. Mit versteinertem Gesichtsausdruck sah Schlittenbauer auf die Kinderleiche, konnte das Geschehene kaum verarbeiten. In der Zwischenzeit hatten Pöll und Sigl noch die Leiche der erschlagenen Magd Maria Baumgartner in der Kammer entdeckt.

Von Johann Schlittenbauer informiert, kontaktierte der Bürgermeister von Wangen sofort die Kriminalpolizei in München. Obwohl schon Abend war, waren die Beamten noch in der Dienststelle. Die Ermittlungen wurden Kriminaloberinspektor Georg Reingruber übertragen, der in aller Eile eine Kommission aus mehreren Polizeibeamten und zwei Spürhunden zusammenstellte. Gegen 1.30 Uhr in der Früh trafen die Beamten in Wangen ein und ließen sich zunächst von Bürgermeister Greger über die Leichenfunde informieren. Erstaunt erfuhr Kriminaloberinspektor Reingruber, dass bereits am Abend eine Gerichtskommission aus Schrobenhausen den Tatort besichtigt hatte, jedoch bereits wieder zurückgefahren war. Zudem hielt sich seit Auffindung der Ermordeten eine größere Menschenmenge im Bereich des Einödhofes auf, die vermutlich schon unwissentlich wichtige Spuren zerstört hatte. Reingruber wurde klar, dass es nicht leicht werden würde, den Fall aufzuklären. Inzwischen war es 3.00 Uhr geworden und die Kriminalisten warteten auf den Sonnenaufgang, um den Tatort endlich untersuchen zu können.

Alle Ermordeten wiesen schwere Kopfverletzungen auf, die von der gleichen Waffe zu stammen schienen. Allerdings wurde die Tatwaffe nicht gefunden. Auffällig war die Tatsache, dass Mordopfer Viktoria Gabriel besonders schwer zugerichtet war. Daher lag die Vermutung nahe, dass es sich hier um eine Beziehungstat handelte, da auch ihr Sohn Josef in der Wiege erschlagen worden war. Raubmörder hätten mit Sicherheit dem Kleinkind kein Leid zugefügt, da von ihm keine Gefahr ausging. Bei späteren Zeugenbefragungen kam immer wieder das inzestuöse Verhältnis von Andreas Gruber zu seiner Tochter Viktoria zur Sprache. Auch die seltsamen Umstände der Vaterschaftsanerkennung durch Lorenz Schlittenbauer wurden erwähnt. Wenngleich die Indizien eindeutig auf Täter aus dem Umfeld der Familie Gruber deuteten, ermittelte die Polizei von Anfang an in Richtung Raubmord. Auch, dass die Beamten im Haus große Mengen an Hartgeld und Wertgegenständen vorfanden, änderte nichts daran. Grund waren nebulöse Aussagen von Nachbarn, die Grubers hätten große Mengen an Papiergeld im Haus aufbewahrt. Von 100.000 Mark war die Rede. Diese angebliche Beute schien nach Ansicht der Beamten den Räubern gereicht zu haben.

Weitere Untersuchungen im Haus ergaben, dass sich die Täter schon am Tage im Haus versteckt gehalten und den Einbruch der Nacht abgewartet hatten, um den Raub zu begehen. Darauf deuteten Spuren auf dem Heuboden sowie verschobene Dachziegel hin. Anscheinend wurden die Räuber von den Hausbewohnern überrascht. So kam es zu der schrecklichen Bluttat.

Nach den polizeilichen Ermittlungen muss sich die Tat in etwa folgendermaßen abgespielt haben:

Die Morde müssen zwischen 19.30 Uhr und 21.00 Uhr am 31. März 1922 geschehen sein. Andreas Gruber war schon zu Bett gegangen, auch die Magd Maria Baumgartner befand sich in ihrer Kammer. Viktoria Gabriel und ihre Mutter brachten die Kinder zu Bett und unterhielten sich noch eine Weile in der Küche. Auf einmal waren Geräusche aus dem angrenzenden Stall zu vernehmen, als ob sich eine Kuh losgerissen hätte. Viktoria erbot sich nachzusehen und wurde als erstes Opfer erschlagen. Da die Tochter nicht aus dem Stall zurückkam, ging Mutter Cäzilia nachschauen und wurde ebenfalls ermordet. Andreas Gruber wunderte sich, dass seine Frau nicht zum Schlafen kam. Er suchte sie, wurde ebenfalls durch Geräusche in den Stall gelockt und erschlagen. Warum sich die kleine Cäzilia Gabriel im Stall befand, darüber kann nur spekuliert werden. Vermutlich konnte sie nicht einschlafen und suchte ihre Familienangehörigen. Danach betraten die

Täter die Kammer von Maria Baumgartner und ermordeten sie ebenfalls. Als letzter musste der kleine Josef sterben, die wohl abscheulichste Tat.
Nachdem die ganze Familie Gruber ausgelöscht war, durchwühlten die Täter das Zimmer von Viktoria Gabriel. Es war der einzige Raum im Haus, der Spuren von Verwüstung zeigte. Augenscheinlich war Viktoria Gabriel Dreh- und Angelpunkt der Mordtat. In diesem Zusammenhang äußerten Nachbarn auch den Verdacht, Viktorias angeblich gefallener Mann Karl Gabriel sei der Täter und habe sich für die Untreue seiner Frau gerächt. Für diese Verdachtsmomente konnten allerdings keine hinreichenden Beweise gefunden werden. Mehrere Kriegskameraden konnten den Tod von Karl Gabriel glaubhaft bezeugen und die Rachetheorie wurde von den Beamten verworfen.
Von der zuständigen Staatsanwaltschaft wurde eine umfangreiche Befragung aller Dorfbewohner aus Gröbern und Wangen angeordnet. Zudem wurden verschiedene Handelsvertreter befragt, die die Dörfer belieferten. Die Ermittlungen sollten Hinweise auf auffällige Personen bringen, welche sich im Zeitraum der Morde in der Gegend aufgehalten hatten. Da die Vernehmungen keine wirklichen Hinweise ergaben, verfielen die Ermittler auf die Idee, ein kürzlich entlassener Strafgefangener habe die Tat begangen. Von umliegenden Strafanstalten wurden Entlassungslisten angefordert, doch auch in dieser Richtung waren keine Ermittlungserfolge zu verzeichnen.
Obwohl kein wirkliches Motiv zu erkennen war, geriet Ortsführer Lorenz Schlittenbauer ins Visier der Ermittler. Michael Pöll und Jakob Sigl äußerten den Verdacht, Schlittenbauer hätte gewusst, wo die Leichen zu finden seien. Zu zielstrebig hätte er die Suchmannschaft an die Tatorte geführt. Außerdem schien er sich mit den örtlichen Gegebenheiten im Hause Gruber zu gut auszukennen. Auch Kriminaloberinspektor Reingruber hatte Schlittenbauer schon verdächtigt, zu auffällig war dessen Verhalten gewesen, als er den Ermittlern die Mordstätte zeigte. Da Schlittenbauer jedoch eine Liaison mit Viktoria Gabriel gehabt hatte und möglicherweise Vater des kleinen Josefs war, wurde sein Verhalten auf einen Schock zurückgeführt.
Interessante Angaben zur möglichen Herkunft der Täter konnte der Zeuge Michael Plöckl machen. Jener gab an, am Abend des 1. April Licht im Haus der Familie Gruber gesehen zu haben, zudem stieg Rauch aus dem Schornstein. Weitere Indizien ließen darauf schließen, dass die Mörder sich nach der Tat noch geraume Zeit auf dem Anwesen befunden haben mussten. Benutztes Geschirr von mehreren Mahlzeiten war in der Küche vorgefunden worden, außerdem hatten die Täter das Vieh versorgt und die Kühe gemolken. Welche Raubmörder hielten sich unnötig lange am Ort des Verbrechens auf, kümmerten sich um das Vieh der Opfer und speisten in aller Seelenruhe? Alle Indizien deuteten darauf hin, dass die Täter in einer Beziehung zu den Opfern standen. Anscheinend schienen den Kriminalbeamten diese Verdachtsmomente nicht aufzufallen, denn es wurde weiter nach Tätern außerhalb der Dorfgemeinschaft gesucht.

Die polizeilichen Ermittlungen der 1920er Jahre können in keiner Weise mit der heutigen Polizeiarbeit verglichen werden. Die Täterüberführung mittels Fingerabdrücken stand in der Anfangsphase, Forensik kannte man noch nicht. Der ermittelnde Landgerichtsarzt Dr. Johann Aumüller konnte bei der Obduktion jedoch feststellen, dass die Opfer nicht nur erschlagen, sondern regelrecht misshandelt worden waren. Viktoria Gabriel hatte nicht weniger als neun Schläge auf den Kopf erhalten, zudem war sie noch gewürgt worden. Augenscheinlich richtete sich der Hass der Täter im Besonderen auf ihre Person.

Am 8. April 1922 wurde die ermordete Familie Gruber gemeinsam mit der Magd Maria Baumgartner in einem Gemeinschaftsgrab auf dem Friedhof in Waidhofen beigesetzt. Hunderte Menschen hatten sich auf dem Friedhof eingefunden. So unbeliebt die Grubers zu ihren Lebzeiten auch gewesen waren, ihre Beerdigung wollten sich die Leute nicht entgehen lassen.

Einige Tage nach der Beerdigung ließ das bayerische Innenministerium 100.000 Mark Belohnung für die Ergreifung der Mörder von Hinterkaifeck aussetzen. So hoffte man, schneller Ermittlungserfolge zu erzielen. Den zuständigen Beamten waren inzwischen berechtigte Zweifel gekommen, ob der Fall je zu lösen sei. Man hatte immer noch keine Tatwaffe gefunden, außer Raub gab es anscheinend keine weiteren Motive. Alle bisher eingegangenen Hinweise hatten sich als Sackgasse erwiesen. Auch die außergewöhnlich hohe Belohnung sollte sich als Fehlschlag erweisen. Eine Vielzahl von Berufsverbrechern bezichtigte sich gegenseitig der Tat, entscheidende Hinweise konnten nicht ermittelt werden. Sogar eine selbsternannte Hellseherin erschien bei der Polizei, um den Fall zu lösen. Ihre Fähigkeiten stellten sich aber schnell als Schwindel heraus.

Einen ersten ernstzunehmenden Hinweis lieferte Kreszenz Rieger, eine ehemalige Magd der Familie Gruber. Sie berichtete der Polizei von den Brüdern Anton und Karl Bichler, die gelegentlich Hilfsarbeiten auf dem Einödhof verrichtet hatten. Auch wenn es nichts auf dem Hof zu tun gab, kamen die Brüder zum Betteln und sollen Andreas Gruber auch bedroht haben. Für die Polizei waren Anton und Karl Bichler „alte Bekannte". Beide hatten bereits mehrere Haftstrafen verbüßt, unter anderem wegen Körperverletzung und Diebstahl. Die Männer erschienen als die idealen Verdächtigen. Beide kannten sich auf dem Gruberhof aus und galten als gewalttätig. Da die Brüder keinen festen Wohnsitz hatten, war es für die Beamten nicht leicht, sie zu finden. Nach mehrmonatiger Suche wurde die Polizei der Brüder habhaft. Beide konnten jedoch Alibis nachweisen, die von den Beamten nicht zu widerlegen waren. Wieder hatte eine verheißungsvolle Spur ins Nichts geführt.

Auch im Sommer 1922 kamen immer noch viele Schaulustige nach Hinterkaifeck, um die Stätte des grausamen Verbrechens zu besichtigen. Bernhard Gruber, der Bruder des ermordeten Andreas Gruber, hatte bisher den Hof weitergeführt. Allerdings war ihm nicht wohl dabei, er fürchtete einen erneuten Übergriff der Täter.

Immer wieder kamen auch Kaufinteressenten auf den Hof, welche hofften, das Anwesen günstig erwerben zu können. Von der Öffentlichkeit weitestgehend unbemerkt war es zwischen den Verwandten der Grubers und Gabriels zu massiven Erbstreitigkeiten gekommen. Der Hof war zwar schon durch einen Erbvertrag vom 11. März 1914 auf Viktoria Gabriel überschrieben worden, doch die Familie Gruber forderte ihren Anteil am Erbe. Letztendlich konnten sich die Parteien jedoch außergerichtlich einigen. Karl Gabriel Senior wurde das Recht eingeräumt, den Einödhof günstig zu erwerben. Von der Familie Gruber wollte niemand den Mordhof weiter betreiben. Auch die Familie Gabriel zog das nicht in Betracht. Im Februar 1923 wurde mit dem Abbruch von Hinterkaifeck begonnen. Bei den Arbeiten konnte endlich die lang gesuchte Mordwaffe entdeckt werden. Es handelte sich dabei um eine selbstgebaute Reuthaue, ein Werkzeug zum Roden von Bäumen und Sträuchern. Das blutbefleckte Werkzeug wurde unter den Brettern des Heubodens entdeckt. Allerdings brachte die Untersuchung der Tatwaffe keine nennenswerten Ergebnisse. Erstaunlich war der Fundort der Tatwaffe. Auswärtige Täter hätten die Waffe wohl achtlos beiseite geworfen und den Tatort schnellstens verlassen. Täter aus dem Umfeld der Familie Gruber würden sicherlich eher das Tatwerkzeug versteckt haben, um Spuren zu verwischen. Im Zusammenhang mit dem Auffinden der Tatwaffe gab der Zeuge Andreas Schwaiger bei einer späteren Vernehmung an, dass Lorenz Schlittenbauer nach Auffindung der Reuthaue diese mit der Begründung an sich bringen wollte, dass sie aus seinem Besitz stamme und er sie schon länger vermisst hätte. Wieder geriet Schlittenbauer ins Fadenkreuz der Ermittlungen. Er gab jedoch an, dass er das Werkzeug Andreas Gruber ausgeliehen, dieses aber vergessen habe. Die Beamten glaubten ihm.

Am 26. April 1923, über ein Jahr nach der Tat, schien der Polizei endlich der lang erwartete Fahndungserfolg geglückt zu sein. Ein wegen Raubmord verdächtigter 21-jähriger Metzger aus München, der in den Polizeiakten nur als Otto K. erwähnt wird, gab an, an den Morden von Hinterkaifeck beteiligt gewesen zu sein. Obwohl den vernehmenden Beamten schnell klar war, dass der Verdächtige log, ließen sie ihn ein umfassendes Geständnis ablegen. Wesentliche Aussagen von Otto K. waren falsch, doch der inzwischen am Fall beteiligte Staatsanwalt Ferdinand Renner war auf den Abschluss des Mordfalles bedacht. Nur wenige Tage später nahm der Verdächtige sein Geständnis wieder zurück. Er gab nun an, nicht selbst am Mord beteiligt gewesen zu sein, nannte aber mehrere Täter namentlich. Nach einer intensiven Befragung durch Kriminaloberinspektor Reingruber gab Otto K. schließlich zu, er habe sich mit seinen Aussagen nur wichtig machen wollen.

Über zwei Jahre nach der schrecklichen Mordtat kamen die Ermittlungsbeamten erstmalig zu der Ansicht, dass es einen möglichen Täter aus dem Umfeld der Familie Gruber geben könnte. Dem ebenfalls mit dem Fall beschäftigten Staatsanwalt Richard Pielmayer fiel bei neuerlicher Aktensichtung auf, dass der Monteur Albert Hofner nie von der Kriminalpolizei zu seinen Erlebnissen auf dem Mordhof vernommen worden war. Seine Angaben stammten lediglich von einer kurzen telefonischen Befragung durch einem Beamten der Gendarmeriestation Hohenwart. Von dort erfuhr Staatsanwalt Pielmayer, dass Hofner selbst auf der Wache angerufen hatte, um seine Angaben zu machen. So viel Eigeninitiative ließ Pielmayer misstrauisch werden. Eventuell waren die Angaben von Hofner nur Schutzbehauptungen, da ihn möglicherweise jemand auf dem Gruberhof gesehen hatte. Kriminalsekretär Kolmer wurde auf die verheißungsvolle Spur angesetzt und führte umfangreiche Recherchen durch. Von Hofners Chef Johann Ziegler erfuhr der Kriminalbeamte, dass Andreas Gruber seinerzeit den Reparaturauftrag telefonisch bestellt hatte und Andreas Hofner im Auftrag der Firma auf dem Gruberhof war. Auch die Töchter von Nachbar Lorenz Schlittenbauer konnten glaubhaft versichern, dass ihnen Andreas Hofner erst am 4. April 1922 begegnet sei. Er habe sie gebeten, die Grubers über den erledigten Auftrag zu informieren. Zu diesem Zeitpunkt war die Familie Gruber schon mehrere Tage tot.

Staatsanwalt Pielmayer war jedoch nicht von seiner Theorie abzubringen, dass die Täter aus dem näheren Umfeld der Opfer stammten. Wieder einmal wurde Ortsführer Schlittenbauer verdächtigt. Der Staatsanwalt sah in dem Dreiecksverhältnis Andreas Gruber – Viktoria Gabriel – Lorenz Schlittenbauer einen möglichen Lösungsansatz für die Mordtat. Pielmayer studierte noch einmal eingehend die Aussagen der Suchmannschaft, die die Leichen entdeckt hatte. Zunächst konnte er keine Widersprüchlichkeiten entdecken, aber schließlich bemerkte Pielmayer, dass die Aussagen der drei Männer vom Wortlaut her fast identisch waren, so als seien sie abgesprochen. Trotz intensiver Bemühungen und erneuten Vernehmungen konnte Pielmayer jedoch keine Tatbeteiligung der drei Männer nachweisen.

Die bis heute erhaltenen Polizeiakten sprechen eine deutliche Sprache. Die Polizei war ratlos. Jeder noch so kleinen Spur war nachgegangen worden, hatte jedoch zu keinem Ergebnis geführt. Unzählige Stunden Polizeiarbeit waren aufgewendet worden, um letztendlich ohne klare Verdachtsmomente dazustehen. Erstaunlich ist die Tatsache, dass Lorenz Schlittenbauer immer wieder in Verdacht geriet, am Mord in Hinterkaifeck beteiligt gewesen zu sein. Bis heute gilt er als Hauptverdächtiger. Ob er tatsächlich etwas mit den Morden zu tun hatte, wird an späterer Stelle noch genauer untersucht werden.

Am 1. März 1930 ging Chefermittler Kriminaloberinspektor Georg Reingruber in Pension. In den Folgejahren wurde nur noch sporadisch am Mordfall Hinterkaifeck gearbeitet. Während des Zweiten Weltkrieges kamen die Ermittlungen gänzlich zum Erliegen.

1951 wurde noch einmal die Theorie aufgegriffen, Karl Gabriel sei doch nicht im Jahre 1914 in Frankreich gefallen, sondern vielmehr mit falscher Identität nach Hause gekommen, um die Familie Gruber für den Inzest zu bestrafen. Ein gewisser Matthäus Eser, in Waidhofen geboren, gab gegenüber dem Staatsanwalt

Andreas Popp an, er habe in russischer Kriegsgefangenschaft einen russischen Offizier als den vermeintlich gefallenen Karl Gabriel erkannt. Obwohl Staatsanwalt Popp die Angelegenheit mehr als zweifelhaft erschien, wurden noch einmal ehemalige Kriegskameraden von Karl Gabriel aus dem Ersten Weltkrieg befragt, die seinen Tod bestätigten. Als Matthäus Eser wegen Falschaussage inhaftiert wurde, gab er schließlich zu, die Geschichte aus einem Presseartikel zu kennen, der bereits 1943 erschienen war, aber jeglicher Grundlage entbehrte.

Ähnlich wie vormals Kriminaloberinspektor Reingruber hatte es sich Staatsanwalt Popp zur Lebensaufgabe gemacht, den Mordfall Hinterkaifeck erfolgreich abzuschließen. Dreißig Jahre nach dem Mord an der Familie Gruber schien es noch einmal eine verheißungsvolle Spur zu geben. Die Staatsanwaltschaft ermittelte gegen die Brüder Adolf und Anton Gump, wobei der ältere Adolf bereits verstorben war. Staatsanwalt Popp war eher zufällig auf die Aussage einer gewissen Kreszentia Maier gestoßen, die 1941 auf dem Sterbebett ihre Brüder Adolf und Anton des Mordes von Hinterkaifeck bezichtigt hatte. In den Kriegswirren war die Angelegenheit nicht weiter verfolgt worden, doch ein im November 1951 in der „Schwäbischen Landeszeitung" erschienener Zeitungsartikel weckte die Aufmerksamkeit der Behörden. Anton Hauber, der Beichtvater der verstorbenen Kreszentia Maier, wurde vorgeladen und gab zu Protokoll, er sei aus Rücksicht auf das Beichtgeheimnis damals nicht zur Polizei gegangen. Erst Jahre später habe er während einer Bibelstunde einigen Jugendlichen von den Anschuldigungen erzählt. Einer der anwesenden jungen Männer habe dann die Informationen an die Presse weitergegeben. Staatsanwalt Popp studierte noch einmal ausführlich die Fallakten und stellte fest, dass Adolf Gump bereits wenige Tage nach den Morden in Hinterkaifeck zur Fahndung ausgeschrieben worden war. Weitere Hinweise waren nicht zu finden, was nach Ansicht des Staatsanwaltes daran lag, dass ein Teil der Akten im Krieg verloren gegangen war. Da Adolf Gump bereits 1944 verstorben war, konzentrierten sich die folgenden Ermittlungen auf seinen Bruder Anton. Jener war völlig perplex, mit einem dreißig Jahre alten Mordfall in Verbindung gebracht zu werden. Obwohl Anton Gump monatelang ergebnislos verhört wurde, erließ die Staatsanwaltschaft am 6. Mai 1952 gegen ihn einen Haftbefehl. Drei Wochen später wurde er jedoch wieder freigelassen, da keinerlei Beweise für eine Tatbeteiligung nachzuweisen waren. Die Anschuldigungen seiner Schwester Kreszentia Maier stellten sich als falsche Behauptungen heraus, mit denen sie ihren verhassten Brüdern hatte schaden wollen. Verschiedene Familienmitglieder hatten das Verhältnis der Geschwister zueinander von jeher als zerrüttet beschrieben.

Die Ermittlungen gegen Anton Gump waren der letzte behördliche Versuch, den Mordfall Hinterkaifeck zu klären. Laut einer Verfügung des Justizministeriums vom Juli 1955 wurden die Akten offiziell geschlossen.

Trotz 33 Jahre andauernder Ermittlungsversuche hatte es nie wirklich eine heiße Spur gegeben. Nur zwei Namen tauchten die ganzen Jahre immer wieder im

Kreise der Verdächtigen auf, Karl Gabriel und Lorenz Schlittenbauer.

Nach meinen bisherigen Ausführungen halte ich es nicht für notwendig, noch einmal näher auf die Anschuldigungen gegen Karl Gabriel einzugehen. Es ist mit Sicherheit davon auszugehen, dass er 1914 in Frankreich fiel und dort auch in einem anonymen Massengrab beerdigt wurde. Sein Tod wurde mehrfach von ehemaligen Kriegskameraden und Vorgesetzten bestätigt. Die Vorahnungen von Viktoria Gabriel und die Mutmaßungen von Nachbarn der Grubers können als Hirngespinste betrachtet werden. Viktoria fürchtete sich unbewusst vor einer Bestrafung für das inzestuöse Verhältnis zu ihrem Vater. Die Dorfbewohner stellten ähnliche Vermutungen an, sahen einen betrogenen Ehemann, der auf Rache sann, als Vergeltung für das unheilige Tun auf dem Gruberhof an.

Der einzige Verdächtige, der bis heute nicht ausgeschlossen werden kann, bleibt Lorenz Schlittenbauer. In den viele Jahre andauernden Ermittlungen wurde er immer wieder vernommen. Aus den erhaltenen Polizeiakten ist ersichtlich, dass sich Schlittenbauer des Öfteren in Widersprüche verstrickte, was die Polizei jedoch zu wenig berücksichtigte. Da Schlittenbauers Vernehmungen über die Jahre hinweg von verschiedenen Dienststellen und immer neuen Beamten durchgeführt wurden, waren die ungereimten Aussagen des Verdächtigen zunächst nicht aufgefallen. Nach dem offiziellen Abschluss des Mordfalles waren es pensionierte Kriminalbeamte und Journalisten, welche bei privaten Ermittlungen die exponierte Rolle von Lorenz Schlittenbauer als Tatverdächtigem zu Tage förderten. In einer Filmdokumentation aus dem Jahre 1991 wurden Bewohner von Gröbern und Wangen zu ihren Ansichten über die Morde in Hinterkaifeck befragt. Immer wieder fiel der Name Lorenz Schlittenbauer als Tatverdächtiger. Sein Verhältnis zu Viktoria Gabriel und die ungeklärte Vaterschaft des kleinen Josef wurden als mögliches Tatmotiv genannt. In diesem Zusammenhang ist auch das Interview mit einer 93-jährigen Zeitzeugin aus dem Jahr 2007 zu sehen. Die rüstige Dame erzählte von einem Eklat im Dorf, weil Schlittenbauer bei der Beerdigung der Ermordeten als Sargträger fungieren wollte. Er galt Zeit seines Lebens im Dorf als Verdächtiger, wenngleich ihm die Beteiligung an der Tat auch niemals nachgewiesen werden konnte. Vielmehr bezogen sich die Verdächtigungen auf eine Vielzahl von Indizien. So wurde beim Fund der Leichen ein Tor aufgebrochen, da sämtliche Außentüren auf dem Gruberhof verschlossen waren. Nach dem Auffinden der Toten verließen Schlittenbauers Begleiter entsetzt den Stall, während er alleine in das Haus weiterging, in dem er sich bestens auszukennen schien. Er schloss dann die Haustür von innen mit einem Schlüssel auf. Es war bekannt, dass Andreas Gruber kurz vor den Morden einen Schlüssel vermisste. Schlittenbauer soll in den Folgejahren zudem immer wieder merkwürdige Andeutungen über den Tathergang gemacht haben, die ihn als Beteiligten erscheinen ließen. So begegnete der Dorflehrer Hans Yblagger dem Verdächtigen an den Mauerresten des abgebrochenen Hofes. Der Lehrer fand Schlittenbauer über den noch vorhandenen Kellereingang gebeugt und war verwundert über dessen schreckhafte Reaktion, als er ihn ansprach. Schlittenbauer erzählte von einem angeblichen Versuch der Täter, die Leichen hinter dem Hof zu vergraben, was aber aufgrund des gefrorenen Bodens nicht möglich gewesen war. Diese Information war laut Polizeiakten von Schlittenbauer niemals offiziell geäußert worden.

Das Dreiecksverhältnis zwischen Vater, Tochter und deren Liebhaber scheint ein mögliches Mordmotiv gewesen zu sein. Es hat den Anschein, dass Viktoria Gabriel ihr Verhältnis mit Lorenz Schlittenbauer nur einging, um die Schwangerschaft von ihrem Vater zu vertuschen. Es ist bekannt, dass Andreas Gruber und Lorenz Schlittenbauer zu jener Zeit oft in Streit gerieten. Außerdem war bekannt, dass Schlittenbauer wiederholt größere Geldsummen von den Grubers erhielt. Schlittenbauer war wohl hinter den erneuten Inzest auf dem Einödhof gekommen und erpresste seine Nachbarn. Zudem muss er von großer Wut erfüllt gewesen sein, als Gruber ihm die Hand seiner Tochter verweigerte. Letztendlich basieren aber alle Verdächtigungen gegen Lorenz Schlittenbauer nur auf Indizien und Vermutungen.

Ich persönlich bin der Ansicht, dass das Mordmotiv im inzestuösen Verhältnis von Vater und Tochter Gruber lag. In einem Artikel der „Mittelbayerischen Zeitung“ vom 9. Mai 2006 wurde von einem Sterbebildchen berichtet, das ein gewisser Stefan Rosenmeier aus Hagelstadt im Nachlass seines Vaters gefunden hatte. Jenes Sterbebildchen war zur Beerdigung der Familie Gruber gedruckt und verteilt worden. Das Bild war mit handschriftlichen Notizen wie etwa „Hand Gottes, Blutschande, Sittlichkeit, in der ganzen Umgebung verachtet“ versehen. Der unbekannte Schreiber war also der Meinung, dass die Morde in Hinterkaifeck auf den Inzest zurückzuführen waren und durchaus gerechtfertigt schienen. Eine im erzkatholischen Bayern durchaus berechtigte Vorstellung. Möglicherweise waren die Morde in Hinterkaifeck eine Art „Stammtischintrige“. Die Bewohner von Gröbern und Wangen waren schon seit Jahren empört über das Treiben auf dem Gruberhof. Nach der Geburt des kleinen Josefs war das Maß voll. Vielleicht fassten einige Männer im Geheimen den Plan, Andreas Gruber und Viktoria Gabriel für ihre Sünden zu bestrafen. Der kleine Josef musste sterben, weil er ein Kind der Schande war. Die anderen Opfer waren nur zur falschen Zeit am falschen Ort.
Natürlich sind das nur Mutmaßungen, die mir bei meiner Beschäftigung mit dem Fall Hinterkaifeck in den Sinn kamen. Die Mörder wurden niemals gefasst, sind heute mit Sicherheit längst verstorben. Die Morde in Hinterkaifeck werden auch in Zukunft zu den spektakulärsten, unaufgeklärten Mordfällen in Deutschland gehören.

Pan Dietrich – Der Wilde Jäger

Die mythologische Gestalt des Wilden Jägers gehörte ursprünglich zur Wilden Jagd Wotans, die in den Raunächten zum Jahreswechsel über das Firmament zog. In jenen zwölf Nächten stand die sonst geschlossene Pforte zum Geisterreich offen. Neben den Seelen von Verstorbenen waren es mystische Gestalten wie Perchta, Holda und der Wilde Jäger, die an Wotans Seite ritten. Die Wilde Jagd erfüllte verschiedene Aufgaben. Die Erde wurde mit Fruchtbarkeit für das kommende Frühjahr gesegnet, Perchta und Holda belohnten oder bestraften die Menschen für ihr Verhalten im vergangenen Jahr. Zudem sollten die Menschen daran erinnert werden, dass Götter und Geisterwesen über sie wachten. Die Ursprünge der Wilden Jagd sind in den Legenden um Ziu und sein Totenheer zu suchen. Ziu war Kriegsgott der frühen germanischen Stämme und befehligte ein Heer aus gefallenen Kriegern, mit welchem er durch die Lüfte zog und seine Feinde ängstigte. Laut dem römischen Chronisten Tacitus war das germanische Totenheer ein tatsächlich existierender Kriegerbund, der zum Stamme der Harier gehörte. Die Krieger färbten ihre Leiber und Schilde schwarz, unternahmen ihre Kriegszüge nur des Nachts. Den römischen Soldaten schienen diese unheimlichen Krieger wie aus dem Totenreich entsprungen. Etwa ab dem 1. Jahrhundert n. Chr.

trat Wotan in den Vordergrund der germanischen Götterverehrung und aus dem durch die Lüfte ziehenden Totenheer wurde die Wilde Jagd. Im skandinavischen Raum war es der Göttervater Odin, der die Wilde Jagd anführte.
Bekanntermaßen wurden große Teile des vorchristlichen Glaubensgutes von der Kirche übernommen, um den Menschen im Zuge der Christianisierung den Übergang zur neuen Religion zu erleichtern. So wurde der 6. Januar, letzter und wichtigster Tag der Raunächte, zum christlichen Fest Epiphanias. Laut christlicher Überlieferung sollen die Heiligen Drei Könige aus dem Morgenland an jenem Tag an der Wiege des neugeborenen Jesus erschienen sein, um ihre Gaben zu überreichen.

Die Wilde Jagd als solche wurde im christlich geprägten Mittelalter zunehmend dämonisiert. Nun waren es keine stolzen Götter, weisen Frauen und tapferen Krieger mehr, die durch die Lüfte ritten. Vielmehr wurde die Wilde Jagd als wüster Haufen von lichtscheuem Gesindel dargestellt. Jetzt waren es die verdammten Seelen von Verbrechern, Selbstmördern, Meineidigen und Wilddieben, die auf Grund ihrer Untaten keine Ruhe im Grab fanden. Ein anschauliches Beispiel dafür findet sich in der Geschichte über den Ritter Georg von Karras aus Coswig, nahe der bekannten sächsischen Weinstadt Radebeul. Das Geschlecht der Karras gehörte zum Meißner Uradel und reichte bis in das frühe 13. Jahrhundert zurück. Die Familie war im Besitz großer Ländereien in der Markgrafschaft Meißen. Ihren Stammsitz hatten die Karras im Wasserschloss von Coswig. Nachdem im Jahre 1423 die Markgrafschaft Meißen im Kurfürstentum Sachsen aufging, kam es immer wieder zu Streitigkeiten zwischen der Familie Karras und dem kurfürstlichen Hof, da sich die alte Adelsfamilie in ihren Rechten beschnitten sah. Ihren Höhepunkt erreichten die Streitigkeiten in der Regierungszeit des Kurfürsten Moritz von Sachsen. Jener ließ 1542 das nach ihm benannte Jagdschloss Moritzburg errichten. Das zum Schloss gehörende Jagdrevier grenzte unmittelbar an den Besitz der Familie Karras. Bald reichte Kurfürst Moritz das bestehende Revier nicht mehr aus und er forderte von den Karras das Dorf Kreyern samt dem dazugehörigen Territorium. Da sich die Besitzer standhaft weigerten, ließ Moritz einen Richterspruch ergehen, welcher ihn in den Besitz des Dorfes brachte. Viel Freude sollte er allerdings an dem zugesprochenem Besitz nicht haben, denn er wurde am 9. Juli 1553 in der Schlacht von Sievershausen durch einen Schuss in den Unterleib schwer verwundet und starb zwei Tage später an der Verletzung. Da die Kugel Kurfürst Moritz von hinten traf, mehrten sich schon bald die Gerüchte, dass der Schütze aus den eigenen Reihen stammte. Einer Legende zufolge soll es Georg von Karras gewesen sein, der den Kurfürst heimtückisch ermordete. Auf dem Sterbebett beichtete Georg seine schändliche Tat einem Priester, worauf dieser dem Todgeweihten die Sterbesakramente verweigerte. Stattdessen wurde der Leichnam gevierteilt und in ungeweihter Erde begraben. Seit jener Zeit war Ritter Karras dazu verdammt, mit der Wilden Jagd zu ziehen. Oft soll man ihn am Hohen Stein in Coswig gesehen haben, wo er seine früheren Untertanen heimsuchte und ängstigte.

Egal in welcher Form die Wilde Jagd übers Firmament zog, der Wilde Jäger war immer dabei. Die Jagd war seit Anbeginn der Menschheit als Form der Nahrungsbeschaffung ein wichtiger Bestandteil des menschlichen Zusammenlebens. Daher wurde die Jagd frühzeitig ritualisiert, ihr Erfolg als göttliche Vorsehung betrachtet. Nahezu jeder Volksstamm hatte seinen eigenen Jagdgott. War das Jagdglück den Menschen einmal nicht hold, wurde das als Strafe der Götter betrachtet. Mit verschiedensten kultischen Zeremonien versuchte man dann, die Götter wieder gnädig zu stimmen.

Zu einem zeitlich nicht mehr genau zu bestimmenden Zeitpunkt wurde der Wilde Jäger aus der Gemeinschaft der Wilden Jagd ausgegliedert und nahm eine Sonderstellung in der Mythologie ein. Meistens trieb der Wilde Jäger des Nachts sein Unwesen, begleitet von einer Meute Hunde. Im Gegensatz zur Wilden Jagd, die durch die Lüfte zog, bewegte sich der Wilde Jäger auf der Erde. Sein Erscheinen wurde durch das Rauschen der Wälder, heraufziehende Stürme und manchmal auch durch Gewitter angekündigt. Vernahm man zusätzlich noch Hundegebell und Kettengerassel, dann war der Wilde Jäger nicht mehr weit. Manchmal soll auch der Tod in Gestalt des Sensenmanns dem Wilden Jäger und seiner Hundemeute vorangeritten sein. Wenn man das Nahen des Wilden Jägers spürte, tat man gut daran, sich vorsichtshalber zu verstecken. Denn man konnte nicht sicher sein, ob der Wilde Jäger in belohnender oder strafender Mission unterwegs war. Ähnlich wie Holda und Perchta zog auch er die Menschen für ihre Taten zur Rechenschaft. War der Wilde Jäger zufrieden, fanden die Menschen nicht selten erlegtes Wild vor ihren Türen.

Eine ganz besondere Ehre war es, wenn einem der Wilde Jäger am helllichten Tage erschien. So soll es einer Magd aus Arnsdorf in Sachsen geschehen sein. Jene Frau suchte zur Mittagszeit auf einer Wiese nach schmackhaften Kräutern, um das Essen zu verfeinern. Da trat plötzlich ein Mann in Jägerkleidung zu ihr und forderte sie mit einer Geste auf, ihm zu folgen. Der Mann führte die Magd zu einem Waldstück, wo urplötzlich ein gewaltiger Sturm aufkam. Entsetzt schrie die Frau: „Ach, du mein Gott, was ist denn das?“[31] Daraufhin stieß der Jäger einen tiefen Seufzer aus und verschwand. Die erschrockene Frau eilte zurück in ihr Dorf und berichtete einer alten Nachbarin von dem Vorfall. Die alte Frau wurde mit einem Mal sehr aufgeregt und sagte der Magd, dass sie ein großes Glück verspielt habe. Der Mann sei niemand anderes als der Wilde Jäger gewesen, der sie mit Reichtümern habe beschenken wollen.

Was hatte den Wilden Jäger davon abgehalten, seine Mission zu erfüllen? War es der Name Gottes, der ihn vertrieb? Möglicherweise ja. Nach christlicher Ansicht war der Wilde Jäger ein dämonisches Wesen. Es hieß, dass ihm Krankheiten, Unwetter und Kriege auf dem Fuß folgten. Der Wilde Jäger stand mit dem Teufel

Der Hohe Stein bei Coswig: Hier soll Ritter von Karras' Geist umgehen.

im Bunde, wie auch der Raubritter Wittich aus dem osterzgebirgischen Glashütte. Jener Ritter hatte einen Pakt mit dem Teufel geschlossen und ihm seine Seele verkauft. Der Teufel zeigte sich großzügig, baute Ritter Wittich eine gewaltige Burg auf dem Wilischberg. Seine Mutter erhielt eine Mühle im Teufelsgrund, wo der Ritter die umliegenden Bauern zwang, ihr Mehl mahlen zu lassen. Aus dem sächsischen Pulsnitz kennen wir die Geschichte des Herrn Heidhut, der aus Zorn Gott abschwor und sich dem Teufel verdingte. Als Wilder Jäger musste er fortan mit anderen verlorenen Seelen durch die Pulsnitzer Heide reiten und Unheil über die Menschen bringen. Einem beherzten Mönch soll es schließlich gelungen sein, den Geist des Wilden Jägers Heidhut in einer Fichte auf dem Eierberg zu bannen. Dort soll er mitunter noch spuken, weshalb die Gegend von der Bevölkerung lange Zeit gemieden wurde.

Im Volksaberglauben waren es auch mitunter schlechte Menschen, die nach dem Tod gezwungen waren, als Wilder Jäger durch die Wälder zu geistern. Wie etwa der reiche Grundbesitzer Blauhütel aus Bernstadt in der Oberlausitz. Jener war ein begeisterter, aber rücksichtsloser Jäger, der mit seinen Jagdgesellschaften die Felder der Bauern zerstörte. Auch der Landvogt konnte dem Treiben keinen Einhalt gebieten. Doch Blauhütel bekam seine Strafe. Nach dem Tod fand er keine Ruhe im Grab, musste als Wilder Jäger mit anderen Verdammten durch die nächtlichen Wälder reiten.

Von der Kirche wurde der Wilde Jäger des volkstümlichen Aberglaubens als der leibhaftige Teufel hingestellt. So soll laut einer christlichen Legende der Teufel auf dem Hochstein bei Elstra ein Jagdschloss besessen haben. Mit einer wilden Meute von verdammten Seelen und fürchterlichen Höllenhunden soll er in der Gestalt des Wilden Jägers des Nachts durch die Lande gezogen sein. Wehe dem, der dieser unheimlichen Meute begegnete. Egal ob Mensch oder Tier, jeder war dem Tode geweiht. Einzig der fromme Ritter Hubertus wagte es, sich gegen den teuflischen Jäger zu stellen. Mutig betrat Hubertus das Jagdrevier des Teufels und sprach den Jagdsegen aus. So brach er die Macht des Teufels, der daraufhin sein Schloss zerstörte und die Gegend verließ. Der fromme Ritter Hubertus war niemand anderes als der Heilige Hubertus, der bis heute als der Schutzpatron der Jagd gilt. Die Geschichte ist ein schönes Beispiel für eine Missionarslegende, dafür, wie mit Hilfe des christlichen Glaubens die heidnischen Götzen vertrieben wurden.

Regional bedingt gab es auch andere unheimliche Wesen, die Züge des Wilden Jägers trugen. Aus der Region Schlesien kennen wir beispielsweise den Nachtjäger. Jener war im Gegensatz zum berittenen Wilden Jäger zu Fuß unterwegs. Der Nachtjäger wurde meistens allein gesehen, nur begleitet von einer Meute Hunde. Nur in einer Geschichte aus dem Jeschkengebirge wird erwähnt, dass aus seinem Gefolge Kinderstimmen zu vernehmen waren. Von großer, hünenhafter Gestalt soll der Nachtjäger gewesen sein. So wurde es zumindest von Leuten berichtet, die den Nachtjäger genauer gesehen hatten. Das kam aber recht selten vor. Meistens war er des Nachts im Wald auf der Pirsch. Manchmal konnte man den Nachtjäger jedoch beobachten, wie er im Mondschein auf einem Felsen saß. Da überlegte der Nachtjäger wohl, welchen bösen Schabernack er den Menschen als Nächstes spielen konnte. Der Nachtjäger war den Menschen nicht wohlgesonnen. Hörte man das laute Pfeifen, das sein Erscheinen ankündigte, war man wohlberaten, schleunigst das Weite zu suchen. Er schoss auch gelegentlich auf Menschen, wenn sie ihm in die Quere kamen. Der liebste Zeitvertreib des Nachtjägers war es, andere Jagdgesellschaften zu stören. Er erschreckte die Pferde und führte die Jagdhunde auf falsche Fährten. Am besten, man kam dem Nachtjäger nicht in die Quere. Trotz Warnung fällte ein Holzfäller einmal einen Baum, in welchem der Geist des Nachtjägers am Tage ruhte. Außer sich vor Zorn hetzte der Nachtjäger seine Hunde auf den Holzfäller, die ihn totbissen. Begegnete man dem Nachtjäger, durfte man ihn auf keinen Fall reizen. Eine alte volkstümliche Legende berichtet von einer jungen Frau, die sich über den Aberglauben an den Nachtjäger lustig machte. Kaum hatte sie ihre spöttische Rede beendet, gab es einen mächtigen Donnerschlag und ein Pferdefuß kam durch das Fenster geflogen. Die junge Frau erschrak sich so sehr, dass sie tot zu Boden fiel. Der Nachtjäger hatte auch große Freude daran, den Menschen Geschenke zu bringen, die sich im Nachhinein als wertlos erwiesen. So fanden manche Leute nach einer Begegnung mit dem Nachtjäger Goldmünzen in ihren Taschen, welche sich kurze Zeit später in eine Handvoll Laub verwandelt

Wotans wilde Jagd von F. W. Heine.

hatten oder ganz verschwunden waren. Oft legte der Nachtjäger den Leuten auch verwesende Tierkadaver vor die Türe. Warf man diese weg, lagen sie am nächsten Morgen wieder vorm Haus. Es hieß, man müsse vom Nachtjäger Salz zu seinem unappetitlichen „Geschenk" verlangen. Das konnte er nicht besorgen und ließ von seinem Tun ab. Um den Nachtjäger von seinem Haus fernzuhalten, war es hilfreich, täglich das Johannesevangelium laut vorzulesen, das schreckte ihn ab. Der Nachtjäger war auch der Beschützer der Hunde. Behandelte jemand seinen Hund schlecht, konnte es vorkommen, dass er Besuch vom Nachtjäger bekam, welcher dann sehr übel gelaunt war. In einer Geschichte aus dem Landkreis Grottkau hieß es, dass der Nachtjäger zwei Töchter hatte. Jene kamen des Öfteren in das Dorf Woitz zum Tanzvergnügen. Punkt Mitternacht sollen sie jedes Mal verschwunden sein. Man sah sie dann auf einem schwarzen Ziegenbock davonreiten. Das war wohl ihr Vater selbst, der der leibhaftige Teufel war und mal als unheimlicher Jäger, mal als Ziegenbock auftrat. So sah es zumindest die Kirche. Für diese war der Nachtjäger des Volksaberglaubens das personifizierte Böse, welches auf der Erde wandelte. Insgesamt gesehen war der Nachtjäger ein recht unangenehmer Geselle. Er richtete Unheil an und schikanierte die Bewohner seines Reviers. Unartigen Kindern in Schlesien wird noch heute mit dem Nachtjäger gedroht.

In verschiedenen Sagen begegnet uns der Wilde Jäger als kopfloser Reiter. Der Reiter ohne Kopf war in den Volkssagen des westlichen Deutschlands eine gefürchtete Gestalt. Sein Erscheinen bedeutete für denjenigen, der ihm begegnete, fast unweigerlich den Tod. Eine Berührung des Reiters genügte und man war des Todes. Des Öfteren war der kopflose Reiter auch in unheimlicher Begleitung. In einer Sage aus Norddeutschland wird von einigen jungen Männern berichtet, die nach Einbruch der Nacht aus der Schänke kamen und einem Leichenzug begegneten. Nicht nur, dass die Uhrzeit für ein Begräbnis ungewöhnlich war, viel beängstigender für die jungen Männer war die Tatsache, dass keine der unheimlichen Gestalten einen Kopf auf den Schultern trug. Auch den Pferden fehlten die Köpfe. Vor der gespenstischen Prozession ritt der Reiter ohne Kopf auf einem großen schwarzen Pferd. Die zu Tode erschrockenen Männer ergriffen die Flucht, doch einer von ihnen erhielt von dem Reiter eine Ohrfeige. Einige Tage später starb der unglückliche Mann. Im Volksaberglauben war der Reiter ohne Kopf ein sogenannter Wiedergänger, der auf Grund seiner Sünden keine Ruhe im Grab fand. Oft waren es Selbstmörder, welche nach kirchlichem Recht nicht in geweihter Erde begraben werden durften und als Geister auf der Erde wandelten.

In einigen Sagen wurde der Wilde Jäger auch personalisiert und mit bestimmten Verstorbenen in Verbindung gebracht. So der Wilde Jäger Hans Märten, der im Sebnitzer Wald, an der sächsisch-böhmischen Grenze gelegen, sein Unwesen getrieben haben soll. In einer Geschichte heißt es, dass Hans Märten zu Lebzeiten ein Jäger war, welcher in Streit mit Wilddieben geriet. Jene sollen ihn kopfüber an einen Baum gehängt haben, wodurch er jämmerlich ums Leben kam. Als Wilder Jäger spukte er seit jener Zeit durch die Wälder, um Wilddiebe zu verfolgen. Eine andere Version spricht von einem Magister Martin Endler aus dem 18. Jahrhundert, der Selbstmord beging. Nach Kirchenrecht wurde er in ungeweihtem Boden beerdigt und fand keine Ruhe im Grab. Als Wilder Jäger zog er seither mit seiner Hundemeute durch die nächtlichen Wälder von Sebnitz. In der Gegend um das Oberlausitzer Steinigtwolmsdorf erzählte man sich Geschichten vom Junker Georg von Starschädel, welcher wegen Gotteslästerei dazu verdammt war, als Wilder Jäger die Wälder unsicher zu machen. Während des Sonntagsgottesdienstes soll ein prachtvoller Hirsch an der Kirche vorbeigelaufen sein. Von der Jagdleidenschaft getrieben, verließ der Junker den Gottesdienst und setzte dem Hirsch nach. Als dieser einen Teich durchschwamm, trieb Junker Starschädel sein Pferd hinterher. Ross und Reiter ertranken und mussten seitdem als Geister durch die Nacht reiten.

Weite Verbreitung fand der Wilde Jäger Bern Dietrich, in seiner slawischen Form besser bekannt als Pan Dietrich, der ebenfalls im sächsisch-böhmischen Grenzraum und der Lausitz sein Unwesen trieb. Von Neustadt in Sachsen bis zum Oberlausitzer Löbau reichte die Kunde vom Pan Dietrich. Besonders am Valtenberg bei Neukirch wurde er oft gesehen. Dort ist der Wilde Jäger bis heute sogar sprichwörtlich bekannt. Wenn ein Sturm aufzieht, heißt es „Pan Dietrich heult im Kirchenwald, es wird anderes Wetter." Am Valtenberg war Pan Dietrich auch des Öfteren in Begleitung des Sensenmannes und des Heiligen Bonifatius anzutreffen. Diese illustre Gesellschaft wurde von einer Meute kläffender Hunde flankiert. Die Menschen fürchteten sich vor einer Begegnung, wusste man doch nicht, ob der Tod zu einem kam oder Vergebung für die Sünden gewährt wurde. Auch im Hohwald zwischen Neukirch und Putzkau soll der Pan Dietrich oft gesehen worden sein. Hier wird sein Erscheinen als sehr schauerlich beschrieben. Er ritt auf einem fahlen Pferd mit feurigen Augen, trug einen pechschwarzen Mantel und wurde von riesigen, furchteinflößenden Hunden begleitet. Auf dem Angstberg soll sich der Pan Dietrich des Öfteren mit dem Teufel getroffen haben. Dort steht noch heute ein Felsblock mit einem hufähnlichen Abdruck, welcher der Teufelsstein genannt wird.

Solche Sagen sind Relikte aus den Zeiten der Christianisierung. Der Wilde Jäger gehörte zur Glaubensvorstellung der germanischen Stämme. Deren Götter und Geisterwesen wurden von eifrigen christlichen Missionaren dämonisiert. Doch nicht überall wurde der Pan Dietrich als solch finstere Gestalt gesehen. In anderen Gegenden war er auch am Tage anzutreffen, was die Menschen weniger ängstigte. In der Gegend um Neustadt in Sachsen sah man ihn des Öfteren zur Mittagsstunde durch den Wald ziehen, begleitet von einer Meute weißer Hunde. Nicht selten fanden die Leute dann ein Stück frisch erlegtes Wildbrett, das von Pan Dietrich stammte. Doch nicht immer war er so freundlich. Eine deutliche Warnung war es, wenn einem der Pan Dietrich ein Stück vergammeltes Fleisch zuwarf, dann war man dringend geraten, sein Leben zu ändern, um dem Wilden Jäger gefällig zu sein. In der slawischen Sagenwelt wurde Pan Dietrich mit dem Gott Czorneboh in Verbindung gebracht. Er soll oft am Berg Czorneboh, südöstlich von Bautzen, gesehen worden sein. Dort befand sich eine uralte Kultstätte zu Ehren des Gottes.

Die moderne Mythenforschung geht heute davon aus, dass der Wilde Jäger Pan Dietrich auf den Überlieferungen einer bekannten mythologischen Figur basiert. Dietrich von Bern war eine beliebte Sagengestalt des Mittelalters. Der „Dietrichepik" genannte Sagenzyklus vereint eine Vielzahl mittelalterlicher Heldenepen, die Dietrich von Bern zum Protagonisten haben. Auch in der skandinavischen Thidrekssaga sowie im deutschen Nationalepos Nibelungenlied spielt Dietrich von Bern eine herausragende Rolle. Dietrich entstammte dem Geschlecht der Amelungen, welche über die Markgrafschaft Verona herrschten. Sein Vater Dietmar regierte von der Stadt Welsch-Bern aus, einem alten Namen für die heutige Stadt Verona. Dietrichs Mutter war Odilia, die für ihre Schönheit und Anmut berühmt war. Von Dietrich heißt es, dass er ein außergewöhnlich hübscher Knabe mit langen blonden Locken war. Im Alter von fünf Jahren wurde Dietrich zum Ritter Hildebrand zur Erziehung gegeben. Hildebrand gehörte zum Volk der Wölsinge, die eng mit den Amelungen verwandt waren. Er lebte am Hofe König Dietmars und ließ dessen Sohn eine ausgezeichnete Ausbildung durchlaufen. Bereits im Alter von zwölf Jahren wurde der Junge zum Ritter geschlagen und trug von da an den Namen Dietrich von Bern. Er erhielt ein eigenes Gefolge und Hildebrand war stets treu an seiner Seite. Der junge Ritter Dietrich war immer auf der Suche nach neuen Abenteuern. So besiegte er mit Hilfe des magischen Schwertes Nagelring, das er vom Zwerg Alfrich erhalten hatte, den Berserker Grim und dessen übermenschlich starke Frau Hilde. Die stärksten und mutigsten Recken des Landes wetteiferten darum, zu Dietrichs Gefolge zu gehören. Erst, wenn sich ein Mann im Zweikampf mit Dietrich als würdiger Gegner erwiesen hatte, fand er Aufnahme in dessen Kämpferschar. Wittig, der Sohn des berühmten Schmiedes Wieland, gehörte dazu, wie auch Heime, der Dietrich das unermüdliche Pferd Falka schenkte. Dietrich und seine Gefährten waren immer darauf aus, neue Abenteuer zu bestehen, um ihren Ruhm zu mehren. Hildebrand verfiel auf die Idee, dass Dietrich sich mit dem berüchtigten Zwerg Laurin messen sollte, welcher über enorme körperliche Kräfte verfügte. Laurins ganzer Stolz war sein berühmter Rosengarten, welchen niemand ungestraft betreten durfte. Dietrichs Schar machte sich auf in die Tiroler Berge. Am Rosengarten angekommen richtete der ebenso kühne wie unbedachte Wittig gewaltigen Schaden darin an, um den Zwerg Laurin zu reizen. Dieser ließ nicht lange auf sich warten und stürzte sich voller Wut auf den Frevler. Laurin war ein gefürchteter Kämpfer. Er trug eine in Drachenblut gehärtete Rüstung und einen Zaubergürtel, der ihm die Kraft von zwölf Männern verlieh. Ohne Mühe besiegte Laurin den Wittig, wollte ihm zur Strafe die rechte Hand und den linken Fuß abschlagen. Daraufhin stellte sich Dietrich dem Zwerg selbst zum Kampf und konnte ihn nach zähem Ringen besiegen, indem er ihm den Zaubergürtel entriss. Nach dem Kampf schloss man Frieden und Laurin lud die Männer in seine prächtige Höhle ein, wo Menschen und Zwerge ein rauschendes Fest feierten. Der hinterlistige Laurin mischte seinen Gästen ein Schlafmittel in den Wein, so dass die meisten von Dietrichs Männern bald in einen tiefen Schlaf fielen. Zwischen den Zwergen und den wenigen noch kampffähigen Männern entspann sich ein harter Kampf. Dietrich siegte, nahm Laurin als Gefangenen mit nach Bern und verdingte die anderen Zwerge als seine Untertanen.

Nach dem Tode seines Vaters wurde Dietrich zum König der Markgrafschaft Verona. Mit den Abenteuern war es nun vorbei. Kaum als Herrscher eingesetzt, erreichte Dietrich ein Hilfegesuch von König Etzel, der Unterstützung im Kampf gegen König Oserich aus dem Wilzenland suchte. Dietrich erfüllte seine Bündnispflicht und kam selbst mit fünfhundert Kämpfern. Es kam zu einer gewaltigen Schlacht mit den Wilzen. Dietrich und Etzel schlugen die Feinde in die Flucht, doch der treue Wittig geriet in Gefangenschaft. Dietrich schickte als Spielleute getarnte Kundschafter aus, welche Wittig befreien sollten. Bei einem wilden Handgemenge, das die vorgeblichen Spielleute bei einem Fest am wilzischen Königshof auslösten, fand Oserich den Tod und Wittig konnte befreit werden. In den

Die Statue Theoderichs des Großen in der Innsbrucker Hofkirche. Er war das historische Vorbild für Dietrich von Bern.

folgenden Jahren kam es immer wieder zu Auseinandersetzungen zwischen den Amelungen und König Ermenrich aus Romaburg. Ermenrich verlangte von Dietrich Tributzahlungen, die jener empört ablehnte. Daraufhin rüstete Ermenrich eine gewaltige Streitmacht und fiel im Amelungenland ein. Sein Heer war so groß, dass Dietrich und seinen Männern nur die Flucht zu König Etzel blieb. Etzel gewährte ihnen großzügig Asyl und schenkte Dietrich eine Burg. Jener war nun ein König ohne Land und wurde zum Vasallen König Etzels. Dietrichs Männer kämpften fortan in Etzels Heer. Nach zwanzig Jahren im Asyl konnte Dietrich seinen Lehnsherren endlich überzeugen, ihm im Kampf um seine verlorene Heimat beizustehen. Gemeinsam rüsteten Etzel und Dietrich eine gewaltige Streitmacht und zogen nach Romaburg. Ermenrich zeigte sich uneinsichtig und lehnte jegliche Verhandlungen ab. Es kam zur berüchtigten Rabenschlacht, einem fürchterlichen Gemetzel. Auf beiden Seiten fielen die Kämpfer zu Tausenden, auch Etzels Söhne kamen ums Leben. König Ermenrich ergriff schließlich die Flucht, doch für Dietrich war nichts gewonnen. Fast alle seiner treuen Gefährten waren gefallen. So konnte Dietrich sein Land nicht zurückgewinnen. Er kehrte zurück an König Etzels Hof und blieb dessen Vasall.

Die Rabenschlacht aus der Dietrichepik leitete sich von einem tatsächlich stattgefundenen kriegerischen Ereignis ab. Als Rabenschlacht wird die zweijährige Belagerung der Stadt Ravenna durch die Ostgoten unter Theoderich dem Großen be-

zeichnet. Theoderich handelte im Auftrag des byzantinischen Königs Flavius Zeno, welcher den „Barbarenkönig“ Odoaker absetzen wollte, der sich als Herrscher des Weströmischen Reiches aufspielte. Die Geschichtswissenschaft geht heute davon aus, dass große Teile der Dietrichepik auf historische Ereignisse und Personen der Völkerwanderungszeit, im Speziellen den Hunneneinfällen im 4. Jahrhundert, basieren. In der Gestalt des Dietrich von Bern vereinigen sich Züge der ostgotischen Könige Ermanarich und Theoderich des Großen. Ermanarich entstammte dem Herrschergeschlecht der Amaler, was mit den sagenhaften Amelungen der Dietrichepik gleichzusetzen ist. König Etzel spiegelt den Hunnenkönig Attila wider, der die Ostgoten zu seinen Vasallen machte. König Ermenrich symbolisiert das Römische Reich, wobei in seine Sagenfigur auch Züge des skirischen Königs Odoaker einflossen, welcher sich 476 zum König von Italien ausrufen ließ und am 15. März 493 von Theoderich dem Großen eigenhändig ermordet wurde.
Die Wandlung vom sagenhaften Dietrich von Bern zum Wilden Jäger ist in der Geschichte von „Dietrichs Entrückung“ zu suchen. Nach einem langen abenteuerlichen und kämpferischen Leben ahnte Dietrich seinen herannahenden Tod. Sein Wunsch war es, noch ein letztes Mal seiner besonderen Leidenschaft, der Jagd, zu frönen. Er hieß die Knappen sein Pferd satteln. Als Dietrich in den Burghof kam, stand da ein prachtvoller, rabenschwarzer Hengst. Es war nicht sein übliches Reitpferd, doch Dietrich dachte sich nichts dabei und schwang sich in den Sattel. Der Hengst stürmte unvermittelt los, doch die Jagdhunde wollten dem Pferd nicht folgen. Jenes lief so schnell, dass es Dietrich bald klar wurde, dass er kein gewöhnliches Pferd ritt. Er wollte anhalten, stattdessen wurde das Pferd immer schneller und erhob sich schließlich in die Lüfte. Da wurde Dietrich klar, dass sein Ende gekommen war und er sich auf dem Weg zu den Göttern befand. Nur einer der Knappen hatte Dietrich auf seinem Pferd folgen können. Als jener sah, dass sich sein Herr mit dem unheimlichen Rappen in die Lüfte erhob, rief er: „Herr, wohin reitest du so schnell? Und wann willst du wiederkommen?“ Dietrich winkte seinem Knappen zum Abschied und rief zurück: „Zu Wotan reite ich und werde wiederkommen, wann es die Waltenden wollen.“[32] Seitdem ritt Dietrich von Bern an der Seite von Göttervater Wotan und war als der Wilde Jäger Bern Dietrich bekannt.
Die Sagenfigur des Pan Dietrich hat eine bemerkenswerte Metamorphose durchlaufen: Ursprünglich ein Teil von Wotans Wilder Jagd, wurde der Wilde Jäger später eine eigenständige mythologische Figur. Ab dem 13. Jahrhundert fand eine zunehmende Personalisierung zum Bern Dietrich statt. Im 14. Jahrhundert tauchte er dann als Pan Dietrich in der slawischen Sagenwelt auf. In der Zeit der Moderne war es lange still um den Wilden Jäger. Erst mit dem seit einigen Jahren verstärkt aufkommenden Interesse an der Geschichte und Mythologie unserer Vorfahren erfuhr er eine unerwartete Aufwertung.

Der Lügenbaron Münchhausen

Den Lügenbaron Münchhausen dürften wohl viele der Leser kennen. Seine toll-dreisten, fantastischen Geschichten begeisterten schon immer Jung und Alt. Denken wir nur daran, wie Münchhausen sich samt Pferd am Schopf aus dem Sumpf zog oder wie er mittels einer schnell wachsenden Bohne bis zum Mond reiste. Weniger bekannt ist, dass Baron Münchhausen tatsächlich eine historische Person war.

Hieronymus Carl Friedrich Freiherr von Münchhausen war Abkömmling eines bedeutenden Adelsgeschlechts aus dem Kurfürstentum Braunschweig-Lüneburg. Er wurde am 11. Mai 1720 in Bodenwerder geboren, wo er auch den größten Teil seines Lebens verbrachte. Nach einer ausgezeichneten Schulbildung wurde Münchhausen im Alter von 17 Jahren Page von Anton Ulrich Prinz von Braunschweig-Wolfenbüttel und folgte seinem Herrn nach Russland, wo jener in Riga ein Regiment namens „Braunschweig Kürassiere" befehligte. Prinz Anton Ulrich war mit Anna Leopoldowna, der Nichte der amtierenden russischen Kaiserin Anna Iwanowna, verlobt und leistete daher Dienst im russischen Militär.

Münchhausen nahm als Fähnrich der „Braunschweig Kürassiere" am sogenannten Russisch-Österreichischen Türkenkrieg 1736–1739 teil und wurde später so-

gar zum Leutnant befördert. Aus seiner russischen Militärzeit stammen auch die vier Geschichten, die nachweislich von Münchhausen verfasst wurden. Nach dem Krieg war Münchhausen in der Garnisonsstadt Riga stationiert, wo er eine enge Freundschaft zum baltischen Adligen Georg Gustav von Dunten pflegte. Münchhausen besuchte seinen Freund oft auf dessen Landgut, wo er sich in den örtlichen Schenken zum ersten Mal als Geschichtenerzähler betätigte. Auf von Duntens Landgut lernte Münchhausen auch dessen Tochter Jacobine kennen, die er am 2. Februar 1744 ehelichte. Sechs Jahre später nahm Münchhausen seinen Abschied beim russischen Militär und kehrte nach Bodenwerder zurück.
Zurück in der Heimat begann Münchhausen, seine Fähigkeiten als Erzähler zu vervollkommnen. Er war bald über die Grenzen seiner Heimatstadt hinaus als ausgezeichneter Fabulierer bekannt. Zu jener Zeit war aber noch lange nichts von der Schmähbezeichnung „Lügenbaron“ zu vernehmen. Freunde und Gäste betrachteten seine ausgeschmückten Kriegserlebnisse als willkommene Abwechslung. Münchhausen galt als angesehener Vertreter der adligen Gesellschaft und hervorragender Gastgeber.

Sein zweifelhafter Ruhm als „Lügenbaron“ begründete sich anderweitig. Erstmals wurden vier von Münchhausens Geschichten im Jahre 1761 von Rochus Friedrich Graf zu Lynar in dessen Buch „Der Sonderling“ veröffentlicht. Große Verbreitung fand das Werk nicht. Erst zwanzig Jahre später kam es mit dem „Vademecus für lustige Leute“ zu einer weiten Verbreitung von Münchhausens obskuren Abenteuern. Nun waren es allerdings bereits 16 Anekdoten, welche Münchhausen in den Mund gelegt wurden. Die Leser lechzten nach mehr Abenteuern des abenteuerlichen Barons, worauf in einem späteren Band des „Vademecus“ noch weitere Erzählungen erschienen. Münchhausen selbst hatte keinerlei Einfluss auf jene Veröffentlichungen und musste machtlos mit ansehen, wie immer neue Lügengeschichten in seinem Namen erfunden wurden. Europaweite Verbreitung fanden die Münchhausen-Geschichten durch einen dubiosen Mann namens Rudolf Erich Raspe. Jener war ursprünglich Museumskurator in Kassel und gern gesehener Gast auf Münchhausens Anwesen in Bodenwerder gewesen. Nach Unterschlagungen und Diebstählen im Museum floh Raspe nach England, im Gepäck einige von Münchhausens Erzählungen. Um sich im Asyl seinen Lebensunterhalt sichern zu können, gab Raspe diverse Übersetzungen von bekannten deutschen Dichtern heraus. Auch die vier originalen Münchhausen-Geschichten erfuhren eine neue Veröffentlichung. Gemeinsam mit den erfundenen Anekdoten aus dem „Vademecus“ und einer Vielzahl anderer Geschichten, die Raspe umschrieb und auf Münchhausen münzte, erschien 1785 die Broschüre „Baron Munchausen‘s Narrative of his Marvellous Travels and Campaigns in Russia“. Das Machwerk erfuhr reißenden Absatz, worauf Raspe kurze Zeit später eine erweiterte Ausgabe erscheinen ließ. Der Mythos des „Lügenbaron Münchhausen“ war geboren.

Auch der deutsche Dichter Gottfried August Bürger wurde auf Raspes Veröffentlichungen aufmerksam. Er übersetzte das englische Werk ins Deutsche, würzte es mit weiteren Anekdoten und ließ es unter dem Titel „Wunderbare Reisen zu Wasser und Lande, Feldzüge und lustige Abentheuer des Freyherrn von Münchhausen“ im Jahr 1786 erscheinen. Der Untertitel „Wie er dieselben beay der Flasche im Zirkel seiner Freunde selbst zu erzählen pflegt“ suggerierte den Lesern, dass alle Geschichten tatsächlich von Münchhausen stammten. Der eher bodenständige Münchhausen wurde durch die ihm zugeschriebenen Geschichten zu einem abenteuerlichen Weltenbummler und Volkshelden hochstilisiert. Plötzlich war er eine Symbolfigur für Heldenmut, die nie verzweifelte und sich in jeder noch so ausweglosen Situation selbst half. Die Münchhausen-Geschichten hatten die eindeutige Botschaft, dass man nie verzweifeln, sondern an sich selbst glauben sollte. Ein schönes Beispiel ist die Geschichte, wie Münchhausen mit seinem Pferd über ein sumpfiges Gelände setzen wollte. Sein Pferd trat fehl und begann, im Morast zu versinken. Keine Hilfe war in der Nähe, Münchhausen und sein Pferd schienen dem Tode geweiht. Von unbändigem Lebenswillen beflügelt, fasste Münchhausen seinen Haarschopf und zog sich samt Pferd aus dem Sumpf.

Ein Teil der Münchhausen angedichteten Abenteuer stammte aus Schwankbüchern des 16. Jahrhunderts, welche die Humorvorstellungen und die Weltsicht der mittelalterlichen Menschen wiedergaben. Der Leser erfuhr von Einhörnern und riesigen, Menschen verschlingenden Fischen, die als tatsächlich existierende Wesen betrachtet wurden.

Auch die geistigen Ideale der Aufklärung sind zwischen den Zeilen der Münchhausen-Geschichten zu lesen. In den Seeabenteuern wurde Münchhausen zum Weltreisenden, zum Synonym für den Aufbruchsgeist der damaligen Zeit. Seine außergewöhnlichen Reisen waren Sinnbild für die Sehnsucht der Menschen, zu weit entfernten Orten zu reisen und fremde Kulturen kennenzulernen. Auch uralte Menschheitsträume, wie etwa der Wunsch, fliegen zu können, wurden in den Anekdoten verarbeitet. So fing Münchhausen mit einem Trick eine Anzahl von Enten, die ihn, aneinandergebunden, durch die Luft trugen. Die Reisen zum Mond standen für den Wunsch, zu fremden Gestirnen zu reisen. Münchhausen ging dabei recht praktisch vor. Als er einmal seine Axt zu vehement geschleudert hatte, flog diese bis zum Mond. Um die Axt wiederzubekommen, verfiel er auf die kuriose Idee, eine schnell wachsende türkische Bohnenpflanze zu verwenden. Flugs war die Pflanze bis zum Mond gewachsen und hatte sich an einem Vorsprung verhakt. So konnte Münchhausen bis zum Mond klettern und seine Axt wiederholen. Bei einer zweiten Reise zum Mond traf Münchhausen sogar auf Bewohner, wobei hier auf die Vorstellung angespielt wurde, dass wir Menschen nicht allein in den unendlichen Weiten des Universums sind. Auch die Mythologie kam nicht zu kurz. Münchhausen sprang in den Krater des Ätna und traf im Inneren der Erde auf Vulcanus, den römischen Gott des Feuers.

Das Anwesen Baron von Münchhausens in Bodenwerder.

Die Geschichten enthielten auch verborgene Sozial- und Kirchenkritik, waren Spiegelbild der damaligen Gesellschaft. Während einer seiner abenteuerlichen Seereisen kam Münchhausen zu einer Insel nahe Mittelamerika, wo er einen tyrannischen Stammesfürsten kennenlernte. Jener pflegte junge Männer zu militärischen Diensten zu zwingen und verkaufte die Soldaten später an benachbarte Herrscher. Hierbei handelte es sich um eine unverhohlenene Kritik an der Praxis der Landgrafen von Hessen, Landeskinder als Soldaten an Großbritannien zu verkaufen.

Auch Kritik und Spott gegenüber der Kirche sind leicht aus den Geschichten herauszulesen. So schoss Münchhausen aus Mangel an Munition mit einem Kirschkern auf einen Hirsch, verwundete diesen jedoch nur leicht am Kopf. Ein Jahr später traf er wieder auf den Hirsch, welchem nun ein Kirschbaum aus dem Kopf wuchs. Bei dieser Geschichte handelte es sich um einen derben Spott auf die Heiligenlegende des St. Hubertus: Der fränkische Pfalzgraf Hubertus von Lüttich war passionierter Jäger und fast täglich auf der Pirsch. Laut der Hubertus-Legende begegnete der Graf eines Tages einem stattlichen Hirsch, der ein goldenes Kruzifix zwischen den Geweihstangen trug. Hubertus war von der Erscheinung derart berührt, dass er beschloss, sein zukünftiges Leben nur noch der christlichen Heilslehre zu widmen. Er brachte es zum Amt des Bischofs von Lüttich und gilt als Schutzpatron der Jagd. Der Hohn auf die christlichen Lehren wurde aber noch weiter auf die Spitze getrieben. In einer der Geschichten wurde behauptet, dass Münchhausen vom alttestamentarischen König David abstamme und im Besitz der legendären Schleuder sei, mit welcher David den Riesen Goliath niederge-

Münchhausens Entenjagd, dargestellt auf dem Münchhausen-Brunnen in Bodenwerder.

streckt hatte. Münchhausen reiste auch in das Land „wo Milch und Honig fließen", womit in der Bibel Kanaan gemeint war, das „Gelobte Land" der Israeliten. In den Münchhausen-Geschichten führten die Flüsse Milch statt Wasser und das Land bestand aus Käse.

Letztendlich bekamen auch die in jener Zeit ewig verhassten Juden ihr „Fett weg". Jene Geschichte ist besonders bizarr. In London legte sich Münchhausen in einer Kanone schlafen, ohne zu wissen, dass jene bald abgefeuert wurde. Münchhausen flog über die Dächer der Stadt und landete ohnmächtig auf einem riesigen Heuhaufen im Hof eines jüdischen Händlers. Der Jude hatte das Heu gehortet, um die Preise in die Höhe zu treiben. Als der Preis stieg, ließ der Händler das Heu verladen, um es zu verkaufen. Münchhausen stürzte vom Heuhaufen und landete genau auf dem Juden, der dadurch zu Tode kam.

Hieronymus Carl Friedrich, der Namensgeber der Münchhausen-Erzählungen, war wenig erfreut über die Geschichten, die unter seinem Namen veröffentlicht wurden. Ihm eilte nun der Ruf des „Lügenbarons" voraus, welchen er Zeit seines Lebens nicht mehr loswerden sollte. Obwohl nun eine lebende Legende, fühlte sich Münchhausen der öffentlichen Lächerlichkeit preisgegeben. Zudem war er in keiner Weise am finanziellen Erfolg der Bücher beteiligt, obwohl mindestens vier der Geschichten tatsächlich von ihm stammten. Neben diesen Ärgernissen gab es auch familiäre Probleme in Münchhausens Leben. Nach dem Tod seiner geliebten Frau ehelichte er am 12. Januar 1794 die erst 20-jährige Bernhardine Brunsig von

Brunn. Bereits kurz nach der Hochzeit kam es zum Zerwürfnis zwischen den Eheleuten, da es die junge Frau mit der ehelichen Treue nicht so genau nahm. Es folgte ein dreijähriger Scheidungsprozess, der Münchhausen finanziell fast völlig ruinierte. Im Jahr 1794 musste Münchhausen aus finanzieller Not sogar das Gut Bodenwerder an seinen Neffen Wilhelm abtreten. Ob der über ihn verbreiteten Lügengeschichten und der familiären Sorgen, verstarb Münchhausen als verbitterter alter Mann am 22. Februar 1797 in Bodenwerder.

Bis heute erfreuen die Münchhausen-Geschichten Menschen jeden Alters und haben weltweite Verbreitung gefunden. Der literarische Stoff wurde zudem mehrfach verfilmt, unter anderem mit dem grandiosen Volksschauspieler Hans Albers. Mit so einem Bekanntheitsgrad hatte der historische Münchhausen sicherlich nicht gerechnet, als er seine Militärkameraden in Riga und später seine Freunde in Bodenwerder mit Geschichten erfreute. Außerdem steht der Name Münchhausen heute als Synonym für Lügen und Fabulieren. Sogar eine Krankheit, das Münchhausen-Syndrom, wurde nach ihm benannt. Hierbei handelt es sich um eine psychische Störung, bei der der Betroffene körperliche Beschwerden erfindet oder selbst hervorruft, um Aufmerksamkeit zu bekommen.
Hieronymus Carl Friedrich Freiherr von Münchhausen würde das alles mit Sicherheit nicht gefallen.

Die Hubertuskapelle in Hainberg. Bei Münchhausen wächst dem Hirsch, im Gegensatz zur Hubertuslegende, kein Kruzifix, sondern ein Kirschbaum aus dem Geweih.

Der Liebeszauber der Sibylla von Neitschütz

Seit Tagen war die kurfürstliche Residenzstadt Dresden in heller Aufregung. Nach dem unerwarteten Tod des Kurfürsten Johann Georg IV. am 27. April 1694 machten täglich neue Gerüchte in der Stadt die Runde. Von Liebeszauber, Hexerei und gar Mord war die Rede. Im Zentrum der Gerüchte stand die bereits Anfang April verstorbene Mätresse des Kurfürsten, Sibylla von Neitschütz. Gemeinsam mit ihrer Mutter Ursula sollte sie angeblich den Kurfürsten schon in jungen Jahren behext haben, damit jener in unstillbarer Liebe zu ihr entbrannte. Täglich wurden neue Details der unheiligen Liaison bekannt. Die Einwohner der Stadt Dresden waren sich bald einig, dass Ursula von Neitschütz eine ganze Schar von weiblichen wie männlichen Unholden verdingt hatte, um die Liebe Johann Georgs zu ihrer Tochter am Lodern zu halten. Dazu gehörten eine alte Hexe namens Anna Margareta Burmeister aus Zinnitz im Spreewald und der Dresdner Scharfrichter Melchior Vogel. Gemeinsam mit weiteren zauber- und kräuterkundigen Frauen soll Ursula von Neitschütz mittels Liebestränken, Amuletten und anderem Zauberwerk die Liebesglut des jungen Kurfürsten geschürt haben. Sogar der Tod seines Vaters Johann Georg III., ihrem einstigen Geliebten, wurde der Neitschütz angelastet. Friedrich August I., Bruder und Nachfolger des verstorbenen Johann Georg, sah sich gezwungen, den Anschuldigungen gegen die Neitschütz nachzugehen. Schon wenige Tage nach dem Tod seines Bruders strengte er einen Hexenprozess an, in dessen Rahmen neben der Angeklagten Ursula von Neitschütz und ihren Komplizen auch ihre verstorbene Tochter angeklagt wurde. Das unglückliche Mädchen wurde aus ihrer Totenruhe in der Dresdner Sophienkirche gerissen und einer entwürdigenden Untersuchung durch mehrere Inquisitoren unterzogen. Wie nicht anders zu erwarten,

wurden erdrückende Beweise entdeckt, wie eine Haarlocke des Kurfürsten und ein Amulett aus Kleiderfetzen des Liebespaares. Die Angeklagten wurden der hochnotpeinlichen Befragung unterzogen und gestanden unter Folter, Ursula von Neitschütz bei ihrem unheiligen Tun unterstützt zu haben. Allein die Hauptangeklagte beharrte darauf, sie habe nichts Unrechtes getan und die Liebe ihrer Tochter zu Johann Georg nur mit lauteren Mitteln unterstützt.
Dass Friedrich August den Prozess gegen die Neitschütz mit aller Härte führen ließ, war wohl der Tatsache geschuldet, dass dem neuen Kurfürsten Gerüchte zu Ohren gekommen waren, er hätte selbst etwas mit dem Tod seines Bruders zu schaffen. Obwohl Friedrich August mit Fiebereifer nach der Quelle jener Gerüchte suchte, sprach bald die ganze Stadt hinter vorgehaltener Hand von den unerhörten Vorwürfen. Der Kurfürst brauchte also Geständnisse der Angeklagten, die er mit allen Mitteln erpressen ließ. Dass die Mehrzahl der Gefolterten an den Folgen der Tortur starb, kümmerte Friedrich August wenig. Die Schuld der Ursula von Neitschütz galt als bewiesen, der gute Ruf des neuen Kurfürsten war wiederhergestellt.
Den Leichnam der unglücklichen Sibylla verscharrten Hofangestellte nachts auf dem Schindanger. Niemand sollte wissen, wo die unziemliche Geliebte von Johann Georg begraben lag. Doch schon am nächsten Morgen stand an dieser Stelle eine Tafel mit folgender Schmähschrift:

> „Hier liegt im Kote und ruht im Tode eine unglückselig geborene, unselig verstorbene Magdalena Sibylla von Neitschütz. So fahre denn hin, wohin Du gehörst, Du verdammte Seele, Zu Deinem Lehrmeister, dem Teufel, und Du, verfluchter Leib, Ruhe nimmermehr wohl, sondern werde ein Aas der Raben auf diesem Schindanger.“[33)]

Der Wortlaut jener Schmähschrift spricht wohl eine eindeutige Sprache. Nun stellt sich die Frage, warum ein neunzehnjähriges Mädchen derart verhasst im Volk war?

Sibylla von Neitschütz wurde am 8. Februar 1675 auf den Gütern der Familie Neitschütz in der Oberlausitz geboren. Die Familie gehörte zu den ältesten und vornehmsten Adelshäusern des sächsischen Kurfüstentums. Familienoberhaupt Rudolf von Neitschütz diente als Offizier in der kurfürstlichen Armee. Im Jahr 1670 heiratete er Ursula Margarethe von Haugwitz. Um die Vaterschaft der gemeinsamen Tochter Sibylla rankten sich schon kurz nach der Geburt böse Gerüchte.
Im Zentrum der Gerüchte stand die vormalige Liaison von Sibyllas Mutter zum Kurfürsten Johann Georg III. Die siebzehnjährige Ursula traf den Kurprinzen Johann Georg III. auf einem Ball im Dresdner Schloss. Der damals zwanzigjährige, bereits verheiratete Regent entflammte sogleich in heftiger Liebe zu der schönen jungen Frau. Ursulas Vater Johann Adolph von Haugwitz, Oberfeldmarschall

am kurfürstlichen Hof, sah die Liaison seiner Tochter mit wenig Wohlwollen. Ihr Bruder Frederik jedoch freute sich für seine Schwester und organisierte so manches Stelldichein des Liebespaares. Als der Kurprinz ab 1669 auf der Ortenburg in Bautzen residierte, war es ihm möglich, Ursula fast täglich zu sehen, da das Anwesen der Familie Neitschütz in Gaußig nur zehn Kilometer von Bautzen entfernt lag. Obwohl das Paar auf äußerste Diskretion bedacht war, gelangten immer wieder Details ihrer Beziehung an die Öffentlichkeit. Ursulas guter Ruf nahm zusehends Schaden, so dass sich ihr Vater genötigt sah, einen standesgemäßen Ehemann für seine Tochter zu suchen. Als passender Kandidat erschien ihm Rudolf von Neitschütz, Major der kurfürstlichen Leibgarde. Ursula war wenig begeistert von ihrem mehr als doppelt so alten Ehemann, fügte sich jedoch in die arrangierte Hochzeit. Ebenso folgsam erfüllte sie ihre ehelichen Pflichten und schenkte Rudolf von Neitschütz insgesamt neun Kinder. In der Residenzstadt Dresden war es ein offenes Geheimnis, dass Ursula von Neitschütz trotz Heirat und Mutterfreuden ihr Verhältnis mit Johann Georg III. weiterführte. Von der 1675 geborenen Sibylla hieß es, sie sei die Tochter des Kurfürsten. Als Grund für diese Behauptung wurde angeführt, Rudolf von Neitschütz hätte auf ausdrückliche Anordnung seines Dienstherren nach der Schlacht bei Sinsheim bei der Truppe bleiben müssen, während Johann Georg III. nach Dresden zurückgekehrt sei. In diesem Zeitraum soll er sich auch wieder mit seiner Geliebten vergnügt und Sibylla gezeugt haben. Ob diese Gerüchte auch nur einen Funken Wahrheit enthielten, war nebensächlich, der bereits geschädigte Ruf der Ursula von Neitschütz war nun gänzlich ruiniert. In einem später erschienenen Pamphlet hieß es:

> „Ein Weibsbild, das lebenslang ein geil hurerisch Leben geführet, davon alle Kinder auf den Gassen zu Straßburg gesprochen und sonst hier zu Dresden bekannt ist, hat mit Kurfürst Johann Georgen III. öffentlich gehuret und mit diesem die Gräfin von Rochlitz in Unehren erzeuget, diese ihre Tochter aber nachhero an ihren Bruder, Kurfürsten Johann Georg IV., verkuppelt und ihn auf Hexenweise in die größte Blutschande gebracht.“[34)]

Eben jene vermeintliche Blutschande war es, die Ursula von Neitschütz und ihrer Tochter Schimpf und Schande einbringen sollte. Obwohl diese unerhörte Angelegenheit niemals wirklich bewiesen wurde, brachte ganz Dresden der Familie Neitschütz blanken Hass und Verachtung entgegen.

Bevor es jedoch zu den angesprochenen Begebenheiten kam, verbrachte Sibylla von Neitschütz zunächst eine unbeschwerte Kindheit auf Schloss Gaußitz. Sie war ein reizendes Kind, das mit seiner unbefangenen Natürlichkeit die Sympathie der Mitmenschen auf sich zog. Kurfürstin Anna Sophie soll ganz vernarrt in Sibylla gewesen sein. Die Gerüchte, Sibylla sei die uneheliche Tochter ihres Mannes, schien die Kurfürstin nicht zu kennen oder ihnen keine Bedeutung beizumessen. Mit zwölf Jahren war Sibyllas Schönheit schon voll ausgereift und die junge Dame kokettierte mit ihrem Aussehen. Schon damals verdrehte sie den Männern den Kopf. Christian August von Haxthausen, Hofmeister des Kurprinzen Friedrich August, soll der zwölfjährigen Sibylla gar einen Heiratsantrag gemacht haben, was aber sicherlich nur ein Gerücht war. Jene Gerüchte stammten wohl ebenfalls aus der Feder derselben Schmierfinken, die behaupteten, Sibylla sei schon als Kind eine Meisterin der Manipulation und Intrigen gewesen. Richtig ist, dass ihre Mutter Ursula schon frühzeitig versuchte, einen standesgemäßen Mann mit politischem Einfluss für ihre Tochter zu finden. Daran ist aber wohl kaum etwas Verwerfliches zu finden, jede Mutter wünscht sich den bestmöglichen Mann für ihre Tochter. Die Briefe, die Ursula von Neitschütz im Namen ihrer Tochter an vermeintliche Liebhaber geschrieben haben soll, waren nichts weiter als damals übliche Versuche, eine standesgemäße Verlobung und spätere Ehe zu arrangieren.

Sibyllas schicksalhafte Begegnung mit dem Kurprinzen Johann Georg fand 1687 auf einem kurfürstlichen Ball im Schloss Dresden statt. Der damals achtzehnjährige Johann Georg war von der anmutigen jungen Frau sofort verzaubert und hatte den ganzen Abend nur Augen für sie. Sibyllas Mutter war außer sich vor Freude, dass der Kurprinz sich augenscheinlich so für ihre frühreife Tochter begeisterte. Sibylla war mit ihren erst dreizehn Jahren eine gerade erblühte Schönheit, die alle Blicke auf sich zog. Die kurfürstliche Mutter Anna Sophie sah die so plötzlich auflodernde Zuneigung ihres Sohnes für Sibylla von Neitschütz eher mit Unwillen. Die aus Dänemark stammende Kurfürstin hatte bereits die dänische Prinzessin Sophie Hedwig als zukünftige Frau für ihren erstgeborenen Sohn ausgewählt. Johann Georg hatte jedoch bisher wenig Interesse an der Prinzessin gezeigt, lediglich einige höfliche Briefe mit ihr ausgetauscht. Nach jenem denkwürdigen Abend auf Schloss Dresden war es nur noch Sibylla von Neitschütz, die das Denken des zukünftigen Kurfürsten bestimmte.

Schon zu Beginn der sich anbahnenden jungen Liebe wurden bösartige Gerüchte über Sibylla und ihre Mutter verbreitet. Von Hexerei und Zaubermitteln wurde getuschelt, mit welchen die Frauen den jungen Prinzen gefügig machen würden. Sicherlich war der Ehrgeiz von Mutter und Tochter geweckt, Johann Georg zu gefallen, ob jedoch unlautere Absichten dahinter steckten, ist fraglich. Johann Georg war einer der begehrtesten Junggesellen Europas. Welche adlige Mutter hätte ihn nicht gern zum Schwiegersohn gehabt? Dass Ursula von Neitschütz ihre Tochter mit dem Kurprinzen verheiraten wollte, war aber wohl nur Wunschdenken. Die Familie Neitschütz war zwar von edlem Geblüt, für einen zukünftigen sächsischen Kurfürsten kam jedoch nur die Tochter aus einem ebenbürtigen Herrschergeschlecht infrage.

Dem frisch verliebten Paar waren solche Gedankengänge mit Sicherheit fremd. Sibylla und Johann Georg hatten nur Augen füreinander. Obwohl seine Eltern die Liaison missbilligten, versuchte der junge Kurprinz seine Angebetete fast täglich zu sehen. Um seine Eltern nicht zu verärgern, schlich sich Johann Georg

Schloss Dresden: Hier lernte Johann Georg IV. Sibylla von Neitschütz kennen.

in Verkleidung zur Stadtwohnung der Familie Neitschütz, die in der Nähe des kurfürstlichen Schlosses lag. Der Kammerdiener Gebhardt, ein Angestellter im Hause Neitschütz, war dem Liebespaar behilflich, ihre amourösen Treffen in aller Heimlichkeit zu vollziehen. Auch wenn Ursula von Neitschütz die Beziehung ihrer Tochter zum Kurprinzen mit Wohlwollen sah, sollte doch der gute Ruf von Sibylla gewahrt bleiben.

Schon frühzeitig legte sich ein dunkler Schatten auf das Glück des verliebten Paares. Auch Johann Georgs jüngerer Bruder Friedrich August zeigte verstärktes Interesse an Sibylla von Neitschütz. Ob dies aus Zuneigung zu der jungen Dame geschah oder ob Friedrich August seinen Bruder ärgern wollte, wurde niemals wirklich geklärt. Das Verhältnis der Brüder war seit frühester Jugend von Spannungen geprägt. Friedrich August sah sich immer im Schatten des älteren Bruders, auf den der sächsische Thron wartete. Die höfische Bevorzugung des Thronfolgers trug zudem wenig dazu bei, das brüderliche Vertrauen der Knaben zu festigen. Ob bei Spielen, sportlichen Wettkämpfen oder sogar an der fürstlichen Tafel spielte der Zweitgeborene immer eine untergeordnete Rolle. Als Friedrich August um die Geliebte seines Bruders zu werben begann, eskalierten die brüderlichen Zwistigkeiten vollends. Friedrich August rühmte sich in aller Öffentlichkeit, mit Sibylla von Neitschütz intim zu sein. Johann Georg stellte den Bruder mehrfach zur Rede, erhielt jedoch nur Spott auf die angeblich untreue Geliebte. Um das Verhältnis zu Sibylla zu beweisen, bestellte Friedrich August die junge Dame zu einem Treffen in einem Park in der Vorstadt. Die ahnungslose Sibylla sah sich einem aufdringlichen Adelsspross gegenüber, der sie umarmen und küssen wollte. Seinen Bruder hatte der Intrigant ebenfalls in den Park bestellt. Jener fand Geliebte und Bruder in vermeintlich vertraulicher Pose und stürzte sich wutentbrannt auf den Nebenbuhler. Nur mit Mühe konnten die anwesenden Diener Johann Georg davon abhalten, seinem Bruder den gezückten Degen in den Leib zu stoßen. Der Vorfall sorgte für beträchtlichen Wirbel am kurfürstlichen Hof. Strenge Worte des Kurfürsten zeigten keine Wirkung, die Prinzen wurden getrennt auf Kavaliersreise durch Europa geschickt, um ihre Gemüter zu kühlen. Solche Art Reisen dienten zwar ursprünglich der Erziehung und Weiterbildung von jungen Adligen, im vorliegenden Fall wollte man die kurfürstlichen Brüder jedoch eine Weile voneinander fernhalten. Die am Eklat völlig unschuldige Sibylla und ihre Mutter erhielten die Anweisung, sich vom Dresdner Hof fernzuhalten. Die beleidigten Damen zogen sich zunächst auf die Familiengüter in der Oberlausitz zurück, doch kaum war Johann Georg wieder in Dresden, flammte die Liebe erneut auf. Unseriöse Quellen behaupten, Ursula von Neitschütz habe zu jener Zeit einen infamen Plan entwickelt, um wieder am kurfürstlichen Hof erscheinen zu dürfen und ihrer Tochter den Umgang mit Johann Georg zu ermöglichen. So sollte Sibylla einen Mann aus dem kurfürstlichen Gefolge ehelichen. Insgeheim habe Ursula von Neitschütz mit den Herren Christian August von Haxthausen und Karl Friedrich Vitzthum von Eckstädt über eine mögliche Ehe mit ihrer Tochter gesprochen, erhielt jedoch abschlägige Antworten. Jene unlauteren Eheanbahnungen können wir wie so viele Episoden im Falle Neitschütz getrost unter der Kategorie „Üble Gerüchte“ ablegen.

Im Herbst 1691 sollte sich das Verhältnis zwischen Johann Georg und seiner Geliebten Sibylla von Neitschütz grundlegend ändern. Kurfürst Johann Georg III. verstarb unerwartet am 12. September 1691 mit nur 45 Jahren. Nur wenige Tage später wurde der neue Kurfürst Johann Georg IV. in sein Amt eingeführt. Eine seiner ersten Amtshandlungen war es, Sibylla von Neitschütz als seine zukünftige Frau offiziell am Dresdner Hof vorzustellen. Die Einwände seiner Mutter Anna Sophie, Sibylla wäre von zu geringem Stande, ließ Johann Georg nicht gelten. Vielmehr sprach er davon, seine Geliebte in den Fürstenstand erheben zu lassen. Bereits im Oktober 1691 hielt der junge Kurfürst im Hause Neitschütz offiziell um die Hand seiner geliebten Sibylla an. Die Eltern der jungen Dame stimmten begeistert zu, einen besseren Schwiegersohn als Johann Georg konnte man sich nicht wünschen. Am 19. Oktober 1691 setzte der Kurfürst ein eigenhändig verfasstes Ehegelöbnis auf, in welchem er auch die zu erwartenden Kinder anerkannte. Allerdings waren diese von der kurfürstlichen Thronfolge ausgeschlossen. Was auf den ersten Blick als Widerspruch zu seinem Eheversprechen erscheint, erklärt sich mit einem aberwitzigen Plan, welchen Johann Georg schmiedete. Um seinen kurfürstlichen Verpflichtungen nachzukommen, wollte er eine adlige Dame fürstlicher Abstammung neben Sibylla als zweite Frau ehelichen. So konnte er seine persönlichen Vorlieben mit seinen herrschaftlichen Pflichten vereinbaren. Was für Johann Georg als die ideale Lösung erschien, stieß am Hofe und in ganz Dresden auf helle Empörung. Schon seit geraumer Zeit versuchten böse Zungen, den Ruf von Sibylla von Neitschütz systematisch zu zerstören. Von unzähligen Liebhabern war die Rede und gar von einem in Schande geborenen Kind, das tot am Taschenberg gefunden worden sei. Angesichts solch übler Nachrede sollte man nicht vergessen, dass Sibylla 1691 gerade mal sechzehn Jahre alt war, die Gerüchte aber für ein ganzes Dirnenleben gereicht hätten. Obwohl es keine eindeutigen Beweise gibt, liegt die Vermutung nahe, dass Anna Sophie, die Mutter des Kurfürsten, hinter vielen dieser üblen Geschichten steckte. Ihrem Sohn war weder mit Argumenten noch mit Drohungen beizukommen, also mussten mal wieder die so beliebten höfischen Intrigen ihre Arbeit verrichten.

Nach dem offiziellen Bekanntwerden der Liaison zwischen Johann Georg und seiner nicht standesgemäßen Verlobten schlug Sibylla nun der blanke Hass der Öffentlichkeit entgegen. In Dresden wurde ganz offen über Hexerei gesprochen, mit der die Frauen Neitschütz die Liebe des jungen Kurfürsten anfachen würden. Dass Johann Georg einfach nur eine tiefe Zuneigung für seine Geliebte empfand, dies schien den Dresdnern wiederum nicht in den Sinn zu kommen. Hinter den neuerlichen Anfeindungen sind mit Sicherheit ebenfalls gewisse Kreise am Dresdner Hof zu vermuten. Im späten 17. Jahrhundert waren Vorwürfe von Hexerei und Zauberei eine ernstzunehmende Sache. Die Hexenverfolgung in Europa befand sich gerade auf ihrem Höhepunkt. Obwohl Adlige eher selten in die Fänge der Inquisition gerieten, waren die Vorwürfe gegen Sibylla und ihre Mutter durchaus gefährlich. Immer wieder wurde auch von allerlei Zaubermitteln gesprochen, die Sibylla verwendet haben soll, um ihren Geliebten dauerhaft an sich zu binden. So hieß es, die Familie Neitschütz beschäftige insgeheim ganze Scharen von Hexen und Zauberern, die nichts anderes täten, als Liebeselixiere und Zauberamulette herzustellen, um die Sinne des Kurfürsten zu betören. Bei der Verbreitung dieser Gerüchte wurde jedoch außer Acht gelassen, dass eine solche Art von Liebeszauber zur damaligen Zeit nichts Besonderes waren. Es handelte sich dabei keineswegs um Hilfsmittel, die mit schwarzer Magie hergestellt wurden. Vielmehr gab es in ganz Dresden Händler für solche Dinge.
Kurfürst Johann Georg IV. kümmerte sich wenig um die Gerüchte über seine angeblich „zauberhafte“ Beziehung zu Sibylla von Neitschütz. Er liebte die junge Dame von ganzem Herzen, keine noch so bösen Geschichten konnten ihn davon abbringen. Fast täglich überhäufte der verliebte Fürst seine Angebetete mit kostbaren Geschenken und übereignete der Familie von Neitschütz das Palais Fürstenberg, das in unmittelbarer Nähe zum kurfürstlichen Residenzschloss lag. Diese Art von Gunstbezeugung für die Familie seiner Geliebten rief die zu erwartenden Schmarotzer auf den Plan. Fast täglich machten nun Leute im Palais Fürstenberg ihre Aufwartung, die sich durch die Fürsprache der Familie Neitschütz

am kurfürstlichen Hof verschiedenste Privilegien sichern wollten. Allerdings gibt es keine schriftlichen Hinterlassenschaften, dass jenen Ansinnen im großen Stil entsprochen wurde. Lediglich für die weitverzweigte Verwandtschaft ihrer Familie versuchte sich Sibylla beim Kurfürsten zu verwenden. Wenn dieses moralisch gesehen vielleicht nicht ganz einwandfrei war, gab diese Art von Vetternwirtschaft jedoch keinen Grund für die öffentlichen Anfeindungen gegen Sibylla. Die junge Frau war verliebt, sah die Welt durch die sprichwörtliche „rosarote Brille" und sah sicherlich nichts Verwerfliches daran, sich Vorteile für die Familie beim Kurfürsten zu verschaffen.

Inzwischen nahm auch die Kirche Anstoß am „Lotterleben" des Kurfürsten. Oberhofprediger und kurfürstlicher Beichtvater Samuel Benedict Carpzov rügte Johann Georg ob seines Lebenswandels. Eine heimliche Geliebte, das tolerierte die Kirche ja noch, aber die offenen Gunstbezeugungen für eine ohnehin nicht standesgemäße Frau, das war zu viel für den Klerus. Auch Sibylla selbst hatte einen schweren Stand bei den Kirchenoberen. Der Dresdner Superintendent Schrader untersagte Sibyllas Beichtvater Archidiakon Sebischen, ihr die Beichte abzunehmen. Eine folgenschwere Entscheidung in den damals stark religiös geprägten Zeiten. Wenn Sibylla nicht zur Beichte zugelassen wurde, konnte ihr auch keine Absolution erteilt werden, was den Einzug ins göttliche Himmelreich verwehrte. Kurfürst Johann Georg nahm diese unverhohlene Drohung der Kirche gegen seine Geliebte sehr ernst und ließ den Superintendenten durch Hofrat von Beichling zur Rede stellen. Was zwischen den Männern besprochen wurde, ist nicht bekannt. Ergebnis der Unterhaltung war aber die Rücknahme des Beichtverbots für Sibylla. Eine Kluft hatte sich aufgetan zwischen Kirche und kurfürstlichem Hof. Im Schloss Dresden tuschelten die Höflinge schon, Johann Georg plane, zum Katholizismus überzutreten. Das wäre natürlich sprichwörtlich „Wasser auf die Mühlen" von Sibyllas Gegnern gewesen. Die verhasste Geliebte des Kurfürsten hätte man dann auch für einen klerikalen Umsturz im Fürstentum verantwortlich machen können.

Im Frühjahr 1692 schöpften Sibyllas Gegner plötzlich unerwartet Hoffnung. Es schien, als zweifelte der Kurfürst plötzlich an seiner Liebe zu der jungen Dame. Die massiven Anfeindungen seitens des Dresdner Hofes und des Klerus sowie immer neue Gerüchte über Sibyllas Untreue ließen Johann Georg ins Wanken geraten. Besonders die angebliche Liebelei von Sibylla mit dem Oberst Johann Friedrich Klemm brachte den jungen Kurfürsten in Wut. Er vernichtete alle Briefe, die ihm die Geliebte je geschrieben hatte und nannte sie öffentlich eine Canaille. Sogar den üblen Gerüchten über das tote Kind am Taschenberg schien Johann Georg plötzlich Glauben zu schenken. Zum Eklat zwischen den Liebenden kam es im Schlosspark von Moritzburg, wo der Kurfürst Sibylla von Neitschütz in aller Öffentlichkeit ins Gesicht schlug und mit dem Degen herumfuchtelte. Nur durch das Eingreifen eines beherzten Höflings konnte Schlimmeres verhindert werden.

Schloss Moritzburg.

Der zwischenzeitliche Bruch zwischen dem Liebespaar ließ die kurfürstliche Mutter Anna Sophie neue Hoffnung schöpfen. In einem ernsten Gespräch konnte sie Johann Georg davon überzeugen, dass eine standesgemäße Vermählung unerlässlich für das Fortbestehen des Adelshauses Wettin war. Anna Sophie hatte bereits eine entsprechende Kandidatin ausgewählt. Es handelte sich um Eleonore Erdmuthe Louise von Sachsen-Eisenach, die Witwe des Markgrafen Johann Friedrich zu Brandenburg. Obwohl die Dame sechs Jahre älter und bereits Mutter dreier Kinder war, fand sich Johann Georg mit der Wahl seiner Mutter ab. Oberkammerherr Pflug wurde an den preußischen Hof entsandt, um mit Kurfürst Friedrich III. über die geplante Vermählung zu verhandeln. Vom 1. bis zum 23. Februar weilte Johann Georg selbst in Berlin und verlobte sich mit Eleonore. Fast schien es, als sei der ungestüme Kurfürst zur Vernunft gekommen. Immerhin stammte seine zukünftige Frau aus bestem Hause und war zudem eine reizvolle Erscheinung. Erleichtert atmete der Hofstaat in Dresden auf, wusste jedoch nicht, dass Johann Georg sich bereits kurz nach seiner Verlobung wieder heimlich mit Sibylla von Neitschütz traf.

Die Trauung von Kurfürst Johann Georg IV. und Eleonore von Sachsen-Eisenach fand im engsten Familienkreis am 17. April 1692 auf der Pleißenburg bei Leipzig statt. Bei den anschließenden Feierlichkeiten auf Schloss Hartenfels in Torgau waren pikanterweise auch Sibylla von Neitschütz und ihre Mutter Ursula anwesend. Für alle Anwesenden unverständlich schenkte der Kurfürst seiner frisch Angetrauten kaum Beachtung, sondern leistete seiner Geliebten Gesellschaft. Als die verärgerte Eleonore ihren Gemahl darauf ansprach, reagierte Johann Georg äußerst unwirsch und rügte seine Frau für das angeblich unschöne Brautkleid.

Die Ehe zwischen Johann Georg und Eleonore stand von Beginn an unter keinem guten Stern. Der Kurfürst ging seiner Frau so oft wie möglich aus dem Weg, besuchte dafür täglich seine Geliebte. Um der Thronfolge Genüge zu tun, verbrachte Johann Georg gelegentlich die Nacht mit seiner Frau. Allerdings vertraute er seinem Kammerdiener Heinrich Besser an, er empfinde Abscheu vor ihren Umarmungen. Auch würde ihm jedes Mal heiß und übel, wenn er nur ihr Schlafgemach betrete.

Trotz des kurfürstlichen Unbehagens, seiner Frau beizuwohnen, wurde Eleonore schon bald nach der Hochzeit schwanger. Leider verzeichnet das Dresdner Hoftagebuch bereits am 26. Juli 1692 eine Fehlgeburt der Kurfürstin. Sibylla von Neitschütz sah ihre Stunde gekommen. Wenn die Kurfürstin unfähig war, lebensfähigen Nachwuchs zu bekommen, würde Johann Georg sie womöglich verstoßen und seine Geliebte ehelichen. Ein gemeinsames Kind war für diesen Plan mit Sicherheit von Vorteil. Es hieß, Sibylla habe sogar himmlischen Beistand beschworen, um vom Kurfürsten schwanger zu werden. So soll sie aus Kleiderfetzen von sich und Johann Georg ein Amulett gefertigt haben, das, in eine Schachtel verpackt, heimlich auf den Altar der Bartholomäuskirche gelegt wurde, um es einsegnen zu lassen. Ob diese Geschichte der Wahrheit entspricht, ist fraglich, wichtig ist, dass Sibylla dem Kurfürsten im Juni 1693 eine gesunde Tochter gebar. Seine Frau erlitt dagegen im Oktober des gleichen Jahres eine erneute Fehlgeburt.

Johann Georg war überglücklich über sein erstes Kind. Er vergötterte die kleine Wilhelmine Marie Friederike und regte sogar an, dass das englische Königspaar Wilhelm und Mary die Taufpatenschaft übernahm.

Seine geliebte Sibylla überschüttete Johann Georg weiterhin mit Geschenken. So erhielt sie die Kammergüter Gorbitz und Pennrich übereignet sowie zwei Weinberge in Cossebaude. Zusätzlich erhielt Sibylla eine großzügige Leibrente und ihr ohnehin schon zahlenmäßig großes Hauspersonal wurde weiter aufgestockt. Mit dieser Aufwertung ihrer Person wurde von Johann Georg am Dresdner Hof die Mätressenwirtschaft eingeführt. Heimliche Geliebte hatten seine Vorgänger auch schon gehabt, doch die Stellung der Sibylla von Neitschütz hatte ein ganz neues Format angenommen.

Kurfürstin Eleonore schäumte verständlicherweise vor Wut über die Nebenbuhlerin. Am Dresdner Hof fand Eleonore genügend Gleichgesinnte, die Interesse daran hatten, Sibylla von Neitschütz zu schaden. Fast täglich wurden neue Hetzkampagnen gegen die Mätresse des Kurfürsten gestartet. Sibyllas Nervenkostüm litt unter den ständigen Anschuldigungen. Obwohl sie glaubte, die älteren Ansprüche auf Johann Georg zu haben, gab es in ganz Dresden außer ihrer Familie keine Menschenseele, der sie vertrauen konnte. Das einfache Volk konnte die tiefe Zuneigung des Kurfürsten zu der als Dirne verschrienen Sibylla nicht verstehen. Ganz offen wurde in der Stadt davon gesprochen, dass Sibylla ihren Geliebten nur mittels Zauberei an sich binden könnte. In ihrer Not flehte Sibylla Johann Georg an, ihren guten Ruf wiederherzustellen. Der Kurfürst vermutete richtigerweise seine eigene Frau als Drahtzieherin hinter den Hassstürmen gegen seine Geliebte, unternahm jedoch vorerst nichts gegen Eleonore. Immerhin war sie seine Frau und sollte ihm noch einen Thronfolger schenken. Als in Dresden eine Schmähschrift die Runde machte, in der auf übelste Weise über die kurfürstliche Tochter Wilhelmine hergezogen wurde, war es mit Johann Georgs Geduld zu Ende. Schnell war seine Frau als Herausgeberin des Pamphlets enttarnt. Johann Georg stellte sie zur Rede, jene brach jedoch einen fürchterlichen Streit vom Zaun, hatte sie doch gerade erfahren, dass ihr Gemahl seiner Geliebten das Anwesen Pillnitz geschenkt hatte. Völlig außer sich zog Johann Georg seinen Degen und stürzte sich auf Eleonore. Zu deren Glück war Friedrich August ebenfalls anwesend, der Dank seiner körperlichen Überlegenheit dem Bruder die Waffe entreißen und so Schlimmeres verhindern konnte.

Nach diesem offenen Bruch zwischen den Eheleuten trachtete Johann Georg danach, seine Ehefrau loszuwerden und seine Geliebte zur Kurfürstin zu machen. Im Geheimen hatte der Kurfürst schon des Längeren darauf hin gearbeitet. Auf Johann Georgs Betreiben hatte Kaiser Leopold I. Sibylla von Neitschütz in den Reichsgrafenstand erhoben. Der Kaiser hatte zunächst nicht viel von Johann Georgs Plänen gehalten, ein Geldgeschenk von 40.000 Talern sowie die Verfügungsgewalt über 12.000 sächsische Soldaten stimmten ihn jedoch um. Sibylla durfte sich nun Gräfin von Rochlitz nennen. Eine Erhebung in den Fürstenstand hätte ihr Glück perfekt gemacht. Sie wäre dann eine standesgemäße Frau für den sächsischen Kurfürsten gewesen, der entschlossen war, sich von seiner Frau Eleonore scheiden zu lassen. Die Geschichte, dass Sibylla von Neitschütz dem Kaiser versprochen habe, im Gegenzug für ihre Ernennung zur Fürstin Johann Georg zum Übertritt zum Katholizismus zu bewegen, können wir getrost ins Reich der Fantasie verbannen.

Kurfürstin Eleonore sah inzwischen ihre Stellung am Dresdner Hof gefährdet. Da sie bereits zwei Fehlgeburten erlitten hatte, hätte Johann Georg sie aus Rücksichtnahme auf die Thronfolge jederzeit verstoßen können. Bis heute hält sich das Gerücht, dass Kurfürstin Eleonore versucht haben soll, ihre Nebenbuhlerin Sibylla von Neitschütz zu vergiften. Nach dem Genuss einer Pastete wurde Sibylla von schwerer Übelkeit befallen und soll Symptome einer Vergiftung gezeigt haben. Ihr Gesellschaftsfräulein Kühlau, die auch von der vermeintlich vergifteten Pastete gegessen hatte, wurde ebenfalls krank, erholte sich aber schnell wieder von ihrem Unwohlsein. Sibylla dagegen war mehrere Tage bettlägerig, ihr Leib war geschwollen und die Hofärzte wussten sich keinen Rat. Glücklicherweise verbesserte sich ihr Gesundheitszustand wieder, doch in den folgenden Wochen wurde Sibylla immer wieder von Schwächezuständen befallen. Dass Kurfürstin Eleonore hinter der Angelegenheit gesteckt haben soll, ist nicht sehr wahrscheinlich. Ein

Mordkomplott hätte Helfer und Mitwisser erfordert, es sind aber keinerlei Informationen darüber überliefert. Sibyllas Unwohlsein war mit Sicherheit auf eine Lebensmittelvergiftung zurückzuführen. Der Verdacht gegen Eleonore und gewisse Kreise am Dresdner Hof war jedoch gesät, warf seine Schatten auch auf die kommenden Ereignisse.

Mitte März 1694 erkrankte Sibylla von Neitschütz schwer. Zunächst waren die Hofärzte ratlos ob der Diagnose, doch recht schnell zeigten sich bei der kurfürstlichen Mätresse Symptome der Blattern, heute unter dem Namen Pocken bekannt. Da die Blattern durch Tröpfcheninfektion übertragen werden, in Sachsen aber zu jener Zeit keine weiteren Krankheitsfälle bekannt waren, machten schnell wieder üble Gerüchte die Runde. Es hieß, Sibylla sei erneut vergiftet worden. Die überlieferten Krankheitssymptome deuten aber eindeutig auf die schwerste Form der Erkrankung hin, die „Schwarzen Blattern“. Schwarz verkrustete Geschwüre und Hämatome, die von Hauteinblutungen herrührten, bedeckten den ganzen Körper der jungen Frau. Es heißt, nach einer misslungenen Blatternkur sei Sibyllas ganzer Körper von einer Art schwarzer Rinde bedeckt gewesen.

Johann Georg war außer sich vor Angst um seine Geliebte. Tag und Nacht wachte er an Sibyllas Krankenlager. Der Kurfürst umsorgte sie, flößte ihr Medikamente ein und trocknete ihre schweißnasse Stirn. Obwohl die Ärzte dringend vor einer möglichen Ansteckung warnten, war Johann Georg nicht dazu zu bewegen, sich von Sibylla fernzuhalten. Stattdessen hielt er sie in den Armen und bedeckte ihren Mund mit Küssen. Fast schien es, als habe der Kurfürst ob des nahenden Todes seiner Geliebten den Verstand verloren.

Am 4. April 1694 verstarb Sibylla von Neitschütz mit nur neunzehn Jahren. Acht Tage blieb der Leichnam aufgebahrt. In jener Zeit ging Johann Georg mehrmals am Tag zu seiner toten Geliebten und soll sich in einem Anfall von Trauer auf den Leichnam geworfen haben. Er küsste das von der Krankheit verunstaltete Gesicht und vergoss bittere Tränen.

Am 12. April 1694 wurde Sibylla von Neitschütz in einem feierlichen Akt in der Dresdner Sophienkirche beigesetzt. Die ganze Stadt war auf den Beinen, laut einer kurfürstlichen Verordnung durften alle Bürger nur vollständig in Schwarz gekleidet an den Trauerfeierlichkeiten teilnehmen. Der Leichnam wurde prächtig gekleidet in einem offenen Sarg zur Kirche gefahren. Kurfürst Johann Georg, sein Bruder Friedrich August sowie ein großer Teil des Dresdner Hofstaates folgten zu Fuß dem Leichenwagen. Nach einer mehrstündigen Zeremonie mit geradezu ausufernden Ansprachen über das Leben und Wirken der Verstorbenen wurde Sibylla von Neitschütz in der Krypta der Sophienkirche zur letzten Ruhe gebettet. Die Stimmung während der Trauerfeierlichkeiten war zwiegespalten. Einerseits war Sibylla in Dresden verhasst und verrufen, andererseits war die perfekt inszenierte Beerdigung ein ergreifendes Ereignis.

Nur zwei Wochen nach dem Tod seiner Geliebten erkrankte Kurfürst Johann Georg IV. ebenfalls an den Blattern. Durch seinen unvorsichtigen Umgang mit der kranken Sibylla hatte er sich angesteckt. Johann Georg zeigte die gleichen Symptome, die die Hofärzte auch bei ihr festgestellt hatten. Allerdings schien die Krankheit beim Kurfürsten nicht den gleichen schweren Verlauf zu nehmen wie bei der Geliebten. Dank seines ansonsten gesundheitlich vorzüglichen Zustandes schien der Körper des Kurfürsten den Blattern zu trotzen. Nach einigen Tagen begannen die Geschwüre bereits wieder abzuheilen. Der Dresdner Hof schöpfte schon neue Hoffnung. Doch vergeblich. Nach einem erneuten Krankheitsschub verstarb der Kurfürst am 27. April 1694.
Erneut machte in Dresden das Gerücht über einen möglichen Giftmord die Runde. Die Spekulationen über den oder die Täter überschlugen sich. Hinter dem vermeintlichen Giftmord an Sibylla von Neitschütz war schon seit Längerem die Kurfürstin Eleonore vermutet worden. Hatte sie auch ihren Mann vergiftet ? Dieses Szenario erscheint höchst unwahrscheinlich. Nach dem Tod der Nebenbuhlerin waren Eleonores Probleme bereinigt. Warum hätte sie ihren Gemahl beseitigen wollen? Verstohlen tuschelten die Dresdner Bürger, dass vielleicht auch Friedrich August in die Angelegenheit verwickelt war. Jener stand von Kindheit an im Schatten des großen Bruders, nun war der Weg frei auf den Thron von Sachsen. Schon bald kamen Friedrich August diese infamen Behauptungen zu Ohren. Es musste dringend etwas unternommen werden, sonst schien die Ordnung am sächsischen Hof gefährdet. Schon wenige Tage nach seiner Proklamation zum neuen Kurfürsten am 30. April 1694 auf Schloss Moritzburg ließ Friedrich August verkünden, der Tod seines Bruders ginge auf das Konto der Sibylla von Neitschütz und ihrer Mutter Ursula. Die Frauen hätten den verstorbenen Kurfürsten verhext und ihn so im Bann der Geliebten gehalten. Die verwendete schwarze Magie hätte schlussendlich auch zum Tod des Kurfürsten geführt. Ein schlauer Schachzug des neuen Kurfürsten Friedrich August. Einerseits konnte er so die bösen Gerüchte über seine Person zerstreuen, andererseits war es bei einer Verurteilung der Ursula von Neitschütz wegen Hexerei möglich, die von Johann Georg geschenkten Ländereien und Schlösser sowie verschiedene herrschaftliche Privilegien wieder einzuziehen.
Ursula von Neitschütz wurde am 5. Mai 1694 unter dem Vorwurf der Hexerei verhaftet und in der Arrestzelle des Rathauses eingesperrt. In den folgenden Tagen und Wochen kam es zu einer wahren Verhaftungswelle in ganz Sachsen. Letztendlich waren es an die einhundert Personen, die im Rahmen des Hexenprozesses gegen Ursula von Neitschütz verhaftet, verhört und zum Teil auch verurteilt wurden. Aus Platzgründen soll hier aber nur auf die Personen aus dem näheren Umfeld der Hauptverdächtigen eingegangen werden.
Laut der Anklage hätte Ursula von Neitschütz mit Hexerei versucht, Johann Georg IV. dauerhaft an ihre Tochter zu binden und diese so zur Kurfürstin zu machen. Dieser vermeintliche Liebeszauber soll mit verschiedensten Tränken und

Amuletten vollzogen worden sein, die von Anna Margareta Burmeister hergestellt wurden. So lautete jedenfalls die Aussage von Agnes Krappin, einer der Gesellschaftsdamen von Ursula von Neitschütz. Angeblich hatte sich Agnes Krappin einer gewissen Anna Margarete von Drandorf offenbart, einer adligen Dame, die ebenfalls im Hause Neitschütz verkehrte. Anna Margarete von Drandorf war so etwas wie der „Joker" der Dresdner Gerichtsbarkeit. Munter beschuldigte sie so gut wie jede Kräuterfrau in und um Dresden, Ursula von Neitschütz bei ihrem unheiligen Tun unterstützt zu haben. Auch die bereits am Anfang des Kapitels erwähnte Geschichte von der angeblichen Ermordung des vormaligen Kurfürsten Johann Georg III. erfuhr das Gericht von der „gut" unterrichteten Hauptzeugin. Die heutige Geschichtswissenschaft geht davon aus, dass Anna Margarete von Drandorf für ihre Aussagen von gewissen Kreisen des Dresdner Hofes bezahlt wurde. Wenn auch eindeutige Beweise fehlen, wird bis heute hinter den Falschaussagen die kurfürstliche Mutter Anna Sophie vermutet.

Eine besonders abstruse Geschichte, die im Rahmen der Beweisführung verlautet wurde, möchte ich an dieser Stelle den Lesern nicht vorenthalten. Der Kammerdiener Koch, Angestellter im Hause Neitschütz, sagte vor Gericht aus, Sibylla hätte in Frankfurt bei einem Juden für dreihundert Taler einen Teufel gekauft. Jener hörte auf den Namen Fränzel und soll Sibylla geholfen haben, Johann Georg zu behexen. Der Teufel war zwar von so kleiner Gestalt, dass ihn Sibylla im Ausschnitt ihrer Kleider versteckt halten konnte, soll sich aber als sehr wirksam erwiesen haben. Die Aussage des Kammerdieners gibt in etwa das Niveau der gesamten Beweisermittlung im Falle Neitschütz wieder.

Im anberaumten Hexenprozess leugnete Ursula von Neitschütz standhaft die ihr zur Last gelegten Verbrechen. Sie erklärte, weder etwas mit dem Tode von Johann Georg III. noch dessen Sohnes zu tun zu haben. Auch habe sie Johann Georg IV. weder mit einem Liebeszauber verhext, noch habe sie in irgendeiner unlauteren Form die Liebe des jungen Fürsten zu ihrer Tochter Sibylla betrieben. Dieser Verlautbarung stellte das Gericht die Aussage von Johann Georgs Kammerdiener Heinrich Besser entgegen, der Kurfürst hätte einmal verlauten lassen, dass seine Liebe zu Sibylla nur so lange andauerte, weil ihre Mutter nicht locker ließ.

Da Ursula von Neitschütz weiterhin ein Geständnis verweigerte, ließ das Gericht sie foltern. Doch auch die hochnotpeinliche Befragung änderte nichts, die Angeklagte behauptete weiterhin standhaft, keinerlei Verbrechen begangen zu haben. Der Hexenprozess verlief so gar nicht nach den Vorstellungen der Ankläger. Kurfürst Friedrich August drängte auf eine Entscheidung des Gerichts. Nun wurden die Mitangeklagten ebenfalls auf brutalste Weise gefoltert und beschuldigten Ursula von Neitschütz schwer. Jene erzwungenen Aussagen und die bereits erwähnten angeblichen Zaubermittel, die im Sarg von Sibylla gefunden wurden, reichten dem Gericht, Ursula von Neitschütz in allen Anklagepunkten schuldig zu sprechen. Die Angeklagte wurde zu Kerkerhaft auf unbestimmte Zeit in der Festung

Königsstein verurteilt und der kurfürstliche Hof bekam alle von Johann Georg an seine Geliebte übereigneten Schlösser und Ländereien zugesprochen.
Friedrich August hatte gewonnen. Daher konnte er auch großzügig sein und entließ Ursula von Neitschütz nach mehreren Bittgesuchen der Familie im Jahr 1699 aus der Haft. Ihr wurde lediglich auferlegt, die Residenzstadt zu meiden. Ursula von Neitschütz verbrachte den Rest ihres Lebens auf dem Familiengut Gaußig, wo sie am 3. Juli 1713 auch verstarb.

An dieser Stelle ergibt sich unweigerlich die Frage, wie viel Wahrheitsgehalt in den Geschichten um Liebeszauber, Hexerei und Giftmorde enthalten ist.
Ein entscheidender Fakt in der Liebesbeziehung zwischen Johann Georg IV. und Sibylla von Neitschütz ist die Tatsache, dass schon zu Lebzeiten des Paares behauptet wurde, Sibylla und ihre Mutter Ursula hätten die Liebe des jungen Prinzen mit unlauteren Mitteln entfacht. Auch als Johann Georg schon Kurfürst und verheiratet war, sollen die Damen Neitschütz ihn mit einem Liebeszauber an Sibylla gebunden haben. Im Prozess gegen Ursula von Neitschütz wurden dem Gericht vermeintliche Liebesamulette und eine Haarlocke des Kurfürsten vorgelegt, die angeblich im Sarg von Sibylla entdeckt wurden. Das Gericht ließ es so aussehen, als seien diese harmlosen Liebespfande pures Teufelswerk. Jene Beweisführung war gänzlich an den Haaren herbeigezogen. Liebesamulette und eine Haarsträhne des Auserwählten trug zur damaligen Zeit fast jede verliebte Frau bei sich. Dass sich Johann Georg durch die Wirkung einen Liebestrankes unsterblich in Sibylla verliebt hätte, war ebenfalls ein fadenscheiniges Argument der Ankläger. Der Kurprinz war jung, liebte das Leben und die Frauen. Sibylla mit ihren dreizehn Jahren war eine verführerische, frühreife Kindfrau, deren Reizen Johann Georg nicht widerstehen konnte. Diese Anziehung übte Sibylla auf viele Männer aus, denken wir nur an Friedrich August, der ihr ebenfalls den Hof machte.
Wir müssen davon ausgehen, dass die Geschichtsschreibung die Liaison zwischen Kurfürst Johann Georg IV. und Sibylla von Neitschütz mit hoher Wahrscheinlichkeit falsch interpretiert hat. Ein entscheidender Grund dafür waren die Veröffentlichungen des preußischen Oberkonsistorialrats Anton Friedrich Büsching. Jener gab 1767–1793 eine insgesamt 25 Bände umfassende Enzyklopädie mit dem Titel „Magazin für die neue Historie und Geographie“ heraus. In Band 8 wurden „geheime Nachrichten“ vom kursächsischen Hof zu Zeiten Johann Georgs IV. veröffentlicht. Seine Informationen will Büsching aus den Archiven des sächsischen Hofes bezogen haben. Allerdings scheint dies wenig glaubhaft, da die kurfürstliche Regierung in Dresden ihr Archiv von jeher streng bewachen ließ und nur autorisierte Personen Zugriff auf die Dokumente erhielten. Lassen wir an dieser Stelle Johann Friedrich Klotzsch zu Wort kommen, der in seiner Biografie über Sibylla von Neitschütz aus dem Jahre 1780 zu den Ausführungen Büschings Folgendes verlauten ließ: „Seine geheimen Nachrichten sehen nicht anders als wie das Journal eines Bedienten aus, welcher dasjenige, was seinem reisenden Herrn von

einer Tischgesellschaft erzählet wird, in seine Schreibetafel bemerket. Es können hieraus wenig Wahrheiten des Gewirres großer Unrichtigkeit vereint werden."[35] Anton Friedrich Büsching hatte sich seine angeblich so „geheimen Nachrichten" aus den unsäglichen Gerüchten und Schmähschriften über Sibylla von Neitschütz gesponnen, die er mit den abstrusen gerichtlichen Vorwürfen gegen ihre Mutter vermischte. Unglücklicherweise haben aber viele spätere Autoren die Ausführungen von Büsching für bare Münze gehalten und zeichneten so ein völlig falsches Bild von der Beziehung Johann Georgs zu seiner Mätresse.

Die Behauptungen, dass sich Ursula von Neitschütz dunkler Magie bediente, Hexen und Zauberer für ihre Zwecke verdingte und so den Tod ihres früheren Geliebten Kurfürst Johann Georg III. verschuldete, ist ebenfalls sehr zu bezweifeln. Im Hexenprozess gegen sie brachte die mit Sicherheit „gekaufte" Zeugin Anna Margarete von Drandorf gar Unglaubliches zur Sprache. Es hieß, die Angeklagte habe sich an Johann Georg III. gerächt, weil er einst die Liaison mit ihr beendet und sich nicht wie versprochen von seiner Frau getrennt habe. Zudem hätte der Kurfürst der Beziehung seines Sohnes zu Sibylla im Wege gestanden. Zum Zwekke der Rache habe sich Ursula von Neitschütz mit der Hexe Burmeister verbündet und ein Ritual durchgeführt, bei dem auch die Hausangestellte Anna Krappin anwesend gewesen sei. Bei jenem angeblichen Ritual hätten die drei Verschwörerinnen ein wächsernes Abbild des Kurfürsten langsam in einem Feuer verbrennen lassen. Daher sei auch das Herz von Johann Georg III. bei der Obduktion blutleer und ausgetrocknet vorgefunden worden. Dass solch einer Behauptung im späten 17. Jahrhundert noch Glauben geschenkt wurde, ist verständlich. Die Hexenverfolgung hatte in Europa zwar bereits ihren Zenith überschritten, doch die allgemeine Hysterie war noch längst nicht abgeklungen. Aus heutiger Sicht braucht es wohl kaum eine längere Überlegung über den Wahrheitsgehalt jener Aussage der Zeugin Dransdorf. Sie war schlichte Verleumdung. Welchen Grund sollte Ursula von Neitschütz auch gehabt haben, ihren früheren Geliebten umzubringen? Es ist nichts davon bekannt, dass ihr Johann Georg III. jemals die Ehe versprochen hätte. Der Beziehung seines Sohnes zu Sibylla von Neitschütz stand der Kurfürst ebenfalls recht gleichgültig gegenüber. Als Landesvater hatte er andere Sorgen, als sich um das Liebesleben seines Sohnes zu kümmern. Wenn schon, dann stand die Kurfürstin Anna Sophie dem Liebesglück Sibyllas im Wege. Jedoch wurde ihr Mann und nicht sie Opfer der angeblichen okkulten Praktiken der früheren Nebenbuhlerin.

Schlussendlich gilt es noch zu klären, ob der Kurfürst Johann Georg IV. und seine Geliebte tatsächlich an den tückischen Blattern verstarben oder ob Giftanschläge für ihren Tod verantwortlich waren.
Bis heute äußern Historiker immer wieder Zweifel daran, dass Johann Georg und Sibylla an den Blattern starben. Als einziges Argument für diese Behauptung wird

angeführt, dass zum Todeszeitpunkt des Paares keine weiteren Blatternerkrankungen in den sächsischen Archiven verzeichnet wurden. Obwohl die Blattern über Jahrhunderte hinweg in erster Linie als Epidemien mit einer Vielzahl von Opfern auftraten, sind doch auch immer wieder Fälle von Einzelerkrankungen bekannt. Die Blattern wurden zwar größtenteils durch Tröpfcheninfektion von Mensch zu Mensch übertragen, doch ist eine Ansteckung durch Einatmen von Staub möglich, welcher beim Ausschütteln von Kleidung oder Decken von Blatternkranken entsteht. Es ist also nicht auszuschließen, dass Sibylla von Neitschütz sich unglücklicherweise so mit der tödlichen Krankheit infizierte und auch ihren Geliebten ansteckte. Im gleichen Atemzug mit den Zweifeln am Blatterntod des Liebespaares sprechen eben jene Historiker von einem Giftanschlag. Als Beweis wird immer wieder die Geschichte des Apothekergehilfen angeführt, der am Tage nach Johann Georgs Tod verzweifelt nach einem Beichtvater suchte. Am folgenden Tage habe man dann den Leichnam des Apothekergehilfen aus der Elbe gezogen. Allerdings ist dieser Geschichte nur wenig Wahrheit beizumessen. Schon Johann Friedrich Klotzsch stellte 1780 eindeutig fest, dass es keine Verbindung zwischen dem Tod des Kurfürsten und dem des unbedeutenden Apothekergehilfen gab. Es war nur eines von vielen Gerüchten, die nach dem Tod von Johann Georg in Dresden umgingen. Dazu gehörten auch die unerhörten Behauptungen, die angeblichen Giftmorde seien von höchster Stelle am Dresdner Hof geplant worden. Im Zentrum jener üblen Gerüchte stand Friedrich August. Als Motiv wurde ihm Neid auf den Bruder unterstellt. Es hieß, Friedrich August hätte selbst Kurfürst werden wollen und habe daher keinerlei Skrupel gekannt. Moderne Geschichtswissenschaftler greifen diese These immer wieder gerne auf und unterstellen Friedrich August den Brudermord. In der Dokumentation „Die vergiftete Mätresse“, produziert vom Mitteldeutschen Rundfunk, erdreisten sich die sogenannten „Experten“ zu behaupten, Friedrich August hätte während einer Italienreise höchstpersönlich das Gift besorgt. Es soll sich dabei um eine geschmacksneutrale, farblose Flüssigkeit mit dem Namen Aqua Tofana gehandelt haben. Jenes Gift war in Italien leicht erhältlich, da es dort zur Herstellung von Kosmetika verwendet wurde. Es ist eine unerhörte Frechheit, Friedrich August die Ermordung seines Bruders Johann Georg zu unterstellen. Sicherlich hatten die Brüder als Jugendliche nicht das beste Verhältnis. Zu Männern gereift, waren jene Diskrepanzen jedoch längst beigelegt. Friedrich August hatte seinen Platz am Dresdner Hof gefunden, unterstützte seinen Bruder in politischen und militärischen Belangen. Auch wenn Friedrich August vom Tode seines Bruders letztendlich profitierte, kann ihm nicht ohne wirklich stichhaltige Beweise ein Brudermord angelastet werden.

Ziehen wir an dieser Stelle ein abschließendes Fazit.
Die Gerüchte, Ursula und Sibylla von Neitschütz hätten Kurfürst Johann Georg IV. mit Liebeszauber und schwarzer Magie gefügig gemacht, können getrost als Hirngespinste der abergläubischen Bevölkerung abgetan werden. Jene Art

von Unterstellungen wurde seitens gewisser Kreise am kurfürstlichen Hof von Dresden forciert, wobei die kurfürstliche Mutter Anna Sophie als Drahtzieherin vermutet werden muss. Ihr war die Beziehung von Johann Georg zur unstandesgemäßen Sibylla von Neitschütz von Anfang an suspekt. Einmal ausgestreut, verselbstständigten sich jene Gerüchte und führten zu den Hassstürmen gegen die junge Frau. Dass Johann Georg seine Sibylla von Herzen liebte, steht außer Zweifel. Die Ehe mit Eleonore Erdmuthe Louise von Sachsen-Eisenach war für ihn eine Farce, eingegangen nur, um der Staatsräson zu genügen. Der Blatterntod des Liebespaares steht ebenfalls außer Zweifel. Die Symptome der Krankheit wurden von den besten sächsischen Ärzten eindeutig diagnostiziert und sind unanfechtbar. Die Gerüchte eines Giftmordes waren nichts weiter als Ausgeburten der Fantasie übler Elemente, die von sensationsheischenden Historikern bis heute aufgegriffen werden. Friedrich August, der als Kurfürst „August der Starke" bis heute als Inbegriff des sächsischen Kurfürstentums gilt, kann lediglich ein einziger Vorwurf gemacht werden: Den Hexenprozess gegen Ursula von Neitschütz ließ er aus eigennützigen Gründen anberaumen. So wollte er seinen Namen von jeglichen Gerüchten reinwaschen und die Sibylla geschenkten Güter in den Besitz des Hofes zurückholen.

Die bis heute geäußerten Vermutungen, Friedrich August hätte etwas mit dem Tode seines Bruder zu tun, möchte ich an dieser Stelle noch einmal auf das Schärfste verurteilen. Johann Georg IV. starb, weil er seine Sibylla zu sehr liebte und nicht von ihrem Krankenlager weichen konnte.

Sibylla von Neitschütz war eine tragische, verkannte Gestalt der sächsischen Geschichte. Sie gilt heute als die Begründerin der Mätressenwirtschaft am kurfürstlichen Hof von Dresden. Ob ihr diese „Ehre" gefallen würde, darf bezweifelt werden.

Johann Georg III. und Johann Georg IV. im Dresdner Fürstenzug.

Der Rattenfänger von Hameln

Im Jahre 1284 erschien in der Stadt Hameln ein wunderlich gekleideter Mann. Er trug einen bunten Oberrock und einen großen Hut und stellte sich den Stadtbewohnern als Rattenfänger vor. Den Hamelner Bürgern schien der Mann zunächst wie ein Gottesgeschenk, litt die Stadt doch schon seit Jahren an einer Rattenplage. Mehrere Mühlen und Lagerhäuser voller Korn waren für die Nager ein wahres Schlaraffenland. Schnell waren sich der Rat der Stadt und der Rattenfänger einig, dass jener für ein gewisses Entgelt die Ratten aus der Stadt vertreiben sollte. Sodann zog der Mann eine Pfeife hervor und begann, eine einschmeichelnde Melodie zu spielen. Wie durch ein Wunder kamen aus allen Ecken der Stadt die Ratten hervorgekrochen und sammelten sich um den Pfeifer. Als jener glaubte, alle Ratten seien versammelt, marschierte er munter weiterspielend Richtung Weser. Am Ufer schürzte er seine Kleider und trat ins Wasser. Alle Ratten folgten ihm und ertranken jämmerlich. Was herrschte für ein Jubel in der Stadt! Endlich war man von der Plage befreit. Die Männer trugen den Rattenfänger auf ihren Schultern zurück in die Stadt, die Gastwirte reichten ihm reichlich Speis und Trank. Als der Pfeifer jedoch den Rat der Stadt aufsuchte und seinen gerechten Lohn einforderte, verweigerten ihm die Stadtväter die Bezahlung. Zu einfach schien ihnen die Beseitigung der Rattenplage, als dass eine Bezahlung von Nöten war. Zornig forderte der Mann sein Geld, doch die Stadträte brachten allerlei Ausflüchte hervor, worauf der Rattenfänger verbittert von dannen zog. Bald hatten die Hamelner Bürger den Vorfall wieder vergessen, waren nur froh, die Ratten los zu sein. Dann geschah am 26. Juni 1284 das unvorstellbare Unglück. Der Rattenfänger erschien am Morgen des Johannes- und Paulustags erneut in der Stadt, nur hatte er es diesmal nicht auf Nager abgesehen. Alle Erwachsenen befanden sich zur Andacht in der Kirche, der Pfeifer hatte den Zeitpunkt gut gewählt. Er begann durch die Stadt zu spazieren, wobei er auf seiner Pfeife erneut ein wundersames Lied spielte. Diesmal waren es die Kinder, die dem Mann folgten. Aus allen Teilen der Stadt kamen Kinder herbei, auch die fast erwachsene Tochter des Bürgermeisters gehörte dazu. An die 130 Kinder sollen es gewesen sein, die der verlockenden Musik des Pfeifers folgten. Jener schritt durch das Osttor aus der Stadt heraus und alle Kinder folgten ihm. Am Kalvarienberg soll der Pfeifer dann mit den Kindern verschwunden sein, berichtet eine Augenzeugin, die das Geschehen aus einiger Ferne beobachtet hatte. Nur zwei Kinder kehrten in die Stadt zurück, weil sie den Anschluss verpasst hatten. Jedoch war eines blind geworden und konnte den Ort des Verschwindens nicht mehr zeigen. Das andere war stumm und konnte nicht mehr von dem Erlebten erzählen. Das Wehgeschrei war groß in Hameln. Fast jede Familie hatte ein oder mehrere Kinder verloren. Die Hamelner Bürger suchten tagelang die Gegend um die Stadt ab, doch keines der Kinder wurde je wieder gefunden. Der betrogene Rattenfänger hatte seine Rache vollendet.

So erzählt die Legende vom Rattenfänger und dem Hamelner Kinderauszug.
Bekanntlich steckt hinter jeder Legende ein Körnchen Wahrheit. Im Falle des Hamelner Kinderauszugs ist es nur verwunderlich, dass keine zeitgenössische Chronik oder Urkunde von den Ereignissen berichtet, wo doch heute sogar ein genaues Datum überliefert ist. Auch in der von der Geschichtswissenschaft bis heute viel beachteten „Chronik der Kirche zu Hameln“, welche Johann von Pohla 1384, also genau einhundert Jahre nach dem Verschwinden der Kinder, veröffentlichte, stand nichts über die dramatischen Ereignisse geschrieben. Daher stellt sich unweigerlich die Frage, ob es sich beim Hamelner Kinderauszug womöglich wirklich nur um eine Legende handelt. Ein tatsächlich stattgefundenes Ereignis wäre doch mit Sicherheit in irgendeiner Form zeitnah niedergeschrieben worden. Möglicherweise waren aber die Ereignisse in Hameln so traumatisierend, dass zunächst ein kollektives Verdrängen einsetzte.
Erst aus dem frühen 15. Jahrhundert ist uns eine Niederschrift über den Hamelner Kinderauszug bekannt. Es handelt sich dabei um eine handschriftliche Notiz, die nachträglich in eine Abschrift der „Capetena aurea“ des Mönches Heinrich von Herford aus dem Jahre 1370 eingefügt wurde. Jene Notiz wurde von Wissenschaftlern etwa auf das Jahr 1430 datiert und ist als „Lüneburger Handschrift“ bekannt. Darin wurde folgendes berichtet:

„Zu vermelden ist ein höchst seltenes Wunderzeichen, das sich in der Stadt Hameln in der Diözese Minden i. J. des Herrn 1284 gerade am Tage des Johannes und Paulus ereignete. Ein Jüngling von 30 Jahren, schön und überaus wohl gekleidet, so daß alle, die ihn sahen, ihn wegen seiner Gestalt und Kleidung bewunderten, trat über die Brücke und durch das Wesertor ein. Auf einer silbernen Flöte von wundersamer Form begann er sodann durch die ganze Stadt hin zu pfeifen. Und alle Kinder, die diese Flöte hörten, an Zahl etwa 130, folgten ihm zum Ostertore hinaus zur sogen. Kalverien- und Gerichtsstätte. Dort verschwanden und entwichen sie, daß niemand aufspüren konnte, wo eines von ihnen geblieben war. Die Mütter der Kinder aber eilten von einer Stadt zur anderen, doch fanden sie nirgends etwas von ihnen. Daher: - Eine Stimme wurde in Rama gehört, und jede Mutter beweinte ihren Sohn -. Und wie man nach Jahren des Herrn oder nach dem 1., 2., 3. Jahre nach einem Jubiläum zähle, so zählte man in Hameln nach dem 1., 2., 3. Jahre nach dem Ausgang und Verschwinden der Kinder. Dieses habe ich in einem alten Buche gefunden. Und die Mutter des Herrn Dekans Johann von Lüde sah die Kinder fortziehen.“[36]

Die „Lüneburger Handschrift“ liefert uns einige entscheidende Details für die Entschlüsselung der Rattenfängersage. Da ist zunächst die Tatsache, dass in der Urfassung noch gar nicht von einem Rattenfänger die Rede war. Es wurde nur von einem Pfeifer gesprochen, der zunächst nicht einmal auffällig und unsympathisch wirkte. Noch haftete ihm nichts Dämonisches und Unheimliches an wie in den späteren Formen der Legende. Warum der Pfeifer die Kinder aus der Stadt führte und mit ihnen auf Nimmerwiedersehen verschwand, erfahren wir nicht. Aber es gab eine Augenzeugin, die den Hamelner Kinderauszug beobachtet hatte. Den Dekan Johann von Lüde gab es wirklich, er starb im Jahr 1376. Es ist also durchaus möglich, dass seine Mutter die dramatischen Ereignisse in Hameln, die den historischen Kern der Sage bildeten, tatsächlich miterlebt hatte. Wichtig ist auch der Stil, in welchem die „Lüneburger Handschrift“ verfasst wurde. Der Bericht vom Kinderauszug schilderte in nüchterner Form die Ereignisse, nichts klingt „sagenhaft“. Anscheinend hat das Ereignis tatsächlich stattgefunden, die legendenhafte Verzerrung setzte erst viel später ein.

In einem Stadtbuch von Hameln, das man ob seines ungewöhnlichen Formats auch „Der Braten“ nannte, wurde 1585 ebenfalls vom Hamelner Kinderauszug berichtet. Auch hier wurde nur von einem Pfeifer gesprochen, der die Kinder entführt hatte. Erstmalig fand der mysteriöse Begriff „Koppen“ Verwendung, welcher im Zusammenhang mit dem Kalvarienberg stand, an welchem die Kinder verschwanden. Lange Zeit wurde in der Erforschung der Hamelner Legende dem „Koppen“ keine Bedeutung beigemessen. Heute wissen wir, dass ein Teil des Mittelgebirgszuges Ith im Mittelalter den Begriff Koppenberg trug. Jener Berg liegt nur etwa 15 Kilometer von Hameln entfernt. Dass sich auf dem Koppenberg einstmals ein vorchristlicher Kultplatz befand, wird für die Erforschung der Rattenfängersage an späterer Stelle noch von wichtiger Bedeutung sein.

In den Zeiten der Renaissance kam es dann zu einer öffentlichen Aufwertung der Hamelner Sage. Durch die stetige Verbesserung des Buchdruckes war es zu einer Verbreitung der Geschichte gekommen, die inzwischen weit über die Grenzen der Stadt Hameln reichte. Die Geschichte vom Pfeifer, der die Hamelner Kinder entführt hatte, war nun aus dem deutschen Sagenschatz nicht mehr wegzudenken. Allerdings war die nüchterne Erzählweise aus früheren Jahren einer sagenhaften Darstellung der Ereignisse gewichen. Der Pfeifer nahm nun diabolische Züge an, wurde als furchterregender Verführer dargestellt.

Aus einer emotionsgeladenen Aufzeichnung von 1553 ist ersichtlich, dass der Kinderauszug die Hamelner Bürger auch nach fast dreihundert Jahren noch immer beschäftigte. Es hieß, der Pfeifer hätte verkündet, er würde in dreihundert Jahren wiederkommen und erneut die Kinder der Stadt entführen. Wenn dies auch sehr fantastisch anmutet, zeigt uns jener Aberglaube doch ganz eindeutig, wie das Verschwinden der Kinder im Jahre 1284 nachhaltig das Leben in Hameln beeinflusste. Unter der Fassade der blühenden Hansestadt lauerte noch immer die kollektive Angst vor dem unheimlichen Verführer.

In der sogenannten „Zimmerischen Chronik“ von Froben Christoph von Zimmern wurde 1557 erstmalig der Rattenfänger als Verführer der Hamelner Kinder ins Spiel gebracht. Nicht verwunderlich, waren doch Geschichten über jene unheimliche Gestalt in ganz Deutschland verbreitet. Es war also nur eine Frage der Zeit, dass der Rattenfänger auch für den Hamelner Kinderauszug verantwortlich gemacht wurde. Zwar wurden in folgenden Veröffentlichungen über die Ereignisse in Hameln der Kinderauszug und die Rattenfängerlegende zum Teil noch parallel erzählt, doch Froben Christoph von Zimmern sorgte nachhaltig für die spätere Vermischung der beiden Geschichten.

Inzwischen hatten die Erzählungen über den Hamelner Kinderauszug verstärkt diabolische Züge angenommen. In der von Hiob Fincelius 1556 herausgegebenen Geschichtensammlung „Wunderzeichen“ wurde der Hamelner Verführer als der leibhaftige Teufel dargestellt. Den Hamelner Bürgern wird diese Wendung ihrer Geschichte mit Sicherheit wenig behagt haben, wurden sie doch nun eines Bündnisses mit dem Leibhaftigen verdächtigt. Wenn auch unwissentlich hatte man sich mit dem Urbösen verbündet, das sich nun wie ein Schatten über die ganze Stadt legte. Der Grund für die Dämonisierung des Hamelner Kinderauszuges ist mit Sicherheit in der Verknüpfung mit der Rattenfängersage zu suchen. Ratten galten im Mittelalter als Hexen- und Teufelstiere. Nicht ohne Grund wurden die Nager doch auch für die Verbreitung der Pest verantwortlich gemacht, der Geißel des Mittelalters.

Die überregionale Verbreitung der Rattenfängersage führte zu einem regelrechten „Tourismus“ in Hameln. Verschiedene Historiker und Chronisten besuchten die Stadt, um sich vor Ort ein Bild von den Geschehnissen zu machen. Die Stadtväter von Hameln fühlten sich geschmeichelt, ließen die Besucher an verschiedene Stellen führen, wo der Rattenfänger sein Unwesen getrieben haben soll. Beliebt war besonders die ehemalige Richtstätte der Stadt, welche etwas außerhalb lag. Es hieß, dort seien die Kinder verschwunden. Durch die Veröffentlichungen der angesprochenen Gelehrten wurde der Hamelner Kinderauszug schnell in ganz Deutschland bekannt und gehörte ab dem 17. Jahrhundert zum festen Bestandteil der Sagenwelt im deutschsprachigen Raum. Schon damals stellten Chronisten Vermutungen an, welches traumatische Ereignis hinter den Geschichten vom Hamelner Kinderauszug lag. Johannes Letzner sah beispielsweise Parallelen zu einem Ereignis in Thüringen. Dort hatte ein religiöser Fanatiker eine große Schar von Kindern in die sogenannte Tanzwut versetzt, die daraufhin dem Verführer bis Arnstadt folgten, wo sie bewusstlos und zum Teil sogar tot zusammenbrachen.
Der Lüneburger Theologe Lucas Lossius sprach in einem lateinischen Epigramm davon, die Kinder seien bei Hameln in einem Berg verschwunden und unter der Erde bis nach Siebenbürgen in Rumänien gewandert, wo sie wieder ans Tageslicht gekommen seien und sich als Siedler niedergelassen hätten. Hier haben wir den ersten Hinweis darauf, dass der Pfeifer möglicherweise ein Werber war, der Siedler für die Ostgebiete suchte. In einer 1605 verfassten englischen Schrift von Richard Verstegan wurde ebenfalls explizit darauf hingewiesen, die Hamelner Kinder seien nach Siebenbürgen gezogen und seien die Stammväter der deutschstämmigen Rumänen gewesen. Das Szenario der Umsiedlung scheint also einer der Kernpunkte hinter der Geschichte vom Hamelner Kinderauszug zu sein. Dazu später mehr!

Mitte des 17. Jahrhunderts begann die Rattenfängersage verstärkt an Popularität zu verlieren. Grund dafür waren die Hamelner Stadtväter, die inzwischen versuchten, die Bedeutung des Kinderauszuges herunterzuspielen. So wurde beispielsweise dem Merian Verlag seitens des Stadtrates mitgeteilt, die Legende sei für die „Topographia Germaniae“ von untergeordnetem Interesse und müsse nicht erwähnt werden. Schämten sich die Stadtväter plötzlich für ihre Vorfahren, die ihre Kinder vernachlässigt hatten? Weit gefehlt! Zu jenem Zeitpunkt war die Hexenverfolgung in Deutschland auf ihrem traurigen Höhepunkt und die Stadt Hameln hatte mit Schrecken festgestellt, dass man sich einst wohl mit dem leibhaftigen Teufel eingelassen hatte, der als Rattenfänger aufgetreten war. Es schien nicht ausgeschlossen, dass sich die Inquisition auch für die Geschichte vom Hamelner Kinderauszug interessieren würde, auch wenn er schon 400 Jahre zurücklag. Dass der diabolische Rattenfänger in der Urfassung der Geschichte gar nicht auftauchte, schien nebensächlich, zu groß war die Angst vor der Inquisition. Immerhin war der Merian Verlag zu einem Kompromiss bereit und gab eine ältere Version der Ereignisse wieder, wobei der dämonische Rattenfänger unerwähnt blieb.

Erst in der Zeit der Aufklärung kam es wieder zu einer Aufwertung der alten Hamelner Legende. Dank fortschrittlicher Denker wurde die Rattenfängersage von ihrem diabolischen Schleier befreit. So schrieb der Holländer Balthasar Bekker, dass die Geschichte vom Teufel, der die Hamelner Kinder verführt hatte, reinster Aberglaube sei.

1692 hatte sich bereits der berühmte Naturwissenschaftler Gottfried Wilhelm Leibniz der Rattenfängerlegende angenommen und brachte die Kinderkreuzzüge als möglichen Hintergrund der Legende ins Spiel. Wenn sie auch zeitlich etwa 60 Jahre vorher geschahen, werden die Kinderkreuzzüge bis heute von Historikern als möglicher Lösungsansatz gesehen, worauf später noch genauer eingegangen werden soll.

In den folgenden wissenschaftlich geprägten Jahrzehnten erschienen immer wieder neue Veröffentlichungen, welche den Hintergrund des Hamelner Kinderauszuges zu deuten versuchten. Vielfach wurde die Ansicht geäußert, die Schlacht von Sedemünder sei Ursprung der Legende. Jene Schlacht war ein militärischer Konflikt zwischen der Stadt Hameln und den Truppen des Bischofs von Minden. Der Historiker C. F. Fein sah 1749 in seinem Werk „Die entlarvete Fabel vom Ausgang der Hämelschen Kinder“ die jungen Männer der Hamelner Bürgerwehr, die hinter dem Stadtpfeifer in die Schlacht zogen, als Ursprung der Rattenfängersage. Da die Hamelner Bürgerwehr in der Schlacht von Sedemünder bekanntermaßen schwere Verluste hinnehmen musste, griffen andere Forscher die These von C. F. Fein begeistert auf. Von anderer Seite wurde erneut ein Werber ins Spiel gebracht, nur suchte jener diesmal keine Siedler für die Ostgebiete. Vielmehr hieß es, der ungarische König habe nach Arbeitern für den Bergbau in Siebenbürgen gesucht. Angeworbene Bergleute würden auch die fantastisch anmutende Behauptung der Sage erklären, die Kinder seien in einem Berg „verschwunden“.

Nach den Zeiten der historischen Aufarbeitung erfuhr die Sage in der Zeit der deutschen Romantik dann eine erneute Mythologisierung. Einen wesentlichen Anteil daran hatten die noch heute weltbekannten Volkskundler Jacob und Wilhelm Grimm. Durch ihre Bearbeitung des Stoffes glitt die Geschichte vom Hamelner Kinderauszug für lange Zeit erneut in die Sagenwelt ab. Darauf aufbauend begannen im 19. Jahrhundert Poeten, sich der alten Hamelner Legende anzunehmen. So wurde jene in einer Vielzahl von Gedichten und Balladen verwendet, was aber gleichzeitig als der zwischenzeitliche „Todesstoß“ für die Erforschung der historischen Ereignisse betrachtet werden muss. Als die Geschichte auch noch in „Des Knaben Wunderhorn“ von Clemens Brentano und Achim von Arnim erschien, war seine Zukunft als bloße Legende zunächst besiegelt.

Danach verfiel die Geschichte vom Hamelner Kinderauszug für die Dauer eines Menschenlebens in eine Art kulturellen „Winterschlaf“. Erst zur 600-Jahr-

Die Legende vom Rattenfänger ist in Hameln überall präsent.

feier 1884 gedachten die Hamelner Bürger wieder öffentlich ihrer Stadtlegende. Es wurden Vorträge gehalten, Theaterstücke aufgeführt und in vielfältiger Weise der Ereignisse von 1284 gedacht. Inzwischen hatten die Stadtväter die vielfältigen Möglichkeiten erkannt, die alte Sage für moderne Zwecke zu nutzen. Die Jubiläumsfeier zog viele Besucher an, was Geld in die Stadtkasse spülte. Von nun an begann die vermehrte kommerzielle Nutzung der Rattenfängerlegende. Souvenirs, die im Zusammenhang mit der Legende standen, wurden zum Renner bei Besuchern der Stadt Hameln. Besonders extra herausgegebene Geldscheine mit Sagenmotiven erfreuten sich bei Sammlern großer Beliebtheit.
In den 1930er Jahren kam es wieder zu einer verstärkten Erforschung der historischen Hintergründe des Hamelner Kinderauszuges. In diesem Zusammenhang ist an erster Stelle der Heimatforscher Heinrich Spanuth zu nennen. Spanuth gestaltete auch die Ausstellung zur 650-Jahrfeier, die auf Grund ihrer guten Besucherresonanz zur Dauerausstellung erweitert wurde. Seine Veröffentlichung „Der Rattenfänger von Hameln – Vom Werden und Sinn einer alten Sage" aus dem Jahr 1951 gilt bis heute als Standardwerk.

So weit zur Entstehung und Weiterentwicklung der Rattenfängersage. Nun ist es an der Zeit, bereits angesprochene bzw. noch nicht erwähnte mögliche historische Hintergründe der Hamelner Stadtlegende zu untersuchen.
Schon mittelalterliche Gelehrte sahen Seuchen oder Naturkatastrophen als histo-

rischen Ursprung der Geschichte vom Hamelner Kinderauszug. Speziell die Pest wurde immer wieder für das Verschwinden der Kinder verantwortlich gemacht. Dieser Auffassung steht jedoch die Tatsache gegenüber, dass die verheerenden Pestepidemien in Deutschland erst rund 50 Jahre nach den Ereignissen in Hameln wüteten. Aus dem späten 13. Jahrhundert sind uns keinerlei Informationen über einen Ausbruch der Pest im Großraum Hameln bekannt. Ebenso kann ein verstärktes Kindersterben durch Hungersnöte ausgeschlossen werden. Hameln war schon seit seiner Gründung eine wohlhabende Stadt. Daher ist auch ein Kindersterben durch Mutterkornvergiftung ausgeschlossen, die durch den Verzehr von vergammeltem Getreide entstehen kann. In verschiedenen Volksliedern aus dem 16. und 17. Jahrhundert wurde davon gesprochen, die verschwundenen Kinder seien in einem „feuchten Grund" ostwärts der Stadt ertrunken. Zwar war die Gegend um Hameln zum gegebenen Zeitpunkt noch recht sumpfig, dass sich jedoch 130 Kinder im Sumpf verirrten und ertranken, ist nicht wirklich glaubwürdig. Genauso wie der angebliche Brückeneinsturz in Hameln, von dem nicht einmal gesicherte Informationen überliefert sind. Außerdem gab es in und um Hameln keine so großen Brücken, als dass bei ihrem Einsturz 130 Kinder hätten umkommen können.

Auch die sogenannte Tanzwut wurde immer wieder gern als Grund für den Hamelner Kinderauszug herangezogen. In der Tat war die Tanzwut ein mittelalterliches Phänomen, das nur schwer zu erklären ist. Verschiedene Erklärungsversuche reichen von religiöser Ekstase bis hin zu kollektivem Drogenrausch. Dabei tanzten die Menschen, bis ihnen Schaum aus dem Mund quoll, Wunden auftraten und sie erschöpft zusammenbrachen. Es gab auch regelrechte Tanzzüge durch ganze Landstriche, die von religiösen Fanatikern angeführt wurden und am ehesten mit den mittelalterlichen Geißlerzügen zu vergleichen sind. Dass die verschwundenen Kinder aus Hameln Opfer eines solchen Fanatikers wurden, ist allerdings nicht sehr wahrscheinlich, da das Phänomen der Tanzwut erst ab dem 14. Jahrhundert zu verzeichnen war.

Wie bereits erwähnt, bringt eine bis in die heutige Zeit immer wieder gern geäußerte These den Hamelner Kinderauszug in einen Kontext mit dem sogenannten Kinderkreuzzug von 1212. Unabhängig voneinander bewegten sich zwei riesige Menschenzüge aus Frankreich und Deutschland Richtung Italien, von wo aus die Menschen sich mittels Schiffen ins Heilige Land begeben wollten, um Jerusalem mit friedlichen Mitteln für die Christenheit zurückzugewinnen. Allerdings ist der Begriff Kinderkreuzzug eine irreführende Bezeichnung. Neben zahlreichen Kindern waren es in erster Linie junge Erwachsene, aber auch ältere Menschen, welche sich im Glauben vereint Richtung Jerusalem aufmachten. Gemeinsam war jenen Mensch nur, dass alle aus den ärmsten Bevölkerungsschichten stammten und von tiefer Religiosität geprägt waren.

Heutige Historiker gehen davon aus, dass die unerträglichen Lebensbedingungen der einfachen Leute im Europa des frühen 13. Jahrhunderts in direktem Zusammenhang mit dem Kinderkreuzzug von 1212 standen. Die Ärmsten der Armen sahen in Jerusalem, dem Geburtsort der christlichen Religion, den letzten Ausweg aus ihrer verzweifelten Lage. Der gemeinsame Glaube ließ die Menschen zusammenfinden und sich auf den Weg in eine vermeintlich bessere Zukunft machen.

Der französische Teil des Kinderkreuzzuges formierte sich im sogenannten Pariser Becken. Nach den Pfingstfeierlichkeiten 1212 lösten sich einige der üblichen Prozessionen nicht auf, sondern zogen weiter von Stadt zu Stadt. Im gleichen Zeitrahmen trat ein Hirtenjunge namens Stefan aus dem Dorf Cloyes an die Öffentlichkeit, der verkündete, Jesus sei ihm in der Gestalt eines Pilgers erschienen und habe ihm einen Brief für den französischen König überreicht. Stefan fand bei den Teilnehmern der Prozessionen begeisterte Aufnahme, und aus allen Teilen Frankreichs strömten weitere Gläubige herbei. Als die Menschenmenge auf unglaubliche 30.000 Menschen angewachsen war, zog Stefan mit seinen Anhängern nach St. Denis, um König Philipp II. zu treffen. Jener fürchtete jedoch angesichts der Menschenmassen um die öffentliche Ordnung und ließ den Zug auflösen. Ein Teil der Menschen kehrte nach Hause zurück, andere zogen jedoch weiter durch Frankreich und lösten zahlreiche Unruhen aus. Ein Teil der besonders fanatischen Gläubigen soll sich dann von der Stadt Liège aus Richtung Köln aufgemacht haben, um sich dem deutschen Teil des Kinderkreuzzuges anzuschließen. Laut den Aufzeichnungen eines französischen Mönches begab sich ein Teil des ursprünglichen Zuges direkt auf den Weg nach Marseille, um von dort aus ins Heilige Land zu gelangen. Dort wurden sie von zwei bösartigen Kapitänen auf insgesamt sieben Schiffe gelockt, die sie an ihr ersehntes Ziel bringen sollten. Stattdessen ging die Reise nach Nordafrika, wo die unglücklichen Menschen als Sklaven an die Mauren verkauft wurden.

Der deutsche Teil des Kinderkreuzzuges formierte sich im Rheinland. Auch hier war ein von Gott berührter Knabe Ursache für das Zusammenkommen der Gläubigen. Nikolaus aus Köln behauptete, ihm sei ein Engel erschienen, der ihn beauftragt habe, das Grab Jesu Christi aus den Händen der Sarazenen zu befreien. Gott werde den Zug der Gläubigen unterstützen und das Meer teilen, wie er es einst auch für die Israeliten getan hatte. Angestachelt von dieser Aussicht machte sich eine nicht näher bezifferte Anzahl von Menschen von Köln aus in Richtung Süden auf. Die Überquerung der Alpen sollte zu einem Desaster für die deutschen Teilnehmer des Kinderkreuzzuges werden. Unzureichend gekleidet und nur mangelhaft ernährt, starben Hunderte Menschen in der eisigen Kälte des Gebirges. Schließlich waren es an die 7.000 Menschen, die völlig erschöpft und mittellos die Stadt Genua am Mittelmeer erreichten. Doch das erhoffte Wunder blieb aus. Trotz inbrünstiger Gebete teilte sich das Meer nicht. Den Gläubigen blieb der Weg ins Heilige Land verwehrt. Nach einigen Tagen löste sich die Menschenmenge auf, der glorreiche Plan von der Befreiung des Heiligen Grabes war gescheitert. Dass die verschwundenen Hamelner Kinder sich dem Kinderkreuzzug anschlossen, darf bezweifelt werden. Es gab für sie keinen wirklichen Grund dafür. Das Leben in Hameln war stabil, niemand lebte in solcher Armut, dass solch ein verzweifelter Schritt nötig gewesen wäre. Sicherlich ist die religiöse Komponente nicht außer Acht zu lassen, dagegen spricht allerdings die zeitliche Lücke von 72 Jahren. Der Kinderkreuzzug von 1212 und das Verschwinden der Hamelner Kinder 1284 sind zeitlich genau datierte Ereignisse, die in keinem erkennbaren Zusammenhang stehen.

Die bisher beleuchteten möglichen Ursachen für die Entstehung der Rattenfängersage hielten der Untersuchung in keiner Weise stand. Anders ist es mit der Schlacht von Sedemünder, welche der Historiker C. F. Fein bereits 1749 als Ursprung des Hamelner Kinderauszuges sah. Grund für die militärische Auseinandersetzung war der Verkauf der Hoheitsrechte von Hameln an den Bischof Wittekind von Minden. Heinrich IV. von Erthal, der Abt von Fulda, hatte die Stadt seinem Glaubensbruder für 500 Mark in Silber veräußert. Die Bürger von Hameln waren alles andere als einverstanden mit dem Verkauf. Sie fürchteten um die Unabhängigkeit ihrer Stadt, da der Bischof von Minden als despotischer Landesherr galt. Die Hamelner sollten recht behalten. Schon kurz nach dem Verkauf ließ Bischof Wittekind Soldaten in Hameln stationieren und begann, altverbriefte Stadtrechte zu beschneiden. Die Stadtväter verfassten zahlreiche Petitionen, die jedoch beim Bischof ungehört blieben. Letztendlich sah der Stadtrat keinen anderen Ausweg, als aus allen waffenfähigen Männern eine Bürgerwehr zu bilden, die die Soldaten des Bischofs aus der Stadt jagten. Diesen Affront konnte sich Bischof Wittekind natürlich nicht gefallen lassen und rüstete seine Truppen zum Kampf gegen die aufrührerische Stadt. Nahe dem kleinen Dorf Sedemünder kam es zum Zusammenstoß der Konfliktparteien. Wie zu erwarten konnte die wenig kampferprobte Hamelner Bürgerwehr den professionellen Soldaten des Bischofs nur wenig Gegenwehr leisten. Ein Großteil der Hamelner wurde auf dem Schlachtfeld getötet, der Rest geriet in Gefangenschaft. Jene Tragödie sollte sich tief im kollektiven Bewusstsein der Stadtbevölkerung verankern. Zwar kamen die Gefangenen auf das Betreiben des Welfenherzogs Albrecht von Braunschweig nach einiger Zeit wieder in Freiheit, doch der Tod so vieler Männer war nur schwer zu verkraften. Daher sind die Ausführungen von C. F. Fein in seinem Werk „Die entlarvete Fabel vom Ausgang der Hämelschen Kinder“ durchaus mit Interesse zu betrachten. Wie bereits erwähnt, sah Fein den Marsch der Hamelner Bürgerwehr durch das Osttor der Stadt als eigentlichen Hintergrund des Hamelner Kinderauszugs. Es waren „Kinder der Stadt“, in Hameln geborene Männer, die in den Kampf für ihre geliebte Stadt zogen und den Tod fanden. Die zeitliche Nähe der Schlacht bei Sedemünder 1260 und des Kinderauszugs 1284 ist ebenfalls beachtenswert. Die Niederlage und der Tod der „Stadtkinder“ wirkte auf die Hinterbliebenen zunächst so traumatisch, dass erst rund ein Vierteljahrhundert später mit der Aufarbeitung der Ereignisse begonnen wurde. Aus den jungen Männern, die in den Tod gezogen waren, wurden nun die unschuldigen Kinder, die der unheimliche Pfeifer verführt hatte. Auf den ersten Blick scheint diese Theorie durchaus plausibel zu klingen. War die Schlacht von Sedemünder tatsächlich der historische Hintergrund für die Sage vom Rattenfänger, wie wir sie heute kennen? Diese Frage muss mit Nein beantwortet werden! Die Beweisführung, die zunächst so überzeugend klingt, hat einen entscheidenden Fehler: Im bereits erwähnten Stadtbuch „Der Braten" von 1585 wurden die Schlacht von Sedemünder und der Hamelner Kinderauszug als jeweils eigenständige Ereignisse ausführlich beschrieben. Zudem hätte eine sagenhafte Überlieferung der Schlacht nicht so viel Wert auf den Pfeifer als Verführer der „Kinder der Stadt" gelegt. Wenn man C. F. Feins Ausführungen folgt, gab es einen Spielmann, der der Bürgerwehr voranschritt. In der eigentlichen Schlacht spielte jener jedoch nur eine untergeordnete Rolle, hätte mit Sicherheit nicht den sagenhaften Bekanntheitsgrad des Rattenfängers erlangt.

Eine weitere äußerst interessante Theorie zum Verschwinden der Hamelner Kinder hat der Heimatforscher Gernot Hüsam aus Coppenbrügge erst vor einigen Jahren aufgestellt. Im Zentrum seiner Betrachtungen liegt der Koppenberg, etwa 15 Kilometer von Hameln entfernt. Auf dem Gipfel des Berges befand sich einst eine vorchristliche Kultstätte. Welchen Göttern unsere Vorfahren dort huldigten, ist nicht mehr bekannt. Aber die geheimnisvolle Aura, die den Berg umgibt, machte ihn zweifellos zu einem wichtigen Zentrum uralter Naturreligionen. Bei einer Erkundung des Koppenbergs im Jahre 2012 konnte ich die geheimnisvolle Ausstrahlung des Berges selbst spüren. Es war schon später Nachmittag im September, als meine Frau und ich den Aufstieg auf den Koppenberg in Angriff nahmen. Dichte Wälder säumten den Weg zum Gipfel. Zwischen den Bäumen lagen überall riesige Felsbrocken verstreut. Der eigentliche Gipfel des Koppenbergs besteht aus einen Felsmassiv, durch das verschlungene Wege und Treppenanlagen führen. Am Fuße des Berges waren noch die üblichen Waldgeräusche und Vogelstimmen zu vernehmen, die aber immer mehr verklangen, je höher wir stiegen. Auf dem Gipfel des Berges herrschte dann völlige Stille, was fast unheimlich wirkte. Im „Teufelsküche" genannten Teil des Felslabyrinths war die mysteriöse Aura des Ortes regelrecht körperlich spürbar. Meine Frau gestand mir später, sie sei noch nie an einem so unheimlichen Ort gewesen. In der „Teufelsküche" soll sich auch der erwähnte Kultplatz befunden haben. Einstmals befand sich hier auch eine Höhle für religiöse Zwecke, die laut alten Aufzeichnungen just am 26. Juni 1284 durch einen Felssturz verschüttet wurde. Ein seltsamer Zufall! Laut den Nachforschungen von Gernot Hüsam wurde der Kultplatz in der „Teufelsküche" auch lange nach der Christianisierung von Jugendlichen als Ort für archaische Feiern genutzt. Der Kultplatz war jahrhundertelang Ort der vorchristlichen Götterverehrung und ließ sich nicht ohne Weiteres von den Kulten und Bräuchen der Bevölkerung trennen. Es war übliche Praxis der christlichen Missionare, Stätten der alten Religionen entweder für ihr eigenes Werk zu nutzen oder zu verdammen. Der Platz auf dem

Koppenberg muss also von großer religiöser Bedeutung für unsere Vorfahren gewesen sein, wenn er von der christlichen Kirche mit ihrem größten Widersacher, dem Teufel, in Verbindung gebracht wurde. Dem hiesigen Landesherren Graf von Spiegelberg waren die wilden Feste auf dem Koppenberg von jeher zuwider. Als guter Christ sah er es als seine Pflicht, dem heidnischen Treiben in der „Teufelsküche“ Einhalt zu gebieten. Verbote nützten nichts, immer wieder trafen sich junge Leute aus den umliegenden Ortschaften, um ihren vermeintlichen Götzen zu huldigen. In Wirklichkeit wird es sich um gesellige Treffen gehandelt haben, um der Eintönigkeit von Arbeit und Kirchenbesuch zu entrinnen. Graf von Spiegelberg ließ seine Soldaten auf dem Koppenberg patrouillieren, wobei es immer wieder zu Zusammenstößen mit Jugendlichen kam. Gernot Hüsam vermutet, Graf von Spiegelberg hätte einen infamen Plan entwickelt, um dem unchristlichen Treiben auf dem Koppenberg ein für alle Mal Einhalt zu gebieten. Er hatte erfahren, dass am Johannes- und Paulustag, am 26. Juni 1284, wieder eine große Feier auf dem früheren Kultplatz geplant war. Er versteckte sich mit seinen Soldaten in den umliegenden Wäldern und wartete ab, bis sich über einhundert Menschen in der Teufelsküche versammelt hatten. Die Soldaten lösten einen Steinschlag aus, der viele der ahnungslos Feiernden erschlug. Die anderen wurden mit Waffengewalt in die Höhle getrieben, deren Eingang mit den herabgestürzten Steinbrocken versperrt wurde. Nach Vorstellung des Heimatforschers war also der Hamelner Kinderauszug in Wahrheit ein kaltblütiger Mord an jungen Leuten, die der christlichen Religion nicht genügend Begeisterung entgegenbrachten. Eine interessante, wenn auch gewagte These. Natürlich ist bekannt, dass die Vertreter der christlichen Kirche nicht besonders zaghaft mit den Anhängern der alten Religionen umgingen. Aber ob ein Landesherr einen Massenmord geplant hätte, nur um die Jugendlichen von der heidnischen Kultstätte fernzuhalten, ist nur schwer nachzuvollziehen. Aus einer alten Chronik ist tatsächlich für den fraglichen Tag ein Felssturz auf dem Koppenberg verzeichnet. Zudem will Gernot Hüsam in Gedichten aus dem frühen 14. Jahrhundert Hinweise auf die Mordtat des Grafen von Spiegelberg gefunden haben. Natürlich klingt die Geschichte zunächst recht plausibel. In der Urform der Hamelner Sage hieß es, die Kinder seien am „Koppen“ in einer Höhle verschwunden. Das waren dann die Jugendlichen, die von den Soldaten in die Höhle getrieben wurden. Auch das Datum des Hamelner Kinderauszuges und des Felssturzes auf dem Koppenberg stimmen überein. Letztendlich dürften nur umfangreiche archäologische Untersuchungen in der Teufelsküche Licht ins Dunkel der Geschichte bringen. Ob jene auf Grund der eher dürftigen Beweislage ausgeführt werden, ist jedoch mehr als fraglich.

Wie bereits erwähnt, existiert ein weiterer logischer Erklärungsansatz für die historischen Hintergründe der Rattenfängersage. Diesen lieferte schon 1605 der Lüneburger Theologe Lucas Lossius. Wenn auch noch in sagenhafter Form gehalten, äußerte Lossius die Ansicht, bei dem „Rattenfänger“ hätte es sich um einen Wer-

Die „Teufelsküche".

ber gehandelt, der Siedler für die wenig erschlossenen Ostgebiete Europas suchte. Jene Thematik griffen in den 1930er Jahren die Heimatforscher Wolfgang Wann und Heinrich Spanuth erneut auf. Wolfgang Wann war Sudetendeutscher und hatte sich ganz der Erforschung seiner alten deutschen Ostheimat verschrieben. Besonderen Wert legte der Forscher auf die Zeit der Landnahme durch deutsche Siedler im 13. Jahrhundert. In diesem Zusammenhang war er auf eine enge Beziehung zwischen dem mährischen Bistum Olmütz und dem Wesergebiet gestoßen. Während der 650-Jahrfeier in Hameln lernte Wolfgang Wann Heinrich Spanuth kennen, der ebenfalls in Richtung Siedlerauszug recherchiert hatte. Die Forscher verglichen ihre bisherigen Ergebnisse und entwickelten daraus ein Szenario, das durchaus als historischer Hintergrund der Rattenfängersage gelten kann:
Im späten 13. Jahrhundert veranlasste der böhmische König Ottokar seinen Ratgeber Bruno von Schaumburg, den Bischof von Olmütz, die fast menschenleere Mährische Pforte zu besiedeln. Der Bischof beauftragte mehrere ortsansässige, deutschstämmige Lokatoren mit der Aufgabe. Lokatoren waren Landverpächter, die im Auftrag eines Grundherren handelten. Die angesprochenen deutschstämmigen Lokatoren waren durch die Aktivitäten des Deutschritterordens nach Mähren gekommen und hatten sich dort niedergelassen. Die einzelnen Lokatoren erhielten den Auftrag, innerhalb einer gesetzten Frist mehrere Dörfer mit einer

Ein Pfeifer soll es gewesen sein, der die Hamelner Kinder aus der Stadt führte.

vorgeschriebenen Anzahl an Siedlern zu gründen. Verständlicherweise suchten die Lokatoren in ihrer alten Heimat nach neuen Siedlern für Mähren. Da einige aus dem Weserland stammten, ist es wahrscheinlich, dass auch in der Stadt Hameln ein Werber für die Mährische Pforte auftrat. Heimatforscher Wolfgang Wann konnte sogar ein Dorf namens Hemlikov ausfindig machen, das möglicherweise mit Siedlern aus Hameln gegründet wurde. Die Namensähnlichkeit zwischen Hameln und Hemlikov scheint kein Zufall zu sein.

Weitere Forschungen ergaben, dass eine Vielzahl von gleichen Geschlechternamen sowohl im Großraum Hameln wie auch im Bistum Olmütz vorhanden waren. Aus alten Archivunterlagen von Hameln wird ersichtlich, dass die Stadt und die umliegende Gegend bereits im frühen 13. Jahrhundert sehr bevölkerungsreich waren. Die Aussicht auf neues Siedlungsland im Osten wird also in Hameln auf offene Ohren gestoßen sein. Von den mittelalterlichen Werbern wissen wir, dass sie oft in grellbunter Kleidung auftraten und ein Instrument spielten, um die Aufmerksamkeit der Bevölkerung auf sich zu lenken. Gleiches wird auch seit jeher in Hameln von dem unheimlichen Pfeifer erzählt, der die Kinder entführt haben soll. Die exponierte Stellung des Pfeifers in der Sage macht Sinn, wenn man in ihm einen Werber sieht, der mit sprachlichem Talent 130 junge Menschen aus Hameln dazu brachte, das Abenteuer Neubesiedlung in Mähren in Angriff zu nehmen. Der sagenhafte Rattenfänger tritt somit in den Hintergrund der Betrachtungen, da er nur eher zufällig in den Legendenkreis um den Hamelner Kinderauszug geriet.

Die 130 Menschen, die hinter dem bunt gekleideten Pfeifer durch das Osttor von Hameln zogen, waren also keine Opfer, sondern vielmehr Menschen, welche in der Ferne versuchten, ihr Glück zu machen.
Der von Wolfgang Wann und Heinrich Spanuth erforschte Hintergrund der Sage vom Rattenfänger von Hameln scheint mir persönlich die logischste Schlussfolgerung zu sein. Was sich nun ganz genau am 26. Juni 1284 in Hameln zugetragen hat, werden wir wohl nie erfahren. Vielleicht ist es auch besser so, würde es doch einer der beliebtesten deutschen Sagen ihren Reiz nehmen.

Lassen wir nun zum Abschluss unserer Betrachtungen den großen deutschen Dichter Johann Wolfgang von Goethe zu Wort kommen, der die Geschichte vom Rattenfänger von Hameln in einem wundervollen Gedicht verarbeitet hat:

Ich bin der wohlbekannte Sänger,
der viel gereiste Rattenfänger,
den diese altberühmte Stadt
gewiss besonders nötig hat,
und wären's Ratten noch so viele,
und wären Wiesel mit im Spiele,
von allen säubr' ich diesen Ort
sie müssen mit einander fort.

Dann ist der gut gelaunte Sänger
mitunter auch ein Kinderfänger,
der selbst die wildesten bezwingt,
wenn er die gold'nen Märchen singt.
Und wären Knaben noch so trutzig,
und wären Mädchen noch so stutzig,
in meine Saiten greif ich ein,
sie müssen alle hintendrein.

Dann ist der vielgewandte Sänger
gelegentlich ein Mädchenfänger;
in keinem Städtchen langt er an,
wo er's nicht mancher angetan.
Und wären Mädchen noch so blöde,
und wären Weiber noch so spröde,
doch allen wird so liebebang
bei Zaubersaiten und Gesang.

Das Museum in Hameln.

Anmerkungen

1) Georges Bataille „Gilles de Rais – Leben und Prozess eines Kindermörders“
2) Georges Bataille „Gilles de Rais – Leben und Prozess eines Kindermörders“
3) Georges Bataille „Gilles de Rais – Leben und Prozess eines Kindermörders“
4) Philippe Reliquet „Ritter, Tod und Teufel“
5) Philippe Reliquet „Ritter, Tod und Teufel“
6) Georges Bataille „Gilles de Rais – Leben und Prozess eines Kindermörders“
7) Philippe Reliquet „Ritter, Tod und Teufel“
8) Stephan Harbort „Das Serienmörder-Prinzip“
9) Klaus Fickenscher (Hrsg.) „Die Elbe hat es mir erzählt“
10) Helmut Birkhan „Kelten“
11) Christian Spiel „Menschen essen Menschen“
12) Pozsar/Farin „Die Haarmann-Protokolle“
13) Pozsar/Farin „Die Haarmann-Protokolle“
14) Alfred Meiche „Das Sagenbuch der Sächsischen Schweiz und ihrer Randgebiete“
15) Frank Stein „Rasputin“
16) Frank Stein „Rasputin“
17) Elisabeth Heresch „Rasputin“
18) Elisabeth Heresch „Rasputin“
19) Wladimir Purischkewitsch „Wie ich Rasputin ermordete“
20) Elisabeth Heresch „Rasputin“
21) Katrin Hauer „Der plötzliche Tod“
22) Katrin Hauer „Der plötzliche Tod“
23) Horst Höffler/Gerlinde Witt „Katastrophen am Berg“
24) Martha Schad „Ludwig II.“
25) Wolfgang Till „Ludwig II. König von Bayern – Mythos und Wahrheit“
26) Martha Schad „Ludwig II.“
27) Heinz Gebhardt „König Ludwig II hatte einen Vogel – Unglaubliche, aber wahre Geschichten über Bayerns Märchenkönig“
28) Martha Schad „Ludwig II.“
29) Martha Schad „Ludwig II.“
30) Robert Holzschuh „ Das verlorene Paradies Ludwigs II.“
31) Dietrich Kühn „Sagen und Legenden aus Sachsen“
32) Felix und Therese Dahn „Germanische Götter- und Heldensagen“
33) Jühling, Johannes „Der Liebeszaubereien der Gräfin von Rochlitz“
34) Jühling, Johannes „Der Liebeszaubereien der Gräfin von Rochlitz“
35) Jühling, Johannes „Die Liebeszaubereien der Gräfin von Rochlitz“
36) Heinrich Spanuth „Der Rattenfänger von Hameln“

Literaturverzeichnis

Verlag und Jahr beziehen sich auf die jeweils vom Autor verwendete Ausgabe; soweit bekannt, steht das Erscheinungsjahr der Originalausgabe in Klammern.

Axelrod, Gerald: „Die Geheimnisse der Blutgräfin Elisabeth Báthory“, Verlagshaus Würzburg/2011
Bataille,Georges:„Gilles de Rais“, Merlin Verlag/2006
Bergdold, Klaus:„Die Pest“, Verlag C. H. Beck/2011
Birkhan, Helmut: „Kelten“, Verlag der Österreichischen Akademie der Wissenschaft Wien/1997
Borrmann, Norbert: „Vampirismus oder die Sehnsucht nach der Unsterblichkeit“ Dietrichs Verlag/2001 (1998)
Bruns, Bernd (Hrg.): „Hameln – Ein Lesebuch“, Husum Verlag/1998
Bürger, Gottfried August: „Wunderbare Reisen zu Wasser und Lande, Feldzüge und lustige Abentheuer des Freyherrn von Münchhausen“, Reclam Verlag/2010 (1788)
Dahn, Felix u. Therese: „Germanische Götter- und Heldensagen”, Marix Verlag 2004
Döbler, Hannsferdinand: „Die Germanen”, Orbis Verlag 2000
Farin, Michael: „Heroine des Grauens“, P. Kirchheim Verlag/1990 (1989)
Farin, Michael/Pozsar, Christine: „Die Haarmann-Protokolle“, Rowohlt Verlag/1995
Fickenscher, Klaus (Hrg.): „Die Elbe hat es mir erzählt“, Mitteldeutscher Verlag/1991
Füssel, Dieter: „Vom Aberglauben“ im Amtsblatt Bad Schandau/Nr. 19 2012
Gebhardt, Heinz: „König Ludwig II hatte einen Vogel – Unglaubliche, aber wahre Geschichten über Bayerns Märchenkönig“, Stiebner Verlag/2011

Grimm, Jacob: „Deutsche Mythologie", Fourier Verlag/2003 (1835)
Habeck, Reinhard: „Wesen, die es nicht geben dürfte", Verlag Carl Ueberreuter/2012
Harbort, Stephan: „Das Serienmörder-Prinzip", Droste Verlag/2006
Hauer, Katrin: „Der plötzliche Tod", LIT Verlag/2009
Heine, Alexander: „Berichte über Germanen und Germanien", Phaidon Verlag k. A.
Heresch, Elisabeth: „Rasputin – Das Geheimnis seiner Macht", Langen Müller Verlag 1995
Holzschuh, Robert: „Das verlorene Paradies Ludwigs II.", Eichborn Verlag/2001
Höfler, Horst/Witt, Gerlinde: „Katastrophen am Berg", Bruckmann Verlag/2010
Humburg, Norbert/Manthey, Ulrich/Jung, Wolfgang: „Der Rattenfänger von Hameln", CW Niemeyer Verlag/1990 (1984)
Jühling, Johannes: „Die Liebeszaubereien der Gräfin von Rochlitz", Verlag Robert Lutz/1914
Kirchschlager, Michael: „Historische Serienmörder", Verlag Kirchschlager/2007
Krieg, Herbert: „Hameln – Die Stadt der Rattenfängersage", Sutton Verlag/2005
Krumeich, Gerd: „Jeanne d'Arc", Verlag C. H. Beck/2006
Kunze, Thomas: „Nicolae Ceauşescu - Eine Biografie", Christoph Links Verlag/2000
Kühn, Dietrich: „Sagen und Legenden aus Sachsen", Wartburg Verlag/2003
Lecouteux, Claude: „Die Geschichte der Vampire", Patmos Verlag/2001 (1999)
Lessing, Theodor: „Haarmann. Die Geschichte eine Werwolfs", DTV/1995 (1925)
Leuschner, Peter: „Der Mordfall Hinterkaifeck", Apus Verlag/2007 (1997)
Lucie-Smith, Edward: „Johanna von Orléans", Manfred Pawlak Verlag/1990
Martin, Andrea: „Magdalena Sibylla von Neitschütz – Geliebte am kursächsischen Hof", Tauchaer Verlag/ 2010
Meiche, Alfred: „Historisch-topographische Beschreibung der Amtshauptmannschaft Pirna", Verlag Wilhelm und Bertha Baensch/1927
„Sagenbuch der Sächsischen Schweiz und ihrer Randgebiete", Altis Verlag/2011 (1929)
Peuckert, Will-Erich: „Schlesische Sagen", Eugen Diederichs Verlag/1924
Purischkewitsch, Wladimir: „Wie ich Rasputin ermordete" Aufbau Taschenbuchverlag/1991
Till, Wolfgang: „Ludwig II – König von Bayern", Christian Brandstätter Verlag 2011 (2010)
Ranft, Michael: „Traktat von dem Kauen und Schmatzen der Toten in Gräbern", Ubboks Verlag/2006 (1734)
Reliquet, Philippe: „Ritter, Tod und Teufel", DTV/1990
Schad, Martha: „Ludwig II.", DTV Verlag/2001
Griebert-Schröder, Vera/ Muri, Franziska: „Vom Zauber der Rauhnächte", Irisiana Verlag/2012
Schneider, Michael: „Die Bestie von Gévaudan" in „Der Fährtenleser", Twilight-Line/2007
Siegerist, Joachim: „Ceauşescu - Der rote Vampir", Verlag Moritz Deter/1990
Simanowitsch, Aron: „Der Zar, der Zauberer und die Juden", Verlag für ganzheitliche Forschung/1994 (1943)
Spanuth, Heinrich: „Der Rattenfänger von Hameln", CW Niemeyer Verlag/1985 (1951)
Spiel, Christian: „Menschen essen Menschen", Fischer Taschenbuch Verlag/1974
Stein, Frank N.: „Rasputin – Teufel im Mönchsgewand?", Ehrenwirth Verlag/1997
Vogler, Mike: „Hexen, Teufel und Germanen", Bohmeier Verlag 2012
Werner, Helmut: „Tyranninnen - Grausame Frauen der Weltgeschichte", Area Verlag/2005
Werremeier, Friedhelm: „Haarmann", Wilhelm Heyne Verlag/1995 (1992)